Philippe J. Gabrini

Structures de données
avancées avec la STL

P O O en C + +

Conception de la mise en pages Lyne Lavoie
Typographie Lyne Lavoie
Correction Jeanlou Mallette-Carrier

Catalogage avant publication de Bibliothèque et Archives Canada

Gabrini, Philippe, 1940-

  Structures de données avancées avec la STL : orientée objet en C++.

  Comprend des réf. bibliogr. et un index.

  ISBN 2-921180-83-9

  1. Programmation orientée objet (Informatique). 2. C++
(Langage de programmation). 3. Structures de données
(Informatique). 4. Programmation orientée objet (Informatique)
- Problèmes et exercices. I. Titre.

QA76.64.G32 2005   005.1'17   C2005-940797-2

Dépôt légal deuxième trimestre 2005
BNQ
BNC

1234567890 – MLI – 4321098765

Imprimé au Canada

*Nous reconnaissons l'aide financière du gouvernement du Canada par l'entremise du Programme
d'aide au développement de l'industrie de l'édition (PADIÉ) pour nos activités d'édition.*

PROLÉGOMÈNES[1]

Par les temps qui courent, la programmation orientée objet a le vent dans les voiles et est utilisée à toutes les sauces, mais pas toujours à bon escient. L'objectif premier de ce manuel est l'étude de structures de données avancées et d'algorithmes classiques, dans un contexte orienté objet. Parmi les langages de programmation orientés objet, le plus utilisé de ceux que l'on peut qualifier de complets est le langage de programmation C++, normalisé en 1998. C'est pour cette raison que la partie appliquée de ce manuel est basée sur ce langage, bien qu'il ne soit pas nécessairement le meilleur langage de programmation orienté objet.

Organisation et contenu

Ce manuel tient pour acquis que les lecteurs et autres étudiants connaissent déjà les principes de la programmation et qu'ils en maîtrisent la théorie et la pratique dans un langage de programmation ou un autre. Il ne reprend donc pas l'introduction à la programmation, qui est censée avoir été vue dans un passé que l'on espère rapproché. Il ne fait que montrer comment les concepts de la programmation sont appliqués au moyen du langage C++, considéré comme nouveau langage. Après une revue rapide dans le premier chapitre de la réalisation en C++ des divers concepts de base de la programmation (séquence, sélection, itération et invocation), les opérations d'entrée-sortie sont couvertes; puis, dans le second chapitre, les tableaux et les structures ainsi que les variables dynamiques repérées par des pointeurs. Le chapitre trois est un rappel sur la complexité des algorithmes, et il introduit deux nouveaux algorithmes de tri efficaces : le tri de Shell et le tri du monceau, avant de passer à un algorithme numérique et à la présentation des exceptions.

Au chapitre quatre, la programmation orientée objet est abordée en la plaçant dans un contexte historique et en en définissant les caractéristiques principales. On présente ainsi l'abstraction et les types de données abstraits, l'encapsulation et la réalisation de ces types de données abstraits, la modularité et la généricité en montrant comment ces caractéristiques fondamentales sont réalisées dans le langage C++. La structure de données du monceau, à la base du tri du monceau, est abordée ensuite; c'est elle qui permet de représenter efficacement les files d'attente avec priorité.

Dans le chapitre cinq, on présente la STL (*Standard Template Library* de C++) dont l'importance pour la réutilisation de code est primordiale. À cette étape, la présentation de la STL, avec les concepts de conteneurs et d'itérateurs, qui en sont le fondement, est plus rigoureuse. Après une revue complète des conteneurs et des itérateurs disponibles, ainsi que des nombreux algorithmes qui font partie de la STL, nous nous concentrons sur la classe `string` en l'utilisant d'abord dans des applications de cryptographie simple, puis dans les algorithmes de recherche classiques de sous-chaîne dans une chaîne de caractères, dont les performances sont comparées.

---

[1]   Si le premier mot d'un livre vous embarrasse, ce serait plutôt mauvais signe si cela vous rebutait ; mais profitez plutôt de l'occasion pour enrichir votre vocabulaire : les prolégomènes sont une ample préface nécessaire à la compréhension d'un ouvrage, ce qui est peut-être exagéré ici. À vous d'en juger.

Le chapitre six reprend quelques structures de données linéaires simples (listes, piles, files) à partir de la STL et montre comment elles peuvent être réalisées, dans leur forme simple et dans leur forme générique. Par la suite, les éléments de la STL sont utilisés chaque fois que c'est possible.

La matière du chapitre sept développe de façon plus complète les caractéristiques restantes de la programmation orientée objet que sont la hiérarchie et le polymorphisme. Ainsi est illustrée la construction de classes dérivées à partir de classes de base, et donc l'héritage sous toutes ses formes. La présentation du polymorphisme se poursuit, à laquelle s'ajoutent des exemples de réalisation. L'introduction des classes abstraites clôt le chapitre.

C'est alors que sont abordées les structures de données non nécessairement linéaires et plus complexes qui ne sont pas directement disponibles dans la STL, comme les arborescences, les graphes et les tables. Au chapitre huit, le sujet est illustré par les arbres et surtout par une réalisation des arbres binaires de recherche génériques. La présentation est poursuivie au chapitre neuf par des applications spécifiques (codes de Huffman) et par les arbres équilibrés : arbres AVL dérivés des arbres binaires de recherche, et arbres Rouge-Noir qui sont à la base des réalisations des conteneurs `set`, `multiset`, `map` et `multimap` de la STL.

La présentation des graphes est développée au chapitre dix. Elle est suivie de quelques-unes de leurs applications, ainsi que leurs deux réalisations principales. Le domaine d'application des graphes est vaste, seuls quelques-uns des algorithmes classiques relatifs à la structure Graphe sont présentés : les algorithmes de Prim, de Warshall, de Floyd, de Dijkstra, de Sharir, et de Kruskal.

Le chapitre onze ferme le manuel avec l'étude des tables, en particulier des tables de hachage, qui ne font pas encore partie de la STL, et dont on présente en détail les fonctions de calcul d'index (hachage) et les méthodes de résolution des collisions. Pour mieux fixer les idées, une comparaison empirique de diverses méthodes de résolution des collisions est effectuée. Finalement, comme exemple d'un type particulier d'ensemble, une réalisation de tables de hachage est développée.

De la compréhension, de la matière grise et des réseaux neuronaux

Après cette revue de la matière, vous vous demandez peut-être quelle est la meilleure façon d'aborder son étude. Vous connaissez le proverbe : *C'est en forgeant qu'on devient forgeron* ; eh bien, on peut l'adapter directement à la programmation : *C'est en programmant qu'on devient programmeur* ! Le terme programmeur utilisé ici est un terme noble désignant une personne qui fait aussi bien la conception que la programmation proprement dite de logiciels. Dans vos cours précédents, vous avez peut-être trouvé le truc pour bien apprendre, ou bien vous êtes de nature curieuse, ce qui vous pousse à apprendre. Fort bien; si c'est le cas, vous avez déjà le pied à l'étrier.

Apprendre quelque chose de nouveau est un travail parfois ardu, et, comme tout travail, l'apprentissage demande un effort. Dans le cas de la programmation (appliquée aux algorithmes et aux structures de données), il s'agit essentiellement d'un travail intellectuel (même si parfois le mouvement des doigts sur le clavier peut provoquer des désagréments physiques liés à l'utilisation trop importante des tendons des mains). Afin de vous aider à mieux comprendre l'aspect intellectuel, sachez que l'apprentissage a pour effet de modifier les réseaux neuronaux ; en d'autres termes, apprendre quelque chose modifie la cervelle ! Non, je n'invente rien, et il est maintenant prouvé que c'est bien le cas[2]. En simplifiant, on peut dire que l'apprentissage crée de nouvelles connexions (synapses dans les réseaux neuronaux), mais peut aussi en modifier certaines. Ainsi, dans un cours donné, le professeur a compris la matière et possède donc certains réseaux neuronaux particuliers liés à cette matière ; les étudiants ne possèdent pas cette connaissance et doivent, pour la maîtriser, construire leurs propres réseaux neuronaux spécialisés. Malheureusement, on ne peut simplement effectuer un transfert des réseaux neuronaux du professeur aux étudiants. Pour un cours sur la programmation et les algorithmes, comme celui-ci, cela veut dire que les étudiants ne peuvent rester passifs : il va falloir qu'ils absorbent la matière qui leur est présentée, et pour cela qu'ils la comprennent !

Il est admis que les diverses régions de la cervelle ont toutes des rôles particuliers qui sont relativement bien définis, et, pour ce qui nous concerne, nous en isolerons deux. Ainsi, le centre de la mémoire est situé dans la partie arrière du cortex : c'est là qu'arrivent les données sensorielles venant de l'extérieur. Cette partie de la cervelle est liée à la mémoire et à la connaissance du monde, et c'est là que se retrouvent la plupart des choses venues du monde extérieur. Par contre, le cortex frontal est l'endroit où nous développons nos idées et formons nos hypothèses : c'est l'endroit où nous organisons nos pensées dans des structures qui ont un sens. C'est aussi là que les décisions sont prises. La cervelle est faite de telle façon que les connexions entre ces deux zones sont physiquement très nombreuses. Le cycle d'apprentissage part des données provenant d'une expérience concrète, qui sont d'abord emmagasinées, puis organisées par la réflexion ; mais c'est seulement quand les étudiants convertissent ces données en idées, en plans et en actions qu'ils atteignent une transformation qui crée les nouvelles connaissances.

Pour apprendre, il faut une utilisation équilibrée des deux cortex. La méthode didactique traditionnelle consiste à donner de l'information, donc à concentrer l'activité au niveau du cortex arrière. La méthode de la découverte qui propose des idées et qui les vérifie se concentre sur le cortex frontal. Nous avons la chance de nous trouver dans un domaine appliqué, celui de la programmation, ce qui devrait nous permettre d'éviter d'apprendre uniquement par cœur (cortex arrière) et ainsi d'arriver au prochain cours de notre programme d'études, ayant tout oublié du cours qui précède ! Pour ce faire, l'information reçue par le cortex arrière doit être nécessairement transformée par la réflexion, donc par un traitement dans le cortex frontal. Ce traitement exige un mouvement de va-et-vient répété entre les deux cortex que nous avons identifiés. C'est seulement une fois la réflexion faite complètement que l'information est transformée en connaissance, laquelle fait maintenant partie de nous.

Donc, comme vous le percevez sans doute, le fait de savoir que vos réseaux neuronaux sont en jeu ne vous aidera guère. Par contre, le fait de comprendre comment l'information que vous recevez peut être transformée en connaissance par un travail de réflexion et d'expérimentation devrait vous être utile. De plus, car bien des facteurs interviennent dans l'activité cérébrale, les émotions que vous ressentez ont une influence sur votre apprentissage. Est-ce à dire que vous devez nécessairement être de bonne humeur pour apprendre ? Pas nécessairement, mais une atmosphère de bonne humeur est certainement bénéfique. Dans un sens, le plus important est de pouvoir lancer le processus d'apprentissage et de constater vous-mêmes la progression de votre compréhension ; cela vous donnera la satisfaction intellectuelle de contrôler la situation, laquelle accélérera votre progression. Essayez et vous verrez !

---

[2]   Zull, James E. *The Art of Changing the Brain*, Stylus Publishing, Sterling Virginia, 2002.

Caractéristiques

Bien entendu, et comme on ne fait pas de l'informatique dans le vide, j'ai ajouté un certain nombre de notes au bas de la page, donnant des références bibliographiques. Et, afin d'alléger un peu le texte de ce livre sérieux, j'ai aussi ajouté quelques éléments non directement liés à l'informatique et quelques notes culturelles ou humoristiques. De nos jours, la culture en général semble être devenue anémique, et j'ai donc profité de quelques notes pour placer quelques éléments culturels – que ce soit de la culture scientifique, informatique ou générale – en relation plus ou moins directe avec certains sujets. Un avantage de ces notes culturelles est que vous pouvez les utiliser pour émerveiller votre petite amie ou même les invités de vos réceptions ! Et, bien que je sois friand des calembours (*Un seul être vous manque, et tout est des pipelets*[3]), des expressions amusantes (*Les meilleurs crus donnent les plus fortes cuites*) et autres contrepèteries (*des rats en congé*), j'ai eu la prudence de ne pas en émailler mon texte, me rendant compte que ce type de jeux de mots dépend beaucoup du contexte culturel.

Comme ce livre contient du code, et bien que ce dernier ait été testé, il doit malheureusement subsister quelques bogues cachés. C'est le lot infortuné des informaticiens qui osent rendre leurs programmes publics ! Alors, s'il vous plaît, lecteur fidèle, signalez-moi ces erreurs afin que je puisse les corriger ; je vous en remercie d'avance. Et si vous voulez l'essayer, le code des exemples de ce manuel se trouve à l'adresse Internet suivante :

http://www.grosmax.uqam.ca/prog/Professeurs/Gabrini/sources/ .

La production d'un livre est d'abord un effort solitaire, mais, pour y parvenir, l'auteur a besoin d'une équipe de soutien pour l'édition. J'ai eu la chance d'être aidé par une équipe hors pair, celle de Loze-Dion éditeur, et je tiens à les remercier tous chaleureusement.

Montréal, juin 2005

À Jacob, Chloé et Gabrielle,
membres de la génération montante !

---

[3]   « Un seul être vous manque, et tout est dépeuplé ! », Alphonse de Lamartine (1790-1869), *L'isolement, Premières Méditations poétiques* ; **mais le vers original** « Un seul être me manque, et tout est dépeuplé ! » **serait dû à Antoine-Léonard Thomas (1732-1785), membre de l'Académie française.**

TABLE DES MATIÈRES

Chapitre 4 Génie logiciel et orientation objet — 89

Chapitre 5 STL, algorithmes et structures de données — 129

Chapitre 6 Structures de données simples — 177

Chapitre 1

Fondements du langage de programmation C++

Il n'y a que le premier pas qui coûte.
Proverbe

Dans ce chapitre, vous allez faire vos premiers pas en C++, et, bien que le proverbe n'ait pas tort, ça ne vous coûtera pas tant que ça :

- Vous apprendrez comment déclarer des variables de types simples ;
- Vous ferez la connaissance des instructions de C++ ;
- Vous découvrirez comment écrire des procédures et des fonctions ;
- Vous apprendrez la base de l'entrée-sortie des données.

1.1   Introduction

Comme ce manuel n'est pas une introduction à la programmation, vous devez déjà connaître au moins un langage de programmation, et savoir écrire et mettre au point des programmes. La présentation du langage C++ qui va suivre sera donc faite avec ces hypothèses et sera relativement succincte, dans la mesure où ce qui nous intéresse est de pouvoir adapter vos connaissances en programmation à un nouveau langage, chose qui va vous arriver un certain nombre de fois au cours de votre carrière d'informaticien.

Les principes de base de la programmation sont centrés sur un petit nombre de concepts : séquence, sélection, répétition et invocation. Notre présentation les illustrera au moyen du langage C++. Le but de cette présentation n'est pas nécessairement de connaître tout de C++ ; c'est en effet un langage de grande taille qui comporte un grand nombre de caractéristiques et de particularités. L'aspect orienté objet du langage sera vu dans un deuxième temps, une fois les caractéristiques de base du langage démystifiées.

C++ est un langage de programmation évolué qui a été normalisé en 1998, c'est-à-dire encore tout récemment. Bien que ce soit un langage de programmation à part entière, il a été construit en augmentant le langage de programmation C ; Bjarne Stroustrup, son auteur, indique avoir voulu faire en C, langage de prédilection aux fameux ATT Bell Laboratories où il a été défini, ce qu'il faisait en Simula 67 dans son Danemark natal. Le langage C est un langage à moitié évolué, que l'on peut qualifier de langage d'assemblage avec structures. Ce ne serait pas un problème si C++ n'avait pas conservé les façons de faire de C pour des « raisons de compatibilité ». Ceci permet une programmation moins structurée, peut-être plus rapide d'un certain point de vue, mais certainement pas en phase avec les principes de base du génie logiciel.

Comme dans votre carrière d'informaticien, vous devrez lire et maintenir du code écrit à différents moments par différentes personnes, il est vraisemblable que vous aurez à lire du code écrit à la C. À cause de cela, nous avons choisi de ne pas cacher dévotement ces façons de faire particulières et peut-être diaboliques sous le tapis d'un silence réprobateur, mais plutôt de les montrer à l'occasion, non pas pour que vous fassiez pareil, mais pour que vous soyez conscients de ces façons de faire et en mesure de les comprendre. Pour vous avertir que ces exemples de code ne sont pas des modèles à émuler, ils apparaîtront en italique dans le code. Notez-en ici la signification !

1.2   Éléments de base de C++

Considérons tout de suite un petit programme exemple qui nous permettra d'illustrer les sujets que nous devons traiter.

Ce programme commence par cinq lignes de commentaires (introduits par une paire de barres obliques). Viennent ensuite les importations nécessaires à l'entrée-sortie dans ce cas précis (`iostream`) et la déclaration d'accès direct aux noms ainsi importés (`using`). L'en-tête du programme principal suit (`int main(void)`). On remarque tout de suite qu'en C++ le nom du programme principal est *toujours* `main`[1] (qui veut dire *principal* en anglais), et que le programme principal prend la forme d'une fonction qui n'a aucun paramètre (`void`, lequel peut également être absent comme dans `main()`) et qui retourne un entier (`int` pour le code de retour de l'exécution, un zéro étant considéré comme étant un retour normal).

---

[1]   Parce que l'ordinateur va prendre la main ?

```
//   fichier: sommeEntiers.cpp
//   Objectif : Ce programme calcule et affiche la somme d'une suite de
//   nombres 0 + 1 + 2 + 3 +...+ n, où n est une donnée d'entrée.
//      Philippe Gabrini     Avril 2005
//
#include <iostream>
using namespace std;

int main(void)
{
  int nombre = 0, n = 0, somme = 0;

  cout << "Donnez le dernier nombre de la suite: " << endl;
  cin >> n;
  while(nombre != n) // Somme = 0 + 1 + 2 + 3 +...+ nombre
    {
      nombre++;
      somme += nombre;
    }
  // Somme = 0 + 1 + 2 + 3 +...+ n
  cout << "La somme est: " << somme << endl;
  return 0;
}
```

Après cela, on rencontre une accolade ouvrante après laquelle se trouvent les déclarations des trois variables (entières `int`) utilisées dans le programme et les instructions du programme, lequel se termine par la dernière accolade fermante. La ligne suivant les déclarations est une instruction de sortie (`cout` ...) qui est suivie d'une instruction d'entrée (`cin` ...) puis d'une boucle répétée tant que `nombre` n'est pas égal à la valeur lue `n`, dans laquelle `nombre` est augmenté ainsi que `somme`. Après la boucle se trouve une autre instruction de sortie des résultats, laquelle est suivie de la dernière instruction `return 0;` qui retourne au système le code de fin d'exécution normale du programme principal.

Identificateurs

En C++, les noms sont appelés *identificateurs* et sont composés d'une lettre suivie par un nombre quelconque de lettres, de chiffres ou de soulignés (_). Les lettres sont soit majuscules, soit minuscules, mais ne sont pas accentuées.

C++ fait la différence entre les majuscules et les minuscules, ainsi `calculerSomme`, `CALCULERSOMME` et `CalculerSOMME` représentent des identificateurs différents. Nous utiliserons normalement une majuscule pour la première lettre de chaque partie d'un identificateur pour une lecture plus facile, comme `totalDesClients`, mais on peut utiliser aussi les soulignés : `total_des_clients`. Évitez d'utiliser des identificateurs presque identiques qui ne diffèrent que par une majuscule ; le lecteur de vos programmes vous en sera reconnaissant. Les identificateurs sont utilisés pour nommer des sous-programmes (*noms commençant par une majuscule[2]*) et des variables (*noms commençant par une minuscule*), objets dont la valeur pourra varier au cours de l'exécution du programme. Chaque variable

---

2   Ceci correspond à nos normes de programmation.

doit posséder un nom unique ; les identificateurs `nombre`, `n` et `somme` dans le programme ci-dessus sont des variables. Les identificateurs doivent être nécessairement différents des 62 mots-clefs de C++ qui sont des mots dont l'usage est réservé :

asm	auto	bool	break	case	catch
char	class	const	const_cast	continue	default
delete	do	double	dynamic_cast	else	enum
explicit	extern	false	float	for	friend
goto	if	inline	int	long	mutable
namespace	new	operator	private	protected	public
register	reinterpret_cast	return	short	signed	sizeof
static	static_cast	struct	switch	template	this
throw	true	try	typedef	typeid	typename
union	unsigned	using	virtual	void	volatile
wchar_t	while				

Commentaires

On peut inclure des commentaires à tout endroit du programme à condition de les faire précéder de deux barres obliques contiguës `//` : un commentaire commence par ces signes et va jusqu'à la fin de la ligne. Les commentaires n'ont qu'un rôle documentaire et n'ont aucun effet sur le programme : le compilateur n'en tient pas compte. Le premier commentaire de notre exemple indique le fichier d'où est issu le programme ainsi que l'objectif du programme, identifie son auteur et donne la date à laquelle il a été écrit ; ces informations doivent toujours se trouver en tête de tout programme. Les autres commentaires sont des assertions sur la valeur de la variable `somme`. Il existe une autre manière de faire des commentaires qui consiste à ouvrir un commentaire au moyen des deux caractères consécutifs `/*` et à fermer le commentaire par les deux caractères consécutifs `*/`. De tels commentaires peuvent alors s'étendre sur plusieurs lignes, mais ne peuvent être imbriqués. Cette deuxième façon d'indiquer des commentaires peut causer quelques problèmes si l'on oublie de fermer le commentaire ; nous utiliserons donc la première forme pour documenter nos programmes.

Cependant, lors de la mise au point d'un programme, la seconde forme de commentaires peut se révéler très utile : grâce à elle, on peut en effet facilement mettre en commentaire un segment de programme pour se concentrer sur une autre partie des instructions.

Modules externes

Il est rare qu'un programme puisse fonctionner tout seul : un programme a toujours besoin de faire appel à des fonctions du système, pour afficher ses résultats par exemple. Un programme fera donc appel à des modules externes ; ceux-ci sont indiqués au moyen d'une ou de plusieurs clauses `#include`. Les identificateurs internes à ces modules externes, qui représentent des variables, des constantes, des sous-programmes, peuvent alors être utilisés dans le programme en les préfixant du nom du module externe ou de l'espace nominal, par exemple `std::cout` dans le programme ci-dessus ; notez que, dans ce programme, l'utilisation de la clause `using namespace std;` nous permet d'utiliser les noms standard directement, sans les préfixer. Il y a deux formes pour l'argument d'une directive `#include` :

soit l'argument est compris entre crochets angulaires comme `<iostream>`, soit il est placé entre guillemets comme `"Mabibli.hpp"`. Le premier cas correspond à l'importation d'un module de bibliothèque C++, tandis que la seconde forme est utilisée pour l'importation de l'un de vos modules.

Déclarations

Les déclarations sont requises pour chaque objet du programme qui ne provient pas d'un module externe. Ainsi, chaque variable utilisée dans le programme doit être déclarée afin de réserver suffisamment d'espace en mémoire pour y ranger la valeur correspondante. La déclaration aidera également le lecteur du programme à comprendre la nature de la variable. On peut aussi déclarer d'autres sortes d'objet, comme des sous-programmes, que nous verrons sous peu. Les déclarations dans le programme exemple ci-dessus ne comprennent que des déclarations de variables puisque l'on n'a pas besoin d'autres objets dans le programme. Dans ce cas, les trois variables sont toutes de type `int`, un type prédéfini dont les valeurs sont les entiers.

Il peut y avoir plusieurs déclarations d'objet, et chaque déclaration doit être suivie d'un point-virgule ; à l'intérieur d'une déclaration, les identificateurs sont séparés par des virgules, et la liste d'identificateurs est séparée du type par une espace[3]. Ainsi, la déclaration

`int nombre, n, somme;`

déclare trois variables `nombre`, `n` et `somme`, toutes de type `int`. *Cette déclaration ne donne pas de valeurs initiales aux variables* ; ces dernières ont donc des valeurs aléatoires correspondant sans doute au contenu antérieur de la mémoire qui leur a été allouée. Nous avons vu dans l'exemple qu'il était possible de donner une valeur initiale à ces variables, à condition de faire suivre celles que l'on veut initialiser d'un signe égal et d'une valeur ; comme la valeur de `n` va être lue, on pourrait ainsi remplacer cette partie de l'exemple de programme par

`int nombre = 0, n, somme = 0;`

On peut aussi déclarer des constantes de la façon suivante (notez que les noms de nos constantes sont en majuscules, toujours d'après nos normes) :

`const int LIMITE_SUP = 43227;`

Les variables déclarées en dehors de tout sous-programme sont dites **globales** et sont accessibles de partout. Les variables déclarées dans un sous-programme sont **locales** et utilisables seulement dans le sous-programme. Les variables peuvent aussi être déclarées dans des portées plus petites (boucles, instructions composées ou blocs, etc.).

Le tableau 1.1 présente les types de base ; tous ces types sont standard en C++. Notez que les réels (`float`, `double`) peuvent être exprimés sous deux formes : la première forme est la notation décimale habituelle (avec un *point* séparant la partie entière de la partie fractionnaire), tandis que la seconde forme est

---

[3]   L'espace typographique est féminine !

appelée notation scientifique et utilise la lettre E pour indiquer une puissance de 10 par laquelle est multipliée la valeur ; ainsi,

$$\texttt{6.023E23} \text{ représente } 6{,}023 \times 10^{23} \text{ }[4].$$

Type	Description	Exemple de valeurs		
`int`	Valeurs entières	`123`	`0`	`-345`
`float double`	Valeurs ayant une partie fractionnaire	`12.34` `0.00054`	`0.0` `6.023E23`	`-12.34`
`char`	Valeurs caractères ASCII	`'A'`	`'a'`	`';'`
`bool`	Valeurs : vrai et faux	`true`	`false`	

Tableau 1.1 Types de base en C++

Le type `bool` est un type booléen qui ne devrait permettre que deux valeurs : `true` et `false`. Cependant, ce type a été élaboré par-dessus ce qui se faisait en C, où toute valeur nulle est assimilable à faux et où toute valeur non nulle est assimilable à vrai. Dans ces conditions, il peut donc arriver qu'un entier tienne lieu de valeur booléenne ; nous en apercevrons un exemple au chapitre 4.

Les types de base peuvent être modifiés en les faisant précéder par `unsigned` (`char`, `int`, `long`, `short`), `long` (`int`, `double`), `short` (`int`) ; `long` et `short` peuvent être utilisés tels quels et représentent respectivement `long int` et `short int`. Ces modificateurs indiquent que l'espace mémoire occupé par le type sera plus (ou moins) important et, par conséquent, que le nombre de chiffres conservé sera plus grand (ou plus petit), mais seulement si le processeur le permet. La taille exacte des divers types dépend du système que vous utilisez. Ainsi, dans un processeur Intel courant, il n'existe que deux représentations possibles pour les nombres réels, une sur 32 bits à laquelle correspondra le type `float` et l'autre sur 64 bits à laquelle correspondra le type `double`. Dans un tel cas, le type `long double` sera obligatoirement identique au type `double`.

Les constantes numériques ou alphabétiques peuvent être exprimées de la façon suivante : les suffixes, en majuscules ou en minuscules, U représentent `unsigned`, L `long`, et F `float`.

Entier :	`2`	`-34567`	`471u`	`9876L`	`43227UL`
Point flottant :	`3.1415926535`	`6.023E23L`	`2.18f`		
Octal (préfixé par zéro) :	`07`	`042`			
Hexadécimal (préfixé par 0X) :	`0XAB`	`0X79`			
Caractères (\ précède les caractères non affichables)	`'x'`	`'\n'` (fin de ligne)			
Chaînes de caractères :	`"xyz"`	`"Donnez la valeur:\n"`			

---

[4]   La constante du comte Avogadro (1776-1856), Amedeo di Quaregna e Ceretto.

Types énumération

Le programmeur peut définir des types énumération comprenant des constantes symboliques de la façon suivante :

```
enum TypMois {janvier=1, fevrier, mars, avril, mai, juin, juillet,
              aout, septembre, octobre, novembre, decembre};
```

En l'absence d'indication contraire, les constantes prennent des valeurs numériques commençant à zéro pour la première et augmentant de 1 de constante à constante. Dans le cas de cet exemple, comme nous voulons que les valeurs repérant les mois aillent de 1 à 12, nous avons donné à la première constante symbolique la valeur 1, les autres constantes prenant les valeurs immédiatement supérieures.

Expressions

Pour former des expressions, on utilise des opérateurs arithmétiques, relationnels ou logiques.

Arithmétiques :

+, **-**, *****, **/**, **%** (reste de la division entière).

```
double C, F; // températures Celsius et Fahrenheit
C = 38;        // un peu de fièvre?
F = (C * 9.0) / 5.0 + 32.0; // plus impressionnant en Fahrenheit
```

Logiques :

&& (et), **||** (ou), **!** (non).

Relationnels :

<, **<=**, **>**, **>=**, **==** (égalité), **!=** (inégalité).

Opérations sur bits :

& (et), **|** (ou), **^** (ou exclusif), **~** (complément),
<< (décalage binaire à gauche), **>>** (décalage binaire à droite).

Opérateurs unaires :

+, **-**, **++** (augmentation de 1 de l'argument), **--** (diminution de 1 de l'argument)

```
int C = 0;// un entier nul
C++;       // équivalent à C = C + 1 ;
```

Affectation combinée :

= (affectation simple *et non pas égalité*),
+= (addition de la partie droite à la partie gauche),
-= (soustraction de la partie droite de la partie gauche),
*= (multiplication de la partie droite par la partie gauche),
/= (division de la partie gauche par la partie droite),
%= (reste de la division de la partie gauche par la partie droite),

&= (et logique de la partie droite avec la partie gauche),

|= (ou logique de la partie droite avec la partie gauche),

^= (ou exclusif de la partie droite avec la partie gauche).

Conversions

En C++, lorsqu'une expression comprend des opérandes de types différents, le compilateur applique *automatiquement* un certain nombre de *conversions implicites*. D'un certain point de vue, c'est commode pour le programmeur qui n'a pas à s'en préoccuper ; cependant, dans certains cas, ces conversions automatiques ne conduisent pas au résultat voulu. Par exemple :

```
int entier1 = 38, entier2 = 32;
double pasprecis = entier1 / entier2;
double decimales = 4.876;
double vraimentprecis = entier1 / decimales;
```

La variable `pasprecis` prend la valeur `1.0`, qui n'est peut-être pas ce que l'on voulait. Le calcul a été fait automatiquement en utilisant l'arithmétique entière puisque les deux opérandes sont entiers, le résultat étant converti au type `double`. Dans le cas de l'affectation à la variable `vraimentprecis`, le calcul a été fait en double précision puisqu'un des éléments était de type `double`, et la valeur est `7.793273174733388`. On peut contrôler les conversions en les indiquant de façon explicite :

```
double pasprecis = (double)entier1;  // à la C
double decimales = double(entier1);  // à la C++
int entier1 = static_cast<int>(decimales); // nouvel opérateur
```

Pour ce faire, on fait précéder la valeur à convertir du nom du type ; une paire de parenthèses doit alors entourer le nom du type (style C) ou la valeur (style C++). Comme certaines conversions ne sont pas *sûres*, on a introduit un opérateur de conversion explicite `static_cast<type>` où `type` indique le type auquel on veut convertir. Une telle conversion, nettement plus visible, et certains diront plus laide, sert à montrer clairement les conversions faites ; la conversion ci-dessus n'est pas sûre, car on risque de perdre de l'information, le nombre réel étant tronqué de sa partie fractionnaire. On peut utiliser cette conversion pour convertir d'un type de nombre à un autre et également pour convertir des pointeurs.

Il existe trois autres opérateurs de conversion accompagnant `static_cast<type>` :

- `const_cast<type>` permet d'éliminer le fait qu'un pointeur soit lié à une constante (voir chapitre 2) ;

- `reinterpret_cast<type>` permet de changer l'interprétation de l'information ;

- `dynamic_cast<type>` permet la conversion au cours de l'exécution d'un pointeur à un objet (voir chapitre 7).

L'opérateur `reinterpret_cast<type>(expression)` est utilisé pour réinterpréter un ensemble de bits. Par exemple, en l'utilisant, on peut accéder aux octets qui composent une valeur numérique en double précision :

```
reinterpret_cast<char *>(&varDouble)
```

Le pointeur donne accès aux octets composant la valeur. Ceci illustre aussi le danger de cette conversion : on semble avoir produit une chaîne de caractère de type C (`char *`, voir chapitre 2), alors qu'en réalité on ne veut que donner accès aux huit octets composant `varDouble`. *Une bonne règle de conduite est d'éviter ce genre de conversion, et, si l'on y est obligé par les circonstances, on doit alors le documenter et en donner les raisons directement dans le code.*

Entrée-sortie

Sortie standard (`iostream`) : l'opérateur << dénote un envoi à l'organe de sortie `cout` (écran par défaut), il peut être utilisé en cascade ; `endl` représente une fin de ligne (*end of line*), mais il n'est pas strictement équivalent au caractère de fin de ligne '`\n`', car c'est un « manipulateur » qui vide aussi le tampon de sortie.

```
cout << "La valeur Celsius " << C << "est en Fahrenheit "
    << F << endl;
```

Entrée standard (`iostream`) : l'opérateur >> dénote une extraction de l'organe d'entrée `cin` (clavier par défaut), il peut être utilisé en cascade. Les valeurs lues doivent être séparées par des espaces, des tabulations ou des fins de ligne.

> `(cin >> C)` retourne un booléen (vrai si lecture réussie) avec comme effet de bord la valeur lue affectée à C.

Instructions

Dans un programme ou un sous-programme C++, les instructions situées entre les accolades ouvrante et fermante du programme ou du sous-programme sont celles qui permettent de résoudre le problème pour lequel le programme ou le sous-programme a été écrit. Les accolades ne sont pas elles-mêmes des instructions, mais agissent plutôt comme des parenthèses servant à grouper des instructions. Dans une instruction, on peut rencontrer plusieurs identificateurs : chaque objet a un nom unique et doit avoir été déclaré ou venir d'un module externe.

Les instructions d'un programme ou d'une procédure peuvent être de toutes sortes. Dans le premier programme exemple, les instructions comprenant le signe « = » sont des *instructions d'affectation* qui causent l'affectation d'une valeur à une variable. Ce programme comprend aussi une instruction de boucle, aisément repérée par le mot réservé `while`. Le programme comprend également des instructions qui appellent des procédures ; par exemple l'appel `cout << somme;` invoque un sous-programme de sortie d'une valeur entière, à partir du module externe `iostream`.

1.3   Séquence

La séquence est une suite d'instructions exécutées les unes à la suite des autres (notez qu'une instruction peut occuper plus d'une ligne).

```
double C, F; // températures Celsius et Fahrenheit
cin >> C;                   // lire la valeur
F = (C * 9.0) / 5.0 + 32.0; // convertir
cout << "La valeur Celsius " << C << "est en Fahrenheit " << F
    << endl;
```

1.4   Sélection

La sélection permet de faire des choix. Elle est faite au moyen d'une instruction `if` qui a la forme suivante et qui correspond à la figure 1.1 :

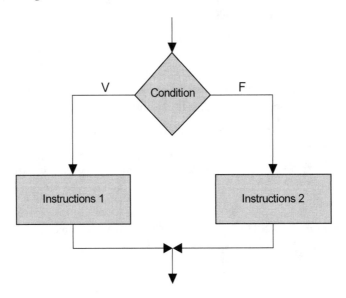

Figure 1.1 Instruction `if` à deux branches

```
if(condition)
   Instruction1;
else
   Instruction2;
```

La condition est exprimée au moyen d'une expression booléenne mettant en jeu des opérateurs de relation ou des opérateurs logiques. `Instruction1` est exécutée si la condition est vraie, sinon `Instruction2` est exécutée. `Instruction1` et `Instruction2` sont des instructions simples. Cependant, à tout endroit du programme pouvant recevoir une instruction simple, on peut placer une *instruction composée* ou *bloc*, c'est-à-dire une suite d'instructions placées entre accolades.

```
if(condition) {
   Instruction;
   Instruction;
   .....
}
else {
   Instruction;
   Instruction;
   .....
}
```

Les conditions peuvent être des comparaisons simples, et alors la notation utilisée en C++ pour les comparaisons est quelque peu différente de la notation mathématique usuelle (voir tableau 1.2). Pour formuler des conditions plus complexes, on utilise les opérateurs logiques vus plus haut.

Notation mathématique	Notation C++
=	==
≠	!=
<	<
≤	<=
>	>
≥	>=

Tableau 1.2 Notations pour les comparaisons en mathématiques et en C++

Voici quelques exemples d'expressions booléennes.

```
A < B && B < C
(Mois == 2) && (Jour == 29)
(Mois == 2) && (Jour == 28) && (Annee == 2000)
(Reponse == 'O') || (Code == 'N')
(Reponse == 'N') || (Code == 'Z') || (A == 2)
(X == A) || ((Compte == 0) && (X == 0))
(Reponse != 'N') && (Code == 'Y')
(Annee % 400 == 0) || ((Annee % 4 == 0) && (Annee % 100 != 0))
(Reponse == 'N') || Fait
Indic && !Fait
```

La plupart des parenthèses dans ces expressions peuvent être enlevées, car les divers opérateurs possèdent une priorité qui permet de déterminer l'ordre de leur application. Les priorités des opérateurs arithmétiques, booléens et de relation, en allant de la plus haute priorité à la plus basse sont données par le tableau 1.3.

Les opérations d'une ligne de la table sont appliquées avant les opérations des lignes inférieures. Les opérations ayant même priorité sont faites de gauche à droite dans l'expression.

()	[]						parenthèses
++	--	static_cast<type>(op)					unaires (++, -- préfixe)
++	--	+	-	!	&	*	unaires (++, -- suffixe)
*	/	%					multiplicatif
+	-						additif
<<	>>						insertion-extraction
<	<=	>	>=				relationnel
==	!=						égalité
&&							et
||							ou
?:							conditionnel
=	+=	-=	*=	/=	%=		affectation
,							virgule

Tableau 1.3 Priorités des opérateurs en C++

Notez que l'expression   `X == 12 && B < 100`
est syntaxiquement correcte ; comme les opérateurs relationnels ont une priorité supérieure à celle du `&&`, les sous-expressions sont évaluées en premier, et le `&&` est appliqué aux résultats. Dans le doute, on peut toujours utiliser des parenthèses :

`(X == 12) && (B < 100)`

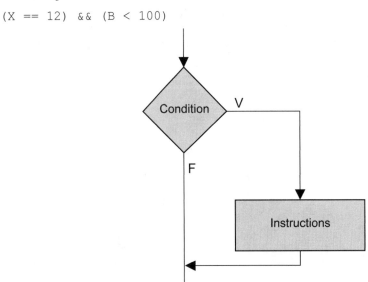

Figure 1.2 Instruction `if` à une branche

La partie `else` de l'instruction `if` peut être absente, par exemple :

```
if(retenues != 0)
{
   taxe1 = .......;
   taxe2 = .......;
   deduction = .......;
}
```

La figure 1.2 illustre cette forme simplifiée de `if`.

Voici un autre exemple de `if` à deux branches :

```
bool solstice ;
TypMois leMois;
if(leMois == juin || leMois == decembre)
   solstice = true;
else
   solstice = false;
```

Dans ce petit exemple, il est possible de se passer de l'instruction `if`; pouvez-vous le réécrire ?

Certains préfèrent écrire les instructions `if` en utilisant systématiquement des blocs, même s'il n'y a qu'une seule instruction :

```
if(leMois == juin || leMois == decembre){
  solstice = true;
}
else{
  solstice = false;
}
```

De cette façon, si l'on doit rajouter des instructions dans une des branches, on ne court pas le risque d'oublier de rajouter aussi des accolades !

Évaluation des expressions booléennes en court-circuit

En C++, les expressions booléennes ne sont pas nécessairement évaluées complètement : chaque sous-expression est évaluée, et, si cette évaluation suffit pour déterminer le résultat, le reste de l'expression n'est pas évalué. Par exemple, si nous avions :

```
if(employes != 0 && bonus / employes > pinottes)
  cout << "Vous aurez un bonus!";
```

et si `employes` valait zéro (la première sous-expression `employes != 0` du `&&` est fausse, donc le `&&` retournera faux), le reste de l'expression booléenne ne sera pas évalué, évitant ainsi les désagréments d'une division par zéro. En appliquant ce que nous avons dit sur les booléens (false=0 et true = non zéro) et en style C, nous pourrions écrire :

```
if(employes && bonus / employes > pinottes)...
```

En général, les expressions de la forme « A && B » sont évaluées de la façon suivante :

> Si A est faux, le résultat est faux,
> sinon le résultat est la valeur de B.

De la même façon, les expressions de la forme « A || B » sont évaluées de la manière suivante :

> Si A est vrai, le résultat est vrai,
> sinon le résultat est la valeur de B.

On peut étendre ces règles à des expressions qui possèdent plus d'un de ces opérateurs, en considérant que le second opérateur B est lui-même une expression booléenne. Par exemple, avec A && B && C && D, la première valeur fausse en allant de gauche à droite terminera l'évaluation et retournera faux; si A, B et C sont tous vrais, le résultat final sera la valeur de D.

Opérateur conditionnel

C++ possède un opérateur conditionnel un peu particulier qui est apparenté à l'instruction `if`. C'est un opérateur dit *ternaire*, parce qu'il possède trois opérandes : le premier est une condition, le second est la valeur de l'expression conditionnelle si la condition est vraie, le troisième est la valeur de l'expression si la condition est fausse ; ces opérandes sont séparés par les deux symboles ? et :. Par exemple :

```
cout << (note >= 55 ? "réussi" : "échoué");
```

Dans cet exemple, l'expression conditionnelle produit le paramètre pour l'opération de sortie : si la note est supérieure ou égale à 55, la chaîne « `réussi` » est sortie, sinon c'est la chaîne « `échoué` ». Notez que les parenthèses sont nécessaires, car l'opérateur ? : a une priorité inférieure à l'opérateur <<.

La valeur résultat de l'expression conditionnelle peut également être une action à exécuter ; l'exemple précédent peut être réécrit de la façon suivante :

```
note >= 55 ? cout << "réussi" : cout << "échoué";
```

Aiguillage

Il existe une autre instruction de sélection que l'on peut appeler aiguillage, puisqu'elle est basée sur la valeur d'une variable, c'est l'instruction `switch`. La valeur sur laquelle le choix est basé doit être soit entière, soit un caractère, soit de type énumération. Chacun des cas possibles est introduit par le mot réservé `case` suivi d'une valeur suivie elle-même du signe deux points et d'une suite d'instructions qui DOIT être terminée par une instruction `break`. Attention ! Le compilateur ne vérifiera pas si votre `break` est présent ; s'il est absent, les instructions du cas suivant sont exécutées à la queue leu leu. Le dernier cas est repéré par le mot `default` qui représente toutes les valeurs non mentionnées. L'instruction `break` permet de sortir d'une instruction `switch`, `while`, `do-while`, ou `for` en passant directement à l'instruction suivante. Voici un exemple d'aiguillage :

```
switch(leMois){
    case janvier:   nbJours = 31;
                    break;
    case fevrier:   nbJours = 28;
                    break;
    case mars:      nbJours = 31;
                    break;
    case avril:     nbJours = 30;
                    break;
    case mai:       nbJours = 31;
                    break;
    case juin:      nbJours = 30;
                    break;
    case juillet:   nbJours = 31;
                    break;
    case aout:      nbJours = 31;
                    break;
    case septembre:nbJours = 30;
                    break;
    case octobre:   nbJours = 31;
                    break;
    case novembre:  nbJours = 30;
                    break;
    case decembre:  nbJours = 31;
                    break;
    default:        nbJours = 0;
};
```

Cette instruction présente certains désavantages importants (l'oubli d'un `break` pourrait vraiment avoir des conséquences désastreuses), et *il vaut mieux ne pas l'utiliser*, à moins d'être certain que tous les `break` sont présents (n'oubliez pas que les oublis sont fréquents en programmation).

1.5 Itération

L'instruction `while`

Il y a essentiellement trois instructions C++ pour la répétition[5], la première étant l'instruction `while` (en français « tant que »). Cette instruction permet d'écrire des boucles pour le cas où la condition d'arrêt est vérifiée au début de la boucle. Notre premier programme exemple comprend une instruction `while`:

```
while(nombre != n)
{
  nombre++;
  somme += nombre;
}
```

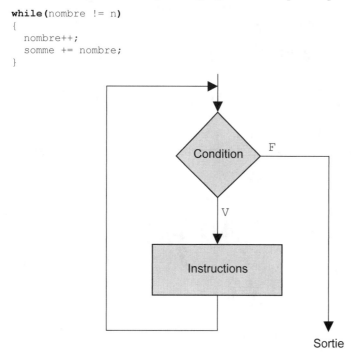

Figure 1.3 Instruction `while`

La condition après `while` est `nombre != n`, qui est la vérification d'entrée dans la boucle. On n'exécutera donc les deux instructions comprises dans la boucle que si la condition est vraie ; il peut donc arriver que l'instruction simple ou composée comprise dans un `while` ne soit jamais exécutée.

La figure 1.3 illustre cette structure de contrôle. Dans cette instruction, la condition est une vérification pour l'*entrée* dans la boucle ; on termine la boucle lorsque la condition est fausse.

---

5   *Bis repetita placent*, d'après un vers latin de l'art poétique d'Horace, signifiant « les choses répétées plaisent ».

Exemple 1 :

```
// Calcul et affichage des valeurs Fahrenheit correspondant
// aux valeurs Celsius allant de zéro à cent par sauts de 5.
Celsius = 0;
while(Celsius <= 100){
  cout << "La valeur Celsius " << Celsius << " est en Fahrenheit "
       << ((Celsius * 9.0) / 5.0 + 32.0) << endl;
  Celsius += 5;
}
```

Exemple 2 :

```
// Calcul et affichage des valeurs Fahrenheit correspondant
// aux valeurs Celsius lues.
while(cin >> Celsius) // arrêt sur fin de fichier CTRL-Z ou CTRL-D
  cout << "La valeur Celsius " << Celsius << " est en Fahrenheit "
       << ((Celsius * 9.0) / 5.0 + 32.0) << endl;
```

L'instruction do-while

La seconde instruction C++ pour la répétition vérifie la condition de répétition à la fin de la boucle. Ceci veut dire que l'instruction simple ou composée située entre le mot do et le mot while est toujours exécutée au moins une fois. Par exemple :

```
Celsius = 0;
do{
  cout << "La valeur Celsius " << Celsius << " est en Fahrenheit "
       << ((Celsius * 9.0) / 5.0 + 32.0) << endl;
  Celsius += 5;
}
while(C <= 100);
```

L'instruction for

Comme la plupart des langages de programmation, C++ possède une structure de contrôle commode pour les problèmes où le nombre d'itérations est connu au moment où l'on entre dans la boucle. Cette structure est l'instruction for (en français « pour »).

Les instructions while et do-while vérifient une condition logique pour voir si la boucle devrait être terminée. Une telle configuration est appelée *itération indéfinie* puisque le nombre de répétitions que la boucle va faire n'est pas connu à l'avance. Pourtant, dans certaines situations, on connaît le nombre de répétitions ; une telle circonstance est appelée *itération définie*. Dans le premier exemple de programme, le nombre de répétitions est connu et vaut n. Nous pouvons donc utiliser une boucle for au lieu d'une boucle while.

```
while(nombre != n)                for(nombre = 1; nombre <= n; nombre++)
  {                                 somme += nombre;
    nombre++;
    somme += nombre;
  }
```

Notez que l'utilisation de l'instruction `for` a éliminé deux instructions : l'initialisation de `nombre` par une affectation et l'augmentation de `nombre`. Ces deux tâches sont faites automatiquement par l'instruction `for`. Cette dernière aurait d'ailleurs pu comprendre la déclaration de `nombre` :

```
for(int nombre = 1; nombre <= n; nombre++)
```

cette variable ne devant alors plus être déclarée au début du programme et n'existant plus qu'à l'intérieur de l'instruction `for`.

La syntaxe de l'instruction `for` est un peu particulière : dans la parenthèse qui suit le `for`, il doit y avoir trois éléments séparés par des points-virgules. Le premier élément sert à la déclaration et à l'initialisation de la variable de contrôle de boucle, le second sert à la vérification de la condition de fin de boucle et le troisième sert à l'augmentation de la variable de contrôle de boucle. Notez que chacun de ces éléments est facultatif ; il vaut cependant mieux les utiliser tous.

Il est recommandé de déclarer le paramètre de boucle à l'intérieur de l'instruction `for`. *Il n'existe ainsi qu'à l'intérieur de la boucle, mais on ne devrait pas en changer la valeur à l'intérieur de la boucle* (malheureusement, le langage ne l'interdit pas !). On notera qu'il est possible de placer plusieurs éléments dans chacune des parties d'un `for` ; un bon style de programmation nous limitera à des instructions touchant la variable de contrôle de boucle. Prenons maintenant quelques exemples simples.

```
for(C = 0; C <= 100; C += 5)
   cout << "La valeur Celsius " << C << " est en Fahrenheit "
        << ((C * 9.0) / 5.0 + 32.0) << endl;
```

ce qui est une autre forme de l'exemple vu plus haut.

```
for(int i = 0; i < 20; i++)
   cout << "i: " << i << " i carré: "
        << (i*i) << endl;
```

L'exécution de cette boucle produira l'affichage des valeurs de 0 à 19 et de leurs carrés à raison de deux valeurs par ligne.

Exemple de programme avec boucle et expression arithmétique

Aux États-Unis, la température est toujours donnée en degrés Fahrenheit[6] ; comme, de notre côté, nous sommes habitués aux degrés Celsius[7], il nous faut une table de conversion des degrés Fahrenheit en degrés Celsius pour notre prochain voyage chez les « Américains ». Nous savons (ou nous devrions savoir) que 32 °F sont équivalents à 0 °C, et que 212 °F sont équivalents à 100 °C. Afin de convertir les degrés Fahrenheit en degrés Celsius, nous devons donc réduire la valeur Fahrenheit de 32 et multiplier le résultat par $100/(212-32)$ ou par $5/9$.

Nous nous limiterons à des températures allant de -30 °F à $+120$ °F. Nous voulons afficher une table donnant les équivalents Celsius de chaque valeur de température Fahrenheit. Avec ces hypothèses en tête, nous pouvons produire notre solution sous forme de programme dans un fichier `conversion.cpp`. Nous utiliserons des valeurs de type `float` pour pouvoir obtenir des résultats avec des décimales. Vous

---

[6]   Selon l'échelle définie par le physicien allemand Daniel Gabriel Fahrenheit (1686-1736).

[7]   Selon l'échelle définie par l'astronome suédois Anders Celsius (1701-1744).

pourriez être tentés d'utiliser une boucle `for` puisque Fahrenheit est augmenté de 1 et utilisé pour vérifier la fin de la boucle ; cependant, l'utilisation du type `float` devrait vous en dissuader.

```
// Table de conversion des degrés Fahrenheit en degrés Celsius.
//       Philippe Gabrini    Avril 2005
//
#include <iostream>
using namespace std;

int main (void)
{
  const float LIMITEINF = -30.0;
  const float LIMITESUP = 120.0;

  float fahrenheit = LIMITEINF, celsius;
  cout << "Conversion Fahrenheit-Celsius" << endl;
  do{
     celsius = 5.0 * (fahrenheit - 32.0) / 9.0;
     cout << fahrenheit << "F  " << celsius << "C   " << endl;
     fahrenheit += 1.0;
    }
  while(fahrenheit <= LIMITESUP);
  cout << endl;
  return 0;
}
```

En C++, et dans la plupart des langages de programmation, les opérations arithmétiques sont habituellement exécutées de gauche à droite. Comme on l'a vu plus haut, la multiplication et la division ont une priorité plus élevée que l'addition et la soustraction, et sont exécutées en premier. L'utilisation de parenthèses permet toujours de changer l'ordre des opérations.

Le reste du programme est suffisamment simple ; sa vérification est également simple : nous n'avons qu'à le compiler et à l'exécuter. Comme il n'y a pas de données d'entrée, nous n'avons pas besoin de créer de jeux d'essai ; nous n'avons qu'à examiner les données de sortie et à en vérifier l'exactitude avec des valeurs connues. La sortie aura l'aspect suivant :

```
. . . . .
38F   3.33333C
39F   3.88889C
40F   4.44444C
41F   5C
42F   5.55556C
43F   6.11111C
44F   6.66667C
45F   7.22222C
46F   7.77778C
47F   8.33333C
48F   8.88889C
49F   9.44444C
```

```
50F    10C
51F    10.5556C
52F    11.1111C
53F    11.6667C
.....
```

Nous avons utilisé le format standard, et les résultats sont lisibles, mais pas très bien formatés. Nous reviendrons à cet exemple un peu plus tard afin d'obtenir des résultats mieux formatés.

1.6   Utilisation et mise au point des structures de contrôle imbriquées

Dans les exemples vus jusqu'à maintenant, vous aurez sans doute noté qu'une boucle pouvait contenir une instruction if. Donc, des structures de contrôle peuvent être incluses dans d'autres structures de contrôle. On appelle de telles combinaisons des *structures de contrôle imbriquées*[8]. Nous examinons maintenant trois exemples d'imbrication : des if imbriqués, des if imbriqués dans une boucle et des boucles imbriquées. Nous donnons aussi quelques conseils de mise au point, car la complexité accrue augmente les possibilités d'erreur.

If imbriqués

Supposez que vous vouliez écrire un segment de code qui affiche « Solide », « Liquide » ou « Gaz » selon le point de fusion et le point d'ébullition d'une substance particulière. Bien entendu, en plus de ces deux limites, vous devez aussi connaître la température courante. Notez que nous devons choisir entre trois cas. Si le premier cas (solide) n'est pas vrai, nous devons encore choisir entre deux cas (liquide ou gaz). Le segment de code C++ suivant fait cela avec une instruction if imbriquée dans la partie else de la première instruction if :

```
if(temperature < fusion)
  cout << "Solide";
else if(temperature > ebullition)
  cout << "Gazeux";
else
  cout << "Liquide";
```

Lorsque vous avez plusieurs niveaux d'imbrication d'instructions if, il est parfois un peu difficile de s'y retrouver, surtout si vous utilisez des instructions composées (accolades). Rappelez-vous qu'en C++ la règle est qu'un else est toujours relié au if qui le précède immédiatement, *et cela quels que soient les décalages que vous avez pu donner à votre code*. Les limites des composantes d'une instruction imbriquée ne sont pas toujours claires, *et ceci est la source d'un grand nombre d'erreurs*. Utilisez les outils fournis par votre système pour vous assurer où se trouve l'accolade (ou la parenthèse) ouvrante qui correspond à l'accolade (ou la parenthèse) fermante située quelques lignes plus bas dans votre programme.

---

[8]   Les concertos Brandebourgeois de Johann Sebastian Bach (1685-1750) sont un excellent exemple d'imbrication !

If imbriqués dans une boucle

Soit un segment de programme qui calcule la paye totale d'un employé selon le nombre d'heures travaillées chaque jour. L'employé doit être payé au tarif des heures supplémentaires (une fois et demie le taux normal) pour toutes les heures au-delà de huit heures par jour. Le programme lit les données de façon interactive jusqu'à ce qu'il n'y ait plus de données. Le programme doit alors afficher le nombre d'heures travaillées ainsi que la paye totale. La solution en pseudo-code est la suivante:

```
Mettre Paye à zéro
Mettre Heures totales à zéro
Boucle
        Lire les heures travaillées
        Terminer si la lecture n'est plus possible
        Ajouter les heures travaillées à Heures totales
        Si les heures travaillées sont supérieures à huit
                Ajouter à Paye 8 x Taux + (1.5 x (Heures travaillées - 8) x Taux)
        Sinon
                Ajouter à Paye Heures travaillées x Taux
        Afficher "Total des heures travaillées", Heures totales
        Afficher "Paye gagnée", Paye
```

Essayez maintenant d'écrire les instructions C++ correspondantes ! Vous trouverez une solution un peu plus loin…

Boucles imbriquées

On appelle *boucles imbriquées* les boucles comprises à l'intérieur d'une autre boucle. Les boucles imbriquées sont importantes dans les problèmes mettant en jeu plusieurs variables ou dans les problèmes utilisant des tableaux. Commençons notre examen des boucles imbriquées en faisant la trace de segments de programme. Considérez les boucles :

```
for(int i = 1; i <= M; i++)
   for(int j = 1; j <= N; j++)
     cout << ".";
```

Combien de points seront affichés par l'exécution de ces boucles ? La boucle interne affiche N points chaque fois qu'elle est exécutée. La boucle externe exécute son corps de boucle exactement M fois, chaque fois provoquant l'exécution de la boucle interne qui affiche N points. Il y aura donc un total de M × N points affichés. Une question plus subtile est la suivante : combien de points auront été affichés avant l'exécution de l'appel à la procédure de sortie ? La boucle externe aura été exécutée complètement (i-1) fois, et par conséquent le nombre de points affichés par ces exécutions complètes est N(i-1). La boucle interne aura été exécutée (j-1) fois pour la boucle externe en cours ; le nombre total de points affichés sera donc de N(i-1) + (j-1). Nous ajouterons ceci au programme sous la forme d'un commentaire.

Nous donnons ci-dessous une nouvelle version de ce même exemple qui comprend maintenant un commentaire ; ce commentaire de la troisième ligne est une *assertion*[9] sur le nombre de points affichés lorsque l'exécution atteint ce point dans le programme. On appelle une telle assertion un *invariant de boucle* :

---

[9]   Une assertion est une affirmation, une proposition que l'on tient pour vraie, et l'apophantique est la science des assertions.

cet invariant décrit précisément l'action de la boucle ou des boucles imbriquées dans lesquelles il apparaît. Il est toujours vrai lorsque l'exécution de la boucle atteint le point où il se situe, d'où son nom invariant.

```
for(int i = 1; i <= M; i++)
   for(int j = 1; j <= N; j++)
      // N(i-1) + j-1 points ont été imprimés
      cout << ".";
```

Prenons maintenant un exemple un peu plus compliqué et voyons si nous pouvons établir l'invariant de boucle.

```
for(int i = 1; i <= M; i++)
   for(int j = 1; j <= i; j++)
   // invariant de boucle
      cout << ".";
```

Dans ce cas, le nombre d'itérations de la boucle interne dépend de la valeur du i de la boucle externe. La première fois que la boucle interne se termine, elle a affiché un point; la seconde fois, elle a affiché deux points, et ainsi de suite. Lorsque la i^e itération va commencer, le nombre de points affichés est :

$$1 + 2 + 3 + \ldots + (i-1) = \frac{i(i-1)}{2}$$

en utilisant une formule bien connue. Si la boucle interne commence sa j^e répétition, elle a déjà affiché (j-1) points pour l'itération de la boucle externe en cours. L'invariant de boucle est donc :

```
// (i-1)i/2+(j-1) points ont été affichés
```

1.7   Formatage de l'entrée-sortie

Si nous reprenons notre exemple de conversion des degrés Fahrenheit en degrés Celsius, vous vous souviendrez que nous voulions une sortie mieux présentée et certainement moins linéaire que celle que nous avions obtenue. Pour ce faire, nous allons utiliser l'imbrication d'une instruction de sélection dans une instruction de répétition, mais nous allons devoir aussi faire appel aux opérations de formatage qui se trouvent dans le module de bibliothèque `iomanip`. Nous avons décidé de sortir trois paires de valeurs par ligne et d'afficher les valeurs Fahrenheit, qui sont pratiquement entières, avec une décimale et les valeurs Celsius avec quatre décimales. Pour compter le nombre de paires affichées, nous utilisons une variable `compteur` supplémentaire et nous vérifierons cette variable à chaque répétition de la boucle. Pour le formatage des valeurs numériques, nous utiliserons essentiellement les fonctions de sortie `setw` pour spécifier la largeur d'un élément, `fixed` pour indiquer la sortie des valeurs de type `float` en point fixe, c'est-à-dire sans exposant, `setprecision` pour indiquer le nombre de décimales et `setfill` pour remplir une ligne. Le format de sortie visé est le suivant :

```
         Table de conversion Fahrenheit-Celsius
      _____
      -30.0F -34.4444C    -29.0F -33.8889C    -28.0F -33.3333C
      -27.0F -32.7778C    -26.0F -32.2222C    -25.0F -31.6667C
      -24.0F -31.1111C    -23.0F -30.5556C    -22.0F -30.0000C
      -21.0F -29.4444C    -20.0F -28.8889C    -19.0F -28.3333C
```

Le programme modifié est alors :

```
//     Production d'une table de conversion des
//     degrés Fahrenheit en degrés Celsius.
//        Philippe Gabrini     Avril 2005
#include <iostream>
#include <iomanip>
using namespace std;

int main ()
{
  const int LARGEURC = 9;
  const int LARGEURF = 5;
  const float LIMITEINF = -30.0;
  const float LIMITESUP = 120.0;

  float fahrenheit = LIMITEINF, celsius;
  int compteur = 0;
  cout << "        Table de conversion Fahrenheit-Celsius" << endl;
  cout << setfill('_') << setw(3*(LARGEURC+LARGEURF+5)) << '_' << endl;
  // remplissage = souligné et affichage de _ sur une ligne de largeur calculée
  cout << setfill(' ') << fixed;
  // remplissage = espace et point flottant en notation décimale
  do{
     celsius = 5.0 * (fahrenheit - 32.0) / 9.0;
     cout << setprecision(1) << setw(LARGEURF) << fahrenheit << "F"
          << setprecision(4) << setw(LARGEURC) << celsius << "C    ";
     compteur++;
     if (compteur == 3) { // fin de ligne
       cout << endl;
       compteur = 0;
     }
     fahrenheit++;
  }
  while (fahrenheit <= LIMITESUP);
  cout << endl;
  return 0;
}
```

1.8   Sous-programmes

En C++, tous les sous-programmes sont appelés *fonctions* ; en ce qui nous concerne, nous ferons la distinction entre fonction retournant un résultat et procédure n'en retournant pas, sauf au moyen des paramètres variables. L'en-tête de la fonction commence par le type de la valeur de retour de la fonction. Si ce type est void, nous sommes en présence d'une procédure qui retourne son résultat au moyen des paramètres. Voici un exemple de fonction :

```
int Fahrenheit(int Celsius) // en-tête de fonction
{
   return (Celsius * 9.0) / 5.0 + 32.0 ;
}
```

Dans l'expression calculant la valeur de retour, les calculs sont faits en type `float`, car chaque opération arithmétique possède un argument de type `float`. `Celsius`, qui est entier, est donc converti automatiquement au type `float` avant le calcul, et le résultat de l'expression, qui est de type `float`, est automatiquement converti au type `int`.

Une procédure est donc une fonction dont le type de retour est `void`; il n'y a donc généralement pas d'instruction `return` dans une procédure, bien que l'on puisse utiliser une instruction `return` non suivie d'une valeur.

En C++, on doit généralement déclarer les sous-programmes au début du fichier source au moyen d'un prototype qui consiste en l'en-tête du sous-programme dans lequel les noms des paramètres, mais pas leurs types, sont facultatifs, terminé par un point-virgule et sans le corps du sous-programme. Par exemple :

```
int Fahrenheit(int); // prototype de fonction
```

La déclaration complète du sous-programme apparaîtra alors plus loin dans le programme. Les variables déclarées dans le corps du sous-programme sont *locales* au sous-programme. Une fonction est appelée en plaçant son nom suivi de la liste des paramètres effectifs entre parenthèses à tout endroit où l'on attend une valeur du type de la fonction, ou, s'il s'agit d'une procédure, à tout endroit où l'on attend une instruction.

Les paramètres des sous-programmes sont soit passés par valeur, soit passés par référence :

- Par valeur : on passe une copie du paramètre qui peut être utilisée comme une variable locale; un changement à cette valeur dans le sous-programme demeure local au sous-programme ;

- Par référence : le paramètre est un alias pour la valeur passée, ce qui est indiqué au moyen du signe & (esperluette) ; une modification du paramètre est en fait une modification de la variable utilisée comme paramètre effectif (ou d'appel). Par exemple :

```
void Echanger(int & X, int & Y){
  //échanger les valeurs de X et de Y
  int temp = X; // valeur temporaire
  X = Y;
  Y = temp;
}
```

L'oubli des signes & dans la liste des paramètres ci-dessus ne donnera pas les résultats escomptés, les transformations se faisant alors sur des copies locales ! *Ce genre d'oubli est courant et la source de nombreux bogues, soyez-en conscients.*

Cette technique de passage de paramètres variables est également utilisée pour passer de gros paramètres (seule l'adresse du paramètre est passée, et l'on évite ainsi une copie, au risque de donner accès à des données qui devraient être protégées).

Exemple de procédure avec des structures de contrôle imbriquées

Supposez que vous vouliez écrire une procédure qui affiche une table de multiplication pour des valeurs allant de un à une taille donnée (peut-être votre petit frère, qui est encore à l'école primaire, a-t-il besoin d'aide...). Par exemple, avec une taille de 8, la procédure affichera :

```
 X |   1    2    3    4    5    6    7    8
   _____
 1 |   1    2    3    4    5    6    7    8
 2 |   2    4    6    8   10   12   14   16
 3 |   3    6    9   12   15   18   21   24
 4 |   4    8   12   16   20   24   28   32
 5 |   5   10   15   20   25   30   35   40
 6 |   6   12   18   24   30   36   42   48
 7 |   7   14   21   28   35   42   49   56
 8 |   8   16   24   32   40   48   56   64
```

Le programme suivant produit cette sorte de table en utilisant une procédure `afficherTable` :

```cpp
//      Production d'une table de multiplication.
//         Philippe Gabrini      Avril 2005
#include <iostream>
#include <iomanip>
using namespace std;

void AfficherTable(int); // prototype

int main (void)
{
  AfficherTable(5);   // table des 5
  AfficherTable(10); // table des 10
  return 0;
}


void AfficherTable(int Taille)
// Calcule et affiche table de multiplication d'une taille donnée
{
  int gauche, droite;
  if (Taille > 12)
    cout << "Table trop grande pour afficher" << endl;
  else{
    cout << "    X |";
    for(gauche = 1; gauche <= Taille; ++gauche)      // ligne titre
      cout << setw(5) << gauche;
    cout << endl;
    for(gauche = 0; gauche <= Taille; ++gauche)      // ligne continue
      cout << "_____";
    cout << endl;
    for(gauche = 1; gauche <= Taille; ++gauche){    // affiche les lignes
      cout << setw(5) << gauche;
      cout << " |";
```

```
      for(droite = 1; droite <= Taille; ++droite)   // affiche une ligne
          cout << setw(5) << gauche * droite;
        cout << endl;
      }
   }
   cout << endl;
   cout << endl;
}
```

Lorsque nous examinons cette procédure, nous voyons que sa structure est un peu complexe. Les structures de contrôle de base sont les suivantes :

```
      if( condition )
         instructions
      else
         instruction for
         instruction for
         instruction for
            instruction for
```

Dans cette procédure, les structures de contrôle sont imbriquées à trois niveaux de profondeur. Si une procédure devient plus complexe, le programmeur devra considérer une décomposition plus poussée par l'utilisation d'autres fonctions.

Mise au point des structures de contrôle imbriquées

La conception des structures imbriquées doit se faire de façon réfléchie. Mais même fait avec soin, une fois qu'un algorithme a été conçu et programmé, il se peut très bien qu'il ne fonctionne pas comme prévu. Nous allons jeter un coup d'œil sur comment on peut éviter de telles erreurs, comment on peut les détecter et les corriger si elles se produisent.

Le moyen principal d'éviter les erreurs est de faire une conception méticuleuse en utilisant une variété de techniques pour aider au processus de conception. La technique du raffinage graduel ou par étapes est particulièrement utile. Une autre technique utile est la définition d'invariants de boucle au fur et à mesure de la construction des boucles.

Après une conception bien pensée, les algorithmes devraient être vérifiés à la main en utilisant des données d'essai pour s'assurer que les résultats sont corrects. Les données doivent comprendre des valeurs typiques, des cas limites et des valeurs anormales. Si les structures de contrôle d'un algorithme deviennent trop complexes, il devrait être modularisé en morceaux plus petits. De cette façon, chaque morceau peut être vérifié séparément avant d'être intégré à l'algorithme complet.

En dépit des efforts faits par le programmeur pour éviter les erreurs, ces dernières apparaissent une fois la réalisation terminée et les essais commencés. La première étape de la mise au point est d'essayer d'isoler l'erreur dans un segment de code. Le cas qui a provoqué l'erreur peut être vérifié à la main dans le segment en cause ; cela indique généralement la source de l'erreur. Si la conception était saine, mais que le code n'a pas fidèlement réalisé ce qui était prévu, l'erreur peut être corrigée en réécrivant le code. Si la conception était fautive, il faut retourner à la planche à dessin[10] et refaire la conception d'une partie du programme. Si votre programme a une bonne structure modulaire, la partie à reconcevoir sera probablement petite. En suivant le bon sens, nous testons en commençant par les sous-programmes les plus simples et en progressant vers les sous-programmes plus complexes. Cette façon de faire incite également le programmeur à effectuer un bon découpage de son code au moment de la conception.

Pour isoler une erreur, vous pouvez insérer des instructions de sortie supplémentaires pour indiquer le flux de l'exécution du programme. Si cette technique ne révèle pas le problème, ces instructions de sortie peuvent être modifiées pour donner la valeur des variables. Il est particulièrement utile d'afficher les valeurs des variables intervenant dans les conditions des instructions `if` ou des fins de boucles. Vous découvrirez ainsi souvent que le choix n'a pas été fait ou qu'une boucle s'exécute un nombre de fois inférieur ou supérieur à ce qui était prévu. La mise au point est un talent que vous développerez avec l'expérience, mais cette mise au point est toujours plus facile si le programme a été bien conçu. Évidemment si votre système possède un bon débogueur, apprenez à vous en servir ; *le temps passé à apprendre à se servir d'un tel outil est toujours un bon investissement.*

Exemple de programmation fraîche

Pour illustrer à nouveau l'utilisation des expressions arithmétiques et le formatage de la sortie, nous allons concevoir un programme qui calcule et affiche une table des facteurs de refroidissement éolien[11] pour un ensemble de valeurs de températures et de vitesses du vent.

Le facteur de refroidissement éolien, bien connu de ceux qui vivent dans un climat froid, est une mesure du degré de froid relatif qu'une personne ressentira à l'extérieur. On l'exprime généralement comme une température équivalente. Par exemple, si la température extérieure est −15 °C et qu'il y a un vent de 55 km/h, le facteur de refroidissement est d'environ −38 °C. Ceci veut dire que, si une personne s'aventure à l'extérieur dans ces conditions, elle ressentira un froid équivalent à −38 °C sans vent. Cette mesure est basée sur le fait que le corps humain est une source de chaleur et que, au fur et à mesure que le vent augmente, le corps perdra de la chaleur de plus en plus vite.

Le calcul du facteur de refroidissement peut être très complexe : nous pourrions considérer la perte de chaleur due au vent aussi bien que l'effet réchauffant des rayons de soleil et que la quantité de chaleur produite par le corps lorsqu'une personne se déplace. Ici, nous utiliserons une méthode simple qui ne considère que la perte de chaleur du corps due au vent. La formule suivante donne le facteur de refroidissement éolien pour une température en degrés Fahrenheit et la vitesse du vent en milles à l'heure (pour des vitesses supérieures à 10 mph) :

$$\text{FRE} = 91{,}4 - (91{,}4 - \text{Temp.})\,(0{,}288\ \sqrt{\text{Vent}} + 0{,}45 - 0{,}019\ \text{Vent})$$

Nous sommes allés aux sources pour trouver cette formule (voir le commentaire en tête du programme), et, si nous voulons l'utiliser telle quelle, il nous faudra utiliser des unités de mesure impériales. Ne reculant devant aucun sacrifice, un collègue et moi avons entrepris avec succès la conversion de cette formule ; de

---

10   Par analogie à l'architecture où il faudrait revenir aux plans originaux.

11   Éole (ou Aiolos, son nom grec) est le dieu des vents.

toutes façons, ce n'est pas si compliqué que ça : 91,4 représente la température de la peau en degrés Fahrenheit, on la remplacera par 33 °C. De même, la vitesse du vent sera convertie en km/h.

Nous ferons varier la température de −40 °C à 0 °C par pas de 5 °C. Pour chaque valeur de la température, nous ferons varier la vitesse du vent de 15 km/h à 55 km/h par sauts de 10 km/h. Nous déclarerons ces limites au moyen de constantes, et ces constantes symboliques, plutôt que les valeurs numériques, seront utilisées dans les instructions du programme. De cette façon, des changements des limites seront faits uniquement dans les déclarations, ce qui facilitera la maintenance du programme.

Le programme ci-dessous est relativement court. Il utilise des boucles imbriquées de façon fort semblable à notre exemple de table de multiplication vu plus tôt. La boucle interne calcule et affiche les valeurs du facteur de refroidissement pour différentes valeurs de la vitesse du vent (une ligne de la table). La boucle extérieure contrôle les valeurs de la température (nombre de lignes de la table).

```cpp
//  Ce programme calcule et affiche une table des températures
//  équivalentes au refroidissement éolien pour un ensemble de
//  températures et de vitesses du vent.  Le facteur de
//  refroidissement est calculé en appliquant la formule
//  suivante tirée de l'article de Siple et Passel "Measurements
//  of any atmosphere cooling in sub-freezing temperatures" paru
//  en 1945 dans Proc. Am. Philosophical Society.
//  FR = 91,4 - (91,4 - Temp)(0,288 Sqrt(Vent) + 0,45 - 0,019 Vent)
//  Les unités utilisées dans cette formule sont les degrés Fahrenheit
//  et les milles à l'heure.  Cette formule ne tient pas compte de
//  l'effet réchauffant du soleil ni de la chaleur engendrée par
//  l'activité physique.  Elle ne considère que la perte de chaleur
//  du corps causée par le vent et est valide pour les vitesses du
//  vent > 10 mph.  Le programme utilise une formule équivalente
//  où les unités sont les degrés Celsius et les km/h.
//
//    Philippe Gabrini     Avril 2005
//
#include <iostream>
#include <iomanip>
using namespace std;

int main (void)
{
  const float TEMPERATUREMINI = -40.0;
  const float TEMPERATUREMAXI = 0.0;
  const float PASDELATEMPERATURE = 5.0;
  const float VENTMINI = 15.0;
  const float PASDUVENT = 10.0;
  const float VENTMAXI = VENTMINI + 4.0 * PASDUVENT;

  float facteurVent, temperature, vitesseVent;

  cout << "Températures équivalentes au refroidissement éolien" << endl;
  cout << "                              Vitesse du vent (km/h)" << endl;
  cout << "  Températures (C)" << setw(10) << setprecision(1)
```

```
        << fixed << VENTMINI<< setw(10)
        << VENTMINI+PASDUVENT << setw(10) << VENTMINI+2.0*PASDUVENT
        << setw(10) << VENTMINI+3.0*PASDUVENT << setw(10)
        << VENTMINI+4.0*PASDUVENT << endl;
   cout <<
        "       de l'air                                               ";
   cout << endl << "                              |" << endl;
   temperature = TEMPERATUREMINI;
   do
   {
      vitesseVent = VENTMINI;
      cout << setw(10) << setprecision(2) << temperature << "        |";
      do
      {
         facteurVent = 33.0 - (33.0 - temperature)
                    * (0.227 * sqrt(vitesseVent) +
                       0.45 - 0.0118 * vitesseVent);
         cout << setw(10) << facteurVent;
         vitesseVent += PASDUVENT;
      }
      while (vitesseVent <= VENTMAXI);
      cout << endl;
      temperature += PASDELATEMPERATURE;
   }
   while (temperature <= TEMPERATUREMAXI);
}
```

Températures équivalentes au refroidissement éolien

Températures (C) de l'air	Vitesse du vent (km/h)				
	15.0	25.0	35.0	45.0	55.0
-40.00	-51.11	-61.17	-67.74	-72.25	-75.37
-35.00	-45.35	-54.72	-60.84	-65.04	-67.94
-30.00	-39.59	-48.27	-53.94	-57.83	-60.52
-25.00	-33.83	-41.82	-47.04	-50.62	-53.10
-20.00	-28.06	-35.37	-40.14	-43.41	-45.68
-15.00	-22.30	-28.92	-33.24	-36.20	-38.25
-10.00	-16.54	-22.47	-26.34	-29.00	-30.83
-5.00	-10.78	-16.02	-19.44	-21.79	-23.41
0.00	-5.02	-9.57	-12.54	-14.58	-15.99

L'exécution de ce programme produit le tableau ci-dessus. Nous en avons vérifié les valeurs en les comparant à une table fournie par un service météorologique : elles concordent.

1.9   Récursivité

Les appels de sous-programmes récursifs ne sont pas différents des appels de sous-programmes simples. Comme on le verra lorsque l'on se penchera sur certaines structures de données, les algorithmes récursifs nous permettent souvent une programmation plus élégante. À titre d'exemple, étudions maintenant un algorithme récursif.

Les tours de Hanoi représentent un casse-tête intéressant. Imaginez trois tours (ou aiguilles) et un ensemble de disques de tailles différentes qui peuvent être enfilés sur les aiguilles. La position initiale pour trois disques est illustrée par la figure 1.4. L'objectif du jeu est de déplacer tous les disques de l'aiguille originale A à l'aiguille C. Ça paraît assez simple, mais ceci doit être fait en respectant deux contraintes : on ne peut déplacer qu'un seul disque à la fois et l'on ne peut jamais placer un disque de plus grande taille sur un disque de plus petite taille.

Nous pouvons résoudre le problème des trois disques si nous faisons l'hypothèse récursive que nous connaissons la solution pour deux disques. D'abord, nous utilisons l'étape récursive pour déplacer les deux disques les plus petits de l'aiguille A à l'aiguille B. Ensuite, nous déplaçons le plus grand disque de l'aiguille A à l'aiguille C. Enfin, nous utilisons l'étape récursive de nouveau pour déplacer les deux disques les plus petits de l'aiguille B à l'aiguille C.

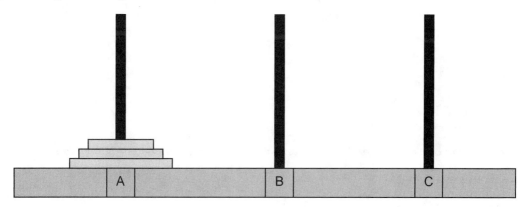

Figure 1.4 Position de départ des tours de Hanoi

Tout algorithme récursif nécessite un *cas de base* pour mettre fin à la cascade des appels récursifs. Notre cas de base correspond au cas où il n'y a qu'un seul disque : la solution consiste à déplacer ce disque de l'aiguille de départ à l'aiguille destination, d'où le pseudo-code suivant:

```
Résoudre Hanoi(N, Départ, Intermédiaire, Destination)
        Si N = 1 Déplacer le disque 1 de Départ à Destination
        Sinon    Déplacer les (N-1) plus petits disques de Départ à Intermédiaire
                 Déplacer le disque N de Départ à Destination
                 Déplacer les (N-1) plus petits disques d'Intermédiaire à Destination
```

La première et la troisième instruction dans la partie Sinon sont en fait des appels récursifs. Pour que la sortie soit compréhensible, nous devons trouver une notation pour représenter les déplacements. Si les disques sont étiquetés par taille de 1 (pour le plus petit) à n (pour le plus grand), et si les aiguilles sont repérées par les caractères A, B et C, nous résoudrons le problème pour trois disques avec l'appel :

```
Hanoi(3, 'A', 'B', 'C');
```

Pour montrer les déplacements, nous afficherons le mot « Déplacer », le numéro du disque déplacé, le mot « de », le caractère représentant l'aiguille d'origine, le mot « à » et le caractère représentant l'aiguille destination du déplacement. Notre algorithme, ainsi raffiné, devient la procédure suivante :

```
void Hanoi(int N, char Depart, char Intermediaire, char Destination)
{
  if(N == 1)
    cout << "Déplacer " << N << " de " << Depart
         << "à" << Destination << endl;
  else {
    Hanoi(N-1, Depart, Destination, Intermediaire);
    cout << "Déplacer " << N << " de " << Depart
         << "à" << Destination << endl;
    Hanoi(N-1, Intermediaire , Depart, Destination);
  }
}
```

La suite de déplacements affichée par `Hanoi(3, 'A', 'B', 'C')` sera :

```
        Déplacer 1 de A à C
        Déplacer 2 de A à B
        Déplacer 1 de C à B
        Déplacer 3 de A à C
        Déplacer 1 de B à A
        Déplacer 2 de B à C
        Déplacer 1 de A à C
```

Avant de quitter ce chapitre, voici le code correspondant au pseudo-code de la section 1.6.

```
int main()
{
  float taux = 16.75;
  float paye = 0, heures_totales = 0, heures;
  cout << "Donnez une série d'heures terminée par CTRL-Z" << endl;
  while(cin >> heures){ // CTRL-Z pour fin de données
    heures_totales += heures;
    if(heures > 8.0) // taux supplémentaire
      paye += 8.0*taux + (1.5*(heures-8.0)*taux);
    else             // taux normal
      paye += heures*taux;
  } // while
  cout << "Total des heures travaillées: " << heures_totales << endl;
  cout << "Paye gagnée: " << paye;
  return 0;
} // main
```

1.10 Exercices et problèmes

Exercices

1.1   Écrire les expressions correspondantes en C++.

$$v = a_0 + v_0 t + \frac{1}{2} g t^2$$

$$w = \sqrt{z^2 + y^2 - 2zy \cos \alpha}$$

$$i = c \left(1 + \frac{t}{100} \right)^{année}$$

$$cr = 5\pi^2 \frac{q^2}{b^3 (a + c)}$$

1.2   Les formules ci-dessous de calcul des racines de l'équation du second degré sont incorrectes. Pourquoi ?

```
rac0 = sqrt(b*b - 4*a*c);
rac1 = (-b - rac0) / 2 * a;
rac2 = (-b + rac0) / 2 * a;
```

1.3   Si `nombre` est un entier et `decimal` est un réel, expliquer la différence entre les deux instructions ci-dessous :

```
nombre = decimal;
nombre = static_cast<int>(decimal + 0.5);
```

1.4   Trouver au moins quatre erreurs de syntaxe dans le code ci-dessous:

```
#include iostream
int main()
{
  cout << "Donnez deux nombres : ";
  cin << a,b ;
  cout << "La somme de << a << " et " << b
      " est " a + b << "\n";
  return;
}
```

1.5   Expliquer la différence entre les deux suites d'instructions :

```
x = 0;                    x = 0;
if(a < 0) x++;            if(a < 0) x++;
if(b > 0) x++;            else if (b > 0) x++;
```

1.6   Composer un exemple de code montrant le problème du `else` orphelin : un étudiant avec une moyenne strictement comprise entre 1,5 et 2 est en sanction graduée; en dessous de 1,5, il est exclu.

1.7   Réécrire la boucle `do-while` ci-dessous en une boucle `while`:

```
int x = 0;
int j;
float a = 0, b;
do
{ b = 1.0 / (1 + x * x);
  x++;
  a = a + b;
} while(b > 0.01);
```

1.8   Réécrire la boucle `for` en une boucle `while`.

```
int x = 0;
cin >> x;
for(j = 1; j <= 20; j++)
  x = x + j;
```

1.9   Pour chacune des variables du programme ci-dessous, indiquer la portée. Déterminer alors, et sans exécuter le programme, ce qu'il affiche.

```
int x = 0;
int y = 1;
int fonc1(int z)
{
  int d = 2;
  x = z;
  if(d < z)
    d = x + y;
  return d;
}
int fonc2(int z)
{
  int d = 0;
  int x = z;
  if(d < fonc1(z))
    d = x + y;
  return d;
}
int main()
{
  int w = 3;
  int y = fonc2(w);
  cout << x + y + w << "\n";
  return 0;
}
```

1.10   Indiquer le nombre de paramètres et le nombre de valeurs résultats que la procédure ci-dessous possède:

```
void moyenne(float & moyen)
{
  cout << "Donnez deux nombres SVP: "
  float x, z;
  cin >> x >> z;
  moyen = (z + x)/2;
}
```

1.11   Soit la fonction ci-dessous ; en faire la trace pour les appels rec(1), rec(2), rec(3), jusqu'à rec(10). Quelle est la valeur calculée par la fonction ?

```
int rec(int n)
{
  if(n <= 1)
    return 1 ;
  if(n % 2 == 0)
    return rec(n / 2);
  else
    return rec(3 * n + 1) ;
}
```

1.12   Prouver que la procédure suivante effectue vraiment un échange de valeurs de deux entiers.

```
void proc(int& x, int& y)
{
  x = x - y;
  y = y + x;
  x = y - x;
}
```

Problèmes

1.13   Écrire un programme qui calcule le produit des 12 premiers entiers et la somme des inverses de ces entiers (Attention aux types des valeurs manipulées).

1.14   Écrire un programme qui affiche les valeurs 1, 10, 100, ... , 10000000000 comme entiers et comme réels.

1.15   Écrire un programme qui rende la monnaie : le programme reçoit deux valeurs, la somme due et la somme payée. Le programme calculera et affichera le nombre de pièces de 1 cent, de pièces de 5 cents, de pièces de 10 cents, de pièces de 25 cents, de pièces de 1 dollar et de pièces de 2 dollars à rendre.

1.16   Écrire un programme qui lise un nombre entier et qui affiche les chiffres qui le composent.

1.17 Écrire un programme qui lise deux heures en format 24 heures, la première heure précédant chronologiquement la seconde, et qui calcule et affiche la différence entre ces deux heures.

```
Donnez la première heure : 1930
Donnez la seconde heure : 700
La différence est de 11 heures 30
```

1.18 Écrire un programme qui accepte des codes de cartes à jouer et qui sort en clair la valeur de la carte. Codes des cartes : P (pique), Co (cœur), Ca (carreau), T (trèfle), A (as), 2 à 10 (valeurs des cartes), V (valet), Re (reine), Ro (roi). Par exemple : Donnez une carte : **ReP** donne le message : **Reine de Pique**.

1.19 Écrire un programme qui traduise une note en lettres en une note numérique. Les notes en lettres sont A, B, C, D, E et peuvent être suivies de + ou −. Leurs valeurs numériques sont 4, 3, 2, 1, 0. Il n'y a pas de E+, E− ou D−. Un plus augmente la valeur de 0,3, un moins la diminue de 0,3. Exemple d'exécution :

```
Donnez une note en lettres : A-
La valeur numérique est 3,7
```

1.20 Écrire un programme qui convertisse un entier positif en un nombre romain. Les chiffres romains sont : I (1), V (5), X (10), L (50), C (100), D (500), M (1000). Les nombres sont exprimés de la façon suivante I, II, III, IV, V, VI, VII, VIII, IX, X, XI, XII, XIII, XIV, etc.

1.21 Écrire une fonction booléenne qui reçoive en paramètre une année et qui vérifie si elle est bissextile (366 jours). Ceci n'est valable que depuis la mise en place du calendrier Grégorien, le 15 octobre 1582. Comme la terre tourne autour du soleil en 365,242189 jours (valeur qui diminue de $1,3 \cdot 10^{-5}$ jours par siècle), les années bissextiles servent à rattraper le temps perdu. Les années divisibles par 4 sont généralement bissextiles, à l'exception des années divisibles par 100, mais les années divisibles par 400 sont bissextiles.

1.22 Écrire une fonction qui calcule la date julienne : le nombre de jours écoulés depuis le 1er janvier 4713 avant Jésus-Christ. Voici l'algorithme : mettre jj, jm et ja au jour, mois et année de la date. Si l'année est négative (avant Jésus-Christ), ajouter 1 à ja (l'année zéro n'a jamais existé). Si le mois est supérieur à février ajouter 1 à jm, autrement ajouter 13 à jm et soustraire 1 à ja. Calculer :

```
long julien = floor(365.25 * ja) + floor(30.6001 * jm) + jd + 1720995.0.
```

Si la date était avant le 15 octobre 1582, retourner le résultat, autrement effectuer la correction suivante :

```
julien = julien + 2 - 0.01 * ja + 0.0025 * ja.
```

1.23 Écrire un programme qui convertisse un nombre romain comme MCMXCIX en sa représentation décimale. Il serait utile d'avoir une fonction retournant la valeur numérique de chaque lettre, puis d'examiner les lettres deux à deux. Si la première a une valeur supérieure à la seconde, convertir la première et avancer d'un caractère avant de répéter, sinon calculer la différence et avancer de deux dans la chaîne.

Chapitre 2

Tableaux, structures, pointeurs et entrée-sortie

Petit à petit, l'oiseau fait son nid.
Proverbe

Dans ce chapitre, nous continuons l'introduction rapide au langage C++. Nous commençons par vous présenter les tableaux à une et à plusieurs dimensions. Nous vous présentons ensuite les structures qui permettent de grouper des données hétérogènes et qui sont plutôt un reliquat du langage C. Nous introduisons ensuite les structures dynamiques et les pointeurs dont la maîtrise est la clef de votre succès en C++. Nous terminons le chapitre en complétant vos connaissances sur l'entrée-sortie en C++ avec la présentation de la manipulation de fichiers textes.

2.1   Tableaux

Un tableau est une suite d'objets de type quelconque, lequel peut être également un type structuré, comme un tableau ou une structure.

Tableaux à une dimension

Un tableau est une séquence d'éléments de données. Le type de données tableau est un type de données structuré avec un nombre fixe de composants qui sont tous du *même type*, chaque composant étant directement accessible au moyen d'un *indice*. La déclaration d'un objet de type tableau à une dimension a la forme syntaxique simplifiée suivante :

```
type-des-éléments  nom[taille];
```

où nom est le nom donné au tableau déclaré, où la taille donne le nombre d'éléments maximum du tableau, et type-des-éléments donne le type des composants qui forment le tableau. De tels tableaux sont appelés *vecteurs*[1] ou *tableaux à une dimension* parce qu'ils n'ont qu'un seul indice. Le type de l'indice d'un tableau est un entier dont la valeur va de *zéro* à taille-1.

Prenons un exemple de déclaration de tableaux.

```
int chapitre[26], paragraphe[52];
```

Dans cet exemple, les indices du tableau d'entiers chapitre vont de 0 à 25 et ceux du tableau paragraphe vont de 0 à 51.

On peut accéder à chacun des éléments d'un tableau directement au moyen d'un indice. On accède à un élément du tableau facilement en utilisant le nom du tableau suivi de la valeur de l'indice entre crochets. On appelle parfois un tel élément une *variable indexée*.

chapitre[3]   quatrième élément de chapitre
paragraphe[index]   treizième élément de paragraphe si index vaut 12

On peut donner des valeurs à des tableaux en lisant les valeurs des éléments ou en leur affectant directement des valeurs, par exemple :

```
for(int lettre = 0; lettre < 26; lettre++)
   chapitre[lettre] = 0;
```

Cette boucle affecte zéro à chaque élément du tableau chapitre. Ceci explique pourquoi l'on parle de variable indexée, puisque chacun des composants individuels du tableau peut être utilisé comme une variable ordinaire.

---

[1]   Le terme anglais vector est ainsi utilisé dans la bibliothèque standard STL de C++ pour désigner une structure séquentielle semblable aux tableaux à une dimension.

On peut aussi donner une valeur initiale aux éléments du tableau lors de la déclaration en utilisant une liste d'initialisation qui comprend entre accolades un nombre de valeurs égal ou inférieur au nombre d'éléments du tableau. S'il y a moins de valeurs que d'éléments dans le tableau, les éléments restants sont mis à zéro.

```
int chapitre[26] = {1,2,3,4,5,6,7,8,9,0,1,2,3,4,5,6,7,8,9,0,1,2,3,4,5,6};
int paragraphe[52] = {0};  // tous mis à zéro
```

Dans la déclaration de chapitre ci-dessus, le 26 est facultatif, puisque les valeurs d'initialisation le déterminent. Illustrons maintenant les tableaux à une dimension au moyen du segment de code suivant où l'on calcule la somme des valeurs comprises dans un tableau.

```
const int TAILLETABLEAU = 12;
int table[TAILLETABLEAU] = {1,2,3,4,5,6,7,8,9,10,11,12};
int somme = 0;
for(int index = 0; index < TAILLETABLEAU; index++)
  somme += table[index];
cout << "La somme des valeurs est " << somme << endl ;
```

Tableaux à plusieurs dimensions

Un tableau peut avoir plus d'une dimension. Si l'on considère qu'un tableau à une dimension peut servir à représenter une liste linéaire, on utilisera un tableau à deux dimensions pour représenter une table caractérisée par ses rangées et ses colonnes, comme celle de la figure 2.1. Pour déclarer qu'un tableau a plus d'une dimension, il suffit de placer plus d'une paire de crochets dans sa déclaration. Soit :

```
const int MAXI = 10;
int table[5][MAXI];
```

On dit que table est un *tableau à deux dimensions* ou une *matrice*. Le tableau table a 5 rangées indexées de 0 à 4, et 10 colonnes indexées de 0 à 9.

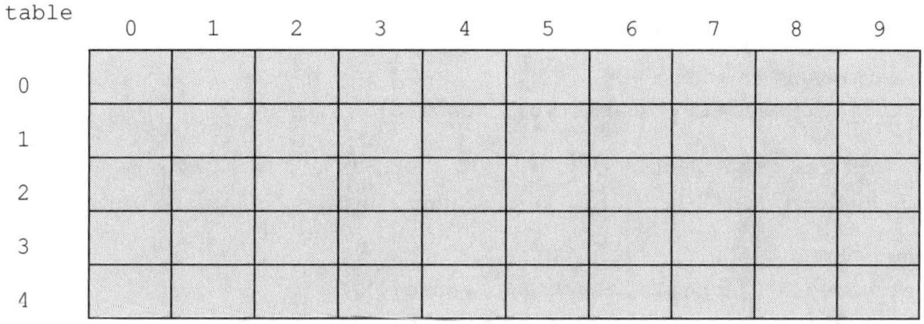

Figure 2.1 Matrice

Pour accéder aux éléments d'un tableau à deux dimensions, il nous faut donner deux indices, chacun entre crochets, un par dimension, sous la forme d'une expression produisant une valeur de type entier, comme :

```
table[rangee][j]
```

Si l'on utilise seulement le premier indice, on désigne toute une rangée ; ainsi, `table[2]` représente la troisième rangée et donc un tableau à une dimension que l'on peut indicer.

Supposez maintenant que nous voulions calculer le nombre des jours de pluie dans une année (52 semaines) et que nous disposions des données classées par semaine. Ces données sont booléennes (indiquant s'il a plu ou non) et comprennent une valeur par jour. Nous pouvons ranger les données d'une semaine dans un vecteur, et les données d'une année dans une matrice d'éléments booléens. La matrice `pluvieux` sera une matrice de $52 \times 7 = 364$ éléments, soit une matrice de 52 rangées et de 7 colonnes ; chaque rangée correspond à une semaine tandis que chaque colonne correspond à un jour. Nous aurons alors les déclarations suivantes :

```
const int NBJOURS = 7;
const int NBSEMAINES = 52;
bool pluvieux[NBSEMAINES][NBJOURS];
```

On initialise aussi la matrice `pluvieux` par une boucle de lecture de 364 valeurs booléennes. Afin de compter le nombre de jours de pluie dans une année, on code le segment de programme ci-dessous :

```
int joursDePluie = 0;
for(int semaine = 0; semaine < NBSEMAINES; semaine++)
  for(int aujourd_hui = 0; aujourd_hui < NBJOURS; aujourd_hui++)
    if(pluvieux[semaine][aujourd_hui])
      joursDePluie += 1;
```

Nous pouvons facilement ajouter une dimension à notre tableau; si, par exemple, nous voulons étendre nos calculs à une décennie, il suffit de considérer 10 matrices comme ci-dessus. Cela revient à ajouter une dimension à notre tableau, et nos déclarations deviennent alors :

```
const int NBANNEES = 10;
bool pluvieux[NBANNEES][NBSEMAINES][NBJOURS];
```

Le tableau `pluvieux` est maintenant un tableau à trois dimensions de $10 \times 52 \times 7 = 3640$ éléments, et le segment de programme calculant le nombre de jours de pluie dans la décennie est le suivant:

```
int joursDePluie = 0;
for(int annee = 0; annee < NBANNEES; annee++)
  for(int semaine = 0; semaine < NBSEMAINES; semaine++)
    for(int aujourd_hui = 0; aujourd_hui < NBJOURS; aujourd_hui++)
      if(pluvieux[annee][semaine][aujourd_hui])
        joursDePluie += 1;
```

Chaînes de caractères de type C

On peut utiliser les tableaux pour représenter les chaînes de caractères de type C ; le langage C++ possède un type `string` plus sophistiqué et plus sûr, et l'on peut effectuer des conversions d'un type de chaîne à l'autre (voir chapitre 5). Une chaîne de caractères de type C sera alors un tableau de caractères dont le dernier a pour code zéro. La taille de tels tableaux est calculée par le compilateur et est égale au nombre de caractères dans la chaîne *plus un caractère supplémentaire de fin de chaîne*. Ce caractère est le caractère nul dont le code ASCII est zéro, que l'on peut représenter par \0. Par exemple :

```
char chaine1[] = "Cogito ergo sum";²
char chaine2[] = "Si jeunesse savait, si vieillesse pouvait";
char chaine3[] = {'M','e','h','r',' ','L','i','c','h','t','!','\0'};³
```

La première chaîne a 16 caractères, le caractère de fin de chaîne ayant été ajouté par le compilateur, comme dans l'exemple qui le suit. Le dernier exemple montre que la définition de la chaîne se fait plus simplement avec la notation des deux premières lignes et que, lorsque nous définissons une chaîne caractère par caractère, nous devons ajouter nous-mêmes le caractère de fin de chaîne, sinon nous avons juste un tableau de caractères non assimilable à une chaîne de caractères.

```
char nom[22];
cin >> nom;
```

La chaîne `nom` que nous venons de déclarer comporte 22 caractères, mais ne pourra recevoir que 21 caractères en plus du caractère de fin de chaîne. Notez que l'on ne doit pas fournir de taille dans l'instruction de lecture ; la lecture se poursuivra jusqu'à la rencontre d'un caractère espace, tabulation, fin de ligne, etc.

> Si le nombre de caractères lus dépasse la taille de la chaîne, les caractères en trop sont rangés dans la mémoire à la suite du tableau et vraisemblablement dans un espace mémoire dédié à autre chose, causant ainsi une destruction des données ou même du programme.

Tableaux passés en paramètres

On peut utiliser un tableau comme paramètre d'un sous-programme, exactement comme une variable simple : il suffit de donner le nom du tableau comme paramètre effectif. *Cependant, en C++, les tableaux reçoivent un traitement spécial lorsqu'ils sont passés comme paramètres : C++ utilise un passage par référence* simulé (c'est l'adresse du premier élément du tableau qui est passée). Ainsi, sans que le programmeur ait à l'indiquer, un tableau passé en paramètre à un sous-programme peut être modifié par le sous-programme. On verra l'application de ceci lorsque nous étudierons les algorithmes de tri.

---

[2]   *Je pense, donc je suis*, une citation de René Descartes (1596-1650) le père du plan cartésien.

[3]   Dernières paroles de Gœthe, écrivain allemand (1749-1832), voulant dire : *Plus de lumière !* Souvent, on les emploie dans le sens de *plus de clarté intellectuelle, plus de savoir, plus de vérité !*

2.2   Structures

Dans nos programmes, jusqu'à présent, nous avons utilisé principalement des *types scalaires* ; de tels types possèdent des valeurs ordonnées et chaque valeur est atomique (elle ne peut pas être décomposée). En pratique, bien des problèmes requièrent l'utilisation de types de données structurés qui représentent des collections ou des suites de valeurs. Les types structurés, contrairement aux types atomiques, peuvent être décomposés en composants plus simples. Nous venons de voir les tableaux dont tous les éléments sont de même type.

Les structures de C++, aussi appelées *enregistrements* ou *articles*, sont des types de données structurés ayant un nombre fixe de composants *hétérogènes*. On accède à chaque composant par son nom. Les composants individuels de l'enregistrement sont appelés *champs* et portent des noms choisis par le programmeur ; chaque champ possède un type.

Par exemple, un grand magasin peut vouloir grouper toute l'information relative à un client dans un enregistrement défini par la déclaration de type suivante :

```
struct Client {
    int numero;
    char nom[20], adresse[20];
    int solde;
};
```

Les champs de ce type enregistrement sont `numero`, `nom`, `adresse` et `solde`. Si maintenant on déclare une variable comme :

```
Client monClient;
```

la valeur de `monClient`, une variable de type `Client`, est un groupe de quatre valeurs : un entier, deux chaînes de caractères et un second entier. Chacune de ces valeurs est la valeur d'un composant de l'enregistrement ; dans notre exemple, deux des composants, les chaînes, sont des valeurs structurées qui peuvent encore être décomposées en leurs composants caractères.

Pour accéder aux composants individuels d'un enregistrement, nous utilisons les noms des champs. Le composant est repéré par le nom de la variable enregistrement suivi d'un point et du nom du champ composant. Par exemple, la variable composant identifiée par le champ `nom` sera repérée par `monClient.nom` ; on pourra même accéder au deuxième caractère de cette chaîne par `monClient.nom[1]`. Les champs d'un enregistrement peuvent être utilisés comme des variables ordinaires. Vous noterez que `monClient.solde` est un entier plutôt qu'un réel pour éviter d'avoir à représenter des fractions de cents. Le vrai solde est en réalité 1/100 de la valeur de `monClient.solde`. C'est une technique communément utilisée pour manipuler des valeurs monétaires, et le facteur 1/100 est un *facteur d'échelle*. Il faut appliquer ce facteur d'échelle à la sortie pour obtenir les vraies valeurs.

Ces structures sont issues du langage C, prédécesseur de C++, et présentent un certain nombre d'inconvénients. Les valeurs des champs ne sont pas nécessairement initialisées et l'on peut ainsi avoir des structures dont les valeurs sont erronées ; la sortie d'une structure exige que l'on sorte individuellement les champs ; l'utilisateur a accès aux divers champs d'une structure qui ne peuvent pas être protégés (on peut cependant désigner une zone `private` comme pour les classes, voir chapitre 4).

Lorsque nous parlerons des outils disponibles en C++ pour la programmation orientée objet, nous verrons que les *classes* sont plus appropriées dans la plupart des cas pour structurer des données.

2.3   Structures dynamiques et pointeurs

Tous les types de données que nous avons vus jusqu'à présent, structurés ou non, ont une caractéristique commune : leur taille et leur forme ne changent pas au cours de l'exécution du programme. Les types structurés comprennent un nombre de composants, mais on doit connaître ce nombre au moment de la compilation du programme. Le nombre de champs d'un enregistrement est connu au moment de la déclaration, ainsi d'ailleurs que le nombre d'éléments d'un tableau. On appelle les types de données que nous avons utilisés jusqu'à maintenant des *types de données statiques* puisque les valeurs de ces types ont une taille maximum que l'on peut déterminer au moment de la compilation.

Dans un certain nombre d'applications, de traitement de textes et d'intelligence artificielle par exemple, nous ne pouvons savoir à l'avance de combien d'éléments de données nous aurons besoin ou même connaître la structure des données. En conséquence, nous devons utiliser des *types de données dynamiques* qui peuvent croître et décroître au fur et à mesure de l'exécution du programme et dont la taille et la forme peuvent changer. Les structures de données dynamiques sont aussi parfois appelées structures de données chaînées parce qu'elles sont des ensembles d'éléments comprenant des liens (ou des pointeurs) à d'autres éléments.

Les structures dynamiques sont créées sur demande au cours de l'exécution du programme. Comme on ne connaît pas la taille des structures dynamiques avant l'exécution des instructions qui les utilisent, on ne peut pas déterminer l'espace nécessaire pour ces structures au moment de la compilation. Contrairement aux structures statiques, on ne peut se référer directement aux structures dynamiques au moyen d'un nom de variable. On ne peut y accéder qu'indirectement à l'aide de variables statiques spéciales appelées *variables pointeurs* ou *pointeurs*, ce que nous allons expliquer dans les sections qui suivent.

Structures statiques

Comme vous le savez déjà, on peut considérer la mémoire des ordinateurs comme un tableau de cellules de mémoire ou de mots mémoire. Les tailles de mot les plus communes pour les micro-ordinateurs sont de 16 ou de 32 bits ; exactement comme un élément dans un tableau est repéré par un indice, chaque mot de la mémoire est repéré par une adresse comme le montre la figure 2.2.

Adresse   Contenu

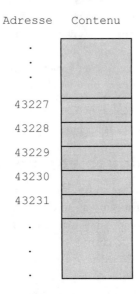

Figure 2.2 Organisation de la mémoire d'un ordinateur

Lorsqu'une variable est déclarée dans un bloc de programme, on lui alloue l'espace mémoire nécessaire, mais le *contenu* de cet espace est indéfini ; la quantité de mémoire allouée dépend du type de la variable. À l'intérieur de la portée de cette variable, c'est-à-dire de la zone du programme où elle existe, son nom est associé à la mémoire allouée. Durant l'exécution, on peut affecter une valeur à tout ou à une partie de cet espace soit par une instruction d'affectation, soit par une instruction de lecture.

Prenez les déclarations suivantes :

```
int donnees1[100], donnees2[100];
```

Si un mot peut contenir la valeur d'un entier, le compilateur détermine qu'il faut allouer 100 mots contigus, et l'adresse du premier de ces mots est associée à l'identificateur `donnees1` ; les valeurs de ces mots sont indéfinies jusqu'à l'exécution, mais la quantité d'espace nécessaire pour les contenir a été déterminée. De la même façon, une autre centaine de mots est allouée pour `donnees2`. Au cours de l'exécution, une instruction comme `donnees1[4] = 3;` affecterait une valeur à un seul des mots de la mémoire allouée.

On dit que `donnees1` et `donnees2` sont des *variables statiques*, ce qui veut dire qu'une quantité d'espace fixe leur est allouée pour leurs valeurs. Au cours de l'exécution, lorsque l'on entre dans le bloc qui comprend les déclarations de `donnees1` et `donnees2`, l'espace mémoire est automatiquement alloué pour ces variables ; cet espace est rendu au système une fois le bloc terminé.

Structures dynamiques

C++ offre une autre possibilité pour l'allocation de mémoire : une allocation dynamique où l'espace nécessaire à certains objets est alloué et relâché par des directives explicites du programmeur. Ceci veut dire que le programmeur doit spécifiquement demander l'allocation de mémoire (le système n'alloue pas l'espace automatiquement) et le programmeur a la responsabilité de retourner l'espace au système (autrement il n'est plus disponible pour utilisation future). Comme les objets dont l'espace est alloué dynamiquement n'existent pas au moment de la compilation, on ne peut y accéder directement en utilisant des noms de variable.

Pour accéder à ces objets dynamiques, on utilise des *pointeurs* ; un pointeur est une variable statique qui contient *l'adresse en mémoire* de l'objet qu'il repère. On déclare les variables pointeurs comme étant d'un type spécial indiqué par un astérisque ; par exemple :

```
int *A = NULL, *B = NULL;
char *C = NULL;
```

déclare trois variables de deux types différents : pointeur à entier et pointeur à caractère. Notez bien que les astérisques sont attachés à la variable que l'on déclare et non au type ; avec `int * A, B;` on déclarerait un pointeur A et un entier B. De telles déclarations touchent des variables statiques de sorte que le compilateur peut réserver assez d'espace pour un pointeur et donc pour conserver une adresse, espace qui sera alloué à chaque variable pointeur déclarée. Les noms des variables sont associés à ces positions en mémoire comme le montre la figure 2.3.

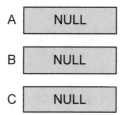

Figure 2.3 Mémoire après la déclaration et l'initialisation des pointeurs

Notez qu'une déclaration de variables ordinaires ne donne pas de valeurs initiales à ces variables (à moins que la déclaration ne le spécifie explicitement), il en est de même pour les pointeurs ; les valeurs des variables déclarées sans initialisation dépendent du contenu antérieur de la mémoire : ces valeurs sont quelque peu aléatoires. Pour éviter des erreurs graves (pointeur à des portions de mémoire réservées), *il faut initialiser les pointeurs dès leur déclaration.* Pour ce faire, on utilise alors une valeur nulle qui représente un pointeur pointant nulle part ; tel que défini en C, on donne à un tel pointeur la valeur zéro. En C++, on utilise plutôt la constante symbolique NULL représentant la valeur zéro et déclarée dans `iostream`.

Bien que l'on ait alloué de l'espace aux variables pointeurs, on n'a pas alloué d'espace pour les objets auxquels elles vont pointer. Cette allocation d'espace doit être faite sur demande au moment de l'exécution, et l'espace peut être également relâché sur demande au moment de l'exécution lorsqu'il n'est plus requis.

En C++, l'allocation dynamique d'espace est réalisée par l'exécution de *l'allocateur* new. Au moment de l'exécution de cet allocateur, le système doit allouer l'espace mémoire nécessaire pour l'objet auquel pointe la variable pointeur. La quantité exacte d'espace alloué peut dépendre du système, mais correspond à la taille nécessaire au type de l'objet ; s'il ne reste plus d'espace mémoire à allouer, l'espace n'est pas alloué et le pointeur retourné est nul. L'allocateur est composé du mot réservé new suivi soit du type du nouvel objet, soit du type suivi d'une valeur entre parenthèses donnant ainsi la valeur de l'objet ; par exemple :

```
A = new int;
B = new int(95);
```

La première instruction alloue de l'espace pour pouvoir y ranger un entier et place l'adresse du début de cet espace dans le pointeur A comme le montre la partie gauche de la figure 2.4 ; notez que, contrairement à ce qui arrive pour les variables statiques, l'allocateur new donne la valeur initiale zéro aux types de base. De même, lorsque l'on alloue de l'espace pour des objets d'une classe, l'allocateur new appelle automatiquement le constructeur correspondant (voir chapitre 4).

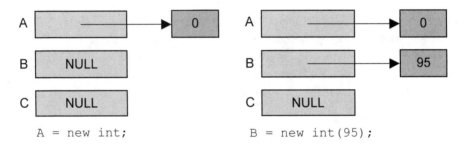

Figure 2.4 Allocation de mémoire

La partie droite de la figure 2.4 montre l'allocation faite par la seconde instruction ci-dessus ; un espace a été alloué pour un nouvel objet, et son adresse a été rangée dans le pointeur B, et cette fois-ci on a affecté la valeur indiquée au nouvel objet.

Les objets nouvellement créés sont parfois appelés *variables dynamiques* ; ces dernières sont donc créées au moment de l'exécution par les allocateurs rencontrés dans le programme d'où le qualificatif dynamique. Comme une variable dynamique n'a pas de nom déclaré, nous devons utiliser les variables pointeurs pour pouvoir y accéder. L'objet repéré est noté par le nom du pointeur précédé d'un astérisque, par exemple :

```
*A = 19;
```

Cette instruction affecte une valeur à l'objet auquel pointe A (repéré par *A). En simplifiant, on peut dire que la valeur du pointeur A est une adresse en mémoire et que la notation *A donne le contenu de la mémoire à cette adresse.

Après exécution de la troisième instruction :

```
C = new char('Z');
```

on aura alloué l'espace pour trois objets auxquels on aura affecté des valeurs ; la figure 2.5 montre l'état des variables de la figure 2.4 après exécution des deux nouvelles instructions ci-dessus :

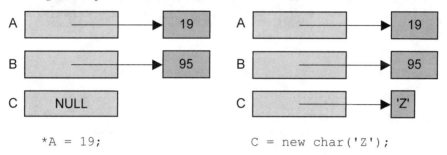

$$*A = 19;\qquad\qquad C = new\ char('Z');$$

Figure 2.5 Manipulation de variables pointeurs

On notera que le type des objets auxquels pointent les variables pointeurs peut être n'importe quel type et n'est pas limité aux types de base comme peuvent le faire croire nos petits exemples simples. En particulier, les objets peuvent être des structures ; dans ce cas, l'accès aux champs de l'objet à travers le pointeur se fait très simplement par la notation `(*Pointeur).Champ` où la parenthèse est nécessaire, l'opérateur `.` ayant une priorité plus élevée que l'opérateur de déréférencement `*`. Il existe une seconde notation équivalente pour ce genre de chose : `Pointeur->Champ`.

Avant de continuer nos exemples, il est bon d'insister sur deux points :

- Une référence directe à une variable pointeur comme A indique *l'adresse* rangée dans cette variable pointeur ;
- Une variable pointeur *déréférencée* comme *A spécifie l'objet auquel le pointeur fait référence, un entier dans ce cas ; ceci n'a bien sûr de sens qu'après exécution de l'allocateur.

Comme pour les autres sortes de variables, on peut affecter des valeurs aux pointeurs ; nous avons vu que l'exécution de l'allocateur faisait cela. Nous pouvons utiliser l'instruction d'affectation pour affecter un pointeur à une autre variable pointeur du même type (et qui pointe donc au même type d'objet) ou pour affecter la constante pointeur NULL, une valeur de pointeur spéciale indiquant que le pointeur ne pointe nulle part. La partie gauche de la figure 2.6 montre le résultat de l'affectation A = B. Il serait impossible d'affecter C à A, car bien que tous deux soient des pointeurs, ils ne sont pas de même type et sont donc incompatibles.

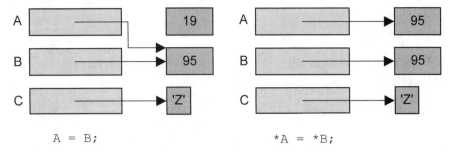

A = B;   *A = *B;

Figure 2.6 Affectations de pointeurs et d'objets

Il existe un type pointeur universel, compatible avec tous les types pointeur ; il est représenté par `void *`. Tout pointeur peut être affecté à un pointeur de type `void *`. Cependant, pour affecter un pointeur de type `void *` à un pointeur d'un autre type, on doit utiliser une conversion (vous en trouverez un exemple au chapitre 11). Il devrait être évident qu'il est impossible de déréférencer un pointeur de type `void *`.

En écrivant `A = B`, l'intention du programmeur était peut-être de copier la valeur de l'objet auquel B pointe dans l'objet repéré par A ; dans ce cas, l'instruction d'affectation correcte aurait dû être `*A = *B` comme le montre la partie droite de la figure 2.6 qui représente les variables de la figure 2.5 après exécution de cette instruction.

Cependant, si le programmeur voulait vraiment faire la première affectation de pointeurs de la partie gauche de la figure 2.6 (`A = B`), nous notons un problème. L'espace mémoire où est rangée la valeur 19 demeure alloué, mais rien ne le repère ; cette position mémoire n'est par conséquent plus accessible au programme et a été gâchée. Pour des pointeurs à de grandes structures, comme des enregistrements ou des tableaux, une telle situation peut devenir problématique. L'espace mémoire ainsi gâché est parfois appelé rebut (en anglais *garbage*) et certains langages font de la récupération de mémoire (en anglais *garbage collection*) qui repère cet espace et le récupère pour utilisation future. En C++, il n'y a pas de récupération automatique de la mémoire. Il existe cependant une procédure de récupération générique appelée `delete`, utilisée de la façon suivante :

```
delete A;
A = B;
```

Ces instructions, appliquées à la figure 2.5, auraient donné pour résultats ceux de la figure 2.7. L'espace mémoire utilisé pour ranger l'entier auquel A pointait est libéré et retourné au système pour utilisation future.

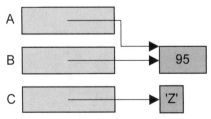

Figure 2.7 Libération et affectation de pointeurs

Notez que delete A rend la mémoire repérée par le pointeur A au système, mais ne met pas ce pointeur à zéro, sa valeur devenant indéfinie. En partant de la situation décrite par la figure 2.7, supposez que les instructions suivantes soient exécutées :

```
cout << *B;
*A = 2;
cout << *B;
```

Avant de continuer, essayez de prédire ce qui sera affiché par ce segment de programme.

Si vous avez prédit 95 et 95, vous n'avez qu'à moitié raison ; la première instruction de sortie affiche bien 95, mais la seconde affiche 2 ; la valeur de *B a été changée entre les deux instructions de sortie. En examinant la figure 2.7, nous voyons que A et B pointent au même objet ; si nous changeons la valeur de l'objet en affectant une nouvelle valeur à *A, la valeur de *B est aussi modifiée. Cette situation met en jeu ce que l'on appelle des *alias* : deux variables dynamiques (dans ce cas repérées par *A et *B) sont associées à la *même* position en mémoire et sont en fait identiques. Comme il est facile de créer des alias, intentionnellement ou non, *il faut faire très attention lorsque l'on utilise des variables pointeurs*. En partant du cas de la figure 2.7 après exécution de delete A, un alias comme B pointe toujours à la *mémoire relâchée* et son utilisation peut conduire à de sérieuses erreurs. Il est donc recommandé d'éviter les alias et de mettre systématiquement les pointeurs à un objet relâché à NULL après un appel à delete.

Il est également possible d'allouer des tableaux dynamiquement. Par exemple :

```
int *tableNotes = new int[45];
```

Le pointeur tableNotes pointe au premier élément du tableau alloué dynamiquement. On peut effectuer des opérations arithmétiques sur un pointeur en lui ajoutant ou en lui retirant des valeurs entières. Si le pointeur est un pointeur à un tableau, ces valeurs sont interprétées comme étant un nombre *d'éléments* à sauter. Ainsi :

```
tableNotes += 2;
```

le fait pointer maintenant à l'élément [2] du tableau, quel que soit le nombre d'octets occupés par un élément (ici un entier).

```
tableNotes++;
```

fait avancer le pointeur à l'élément suivant. Pour relâcher un tel tableau alloué dynamiquement, il suffit d'appeler delete, à condition de ne pas avoir modifié la valeur donnée au pointeur par new :

```
delete[] tableNotes;
```

Si le type des éléments du tableau est une classe, la libération du tableau appellera automatiquement le destructeur de la classe pour tous les éléments du tableau.

Il est possible d'allouer une valeur à un pointeur sans faire appel à l'allocateur `new`. Un pointeur peut en effet pointer à une variable préalablement déclarée, comme dans l'exemple suivant :

```
int valeur = 2112;
int *ptrValeur;
ptrValeur = &valeur;
cout << *ptrValeur;
cout << valeur;
*ptrValeur = 2140;
```

Le pointeur `ptrValeur` pointe à la variable `valeur` puisque la troisième ligne lui affecte l'adresse de la variable (indiquée par le signe &, ou esperluette). Les deux opérations de sortie affichent la même valeur, et la dernière instruction modifie la valeur de la variable `valeur`. L'opérateur unaire & donne l'adresse d'une variable dite statique, mais ne devrait être utilisé que lorsque c'est absolument indispensable ; en effet, lorsqu'un pointeur repère une variable non dynamique, on a un cas d'alias : deux noms pour une même variable, ce qui conduit invariablement à des ennuis.

En C++, il est aussi (et malheureusement) possible de créer des alias à des variables statiques ; ainsi, par exemple, les lignes ci-dessous créent y comme un alias de x :

```
long x = 43227;
long & y = x;    // attention création d'un alias!
y = 153428;      // change la valeur de x!
```

De telles variables appelées *variables de référence*, doivent être initialisées au moment de leur déclaration et ne peuvent être réaffectées comme alias d'autres variables. Évitez-les !

Nous avons montré ici comment on pouvait créer et manipuler des structures dynamiques en utilisant des variables pointeurs et des variables dynamiques auxquelles les pointeurs se réfèrent. Cependant, nous n'avons présenté que des exemples de structures très simples correspondant à une variable dynamique créée par `new` et relâchée par `delete`. Dans les chapitres suivants, nous allons vraiment voir comment créer des structures dynamiques qui peuvent grandir à la taille désirée à l'intérieur des limites de la mémoire disponible. Ces structures dynamiques peuvent comprendre de nombreuses variables dynamiques (mettant en jeu de nombreux pointeurs) ; ces variables sont créées au fur et à mesure de la croissance de la structure et seront libérées au fur et à mesure de sa décroissance.

Récupération automatique de mémoire dynamique

Lorsque l'on manipule des variables dynamiques, on procède généralement en trois étapes : allocation dynamique d'un bloc de mémoire et affectation de son adresse à un pointeur (`new`), utilisation du pointeur pour le traitement désiré, et récupération de la mémoire allouée à la variable dynamique (`delete`). Si, pour une raison ou une autre, une erreur ou une exception (voir chapitre 3) se produit, il est possible de ne jamais exécuter toute la séquence et par conséquent l'instruction `delete`. Ceci cause ce que l'on appelle une *fuite de mémoire* : comme on l'a vu plus haut, une portion de mémoire a été allouée et n'est plus accessible. Pour éviter ceci, il existe en C++ une classe générique spéciale de pointeurs, `auto_ptr`, qui permet une libération automatique de la mémoire allouée à un pointeur.

Pour pouvoir utiliser cette classe, il faut inclure la bibliothèque memory (#include <memory>), puis déclarer des objets de type auto_ptr (par exemple, auto_ptr<maClasse> monObjet;), leur affecter des valeurs par appels à new, et utiliser les opérateurs * et -> sur ces pointeurs au cours du traitement. Lorsque les variables de ce type disparaissent, à la fin d'un bloc par exemple, le système exécute automatiquement un delete sur chacune d'elles.

Pointeurs à des sous-programmes

En C++, il existe une autre sorte de pointeurs : les pointeurs à des sous-programmes. Ils permettent de repérer des sous-programmes ayant le même profil : des procédures ou des fonctions ayant le même nombre de paramètres, les mêmes types de paramètres, les mêmes modes de paramètres et le même type de résultat. Par exemple :

```
float (*funPtr)(float,float); // déclaration du pointeur funPtr
```

définit un pointeur funPtr à une fonction recevant en paramètres deux valeurs numériques réelles et retournant une valeur du même type. De tels pointeurs sont surtout utilisés pour spécifier des paramètres de sous-programmes qui sont eux-mêmes des sous-programmes. On peut les utiliser de plusieurs façons. Par exemple :

```
float Somme(float,float );   // prototype
float Produit(float,float ); // prototype
funPtr = &Somme;             // pointeur=adresse de la fonction
cout << "Test funPtr : " << x << " " << y << " " << (*funPtr)(x,y)
     << endl;
funPtr = &Produit;
......
```

On utilise le pointeur déréférencé pour appeler la fonction Somme ; notez que les parenthèses sont nécessaires à cause des priorités des opérateurs () et *. Le pointeur prend ensuite la valeur de l'adresse d'une autre fonction, et la même instruction de sortie produira des résultats différents.

Les pointeurs à des sous-programmes servent aussi à passer des sous-programmes comme paramètres d'autres sous-programmes. Le sous-programme CarFiltre ci-dessous lit un caractère et le filtre au moyen d'une fonction avant de le retourner:

```
char CarFiltre(int (*Fonc)(int Car))
{// lire un caractère, le filtrer par Fonc et le retourner
  char carac;
  if(cin >> carac){
    carac = (*Fonc)(carac);
    return carac;
  }
  else
    return 0; // caractère nul
}// CarFiltre
```

Le segment de programme qui suit utilise `CarFiltre` avec les fonctions `tolower` et `toupper` de la bibliothèque C `cctype` qui transforment un caractère soit en minuscule, soit en majuscule. La chaîne[4] `carac1` est donc toute en minuscules, tandis que la chaîne `carac2` est toute en majuscules.

```
#include <cctype>
.....
char carac1[10], carac2[15];
for(int i = 0; i< 9; i++)
  carac1[i] = CarFiltre(tolower);
carac1[9] = '\0';
for(int i = 0; i< 14; i++)
  carac2[i] = CarFiltre(toupper);
carac2[14] = '\0';
```

Notez encore que, dans la déclaration de la fonction `CarFiltre`, l'appel à la fonction passée en paramètre est écrit de telle façon que le pointeur paramètre soit déréférencé. C++ permet d'écrire l'appel normalement :

```
Fonc(carac);
```

ce qui tend à donner l'impression que le pointeur est en fait le nom d'une fonction, quelque part dans le programme, et risque de porter à confusion. *Lorsque l'on manipule des pointeurs, il vaut toujours mieux le faire explicitement.*

Pointeurs constants ou à des constantes

Le modificateur `const` peut être appliqué à une définition de variable pour la transformer en déclaration de constante, comme nous l'avons vu au chapitre 1. Nous verrons aussi qu'il peut être utilisé dans la liste des paramètres d'un sous-programme ainsi que dans la déclaration des méthodes d'une classe. Il peut également être utilisé dans la déclaration des pointeurs. Selon l'endroit où il va être placé, soit le pointeur, soit l'objet pointé seront des constantes. Si nous avons les déclarations suivantes, créées uniquement pour l'exemple (rappelez-vous qu'il vaut mieux ne pas manipuler des adresses de variables statiques) :

```
int entier1 = 111;
int entier2 = 222;
const int * ptr1 = &entier1; // *ptr1 constant, ptr1 non constant
int const * ptr2 = &entier2; // *ptr2 constant, ptr2 non constant
int * const ptr3 = &entier1; // ptr3 constant, *ptr3 non constant
const int * const ptr4 = &entier2; // ptr4 et *ptr4 constants
```

Cet exemple nous montre plusieurs choses : le modificateur `const` peut apparaître avant ou après le type et aussi après l'opérateur *. Les déclarations de `ptr1` et de `ptr2` définissent deux pointeurs à des constantes. Une partie des instructions suivantes sont interdites :

```
*ptr1 = 333;    // interdit : *ptr1 est une constante
entier1 = 333;  // permis : entier1 est une variable
*ptr2 = 444;    // interdit : *ptr2 est une constante
ptr3 = ptr2;    // interdit : ptr3 est une constante
```

---

[4]   Rappelez-vous que les chaînes de caractères de type C peuvent également être déclarées par `char* chaine = "voilà ! "` qui fait pointer `chaine` au caractère `v`.

```
ptr1 = ptr2;     // permis : les pointeurs ne sont pas des constantes
ptr2 = ptr3;     // permis : ptr2 n'est pas une constante
*ptr3 = 555;     // permis : *ptr3 n'est pas une constante
ptr4 = &entier1; // interdit : ptr4 est une constante
*ptr4 = 666;     // interdit : *ptr4 est une constante
```

On ne pourra pas non plus affecter un pointeur constant comme `ptr4` à un pointeur ne pointant pas à une constante :

```
int *ptr5 = ptr4;     // interdit : *ptr4 est une constante
```

Conversion

On a mentionné au chapitre 1 l'existence d'un opérateur de conversion sur les pointeurs `const_cast<type>(opérande)`. Cet opérateur sert à éliminer le fait qu'un pointeur soit limité à des constantes. Supposez que nous ayons une fonction `f(char *message)` qui effectue une opération sur la chaîne de caractères `message`, mais qui ne modifie pas cette chaîne passée en paramètre. Si nous appelons `f` avec pour paramètre la chaîne `bonjour` ainsi définie :

```
char const bonjour[] = "Salut la compagnie!";
```

le compilateur ne manquera pas d'indiquer la non-correspondance du paramètre d'appel et du paramètre formel. Pour éviter cela, on utilisera **f(const_cast<char *>(bonjour));**

2.4   Entrée-sortie et bibliothèques de programmes

L'entrée-sortie regroupe les opérations permettant le transfert d'information de la mémoire centrale de l'ordinateur vers l'extérieur et inversement. Notons tout de suite que certains éléments de l'entrée-sortie sont illisibles pour les utilisateurs humains. Parmi ces éléments se trouve l'entrée-sortie faite vers des organes périphériques où l'information n'est ni lue ni écrite par les humains. Ces organes comprennent les organes de mémoire secondaire comme les bandes et les disques, aussi bien que les organes contrôlés en temps réel par l'ordinateur (machines de fabrication, palpeurs, réseaux, etc.). Dans ces cas, les données illisibles peuvent être de n'importe quel type : des suites d'entiers, des suites de réels, des suites d'enregistrements, etc. On les appelle des éléments d'entrée-sortie binaires parce que leurs valeurs sont représentées dans la forme binaire brute qu'elles ont en mémoire.

Les *fichiers textes* sont les fichiers les plus communs et ils peuvent être traités par un certain nombre d'outils logiciels (éditeur de textes en particulier). Un fichier texte contient une séquence de caractères ; tous les fichiers comprenant les programmes sources que vous avez composés jusqu'à maintenant sont des fichiers textes. Les caractères d'un fichier texte sont groupés en lignes et en pages; la fin d'une ligne est marquée par un caractère spécial définissant une fin de ligne; la fin d'une page est indiquée par le caractère spécial de fin de page. La fin du fichier est repérée par le caractère spécial de fin de fichier. Ces caractères spéciaux ne sont généralement pas définis dans les langages de programmation, car ils dépendent du système utilisé ; nous n'avons pas besoin de connaître leurs valeurs, car les sous-programmes des modules de bibliothèques nous permettent de les reconnaître.

Vous tapez une fin de ligne chaque fois que vous utilisez la touche `return` de votre clavier ; la constante standard `endl` représente le caractère de fin de ligne en sortie. En entrée, la fin de fichier est produite par CTRL-Z (PC), ou CTRL-D (Unix ou Mac) selon votre système ; en sortie, un appel à la procédure `close` appliqué à un fichier de sortie écrit une fin de fichier ; de même, lorsque vous sauvegardez un fichier que vous venez de créer avec l'éditeur de textes, ce dernier ajoute automatiquement une fin de fichier. Les opérateurs d'extraction (>>) et d'insertion (<<) sont définis pour l'entrée-sortie sur fichiers ; on peut également utiliser les manipulateurs de `iostream` et de `iomanip` pour des fichiers.

Pour l'entrée-sortie sur fichiers textes, on utilise `fstream` qui définit les classes `ifstream` (entrée), `ofstream` (sortie) et `fstream` (entrée-sortie). Ainsi, par exemple, pour produire la sortie de résultats dans un fichier, il suffit d'inclure au début du programme : `#include <fstream>`, puis de déclarer un fichier de sortie : `ofstream fSort("resultats.out");`, et enfin d'utiliser les opérateurs d'insertion : `fSort << "Valeur moyenne: " << valeur << endl;`. Nous allons illustrer ces opérations d'entrée-sortie sur quelques exemples d'algorithmes que vous devez déjà connaître.

Recherche binaire ou logarithmique

Une recherche binaire dans une table ordonnée (également appelée recherche ou fouille logarithmique, ou recherche dichotomique) fait un certain nombre d'essais dont chacun permet d'éliminer une partie de la table restante. On choisit l'élément du milieu de la table et l'on compare sa valeur avec la valeur cherchée. Si elles sont identiques, on a trouvé du premier coup ! Autrement, si l'élément milieu est plus grand que l'élément cherché, on cherche dans la première moitié des données ; par contre, si l'élément milieu est inférieur à la valeur cherchée, on cherche dans la seconde moitié. Pour cela, on choisit l'élément milieu de la moitié restante et l'on répète le processus. Cette méthode est appelée recherche binaire parce qu'à chaque essai soit on trouve l'élément, soit on peut éliminer la moitié des éléments à examiner (on coupe la table en deux). La figure 2.8 illustre le processus.

Nous allons illustrer l'entrée de valeurs à partir d'un fichier au moyen d'un exemple d'algorithme de recherche binaire d'une valeur dans un ensemble de valeurs triées en ordre ascendant et rangées dans un fichier. Nous lirons nos valeurs et les rangerons dans un vecteur, mais au lieu de choisir un tableau à une dimension de taille fixe, nous allons utiliser un type particulier de vecteur défini dans la bibliothèque standard STL (bibliothèque standard de gabarits de C++) qui offre un accès direct à ses éléments au moyen de l'opérateur `[]` comme un tableau C++ et qui, lorsqu'il est plein, ajuste automatiquement sa taille. Ce type est repéré par le mot `vector` et est générique : il peut être instancié pour contenir tout type de données. Pour l'utiliser, on doit indiquer entre crochets angulaires le type des éléments que l'on désire y ranger, dans ce cas des entiers : `vector<int>`. Nous venons de décrire l'algorithme de recherche binaire, lequel est bien connu ; la récursivité est tout indiquée pour ce traitement. La complexité temporelle de cet algorithme est O(log n), d'où son autre nom : recherche logarithmique.

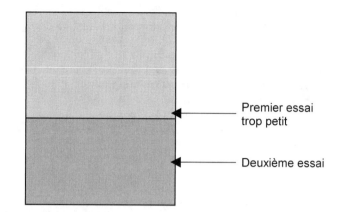

Figure 2.8 Stratégie de recherche binaire

```
//   Application de la recherche binaire (ou logarithmique) à un
//   tableau d'entiers rangé dans un fichier.  Le nom du fichier est
//   demandé, le fichier est ouvert et lu, le nombre à rechercher
//   est demandé à l'utilisateur, la fonction de recherche
//   binaire est appelée et le résultat de la recherche est affiché.
//       Philippe Gabrini   avril 2005
#include <iostream> // entrée-sortie standard
#include <fstream>  // entrée-sortie fichiers
#include <vector>   // type de la STL
#include <string>   // chaînes de caractères

void Afficher(const std::vector<int>&,int); //prototype
int Recherche_binaire(const std::vector<int>&,int,int,int); // prototype
```

```
void Afficher(const std::vector<int>& Tableau, int Nombre)
{ //  Afficher tous les éléments du tableau.
  //    paramètre 1 le tableau à afficher;
  //    paramètre 2 le nombre d'éléments du tableau à afficher.
  for (int i = 0; i < Nombre; i++)
    std::cout << Tableau[i] << " ";
  std::cout << std::endl;
}// Afficher
```

```
int Recherche_binaire(const std::vector<int>& Vec, int De, int A, int Val)
{ //  Trouver un élément dans un vecteur trié.
  //    paramètre 1: Vec le vecteur trié des éléments à fouiller;
  //    paramètre 2: De le début de l'intervalle à fouiller;
  //    paramètre 3: A la fin de l'intervalle à fouiller;
  //    paramètre 4: Val la valeur recherchée;
  //    retourne: la position du premier trouvé (comptée à partir de 1),
  //              ou -1 si pas trouvé.
```

```
  if (De > A)
    return -1;                        // pas trouvé
  int milieu = (De + A) / 2;
  if (Vec[milieu] == Val)
    return milieu+1;                  // un de plus que l'indice base zéro
  else if (Vec[milieu] < Val)    //deuxième moitié
    return Recherche_binaire(Vec, milieu + 1, A, Val);
  else                              //première moitié
    return Recherche_binaire(Vec, De, milieu - 1, Val);
}// Recherche_binaire

int main()
{
  std::cout << "Fichier des valeurs à fouiller: ";
  std::string nomFichier;
  std::cin >> nomFichier;
  std::ifstream fDon(nomFichier.c_str());// fichier d'entrée
  if (!fDon) {
    std::cerr << "Ouverture impossible " << nomFichier
         << " pour recherche." << std::endl;
    std::exit(1);
  }
  int valeur;
  std::vector<int> vecteur; // vecteur initial
  int nombre = 0;          // nombre de valeurs lues
  while (fDon >> valeur) {  // lecture et détection de fin de fichier
    vecteur.push_back(valeur)
    nombre++;
  }
  Afficher(vecteur, nombre);// affichage du vecteur lu
  std::cout << "Donnez le nombre à rechercher: ";
  std::cin >> valeur; // valeur à rechercher dans le vecteur
  std::cout << "Trouvé à la position "
       << Recherche_binaire(vecteur, 0, nombre-1, valeur) << std::endl;
  return 0;
}
```

Nous n'avons pas utilisé, cette fois-ci, la directive `using namespace std;` afin de montrer explicitement quels sont les éléments importés par le programme des divers modules de bibliothèque. Ces éléments doivent tous être préfixés par `std::`, ils appartiennent à l'espace nominal `std`. Pour créer un espace nominal, il suffit d'inclure une portion de code dans :

```
namespace A {
.........
}
```

Ceci peut être répété pour le même espace sur d'autres portions de code, les espaces nominaux n'étant pas fermés. Comme on l'a vu, l'utilisation de la directive `using` permet de ne pas avoir à préfixer les identificateurs du nom de l'espace nominal, ce qui est pratique pour les bibliothèques standard, mais pas recommandable pour les autres bibliothèques à cause des conflits de nom potentiels. Dans ces cas-là, il vaut mieux utiliser la forme de `using` restreinte à un seul nom :

```
using std::cout;
```

Le programme principal commence par demander à l'utilisateur un nom de fichier qui est lu comme une chaîne de caractères de type `string`, un autre type défini dans la bibliothèque standard C++. Nous déclarons ensuite un fichier d'entrée `fDon` dont le nom est donné par la chaîne que nous venons de lire et dont nous passons une copie terminée par le caractère nul (`c_str`). Si cette déclaration n'a pas fonctionné, le fichier n'a pu être ouvert, et nous vérifions cela ; si c'est le cas, nous émettons un message d'avertissement au moyen du flot de sortie `cerr` dédié aux messages d'erreur (de tels messages sont envoyés à la console sans délai), et l'exécution se termine avec un code d'erreur 1. Dans le cas normal, nous déclarons une variable entière pour ranger les valeurs lues, ainsi que le vecteur initialement vide. Nous utilisons une boucle pour lire les données jusqu'à ce que nous découvrions la fin de fichier (indiquée par le fait que l'opération de lecture échoue). Nous comptons les valeurs lues ; avec l'opération `push_back`, le vecteur ajuste sa taille automatiquement. Nous affichons les valeurs lues au moyen d'un appel à la procédure `Afficher`. Nous demandons ensuite à l'utilisateur la valeur à rechercher et nous affichons un message indiquant le numéro de séquence de l'élément trouvé, obtenu par un appel à `Recherche_binaire` ; cet appel peut retourner la valeur −1 si la valeur n'est pas trouvée.

Notez que dans les sous-programmes `Afficher` et `Recherche_binaire` nous avons passé le vecteur paramètre par référence ; comme il ne s'agit pas d'un tableau C++, mais d'un type particulier, soit-il de la STL, le paramètre aurait été passé autrement (sans l'esperluette) par valeur. Nous le passons par référence pour éviter de faire une copie coûteuse en espace ; cependant, le passage par référence est dangereux : il ouvre la porte à des modifications possibles du vecteur paramètre. Pour pallier à cette éventualité, nous avons ajouté le modificateur `const` avant le paramètre, indiquant ainsi qu'il ne peut être modifié, chose que le compilateur peut vérifier.

L'exécution du programme ci-dessus produit les résultats suivants:

```
Fichier des valeurs à fouiller: donnees.dat

1 4 9 11 15 22 31 40 42 48 49 59 67 69 78 83 84 85 89 99 100 108 115 119 120 123 125
129 132 134 144 151 153 159 163 167 171 177 179 185 188 195 205 207 210 219 223 229
237 245
Donnez le nombre à rechercher: 129
Trouvé à la position 28
```

L'obtention de la complexité temporelle O(log n) de cet algorithme n'est pas très compliquée. Il est visible que chaque appel récursif porte sur la moitié des éléments restants. Le premier appel porte sur les n éléments de la table, mais les appels successifs portent sur n/2, n/4, n/8, … , $n/2^p$ éléments. La suite d'appels *dans le pire des cas* (qui est toujours celui que l'on doit considérer) se termine lorsqu'il est certain que l'élément cherché n'est pas là, c'est-à-dire lorsqu'il ne reste plus qu'un seul élément qui n'est pas le bon, soit lorsque $n/2^p = 1$. Ceci nous donne $n = 2^p$, soit $p = \log n$, en utilisant les logarithmes en base 2, ce qui représente le nombre d'appels qui est une bonne indication de la complexité temporelle. Nous verrons un peu plus loin comment établir cette complexité de façon plus rigoureuse.

La complexité spatiale de `Recherche_binaire` ne devrait pas non plus être trop difficile à établir : nous devons évaluer la quantité de mémoire nécessaire à son exécution. Cette quantité de mémoire est celle qui est nécessaire pour comprendre tous les paramètres, toutes les variables locales et les résultats du sous-programme. Comme dans le cas de la complexité temporelle, la complexité spatiale doit ajouter la complexité spatiale des sous-programmes appelés. Ici, nous n'avons que des appels récursifs, et il nous suffira de trouver le nombre maximum d'appels récursifs présents en même temps. D'abord, la mémoire nécessaire à un appel est :

- Paramètres : 1 adresse (celle du tableau) et 3 entiers, soit 16 octets;
- Variable locale : 1 entier, soit 4 octets;
- Résultat : 1 entier, soit 4 octets.

La complexité temporelle est $O(\log n)$; ceci nous indique le nombre maximum d'essais que l'on doit faire avant d'avoir le résultat, c'est-à-dire le nombre d'appels récursifs maximum devant être faits (cas où la valeur cherchée ne se trouve pas dans la table). La complexité spatiale de `Recherche_binaire` est donc : $24 \log n$ octets.

Nous aurions pu faire une recherche séquentielle dans le vecteur en utilisant la fonction :

```
int Recherche_sequentielle(const std::vector<int>& Vec, int Val)
{ //   Recherche d'un élément dans un vecteur
  //     paramètre 1 Vec le vecteur comprenant les éléments à fouiller
  //     paramètre 2 Val la valeur à chercher
  //     retourne l'index à compter de 1 de la première valeur trouvée,
  //              ou -1 si pas trouvée
  for(int i = 0; i < Vec.size(); i++) {
    if(Vec[i] == Val)
      return i+1;
  }
   return -1;
}
```

Rien de bien nouveau dans cette fonction qui ne comprend qu'une boucle recherchant la valeur à partir du début du vecteur. On utilise la fonction `size` du vecteur qui retourne le nombre d'éléments compris dans le vecteur. Notez que les accolades de l'instruction `for` ne sont pas nécessaires, cette dernière ne comprenant qu'une seule instruction `if`. La complexité temporelle de ce second algorithme est $O(n)$, puisque la boucle est répétée n fois. La complexité spatiale est calculée comme suit :

- Paramètres : 1 adresse (tableau) et 1 entier, soit 8 octets;
- Variables locales : 1 entier pour le contrôle de la boucle, soit 4 octets;
- Résultat : 1 entier, soit 4 octets.

Le sous-programme appelle la fonction `size()` qui retourne un entier et dont nous évaluons le coût en mémoire à 4 octets. La complexité spatiale de `Recherche_sequentielle` est donc de 20 octets.

Pour satisfaire votre curiosité, nous avons fait exécuter les deux algorithmes de recherche séquentielle et binaire sur de gros tableaux remplis de valeurs aléatoires inférieures à 100 000, afin de voir si la différence des complexités temporelles se traduisait en une différence visible des temps d'exécution. Pour la recherche binaire, il faut que le tableau soit trié ; sachant que la STL comprend des algorithmes utiles, nous avons fait trier le tableau par un simple appel au sous-programme `sort` de la STL. Nous en avons même profité pour produire une version itérative du sous-programme de recherche binaire travaillant sur un tableau à une dimension et la comparer à la solution récursive. Nous avons effectué dans tous les cas la recherche d'un élément inexistant pour être dans le pire des cas. Le segment de programme ci-dessous illustre le processus de mesure.

Comme la plupart des systèmes C++ limitent l'espace disponible sur la pile (où sont allouées les variables et en particulier les tableaux), il n'est généralement pas possible de déclarer des tableaux d'un million d'entiers. Comme les comparaisons de performance exigent de gros ensembles de valeurs, il nous faut allouer nos tableaux dynamiquement. Ceci nous a forcé à remplacer la déclaration `vector<int> vecteur(MAX);` par `vector<int> *vecteur = new vector<int>(MAX);` ainsi que `int tableau[MAX];` par `int *tableau = new int[MAX];`. Le reste du code n'a pas changé.

```cpp
const int MAX = 1000000;
long heure1, heure2;
vector<int> *vecteur = new vector<int>(MAX);
int *tableau = new int[MAX];
germe_aleatoire();
for (int index = 0; index < MAX; index++){
  tableau[index] = entier_aleatoire(1, 100000);
  (*vecteur)[index] = tableau[index];
}
cout << "Pour " << MAX << " éléments" << endl << endl;
sort(vecteur->begin(), vecteur->end());
sort(tableau, tableau+MAX);
heure1 = clock();
cout << "Trouvé à la position "
    << Recherche_sequentielle(*vecteur, 1500) << endl;
heure2 = clock();
cout << "Recherche séquentielle en " << heure2-heure1
    << " millisecondes" << endl << endl;
heure1 = clock();
cout << "Trouvé à la position "
    << Recherche_binaire(*vecteur, 0, MAX-1, 1500) << endl;
heure2 = clock();
cout << "Recherche binaire récursive en " << heure2-heure1
    << " millisecondes" << endl << endl;
heure1 = clock();
cout << "Trouvé à la position "
    << Recherche_binaire_iter(tableau, MAX, 1500) << endl;
heure2 = clock();
cout << "Recherche binaire itérative en " << heure2-heure1
    << " millisecondes" << endl << endl;
```

Les résultats obtenus ci-dessous vous surprennent-ils ?

```
Pour 1000000 éléments

Trouvé à la position -1
Recherche séquentielle en 371 millisecondes

Trouvé à la position -1
Recherche binaire récursive en 0 millisecondes

Trouvé à la position -1
Recherche binaire itérative en 0 millisecondes
```

Vous pouvez remarquer que les deux formes de la recherche binaire sont trop rapides pour être mesurées en millisecondes ! En y réfléchissant bien, ce n'est pas étonnant : la complexité temporelle des deux solutions est O(log n). Pour une taille de 1 million d'éléments, correspondant grosso modo à 2^{20}, le logarithme en base 2 nous donne 20 essais ! C'est ce qu'il faut comparer au million d'essais de la recherche séquentielle.

Répétons aussi, puisque nous devons bientôt nous tourner vers la STL, que cette dernière comprend des algorithmes aussi bien que des types de données. Nous aurions donc pu appliquer la recherche binaire (algorithme **binary_search**) directement sur un tableau de la façon suivante:

```cpp
#include <algorithm>
int main (void)
{
  int table[10] = {1,3,5,7,9,11,13,17,19,23};
  bool estLa = binary_search(table, table+10, 17);
  cout << (estLa?"trouvé":"pas trouvé") << endl;
  return 0;
}
```

2.5   Exercices et problèmes

Exercices

2.1   Avec les déclarations et instructions suivantes :

```
struct Client {
       int numero;
       char nom[21], adresse[21];
       int solde;
       };

Client mesClients[100];
Client *C = &mesClients[4];

for(int i = 0; i<100; i++){
  mesClients[i].numero = i % 2 == 0 ? i+2 : i+3;
  mesClients[i].solde = 0;
  //cin >> mesClients[i].nom;
  //cin >> mesClients[i].adresse;
}

cout << (*C).numero << endl;
C++;
cout << (*C).numero << endl;
```

Quelles seront les valeurs affichées par les deux instructions de sortie ? Expliquer.

2.2   Avec les déclarations et instructions suivantes :

```
struct Client {
       int numero;
       char nom[21], adresse[21];
       int solde;
       Client *suivant;
       };

Client *A = NULL, *B = NULL;

A = new Client;
(*A).numero = 1234;
(*A).suivant = new Client;
(*(*A).suivant).numero = 2345;
(*(*A).suivant).suivant = new Client;
(*(*(*A).suivant).suivant).numero = 3456;
```

Dessiner le pointeur A et les variables dynamiques créées après ce premier bloc de six instructions.

```
B = A;
while(B != NULL){
   cout << B->numero << ' ';
   B = B->suivant;
}
```

Indiquer précisément ce qui sera affiché par l'exécution de la boucle while ci-dessus.

2.3   Étant donné la fonction Algorithme ci-dessous :

```
int Algorithme(int Vec[], int N, int V){
 int b = 0, h = N-1, m;
 while(b <= h){
   m = (b + h) / 2;
   if (Vec[m] == V)
     return m+1;
   else if(Vec[m] < V)
     b = m + 1;
   else
     h = m - 1;
 }
 return -1;
}// Algorithme
```

Qu'affichera l'exécution des lignes qui suivent et pourquoi ?

```
int vecteur[] = {1,2,3,4,5,6,7,8,9,10,11,12,13,14,15,16,17,18,
                 19,20,21,22,23,24,25,26,27,28,29,30};
cout << (Algorithme(vecteur, 30, 23)<0 ? "mais non"
                                       : "mais oui");
```

Établir la complexité temporelle du sous-programme Algorithme en utilisant la notation grand-O. Donner également sa complexité spatiale.

2.4   Soit le segment de programme ci-dessous :

```
char prov[] = "Tel est pris qui croyait prendre";
char* ptr = prov;
int compte = 0;
while(*ptr != '\0')
{
  compte++;
  while(*ptr != ' ' && *ptr != '\0')
    ptr++;
  while(*ptr == ' ')
    ptr++;
}// while
```

Quelle sera la valeur de compte à la fin de la boucle while externe ?

Problèmes

2.5 Les nombres de la suite de Fibonacci sont définis par : $F_0 = 0$, $F_1 = 1$, $F_n = F_{n-1} + F_{n-2}$. Écrire une fonction qui calcule les nombres de Fibonacci de cette façon.

2.6 Écrire une fonction qui calcule le produit scalaire de deux vecteurs : $vx_0 vy_0 + vx_1 vy_1 + vx_2 vy_2 + \dots + vx_{n-1} vy_{n-1}$. L'en-tête sera le suivant :

```
double produit_scalaire(vector<double> vx, vector<double> vy);
```

2.7 Écrire une procédure `Renverse` qui renverse la suite des éléments d'un vecteur, le premier élément devenant le dernier, et le dernier devenant le premier.

2.8 Écrire une fonction booléenne qui vérifie si deux vecteurs ont les mêmes éléments dans le même ordre.

2.9 Écrire une procédure `vector<int> fusionner(vector<int> x, vector<int> y)` qui accepte deux vecteurs triés comme paramètres et qui produit un vecteur résultat trié qui comprend tous les éléments des deux vecteurs.

2.10 Écrire un programme qui lise un texte dans un tampon de caractères. Allouer initialement 1000 caractères au tampon (`new char[1000]`), puis lorsque le tampon est plein allouer un nouveau tampon d'une taille double, recopier les éléments du premier tampon et le supprimer. Lire un texte suffisamment grand pour s'assurer que la méthode est bien programmée.

2.11 Écrire un programme qui calcule et affiche les nombres premiers jusqu'à 1000 obtenus par application du crible d'Eratosthène. D'abord placer les nombres dans un vecteur (`vector` de la STL). Ensuite, éliminer les multiples de 2, sans éliminer 2. Puis éliminer les multiples de 3, puis ceux de 5, et ceci jusqu'à la racine carrée de 1000. Tous les nombres restants sont premiers.

Chapitre 3

Algorithmes et leur complexité

Comparaison n'est pas raison.
Proverbe

L'objectif principal de ce chapitre est de vous amener à vous concentrer sur les algorithmes. Nous commençons par revoir des algorithmes connus, comme le tri par sélection, et nous en profitons pour vous rafraîchir la mémoire sur les algorithmes et leur complexité, chose qui est faite au moyen d'exemples. Nous vous présentons ensuite deux nouveaux algorithmes de tri plus efficaces que les tris simples (dont le tri par sélection fait partie), le tri de Shell et le tri du monceau. Nous poursuivons avec un exemple d'algorithme de calcul, la recherche des racines d'une équation par la méthode de la bissection, qui permet également l'introduction des exceptions et de leur traitement.

3.1   Tri par sélection

Commençons par un algorithme de tri que vous connaissez sans doute, afin de fixer les idées sur le processus de tri. Notre programme principal engendrera un certain nombre de valeurs aléatoires qu'il placera dans un vecteur avant de l'afficher. Ce dernier sera trié par une procédure de tri par sélection, et les éléments du vecteur trié seront affichés. La génération de nombres aléatoires fera appel à la fonction `rand` issue de la bibliothèque standard de C (`cstdlib`); pour démarrer la génération de nombres aléatoires, nous utiliserons la fonction `time` qui retourne l'heure et qui est issue de la bibliothèque `ctime`.

```
//    Programme de tri par sélection.  Le programme appelle un sous-
//    programme de tri par sélection sur un tableau rempli d'entiers
//    aléatoires.  Il affiche le tableau original, puis le tableau trié.
//
//    Philippe Gabrini avril 2005
#include <iostream>
#include <vector>
#include <cstdlib>
#include <ctime>
using namespace std;
```

```
void Germe_aleatoire()
{ // Définir le germe du générateur de nombres aléatoires.
  int germe = static_cast<int>(time(0));
  srand(germe);
}
```

```
int Entier_aleatoire(int Bas, int Haut)
{ // Calcule un entier aléatoire dans un intervalle.
  // paramètre 1 Bas de l'intervalle;
  // paramètre 2 Haut de l'intervalle;
  // retourne un entier dans l'intervalle [bas, haut]
  return Bas + rand() % (Haut - Bas + 1);
}
```

```
void Echanger(int& X, int& Y)
{ // Échanger deux entiers.
  // paramètre 1 X le premier entier à échanger;
  // paramètre 2 Y le second entier à échanger.
  int temp = X;
  X = Y;
  Y = temp;
}
```

```
int Position_mini(const vector<int>& Tableau, int Debut, int Fin)
{ // Trouve la position du plus petit élément de l'intervalle du tableau.
  // paramètre 1 le tableau;
  // paramètre 2 début de l'intervalle;
  // paramètre 3 fin de l'intervalle;
```

```cpp
// retourne la position du plus petit élément dans l'intervalle
//              [tableau[début], tableau[fin]]
int pos_mini = Debut;
int i;
for (i = Debut + 1; i <= Fin; i++)
  if (Tableau[i] < Tableau[pos_mini]) pos_mini = i;
return pos_mini;
}
```

```cpp
void Trier_selection(vector<int>& Tableau)
{ //    Trie le tableau par l'algorithme de tri par sélection.
  //    paramètre 1 le tableau à trier.
  for (int suivant = 0; suivant < Tableau.size()-1; suivant++)
  { // trouve la position du minimum
    int pos_mini = Position_mini(Tableau, suivant, Tableau.size()-1);
    if (pos_mini != suivant)
      Echanger(Tableau[pos_mini], Tableau[suivant]);
  }
}
```

```cpp
void Afficher(const vector<int>& Tableau)
{ //    Afficher tous les éléments du tableau.
  //    paramètre le tableau à afficher.
  for (int i = 0; i < Tableau.size(); i++)
    cout << Tableau[i] << " ";
  cout << "\n";
}
```

```cpp
int main()
{
  Germe_aleatoire();
  vector<int> vec(50);
  for(int index = 0; index < vec.size(); index++)
    vec[index] = Entier_aleatoire(1, 100);
  cout << "Tableau original\n";
  Afficher(vec);
  cout << endl;
  Trier_selection(vec);
  cout << "Tableau trié\n";
  Afficher(vec);
  cout << endl;
  return 0;
}
```

L'algorithme de tri est simple : pour toutes les positions du tableau, nous recherchons la valeur minimale et la plaçons dans la position considérée. La procédure de tri `Trier_selection` appelle la fonction `Position_mini` pour trouver le minimum des valeurs du vecteur comprises entre deux limites. Cette recherche est faite par une boucle d'inspection allant du début de l'intervalle à sa fin. La complexité temporelle de la fonction est donc $O(n)$. La complexité temporelle de la procédure de tri semble au premier abord être aussi $O(n)$, mais il nous faut remarquer que, dans la boucle qui est bien $O(n)$, on appelle la fonction `Position_mini` qui elle aussi est O(n). La complexité temporelle de la procédure `Trier_selection` est donc O(n²).

Le programme principal a pour objectif de vérifier le fonctionnement de la procédure de tri. Il commence par appeler la procédure d'initialisation du germe du générateur de nombres aléatoires. Dans la procédure `Germe_aleatoire`, on utilise la valeur retournée par la fonction `time` (de `cstdlib`) convertie du type `time_t` au type entier par une conversion statique (`static_cast`). On déclare ensuite le vecteur et on le remplit de valeurs au moyen d'une boucle dans laquelle la fonction `Entier_aleatoire` est appelée. Cette fonction fait appel à la fonction `rand` de `cstdlib` et transforme la valeur obtenue pour qu'elle soit dans l'intervalle [1,100]. Une fois le tableau initialisé, on l'affiche par appel de la procédure `Afficher`, puis on appelle la procédure de tri et l'on affiche le tableau au retour de l'appel, tableau qui a été modifié par `Trier_selection`.

Notez encore une fois que pour C++ le type `vector` n'est pas équivalent à un tableau, et que nous avons dû indiquer que ce paramètre était un paramètre passé par *référence* en ajoutant une esperluette (`&`) après le nom du type. Par contre, les tableaux C++ sont toujours passés automatiquement de cette manière, comme nous le verrons dans les autres sous-programmes de tri. Les paramètres de la procédure `Echanger`, déjà vue au chapitre précédent, sont explicitement passés par référence (notez les signes `&` dans la liste des paramètres formels) ; si ce n'était pas le cas, les valeurs ne seraient pas vraiment échangées. Nous avons aussi passé le vecteur par référence dans les sous-programmes `Position_mini` et `Afficher` pour éviter au système d'avoir à faire des copies encombrantes. Passer un paramètre par référence affaiblit la sécurité puisque, ce faisant, nous rendons les éléments du tableau directement accessibles en écriture ; nous pouvons cependant préfixer un tel paramètre par le mot réservé `const`, comme nous l'avons fait pour les sous-programmes `Position_mini` et `Afficher` : le compilateur nous assure alors que les paramètres ne sont pas modifiés par le code. Une exécution du programme a produit la sortie suivante :

```
Tableau original
93 34 3 33 72 10 95 9 63 1 25 3 29 59 45 21 31 75 33 13 99 100 38 98 51 42 68 49 90 86
39 54 55 43 94 69 19 40 94 23 40 27 41 53 31 26 54 23 55 35


Tableau trié
1 3 3 9 10 13 19 21 23 23 25 26 27 29 31 31 33 33 34 35 38 39 40 40 41 42 43 45 49 51
53 54 54 55 55 59 63 68 69 72 75 86 90 93 94 94 95 98 99 100
```

Nous avons vu à la fin du dernier chapitre qu'il existait des algorithmes généraux dans la STL. Ces algorithmes comprennent des algorithmes de tri, et nous aurions pu trier nos valeurs par de simples appels aux algorithmes de tri de la STL. Ainsi, si nous manipulons des paires de valeurs entières (le type `pair` est prédéfini en C++ avec deux champs de types quelconques `first` et `second`), nous pouvons déclarer le sous-programme d'affichage d'un tableau de paires suivant :

```
void AfficherTPaires(pair<int, int> Table[], int N)
{   for(int i=0;i < N;i++) {
      if(i%9 == 0)
        cout << endl;
      cout << Table[i].first << "   " << Table[i].second << "   ";
   }
```

```
   cout << endl;
}
```

Nous appliquerons l'algorithme de tri et l'algorithme de tri stable (conservant l'ordre original des valeurs égales) aux données de deux tableaux de paires aléatoires.

```
pair<int, int> Table[LIMIT], Table2[LIMIT]; // deux tableaux
for(int i = 0; i < LIMIT; i++) {
   Table2[i].first = Table[i].first = entier_aleatoire(1, LIMIT);
   Table2[i].second = Table[i].second = i;
}
cout << "Table initiale:" << endl;
AfficherTPaires(Table, LIMIT);
sort(Table, Table+LIMIT);               // trier ordre ascendant
cout << "Table triée:" << endl;
AfficherTPaires(Table, LIMIT);
stable_sort(Table2, Table2+LIMIT);   // trier ordre ascendant
AfficherTPaires(Table2, LIMIT);
```

Vous avez sans doute remarqué au début du programme de tri par sélection que nous avions utilisé quatre énoncés `#include` ; chacun d'entre eux importe une des bibliothèques standard de C++. Afin que vous sachiez quelles sont les bibliothèques incluses dans la norme de C++, nous vous en donnons la liste ci-dessous. Vous ne les utiliserez certainement pas toutes, mais pourrez ainsi plus facilement chercher de l'information sur celles qui peuvent vous intéresser.

algorithm	complex	cwctype	iterator	set
bitset	csetjmp	deque	limits	sstream
cassert	csignal	exception	list	stack
cctype	cstdarg	fstream	locale	stdexcept
cerrno	cstddef	functional	map	streambuf
cfloat	cstdio	iomanip	memory	string
ciso646	cstdlib	ios	new	strstream
climits	cstring	iosfwd	numeric	utility
clocale	ctime	iostream	ostream	valarray
cmath	cwchar	istream	queue	vector

3.2   Complexité des algorithmes

Dans les exemples précédents nous n'avons fait qu'appliquer de façon informelle ce que vous avez déjà vu au sujet de la complexité des algorithmes. Rappelez-vous qu'il est toujours important, une fois un algorithme défini, d'établir sa complexité, afin de déterminer s'il sera en mesure de fonctionner avec des ensembles de données de grande taille.

Il n'est jamais superflu de le répéter, le mot *complexité* indique ici l'efficacité d'un algorithme plutôt que sa subtilité ou sa complication. Pensez à la *complexité temporelle* d'un algorithme comme à une estimation de son temps d'exécution, estimation qui doit être indépendante de tout ordinateur ou de tout langage de programmation. Pour cela, nous utilisons une notation mathématique pratique, la notation grand-O.

Un autre aspect de la complexité d'un algorithme est ce que l'on appelle la *complexité spatiale*. Cette complexité spatiale est une mesure de l'espace mémoire requis par l'exécution de l'algorithme. Des algorithmes ayant une bonne complexité temporelle peuvent avoir une grande complexité spatiale, rendant ainsi leur exécution sur petits ordinateurs problématique.

La notation grand-O

Pour déterminer la complexité d'un algorithme, nous trouvons d'abord une expression nous donnant une estimation du temps requis pour l'exécution de l'algorithme (par exemple, le nombre d'instructions à exécuter), puis nous analysons cette expression. L'expression du temps d'exécution est habituellement une fonction d'une variable (parfois de plusieurs variables) qui est une mesure de la taille de la tâche particulière que l'algorithme doit accomplir, ainsi par exemple la taille d'une tâche de tri serait la longueur n de la suite à trier. Quand nous disons que le temps d'exécution d'un algorithme de tri est proportionnel à n^2, nous exprimons une relation fonctionnelle entre l'ampleur du travail de tri (représentée habituellement par la taille de l'ensemble des données à traiter) et la quantité de travail requise pour faire le travail. On appelle la notation mathématique utilisée pour exprimer une telle relation la *notation grand-O*. Pour déterminer la valeur grand-O pour une expression donnée, il suffit de trouver le ou les termes dominants de l'expression.

Nous définirons formellement la notation grand-O de la façon suivante :

Définition

On dit que $g(n)$ est $O(f(n))$ s'il existe deux constantes non négatives C et k telles que $|g(n)| \leq C|f(n)|$ pour tout $n > k$.

Classes de complexité

On peut exprimer la complexité d'un algorithme par un grand nombre de catégories grand-O ; il existe cependant quelques catégories que l'on rencontre souvent et dont la Table 3.1 donne un aperçu. Les six premières classes sont des classes polynomiales, et il existe bien d'autres classes polynomiales comme $O(n^4)$; vous avez déjà rencontré des algorithmes de complexité logarithmique (par exemple, la recherche binaire), linéaire (par exemple, la recherche séquentielle) et quadratique (par exemple, le tri par sélection).

constante	$O(1)$
logarithmique	$O(\log n)$
linéaire	$O(n)$
n log n	$O(n \log n)$
quadratique	$O(n^2)$
cubique	$O(n^3)$
exponentielle	$O(2^n)$, $O(10^n)$, etc.

Table 3.1 Classes de complexité courantes

Une complexité constante indique que le temps d'exécution est indépendant de la taille du problème, ce qui est clairement une situation enviable, mais peu commune.

D'autres complexités comme celle de la recherche binaire font appel à la fonction logarithmique ; la formule ci-dessous convertit les logarithmes d'une base à une autre :

$$\log_a x = \frac{\log_b x}{\log_b a}$$

Comme $\log_b a$ est une constante, le choix de la base des logarithmes n'affecte pas la complexité des algorithmes. On utilise habituellement *log* pour indiquer les logarithmes en base 2.

La notation grand-O spécifie essentiellement une borne supérieure. Il existe deux autres notations semblables Ω et Θ. La notation grand Omega spécifie une borne inférieure ; on dit que g(n) est $\Omega(f(n))$ s'il existe une constante C telle que $|g(n)| > |Cf(n)|$ pour un nombre infini de valeurs de n. La notation Thêta est définie en fonction des deux autres notations : on dit que g(n) est $\Theta(f(n))$ si g(n) est à la fois $O(f(n))$ et $\Omega(f(n))$. Nous n'utilisons que la notation grand-O.

Exemple

Prenons pour exemple la procédure de tri `TrierFusion` ci-dessous ; c'est une procédure récursive qui fait appel à une autre procédure `Fusionner`. La complexité d'une procédure récursive est plus difficile à établir que celle d'une procédure non récursive. Cependant, dans cet exemple, vous pouvez remarquer que l'exécution de `TrierFusion` produit, en fait, une suite d'appels récursifs, laquelle se termine avec le cas de base où il ne reste qu'un élément dans le tableau considéré. Un second appel récursif est alors fait dans les mêmes conditions, et le premier appel à `Fusionner` est exécuté avec un tableau de deux éléments qui est alors trié par fusion. La procédure `Fusionner` est relativement simple : elle découpe le tableau passé en paramètre en deux parties égales, puis une boucle simple effectue la fusion de ces deux parties dans un second tableau ; cette boucle se termine lorsqu'une des deux parties est vide. On détermine alors où se trouvent les éléments restants et on les copie dans le deuxième tableau. On termine en recopiant ce deuxième tableau dans le tableau paramètre.

```
void Fusionner(vector<int>& Tableau, int Debut, int Milieu, int Fin)
{ //    Fusionner deux intervalles adjacents dans un vecteur.
   //    paramètre 1 Tableau des éléments à fusionner;
   //    paramètre 2 Début du premier intervalle;
   //    paramètre 3 Milieu la fin du premier intervalle;
   //    paramètre 4 Fin du second intervalle.
   int n = Fin - Debut + 1; // taille de l'intervalle à fusionner
   // fusionner deux moitiés dans tableau temporaire table
   vector<int> table(n);
   int i1 = Debut;      // élément à considérer dans la première moitié
   int i2 = Milieu + 1; // élément à considérer dans la seconde moitié
   int j = 0;           // prochaine position dans table
   // Tant que ni i1 ni i2 est au-delà de la fin, copier le plus
   // petit élément dans table.
```

```
    while(i1 <= Milieu && i2 <= Fin){
      if (Tableau[i1] < Tableau[i2]) {
        table[j] = Tableau[i1];
        i1++;
      }
      else {
        table[j] = Tableau[i2];
        i2++;
      }
      j++;
    }
    // Noter qu'une seule des deux boucles while ci-dessous est exécutée
    // Copier les éléments restants de la première moitié
    while(i1 <= Milieu) {
      table[j] = Tableau[i1];
      i1++;
      j++;
    }
    while(i2 <= Fin) {      // Copier éléments restants de la deuxième moitié
      table[j] = Tableau[i2];
      i2++;
      j++;
    }
    // Recopier la table temporaire
    for(j = 0; j < n; j++)
      Tableau[Debut + j] = table[j];
} // Fusionner
```

```
void Trier_fusion(vector<int>& Tableau, int Debut, int Fin)
{ //     Trier les éléments dans une tranche du tableau.
  //     paramètre 1 Tableau le vecteur des éléments à trier;
  //     paramètre 2 Début de la tranche à trier;
  //     paramètre 3 Fin de la tranche à trier.
  if(Debut == Fin) return;
  int milieu = (Debut + Fin) / 2;
  // trier la première et deuxième moitié
  Trier_fusion(Tableau, Debut, milieu);
  Trier_fusion(Tableau, milieu + 1, Fin);
  Fusionner(Tableau, Debut, milieu, Fin);
}
```

La complexité de la procédure `Fusionner` est facile à établir ; de façon simple, on peut voir que la procédure est faite d'instructions exécutées en séquence, avec trois boucles indépendantes les unes des autres. La première boucle `while` est exécutée au mieux $n/2$ fois et au pire n fois, si n est le nombre d'éléments dans le tableau passé en paramètre. La seconde ou la troisième boucle `while` (une seule des deux est exécutée) est exécutée un nombre de fois maximum de $n/2$ (dans le cas le plus défavorable, une partie ne comprend que des éléments précédant ceux de l'autre partie ; dans ce cas, la première boucle n'a été faite que n/2 fois). Enfin, la dernière boucle `for` est exécutée n fois. Si nous comptons les instructions exécutées dans le pire des cas, nous avons :

4 +	quatre premières instructions (initialisations)
6n +	première boucle (2 tests + comparaison + 2 inst. + 1 inst.)
4n/2 +	deuxième ou troisième boucle (test + 3 inst.)
3n	dernière boucle (test + augmentation + 1 inst.)

soit au total : 11n + 4 instructions.

En appliquant la définition de la notation grand-O, nous pouvons prendre f(n)=n, C=12 et k=4. La complexité de la procédure est donc *O(n)*.

Dans le cas de `TrierFusion`, le nombre d'instructions est réduit et comporte trois appels de procédures, dont deux sont des appels récursifs. Comme le travail de tri n'est effectué que par la procédure `Fusionner`, il nous suffit de déterminer le nombre de fois où cette procédure est appelée. Ceci est plus facile à faire qu'il ne paraît ; en effet, ce nombre d'appels correspond à 1 près au nombre d'appels récursifs à `TrierFusion`. Si nous partons d'un appel à `TrierFusion` avec *n* éléments dans le tableau d'origine, le premier appel récursif porte sur un tableau réduit de moitié, le second appel récursif sur un tableau réduit à *n/4* éléments, le troisième appel récursif sur un tableau réduit à *n/8* éléments, etc. Le dernier appel récursif de cette chaîne d'appels est fait sur un tableau d'un élément. Le nombre d'éléments sur lequel porte chaque appel récursif est donné par la liste suivante:

$$\frac{n}{2}, \frac{n}{2^2}, \frac{n}{2^3}, \cdots, \frac{n}{2^p}$$

Comme nous venons de le dire, le dernier terme de cette suite vaut 1, ce qui nous donne : $\frac{n}{2^p} = 1$

soit *n = 2^p*. En prenant le logarithme en base 2 des deux côtés de l'équation, nous obtenons $p = \log_2 n$, ce qui nous donne le nombre de niveaux d'appels récursifs. La figure 3.1 illustre la série d'appels à `TrierFusion`. Notre raisonnement précédent nous indique qu'il y aura *log n* niveaux d'appels récursifs ; le nombre total des appels est facile à calculer à partir de la figure : $1+2+4+8+\ldots+2^p$, soit $2^{p+1} - 1$. Chaque appel à `TrierFusion` provoquera un appel à `Fusionner`, dont nous avons évalué la complexité. Cependant, les divers appels à `Fusionner` peuvent être mesurés de façon plus précise ; en effet, les appels récursifs du dernier niveau d'appels (le niveau p) se font sur des tableaux de un élément et n'appellent pas `Fusionner`.

Les premiers appels à `Fusionner` se font sur des tableaux de deux éléments. Comme la complexité de `Fusionner` est proportionnelle au nombre d'éléments dans le tableau, prenons une constante de proportionnalité *q*. En considérant les appels récursifs les plus profonds d'abord, le nombre et la taille des appels à `Fusionner` est donc :

Niveau p-1	2^{p-1} appels sur 2 éléments
Niveau p-2	2^{p-2} appels sur 4 éléments
Niveau p-3	2^{p-3} appels sur 8 éléments
etc.	
Niveau 0	1 appel sur 2^p (n) éléments

Le total d'instructions exécutées sera donc de :

$$2^{p-1} \times 2q + 2^{p-2} \times 4q + ... + 2^1 \times 2^{p-1} q + 2^0 \times 2^p q$$

soit, avec les égalités vues plus haut : $\qquad p \times 2^p \times q$

$$p \times n \times q$$
$$\log n \times n \times q$$

Avec la définition de la notation grand-O, si l'on prend k=2 et C=2, et en intégrant la constante q à C, on a bien :

$$n \log n \leq C\, n \log n$$

La complexité temporelle de `TrierFusion` est donc de *O(n log n)*.

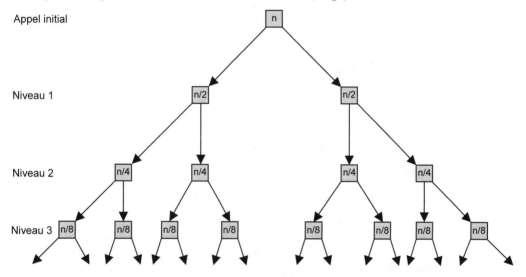

Appel initial

Niveau 1

Niveau 2

Niveau 3

Figure 3.1 Appels récursifs à `TrierFusion`

De façon plus rigoureuse, nous devons établir le temps d'exécution pour `TrierFusion` dans le pire des cas. Soit T(n) ce temps d'exécution ; nous pouvons établir une relation de récurrence de la façon suivante :

$$T(n) = c_1 \text{ si } n=1$$
$$T(n) = 2T(n/2) + c_2 n \text{ si } n > 1$$

Dans le cas où *n* est supérieur à 1, nous comptons les deux appels récursifs et le temps d'exécution de `Fusionner`. Notez que ceci n'est exact que si *n* est pair ; si *n* est impair, nous pouvons remplacer l'équation par $\quad T(n) = T((n+1)/2) + T((n-1)/2) + c_2 n$; mais nous pouvons aussi remarquer que, si nous déterminons T(n) pour les cas où *n* est pair, T(n) pour les cas où *n* est impair en sera proche. Pour arriver à une formule fermée à partir de l'équation de récurrence ci-dessus, il faudrait aussi que *n* soit une puissance de 2; mais à nouveau, si l'on connaît T(n) pour ce cas, on a alors une bonne idée de T(n) dans tous les cas, puisque, si *n* est compris entre 2^i et 2^{i+1}, T(n) sera situé entre $T(2^i)$ et $T(2^{i+1})$.

L'une des façons de résoudre une équation de récurrence est de « deviner » une solution $f(n)$ et d'utiliser la récurrence pour montrer que $T(n) \leq f(n)$, ce que nous allons faire ici. Sans grand mérite, à cause de l'étude simple que nous avons faite plus tôt, nous devinons que la solution sera $f(n) = a\,n \log n$. Comme ceci ne fonctionne pas pour $n=1$, nous pouvons modifier la solution devinée en $f(n) = a\,n \log n + b$, ce qui exige pour $n=1$ que $b \geq c_1$.

Si nous procédons par induction, l'hypothèse est que $\qquad T(i) \leq a\,i \log i + b$ pour tout $i < n$.

En supposant que $n \geq 2$, nous avons $\qquad T(n) = 2T(n/2) + c_2 n$.

Remplaçons $T(n/2)$ par notre hypothèse $\qquad T(n) \leq 2(a\,n/2 \log n/2 + b) + c_2 n$.

Comme $\log n/2 = \log n - 1$ $\qquad T(n) \leq a\,n \log n - a\,n + c_2 n + 2b$.

Ce qui donne $\qquad T(n) \leq a\,n \log n + b + (c_2 n - a\,n + b)$.

La valeur entre parenthèses sera ≤ 0 si $c2 + b\,/\,n \leq a$ et certainement si $c2 + b \leq a$; nous obtenons donc :

$$T(n) \leq a\,n \log n + b \text{ si } a \geq c_2 + b.$$

Donc, $\qquad\qquad T(n) \leq a\,n \log n + b$ si $b \geq c_1$ et $a \geq c_2 + b$.

Par conséquent `TrierFusion` est bien *O(n log n)*.

La **complexité spatiale** de `TrierFusion` est assez simple à établir :

- Paramètres : 1 adresse (tableau) et 2 entiers, soit 12 octets;

- Variable locale : un entier, soit 4 octets.

Cependant, il s'agit d'une procédure récursive, ce qui veut dire qu'un appel en provoque d'autres qui sont tous empilés sur la pile du système. Pour évaluer l'espace nécessaire, il faut compter le nombre maximum d'appels récursifs pouvant exister au même moment. La figure 3.1 montre tous les appels récursifs, mais ils n'existent pas tous en même temps ; en fait, ceux qui existent en même temps se trouvent sur un chemin allant de la racine de l'arbre au niveau le plus bas. Nous avons compté la longueur maximum d'un tel chemin, soit $\log n$. La complexité spatiale d'un appel sera donc de $(12+4) \log n +$ le coût spatial d'un appel à `Fusionner`. La complexité spatiale de `Fusionner` est, elle aussi, simple à calculer :

- Paramètres : 1 adresse (tableau) et 3 entiers, soit 16 octets;

- Variables locales : 4 entiers, soit 16 octets, et un vecteur de n entiers, soit $4n$ octets.

La complexité spatiale de `Fusionner` sera donc de $4n + 32$ octets. La complexité spatiale de `TrierFusion` sera donc de $(16 \log n + 4n + 32)$ octets.

3.3 Tri de Shell

La méthode de tri inventée en 1959 par Donald L. Shell[1] est plus efficace que les méthodes de tri simples, comme le tri par insertion, le tri par sélection ou le tri bulle. Étant donné une série de valeurs non triées, le tri de Shell triera des sous-séries de valeurs séparées. Ces sous-séries contiendront tous les éléments espacés de k positions, et l'on peut trier chacune d'entre elles au moyen de méthodes de tri simples, comme le tri par insertion. Par exemple, si nous trions un vecteur A, et si k possède la valeur 5, on trie d'abord la sous-série A[0], A[5], A[10], A[15], ... Puis on trie la sous-série A[1], A[6], A[11], A[16], ... , suivie de la sous-série A[2], A[7], A[12], A[17], ... puis de la sous-série A[3], A[8], A[13], A[18], ... et finalement la sous-série A[4], A[9], A[14], A[19], et ainsi de suite.

Après que l'on ait trié les k premières sous-séries, on choisit une valeur de k plus petite, et l'on trie les nouvelles sous-séries de la même façon. On répète ce processus jusqu'à ce que la valeur de k soit 1. La figure 3.2 illustre la méthode de tri de Shell appliquée à un tableau de 12 éléments.

```
Tableau original 74   66   20   96   14   57   61   83   55   71   94    3

Écart = 6:tri    74                            61
          tri         66                            83
          tri              20                            55
          tri                   96                            71
          tri                        14                            94
          tri                             57                             3
Fin de la passe: 61   66   20   71   14    3   74   83   55   96   94   57

Écart = 3:tri    61             71             74             96
          tri         66             14             83             94
          tri              20              3             55             57
Fin de la passe: 61   14    3   71   66   20   74   83   55   96   94   57

Écart = 1:tri    61   14    3   71   66   20   74   83   55   96   94   57
Fin de la passe:  3   14   20   55   57   61   66   71   74   83   94   96
```

Figure 3.2 Tri de Shell

Comme le premier écart k utilisé par le tri de Shell est grand, les sous-séries individuelles sont petites, de sorte qu'un tri par insertion de ces sous-séries est assez rapide. Chaque tri d'une sous-série rapproche la série entière de l'ordre complet recherché. Les passes successives utilisent des écarts plus petits (ou des sous-séries plus grandes), mais les sous-séries sont presque complètement triées, à cause des passes précédentes, et ainsi un tri par insertion est encore assez efficace.

Nous avons programmé cet algorithme en en faisant une procédure *générique*, c'est-à-dire non liée à un type particulier d'élément à trier. En utilisant le vocabulaire de C++, on dit que nous avons créé un *gabarit* (template) de procédure, en faisant précéder sa déclaration du terme template <typename T> (ou template <class T> qui remonte aux anciennes versions de C++, mais qui est toujours valide) et en utilisant le type T comme type des éléments du tableau premier paramètre ; typename T ou

---

[1]   SHELL, D. L. « A highspeed sorting procedure », *CACM*, vol. 2, n° 7, 1959.

`class T` indiquent tout type de base ou défini par l'utilisateur. Dans ce gabarit de procédure, le paramètre T est un marqueur pour le type de données manipulé par la procédure. Lorsque le compilateur détecte un appel à `TrierShell`, le type de données utilisé dans l'appel est substitué à T dans la définition du gabarit, et C++ crée une fonction complète pour trier un tableau de ce type, puis la compile. On peut dire que les gabarits sont des outils de génération de code. Notez que pour que cet exemple fonctionne l'opérateur > doit avoir été défini (ou redéfini) pour le type T.

```
template <typename T>
void TrierShell(T Table[], int N)
{   // Trier Table en ordre ascendant ou descendant.
  T copie;
  int bas, ecart, dernier;
  dernier = N-1;
  ecart = dernier;
  while(ecart > 1){
    ecart = (ecart-1) / 3;
    if(ecart < 1)
      ecart = 1;    // assure la dernière passe
    for(int haut = ecart; haut <= dernier; haut++){
      bas = haut - ecart;
      copie = Table[haut];                    // nouvelle valeur à vérifier
      while(bas >= 0){
        if(copie > Table[bas]){
          Table[bas + ecart] = Table[bas]; //avancer élément
          bas = bas - ecart;
        }                      // reculer
        else
          break;
      } // while
      Table[bas + ecart] = copie;            // position finale
    } // for
  } // while
} // TrierShell;
```

L'instanciation de cette procédure pour un tableau d'entiers est automatique sur un appel comme le suivant:

```
int table[100];
```

```
TrierShell(table, 100);
```

Le premier paramètre de la procédure est un tableau C++ qui est automatiquement passé par référence sans que nous ayons besoin d'ajouter le symbole &. Le résultat du tri en est la preuve. Dans la procédure `TrierShell`, la première valeur de l'écart est à peu près le tiers du nombre d'éléments de la table, puis cette valeur est à peu près divisée par trois à chaque passe successive. La boucle `while` externe contrôle le nombre de passes. La boucle `for` contrôle les comparaisons des éléments dans une sous-série : haut et bas sont les indices des éléments du vecteur comparés. La boucle imbriquée compare l'élément du haut, copie, avec l'élément précédent dans la sous-série, et, s'ils ne sont pas en ordre, elle remonte l'élément inférieur. En réalité, les éléments du tableau ne sont pas vraiment échangés à ce moment, car il sera plus efficace de ne copier l'élément du haut que dans sa position finale. La boucle recule dans la sous-série et en compare les éléments avec `copie`. On remonte les éléments de la sous-série aussi longtemps que cela est nécessaire. La boucle se termine lorsque la position finale de `copie` a été trouvée, c'est-à-dire lorsque deux éléments comparés sont en ordre, ou lorsque la fin du vecteur est atteinte. Lorsque la boucle imbriquée se termine, la valeur de `copie` est placée dans sa position finale.

Par exemple, supposons que les dernières comparaisons d'une passe soient faites dans la sous-série suivante :

8	32	75	78	87	65

Dans cette série prise à l'envers, 87 et 65 ne sont pas en ordre. La valeur 87 est remontée et la sous-série devient temporairement 8, 32, 75, 78, 87, 87. La valeur 65 n'est pas perdue, puisqu'elle est conservée dans `copie` et doit être comparée à 78. Le résultat de cette comparaison remonte 78 et la sous-série devient temporairement 8, 32, 75, 78, 78, 87. Ensuite, la valeur de `copie` est comparée à 75, qui est alors remonté, donnant une sous-série de 8, 32, 75, 75, 78, 87. On compare alors `copie` à l'élément précédent, 32, et la comparaison indique que ces éléments sont en ordre. On insère alors copie dans sa position finale et la sous-série devient finalement 8, 32, 65, 75, 78, 87.

Il est très difficile d'analyser mathématiquement la complexité de cet algorithme, parce que le choix des valeurs de l'écart affecte cette complexité. Donald Knuth[2] a montré qu'un bon choix pour les valeurs de l'écart pouvait être :

$$1, 4, 13, 40, 121, \ldots \quad (\text{Écart}_k = 3 \, \text{Écart}_{k-1} + 1)$$

ou encore :
$$1, 3, 7, 15, 31, \ldots \quad (\text{Écart}_k = 2 \, \text{Écart}_{k-1} + 1)$$

L'analyse mathématique montre que la complexité du tri Shell est aussi basse que $O(n^{1.2})$, ce qui est certainement bien meilleur que $O(n^2)$ [3], mais, en général, pas aussi bon que l'algorithme Quicksort, qui est $O(n \log n)$, pour de grandes valeurs de n, lorsqu'il ne tombe pas dans son pire cas qui est $O(n^2)$.

D'après vous, quelle est la complexité spatiale de `TrierShell` ?

3.4 Tri du monceau (*Heapsort*)

La méthode *Heapsort*, inventée en 1964 par J. Williams[4], est semblable au tri par sélection, que vous avez vu antérieurement ; elle choisit des éléments successifs et les échange pour les mettre en ordre. La différence est que *Heapsort* utilise une structure de données plus efficace que le tri par sélection.

La figure 3.3 illustre ce processus pour un tri en ordre descendant. Les caractères gras indiquent les éléments qui sont en position finale et qui ne font plus partie du monceau.

---

[2]   KNUTH, D. E. *The art of computer programming* : *Vol. 3 Sorting and searching*, Addison-Wesley, 1973.

[3]   *Festina lente*, mots attribués à Auguste (63 avant Jésus Christ - 14), empereur romain ; repris par Nicolas Boileau (1636-1711) : hâtez-vous lentement.

[4]   WILLIAMS, J. W. J. « Algorithm 232 : Heapsort » *CACM*, vol. 7, nᵒ. 6, 1964.

```
Tableau original :
     74      66      20      96      14      57      61      83      55      71      94       3
Monceaux successifs :
      3      14      20      55      66      57      61      83      96      71      94      74
     14      55      20      74      66      57      61      83      96      71      94       3
     20      55      57      74      66      94      61      83      96      71      14       3
     55      66      57      74      71      94      61      83      96      20      14       3
     57      66      61      74      71      94      96      83      55      20      14       3
     61      66      83      74      71      94      96      57      55      20      14       3
     66      71      83      74      96      94      61      57      55      20      14       3
     71      74      83      94      96      66      61      57      55      20      14       3
     74      94      83      96      71      66      61      57      55      20      14       3
     83      94      96      74      71      66      61      57      55      20      14       3
     94      96      83      74      71      66      61      57      55      20      14       3
     96      94      83      74      71      66      61      57      55      20      14       3
Tableau final :
     96      94      83      74      71      66      61      57      55      20      14       3
```

Figure 3.3 Tri du monceau

Heapsort utilise un monceau[5], défini comme une suite d'éléments h_1, h_2, h_3, ... h_{Max}, dont les valeurs (ou clefs) sont telles que $h_i \leq h_{2i}$ et $h_i \leq h_{2i+1}$, pour i = 1 à Max/2. On dit que h_{2i} et h_{2i+1} sont les enfants de h_i. Notez que h_1 représente la valeur minimum de la suite. On peut définir le tri du monceau par le pseudo-code suivant:

Trier Monceau
> Former un monceau à partir de la suite de nombres originale
> Répéter
>> Échanger les premier et dernier éléments du monceau
>> Réduire la taille du monceau de 1
>> Enfoncer le nouveau premier élément jusqu'à ce qu'il trouve sa place dans le nouveau monceau
> Jusqu'à ce qu'il n'y ait plus d'éléments

On obtient un nouveau monceau en plaçant un élément en avant des autres et en laissant cet élément « filtrer » vers le bas jusqu'à sa place en suivant le chemin des valeurs plus petites, lesquelles remontent en même temps. Par exemple, dans la figure 3.3, à la première étape, on échange 3 et 74, puis 74 est filtré vers le bas pour que la propriété de monceau subsiste.

---

[5]   Le terme monceau traduit l'anglais `heap` et représente une structure possédant un ordre partiel ; on l'a préféré aux termes tas, amas, fratras, montjoie ou cairn.

La procédure suivante réalise cet algorithme. Comme `TrierShell`, elle est générique et permet de traiter des tableaux dont les éléments sont de tout type. Elle fait appel à la structure de monceau, laquelle est définie par la classe `Heap` qui sera vue au chapitre 4.

```
template <typename T>
void HeapSort(T A[], int N)
{  // lier le tableau au monceau
   Heap<T> monceau(A,N); // transformer A en monceau
   T element;            // élément extrait du monceau
   for(int i = N-1;i >= 0;i--)
   {  // Supprimer plus petit élément du monceau et ranger dans A[i].
      element = monceau.Supprimer();
      A[i] = element; // conserver élément supprimé au bon endroit
   }
}
```

En utilisant les mêmes déclarations que pour l'instanciation de `TrierShell`, nous pouvons instancier `HeapSort` par le simple appel : **`HeapSort(table, 100);`**

Là aussi, nous passons un tableau C++ en paramètre ; il est automatiquement passé par référence comme dans le tri précédent. Pour évaluer la complexité de cette méthode de tri, il nous faut connaître la réalisation des monceaux à laquelle nous avons fait appel. Si nous nous fions à notre intuition, il n'est pas évident que cette méthode donnera de bons résultats. Il se trouve que, pour un grand nombre d'éléments, la procédure `HeapSort` est très efficace et qu'elle s'améliore au fur et à mesure que le nombre d'éléments augmente. Nous confirmerons au chapitre 4 que la complexité temporelle de `HeapSort` est $O(n \log n)$.

Il existe des variations de cet algorithme de tri par monceau. Si l'on change la relation qui forme le monceau ($h_i \geq h_{2i}$ et $h_i \geq h_{2i+1}$), cela a pour effet d'effectuer un tri ascendant. Nous pouvons effectuer ce renversement en changeant simplement notre comparaison dans la réalisation de la classe monceau.

Ici aussi, il nous est loisible d'utiliser les algorithmes de la STL plutôt que d'écrire notre code nous-mêmes. Ainsi, pour effectuer le tri du monceau, il nous suffit de deux appels en dehors des déclarations usuelles des tableaux à trier. Le premier appel transforme le tableau original en un monceau, sans que nous ayons à connaître les détails techniques relatifs aux monceaux ; le second appel effectue un traitement fort semblable à ce que nous avons programmé un peu plus haut.

```
void AfficherTableau(int Table[], int N)
{  for(int i=0;i < N;i++) {
      if(i%19 == 0)
        cout << endl;
      cout << Table[i] << ' ';
   }
   cout << endl;
}
......
  int Table3[LIMITE];
  for(int i = 0; i < LIMITE; i++) {
    Table3[i] = entier_aleatoire(1, LIMITE);
  }
```

```
cout << "Table initiale:" << endl;
AfficherTableau(Table3,LIMITE);
make_heap(Table3, Table3+LIMITE);    // préparer tri
sort_heap(Table3, Table3+LIMITE);    // trier ordre ascendant
AfficherTableau(Table3,LIMITE);
......
```

3.5 Algorithme numérique

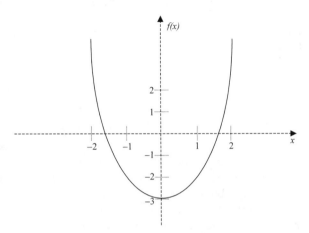

Figure 3.4 Un graphe de $f(x) = x^2 - 3$

Jusqu'à présent, dans ce chapitre, nous avons vu quelques algorithmes de tri ; voyons maintenant un problème de calcul numérique dans lequel nous allons écrire un programme pour trouver les racines d'une équation. Nous utiliserons la bonne vieille méthode de la bissection, et nous voulons définir essentiellement une procédure. Concentrons-nous d'abord sur la méthode numérique.

Étant donné une fonction $f(x)$, nous voulons souvent trouver les valeurs de x qui rendent $f(x)$ égale à zéro. En d'autres termes, nous résolvons l'équation $f(x) = 0$. Considérez par exemple la fonction :

$$f(x) = x^2 - 3$$

La figure 3.4 présente le graphe de cette fonction.

La racine ou les racines d'une équation sont les endroits où le graphe croise l'axe des x ; pour l'équation de la figure 3.4, il y a deux racines à plus et à moins la racine carrée de 3. D'autres équations peuvent n'avoir aucune racine réelle comme $f(x) = x^2 + 3$. Pour le programme de cet exemple, nous supposerons que la fonction donnée possède une racine et que l'intervalle que l'on nous donnera sur l'axe des x est celui où se trouve la racine.

Nous utiliserons la méthode bien connue de la bissection pour trouver la racine cherchée (cette méthode vous rappellera la recherche binaire que nous avons vue au chapitre 2). Étant donné la fonction $f(x)$ dont le graphe se trouve à la figure 3.4, supposez que nous sachions qu'une racine se trouve dans l'intervalle $[+1, +2]$; nous supposerons aussi qu'il n'y a qu'une seule racine dans cet intervalle, ce qui veut dire que $f(1)$

et *f(2)* doivent avoir des signes différents. Nous prenons le milieu de l'intervalle, 1,5, et calculons la valeur de *f(x)* à ce point ; graphiquement, notre solution correspond à la figure 3.5.

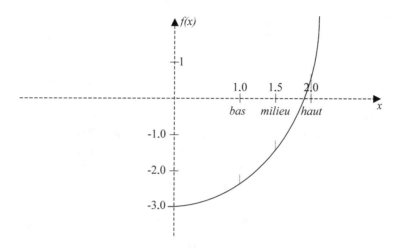

Figure 3.5 Bissection de l'intervalle [1, 2]

Comme *f(Milieu)* et *f(Haut)* ont des signes opposés, nous savons que la racine doit se trouver entre *Milieu* et *Haut* ; donc *Milieu* devient la nouvelle valeur de *Bas*, et *Haut* reste ce qu'il est. Nous répétons ce processus ; la nouvelle valeur de *Milieu* est 1,75, et *f(1,75)* = 0.0625. Dans ce cas, c'est la moitié inférieure de l'intervalle, soit de 1,5 à 1,75, qui doit contenir la racine ; *Bas* reste ce qu'il était, et la nouvelle valeur de *Haut* est la valeur de *Milieu*. Nous continuons de cette manière, jusqu'à ce que nous ayons rétréci l'intervalle où se trouve la racine au degré de précision voulu. Voici le pseudo-code de l'algorithme de bissection :

```
Bissection(F, Bas, Haut): réel
    Si F(Bas) et F(Haut) ont le même signe
        Afficher un message disant qu'on n'essayera pas la bissection
        Retourner 0
    Sinon
        Boucle tant que Haut - Bas excède la précision voulue
            Mettre Milieu à (Bas + Haut)/2
            Si F(Bas) et F(Milieu) ont le même signe
                Mettre Bas à Milieu
            Sinon
                Mettre Haut à Milieu
        Retourner (Bas + Haut)/2
```

Notez que, si *f(Bas)* et *f(Haut)* ont des signes opposés et si *f* est une fonction continue, il existe au moins une racine dans l'intervalle [*Bas, Haut*]. Si *f(Bas)* et *f(Haut)* ont le même signe, on pourrait avoir des racines multiples dans l'intervalle (prenez par exemple *Bas* = -2 et *Haut* = 2 pour *f(x)* = x^2 - 3) ou l'on pourrait n'avoir aucune racine dans l'intervalle (prenez par exemple *Bas* = 2 et *Haut* = 3 pour la même fonction). De toutes façons, lorsque *f(Bas)* et *f(Haut)* ont le même signe, nous n'appliquerons pas la bissection.

Nous n'avons pas entièrement spécifié comment nous mesurons la précision voulue ; supposez que nous ayons une valeur approximative *a* pour une valeur exacte *e*. Nous définissons l'*erreur absolue* comme étant la différence *(a - e)* ; dans notre problème, nous n'avons pas la valeur exacte, la racine carrée de 3, et, en fait, il est impossible de représenter exactement la racine carrée de 3 dans un ordinateur ! Mais il est commode d'utiliser la taille de l'intervalle, *Haut - Bas*, pour représenter la valeur maximale possible pour l'erreur absolue.

Pour de très grandes ou de très petites valeurs des nombres réels, l'erreur absolue peut causer quelques problèmes ; supposez par exemple que nous voulions une racine avec une erreur absolue inférieure ou égale à 0,001, mais que l'intervalle pour la racine se trouve entre 1 000 000 et 1 000 001. Pour réussir, notre représentation interne doit pouvoir différencier entre 1 000 000,555 et 1 000 000,556, et ce niveau peut dépasser les limites de la précision possible dans de nombreux ordinateurs et conduire à un algorithme de bissection qui ne se termine jamais. Le problème inverse existe pour les très petites valeurs ; supposez que nous sachions que la racine se trouve entre 0,0005 et 0,0006. Avec cet intervalle initial, notre critère de précision est déjà satisfait, et l'algorithme retournera le point milieu 0,00055 sans calculer quoi que ce soit. Pour éviter de tels problèmes, on introduit la notion d'*erreur relative*.

Étant donné une valeur approchée *a* et une valeur exacte *e*, l'erreur relative est *(a - e)/e* pourvu que *e* soit différent de zéro. Bien entendu, nous ne connaissons pas la valeur exacte *e* puisque c'est elle que nous essayons de trouver, mais nous pouvons normalement obtenir une borne pour *(a - e)* au numérateur et prendre *a* au lieu de *e* comme dénominateur, et obtenir une approximation raisonnable de l'erreur relative. Dans notre algorithme de bissection, nous savons que *a* et *e* se trouvent dans l'intervalle [*Bas, Haut*], donc le numérateur *(a - e)* n'est pas supérieur à *Haut – Bas*, que nous prendrons comme numérateur. Nous utiliserons notre meilleur résultat jusque-là, *(Bas + Haut)/2*, comme dénominateur, ce qui nous donne une approximation raisonnable de l'erreur relative. Dans notre exemple de programme, nous utiliserons cette mesure de l'erreur relative.

Nous vérifierons notre fonction de bissection avec deux fonctions relativement simples :

$$f1 = x^2-3$$
$$f2 = e^{-x}+sin\ 2\pi x$$

avec les résultats attendus du tableau 3.2.

Fonction	Intervalle	Racine
f_1	[1, 2]	1,732051
f_2	[0,5, 0,75]	0,593176
f_1	[2, 3]	valeurs fonction de même signe
f_2	[-0,75, 0,75]	essai de division par zéro

Tableau 3.2 Racines de deux fonctions simples issues de la fonction `Bissection`

Le code de la fonction `Bissection` de la page 83 découle directement du pseudo-code. Pour pouvoir facilement utiliser `Bissection` pour diverses fonctions, nous utilisons la fonction à résoudre comme paramètre. Pour ce faire, nous plaçons le profil de la fonction `float F(float)` dans la liste des paramètres de la fonction `Bissection`. Lors de l'appel de `Bissection`, il nous suffira de fournir comme premier paramètre effectif le nom d'une fonction réelle d'un seul paramètre réel. Notez qu'à côté de la fonction `Bissection` nous avons déclaré deux fonctions booléennes locales utilitaires, `MemeSigne` pour déterminer si deux valeurs réelles sont de même signe ou non, et `ErreurAcceptable` pour déterminer si l'erreur relative est inférieure à une tolérance donnée. La fonction `Bissection` détecte deux erreurs possibles : les valeurs de la fonction aux limites sont de même signe et le calcul de l'erreur relative conduit à une division par zéro. La première erreur est signalée par une exception locale à la fonction `Bissection`, qui est traitée localement par affichage d'un message et retour d'une valeur nulle ; notez la présence de l'instruction `return 0.0` dans le traitement de l'exception. La seconde erreur est signalée au moyen d'une exception locale à `ErreurAcceptable` et est traitée par affichage d'un message par `cerr`.

Exceptions

Lorsqu'une erreur se produit dans un programme, on ne veut pas nécessairement qu'il s'arrête en catastrophe. Évidemment, on pourrait ne rien faire, et éventuellement le programme finira par s'arrêter normalement ou non. Il est cependant plus raisonnable, lorsque l'on détecte une erreur dans un sous-programme, d'en faire part à l'appelant qui pourra alors réagir correctement à la situation. En C++, les erreurs sont appelées *exceptions*, et il existe tout un mécanisme pour traiter les exceptions. Lorsque l'on détecte une erreur, on lève une exception (en anglais, on la jette, car on dit « *throw an exception* ») en utilisant l'instruction `throw`. Contrairement à ce qui se passe dans la plupart des langages de programmation, en C++, on peut utiliser n'importe quel type pour signaler une exception, en faisant suivre le mot réservé `throw` du nom d'une variable quelconque. Ainsi, si nous avions déclaré une structure `Etudiant` et une variable de ce type de la façon suivante :

```
typedef struct{
            string nom;
            string prenom;
            TypGenre sexe;
            int taille;
            string pays_naissance;
            int date_naissance;
            TypCouleur yeux;
            TypAdresse adresse;
            string telephone;
            string code;
            int date_Admission;
            int derniere_Date;
            TypProgramme programme;
            int solde;
            int credits;
            bool diplome;
            string cours;}Etudiant;
Etudiant nouveau;
```

étant entendu que les types `TypGenre`, `TypCouleur`, `TypAdresse`, et `TypProgramme` ont été définis correctement, il nous est possible en C++ d'écrire **throw nouveau**. Évidemment, du point de vue génie logiciel, il vaut mieux explicitement identifier des types réservés aux exceptions.

Ainsi, la bibliothèque standard de C++ comprend une hiérarchie de classes d'exceptions construite sur la classe de base `exception`. Le programmeur peut lever des exceptions de cette classe ou des exceptions standard de C++ (`<stdexcept>` qui comprend les classes `runtime_error` et `logic_error`), des exceptions dérivées de ces exceptions standard ou même des exceptions qui lui sont propres et qui ne sont pas dérivées des exceptions standard.

Une fois une exception levée dans une fonction par une instruction `throw`, l'exécution du code de la fonction est terminée, mais on ne revient pas à l'endroit habituel chez l'appelant ; au lieu de cela, le système recherche un traitement pour cette exception chez l'appelant, l'appelant de l'appelant, etc. Il est possible, mais non obligatoire, de spécifier la sorte d'exception que peut engendrer un sous-programme en faisant suivre son en-tête de `throw()` avec, à l'intérieur des parenthèses, une liste des types d'exceptions possibles séparés par des virgules. Si le sous-programme lève des exceptions n'appartenant pas aux types spécifiés, il y aura appel de la fonction `unexpected`. Si, par contre, il n'y a rien dans les parenthèses, ceci veut dire que le sous-programme ne lève pas d'exception. Si, par accident, cela se produisait, le système ferait un appel à `unexpected` qui terminerait l'exécution sans rien relâcher.

Pour traiter une exception, on doit utiliser un bloc `try` qui englobe le code où l'exception peut être levée et qui sera suivi d'un ou plusieurs blocs `catch`, comme pour notre exemple précédent :

```
try{
  // du code
  throw nouveau;
  // encore du code
}
catch(Etudiant& victor) {
  cout << "Exception: " << victor << endl;
}
```

Dans ce cas, après l'exécution de `throw`, on quitte le bloc `try` et l'on recherche en séquence un bloc `catch` sur le type de `nouveau`. Ici, on le trouve immédiatement et l'on exécute le code correspondant (affichage d'une chaîne et appel de l'opérateur de sortie `<<` sur le type `Etudiant`), avant de passer au code qui suit les blocs `catch` (il y en a un seul dans ce cas-là).

Le modèle d'un segment de code traitant une *interruption standard* est le suivant :

```
try {
  code
  throw logic_error("mauvais code");
  code
}
catch(logic_error& erreur) {
  traitement des exceptions logic_error
}
```

Le code de traitement de l'exception placé dans un des blocs `catch` qui doivent suivre immédiatement le bloc `try`, est exécuté en réponse à la levée de l'exception. Si plusieurs sortes d'exceptions doivent être traitées, on peut avoir plusieurs blocs `catch` qui se suivent, un par type d'exception possible. Lorsqu'une exception se produit, le bloc `try` expire (se termine immédiatement) et le contrôle passe au premier bloc `catch` suivant le bloc `try`, qui correspond au type de l'exception, et l'on exécute le traitement associé.

L'exécution se poursuit alors à la première instruction suivant le dernier bloc `catch`. Si aucune exception ne se produit, les blocs `catch` qui suivent le bloc `try` sont sautés. Si une exception se produit, pour laquelle il n'y a pas de bloc `catch` correspondant, le sous-programme comprenant le bloc `try` se termine, et le système recherche un bloc `catch` dans les programmes appelants.

Dans certains cas, on veut pouvoir être en mesure de se remettre d'une erreur et de continuer le traitement ; il est alors possible d'englober l'exception `try` dans une boucle comme dans l'exemple suivant :

```
int main() {
  bool encore = true;
  while(encore) {
    try{
      code
    }
    catch(logic_error& erreur)
    {//pour logic_error la fonction what retourne la chaîne passée par throw
      cout << "Erreur " << erreur.what() << endl << "Réessayer?(o/n)";
      string entree;
      cin >> entree;
      if(entrée == "n") encore = false;
    }//catch
  }//while
}//main
```

Il est aussi possible de passer l'exception traitée dans un bloc `catch` au programme appelant, au moyen d'une instruction `throw` sans paramètre qui ne fait que relancer l'exception aux programmes appelant la fonction pour qu'ils puissent la traiter à leur tour.

Nous utiliserons deux exceptions dans notre programme `Bissection`, l'une en cas de non possibilité de calcul (valeurs de la fonction aux bornes de même signe) et l'autre en cas de division par zéro dans le calcul de l'erreur. Nous utiliserons des exceptions standard, lesquelles permettent de passer une chaîne de caractères identifiant l'erreur (ce que ne permet pas la classe de base `exception`). Nous devrons donc importer `stdexcept` et lever des exceptions `runtime_error` et `logic_error`. Il est à noter, cependant, qu'il est aussi facile de créer nos propres classes d'exception, qui devraient être normalement dérivées de la classe standard `exception`, mais ce n'est pas une obligation.

```
// Vérification du calcul approximatif de la racine d'une fonction
// par la méthode de la bissection.        P. Gabrini   Avril 2005
#include <iostream>
#include <cmath>
#include <iomanip>
#include <stdexcept>
using namespace std;
```

```
float F1(float X)
{
  return X * X - 3.0;
} // F1;
```

```
float  F2(float X)
{const float DEUXPI = 2.0 * 3.1415926535;
  return exp(-X)  +  sin(DEUXPI * X);
} // F2;
```

```
bool MemeSigne(float Nombre1, float Nombre2)
// Indique si Nombre1 et Nombre2 ont le même signe
{
  return ((Nombre1 < 0.0) && (Nombre2 < 0.0))
      || ((Nombre1 > 0.0) && (Nombre2 > 0.0));
} // MemeSigne;
```

```
bool ErreurAcceptable(float Inf, float Sup, float Erreur)
// Indique si l'erreur relative entre Inf et Sup est inférieure au
// pourcentage donné
{try
  {float milieu = (Inf + Sup)/2.0;
    if(milieu != 0.0)
      return abs((Sup - Inf)/milieu) < Erreur;
    else
      throw runtime_error("Essai de division par zéro");
  }
  catch(runtime_error& erreur) {
    cerr << erreur.what() << endl;
    return true;
  }
} // ErreurAcceptable;
```

On vérifie si le diviseur `milieu` est nul ; si c'est le cas, on lève une exception `runtime_error` que l'on traite en affichant un message d'erreur sur `cerr` et en retournant vrai.

```
float Bissection (float F(float) , float Inf, float Sup)
// Calcule une approximation de la racine de la fonction F(x), entre Inf
// et Sup. Si Inf et Sup ont des signes opposés, la racine existe dans
// l'intervalle donné, sinon on lève une exception qui provoque l'affichage
// d'un avertissement.  De même, si le calcul de l'erreur relative conduit
// à une division par zéro, on lève une exception.
{try
  { // Bissection
    const float tolerance = 0.00001;
    float basse, haute, milieu;     // valeurs de la variable
    float fBasse, fHaute, fMilieu;  // valeurs de la fonction

    basse = Inf;
    haute = Sup;
    fBasse = F(basse);
    fHaute = F(haute);
```

```
  if(MemeSigne(fBasse, fHaute))
    throw logic_error("Valeurs de même signe.");
  else
    while(!ErreurAcceptable(basse, haute, tolerance)) {
      milieu = (basse + haute) / 2.0;
      fMilieu = F(milieu);
      if(MemeSigne(fBasse, fMilieu))
        basse = milieu;
      else
        haute = milieu;
    } // while;
  return (haute + basse) / 2.0;
}
catch(logic_error& memeSigne) {
  cout << endl << memeSigne.what();
  cout << " Le calcul ne sera pas essayé, et 0.0 est retourné" << endl;
  return 0.0;
}
} // Bissection;
```

Ce code applique l'algorithme que nous avons décrit. Si la vérification des signes des valeurs de la fonction aux bornes de l'intervalle est positive, on lève une exception `logic_error` qui est traitée par affichage d'un message et retour de la valeur zéro.

```
int main ()
{
  cout << "Dans l'intervalle 1.0 à 2.0, la fonction x*x-3 possède une racine à x = ";
  cout << setw(10) << setprecision(5) << Bissection(F1, 1.0, 2.0) << endl << endl;
  cout << "Dans l'intervalle -3.0 à 0.75, la fonction Exp(-x)+Sin(2*Pi*x) ";
  cout << "possède une racine à x = ";
  cout << setw(10) << setprecision(5) << Bissection(F2, -3.0, 0.75) << endl << endl;
  cout << "Dans l'intervalle 2.0 à 3.0, la fonction x*x-3 possède une racine à x = ";
  cout << setw(10) << setprecision(5) << Bissection(F1, 2.0, 3.0) << endl << endl;
  cout << "Dans l'intervalle -0.75 à 0.75, la fonction Exp(-x)+Sin(2*Pi*x)";
  cout << " possède une racine à x = ";
  cout << setw(10) << setprecision(5) << Bissection(F2, -0.75, 0.75) << endl << endl;
} // TesterBissection;
```

L'exécution du programme produit le résultat ci-dessous. Comme les appels à la fonction `Bissection` font partie d'instructions de sortie, les messages sont affichés même dans le cas de détection d'erreurs qui font afficher d'autres messages avant l'affichage d'un résultat nul.

```
Dans l'intervalle 1.0 à 2.0, la fonction x*x-3 possède une racine à x =      1.732

Dans l'intervalle -3.0 à 0.75, la fonction Exp(-x)+Sin(2*Pi*x) possède une racine à x =      0.59317

Dans l'intervalle 2.0 à 3.0, la fonction x*x-3 possède une racine à x =
Valeurs de même signe. Le calcul ne sera pas essayé, et 0.0 est retourné
        0

Dans l'intervalle -0.75 à 0.75, la fonction Exp(-x)+Sin(2*Pi*x) possède une racine à x = Essai de
division par zéro
        0
```

3.6   Exercices et problèmes

Exercices

3.1   Décrire comment les méthodes de tri de Shell et du monceau trieraient les vingt données suivantes :

472, 623, 161, 322, 767, 278, 624, 310, 139, 757, 456, 268, 790, 66, 365, 222, 754, 116, 193, 970

3.2   Supposer qu'un algorithme prenne quatre secondes pour traiter un millier d'enregistrements. Remplir la table ci-dessous qui montre l'augmentation du temps de traitement en fonction de la complexité de l'algorithme:

	$O(n)$	$O(n^2)$	$O(n^3)$	$O(n \log n)$	$O(2^n)$
1 000	4	4	4	4	4
2 000					
3 000			108		
10 000					

3.3   Donner les complexités temporelle et spatiale de la fonction ci-dessous :

```
int compte(vector<int> t, int x)
{ for(int i = 0; i < t.size(); i++)
  if(t[i] == x)
    compteur++;
  return compteur;
}
```

3.4   Montrer que, si un tableau est partiellement ordonné en utilisant un écart *e* dans le tri de Shell, il demeure partiellement ordonné sur cet écart après avoir été trié sur un écart plus petit.

Problèmes

3.5   Écrire une procédure récursive `Renverser` qui renverse une chaîne de caractères, en enlevant le premier caractère et en lui concaténant le reste de la chaîne, une fois renversé.

3.6   Écrire une fonction `Est_palindrome` qui retourne un booléen indiquant si une chaîne de caractères est un palindrome. La fonction doit éliminer les espaces et les caractères de ponctuation ainsi que les accents avant de décider si la chaîne est un palindrome : `Est_palindrome("Élu par cette crapule! ")` retourne vrai.

3.7   Écrire un programme C++ pour la lecture, le tri et l'affichage des données relatives aux employés d'une compagnie. Le programme doit être interactif, fonctionner sur micro-ordinateur, être utilisable par le patron du service du personnel, être en mesure de lire plusieurs fichiers de données du personnel et être capable de trier très rapidement les enregistrements des employés par nom, âge, ancienneté et d'afficher ces données en quatre formats simples. Les fichiers d'employés ont tous le même format : une ligne par employé comprenant le nom, le prénom, le numéro d'employé, la date d'embauche, l'année de naissance et des renseignements divers comprenant le numéro d'assurance sociale.

Le programme affichera un court menu pour l'utilisateur, et lira et validera le choix de l'utilisateur. Le format du menu sera le suivant :

```
1. Lire les données d'un fichier
2. Trier par âge
3. Trier par nom
4. Trier par ancienneté
5. Afficher nom et année de naissance
6. Afficher nom et prénom
7. Afficher nom et date d'embauche
8. Afficher toute l'information
9. Terminer le traitement
Donnez votre sélection:
```

Le programme devra s'assurer que les choix 2 à 8 ne sont pas exécutés tant que l'opération 1 n'a pas été faite au moins une fois. Si cela se produit, le programme affichera le message :

```
Aucune donnée n'a été lue
```

Après chaque tri, on affiche un des messages suivants :

```
Employés triés par nom
Employés triés par âge
Employés triés par ancienneté
```

Le format de sortie pour les opérations 5, 6, 7 et 8 sont très simples : le nom de l'employé sera suivi d'une seule valeur ou de toutes les valeurs, comme ci-dessous.

```
César       1951
César       Jules
César       19820119
César       Jules       CESJ2 19820119  1951 180-48-3723 Centre_de_production_.
```

Le service du personnel prévoit un nouveau format pour les enregistrements des employés, qui doublerait ou triplerait leur taille. Le tri des enregistrements des employés doit donc être conçu de telle sorte que le changement de la taille des enregistrements n'ait pas d'influence sur le temps de tri.

Afin de lire les données des employés, le programme demandera le nom d'un fichier à l'utilisateur :

```
Donnez le nom du fichier des employés:
```

Une fois les données lues, le programme indiquera le nombre d'enregistrements lus :

```
Nombre d'enregistrements d'employé lus:   223
```

Afin de s'assurer que le tri de la table des données des employés ne devienne pas trop lent, il ne faut pas déplacer les enregistrements des employés au cours du tri. Le résultat du tri sera un vecteur des indices de la table ; le premier élément indiquera l'indice du premier enregistrement trié, le deuxième élément indiquera l'indice du deuxième enregistrement trié, le troisième élément indiquera l'indice du troisième enregistrement trié, etc.

Pour trier les employés, on peut utiliser par exemple une technique de tri par insertion. Dans ce cas, il faudra aussi tenir compte du fait qu'il ne faut pas déplacer d'enregistrement au cours du tri. Il faut donc utiliser un vecteur d'indices, `Ordre`, et, chaque fois qu'un déplacement sera nécessaire, on ne devra déplacer que des indices dans ce vecteur. Ceci veut aussi dire que, chaque fois qu'il faudra accéder à un élément du tableau des employés, il faudra utiliser les indices rangés dans le vecteur `Ordre`. Ainsi, à tout moment au cours du tri, on peut considérer que le sous-tableau allant de `Table[Ordre[1]]` à `Table[Ordre[Index-1]]` est trié, et, en l'examinant élément par élément, déterminer quelle est la position où insérer `Table[Ordre[Index]]` en faisant de la place au fur et à mesure en décalant d'une position vers le haut les indices des éléments du sous-tableau.

Il faut utiliser le même sous-programme pour trier par nom (chaîne de caractères), par âge (entier) ou par ancienneté (entier long).

Il faut définir une bonne stratégie de vérification.

Chapitre 4

Génie logiciel et orientation objet

La fin justifie les moyens.
Proverbe

Dans ce chapitre, nous abordons la programmation orientée objet en C++. Après une introduction générale, nous considérons les caractéristiques de la programmation orientée objet et nous illustrons chacune par un exemple. L'abstraction est illustrée par la classe *pile d'entiers*, l'encapsulation est illustrée par la réalisation de la classe *pile d'entiers*, la modularité et la généricité sont illustrées par un type *pile générique*. Nous introduisons également la structure de monceau qui est à la base de la réalisation des files avec priorité et nous illustrons cette structure par la classe *Heap*. Le chapitre introduit également la STL (*Standard Template Library*) en faisant suivre les exemples précédents par l'utilisation du type générique *stack* de la STL. Le chapitre se termine par une application de la programmation orientée objet où l'on donne aux objets des responsabilités et un comportement particulier.

4.1   Génie logiciel

La programmation orientée objet et tout ce qui touche l'orientation objet sont devenus extrêmement populaires au cours des dernières années. L'intérêt ainsi manifesté rejoint l'engouement manifesté pour la *programmation structurée* ou les *systèmes experts*, il n'y a pas si longtemps. Il est probable que la popularité actuelle de tout ce qui touche à l'orienté objet vient de l'espoir que cette nouvelle technique permettra une productivité accrue, des logiciels plus fiables, moins d'accidents sur les routes et la réduction des déficits de nos gouvernements ! Certes, ce n'est pas la première fois qu'une innovation informatique suscite de tels espoirs. Bien que les techniques orientées objet offrent effectivement un certain nombre d'avantages, il est également vrai que la programmation d'un ordinateur est l'une des tâches les plus complexes jamais entreprises par l'être humain ; pour devenir un excellent programmeur, il faut du talent, de la créativité, de l'intelligence, de la logique, une aptitude à construire et à utiliser des abstractions, de l'expérience et aussi beaucoup de travail !

Le développement de logiciel comprend la programmation et est une activité complexe qui n'est pas encore totalement maîtrisée. N'oubliez pas que l'informatique est une discipline encore nouvelle qui ne date que d'un demi-siècle ; en effet, le premier ordinateur entièrement électronique, l'ENIAC, qui précédait le modèle de Von Neumann et était programmé par des circuits câblés externes, n'a fêté son cinquantième anniversaire que le 15 février 1996.

Pendant un temps, les logiciels développés étaient de petite taille pour une raison très simple : la mémoire centrale de l'ordinateur était petite (au début des années soixante, 64K mots de 36 bits, équivalent à environ 300K octets, était une taille très respectable). Lorsque l'on a commencé à développer de gros systèmes, ou à faire de la *programmation à grande échelle*, on a rencontré un grand nombre de difficultés. L'exemple classique a été le développement par la compagnie IBM du système d'exploitation OS/360[1], mis en service en 1964, et qui était truffé d'un millier de bogues, nombre qui est resté à peu près constant avec les années, malgré tous les efforts faits pour le réduire. Le code du système était en effet trop peu organisé, et les différentes parties du code étaient trop interreliées : un changement simple dans une partie du code provoquait souvent l'effondrement d'autres parties du code, et aucune personne n'était en mesure de comprendre le système dans sa totalité.

Ce fut l'époque de ce que l'on a appelé la *crise du logiciel*, où le passage non planifié de la programmation à petite échelle à la programmation à grande échelle a provoqué de gros retards sur les gros projets, alors que les logiciels produits ne fonctionnaient pas bien et coûtaient bien plus cher que prévu. C'est en réponse à cette crise, à la fin des années soixante, que le *génie logiciel* a fait son apparition. Le vocable mal choisi *génie logiciel* (traduction de l'anglais *software engineering*) a été inventé[2] il y a plus d'un quart de siècle pour indiquer un objectif d'application des techniques du génie au développement de logiciel. Le choix du vocable s'est révélé être une erreur tactique de la part des informaticiens, car l'utilisation du mot génie a provoqué une réaction des corporations professionnelles d'ingénieurs qui en veulent le monopole (l'industrie du développement de logiciel représente des milliards) et cherchent à s'approprier la discipline développée par les informaticiens. Il existe donc en ce moment une controverse au sujet du génie logiciel et de son

1   BROOKS, F. P. Jr. *The mythical man-month : essays on software engineering*, Addison-Wesley, 1975.
2   NAUR, P. et B. RANDELL *Software Engineering*, Report on a conference sponsored by NATO Science Committee, Garmisch, Allemagne, octobre 1968, Chairman : Pr Dr. F. L. Bauer, Co-chairmen : Pr L. Bolliet, Dr. H. J. Helms, janvier 1969.

appartenance ; cette controverse met en jeu les corporations professionnelles d'ingénieurs, où les gens impliqués dans le développement de logiciel sont une infime minorité, et les départements universitaires d'informatique qui offrent des programmes de premier cycle en génie logiciel.

Quel que soit le terme utilisé, et plus de 30 ans d'utilisation ont malheureusement consacré le terme génie logiciel, il existe une sous-discipline de l'informatique dont le cœur est le développement de logiciels. Cette discipline a pour objectif de rendre le développement de logiciels plus systématique, plus fiable, plus efficace, plus contrôlable ; en d'autres termes, le génie logiciel devrait permettre de produire des logiciels de qualité dans le temps prévu et pour le coût prévu. Les langages de programmation modernes, définis dans la dernière quinzaine d'années, offrent maintenant des outils qui permettent d'appliquer les techniques du génie logiciel. Si l'on considère les derniers résultats, de grands progrès ont été vraiment faits ; malgré tout, on voit, encore trop souvent, de gros projets abandonnés après avoir englouti des dizaines de millions de dollars. Par ailleurs, les applications qui fonctionnent actuellement sur micro-ordinateurs ont atteint des tailles gigantesques, et ces logiciels exhibent parfois un comportement instable : avez-vous jamais vu votre système « geler » ou « planter », comme on le dit poétiquement ? Il reste donc encore beaucoup de chemin à faire.

4.2 Structures de données et algorithmes

Comme vous le savez déjà, un type de données est une combinaison de l'ensemble des valeurs du type et de l'ensemble des opérations sur ces valeurs ; par exemple, le type `int` comprend les entiers compris entre deux limites selon la taille de mémoire occupée et les opérations +, -, /, * et %. Les structures de données sont des collections organisées (ou structurées) d'éléments de données ; on peut considérer que les structures de données sont des extensions d'un type de données où les valeurs peuvent être décomposées en leurs différents composants et où il existe des relations (structures) entre les valeurs et leurs composants. Par exemple, un enregistrement (`struct`) offre la notation pointée pour l'accès à ses divers champs.

Le terme structures de données, qui représente, dans un sens, le sujet principal de ce manuel, recouvre l'étude des méthodes de représentation des objets, d'encapsulation des structures (ou de l'application du principe de la dissimulation de l'information), du développement d'algorithmes les utilisant[3] et de la mesure de leur complexité temporelle et spatiale. L'orientation objet ne change en rien ces objectifs et renforce même l'importance de l'abstraction. Les personnes qui développent du logiciel doivent connaître les diverses structures de données afin de pouvoir choisir celles qui sont le plus appropriées au problème qu'elles traitent et faire les compromis nécessaires pour aboutir à la meilleure solution possible.

L'abstraction permet de cacher à l'utilisateur les détails non nécessaires, que ce soient les détails de l'algorithme ou les détails de la représentation. Par exemple, le nom d'un sous-programme doit indiquer ce que le sous-programme fait : QUOI, tandis que le code à l'intérieur du sous-programme décrit COMMENT les opérations sont réalisées. De même, la construction d'un type de données complexe peut être réalisée en combinant d'autres types plus simples, qui servent chacun à décrire un attribut de l'objet plus complexe.

---

[3]   WIRTH, N. *Algorithms + Data Structures = Programs*, Prentice Hall, 1976.

Un module, un paquetage, une classe ou même un sous-programme servent à encapsuler les structures de données, les types décrivant les attributs des objets et les algorithmes associés ; c'est une manière d'appliquer le principe de la dissimulation de l'information qui ne donne à l'utilisateur que ce qui lui est strictement nécessaire et rien de plus. Une fois une abstraction choisie, il faut encore choisir parmi plusieurs représentations possibles, généralement catégorisées en représentations statiques et en représentations dynamiques. L'encapsulation dans un module permet de réaliser plusieurs façons de faire indépendantes ; il reste alors à effectuer l'évaluation de la réalisation dans le contexte du problème à résoudre.

L'objectif principal de ce manuel est donc de présenter une collection de méthodes classiques utilisées pour représenter divers types d'objets fréquemment rencontrés lors de la résolution de problèmes au moyen de l'informatique. Les diverses représentations étudiées le sont en fonction de leurs forces et de leurs faiblesses. Il n'y a, en effet, pas de structure qui soit la panacée ; les représentations des structures de données sont choisies pour un problème particulier et sont mesurées dans le contexte de cette application. Les choix ne sont pas toujours évidents ; une règle relativement fiable est que la simplicité est toujours meilleure que quelque chose de compliqué. Le langage de programmation utilisé a une influence sur cet aspect des choses en offrant les outils pour le réaliser.

Le contexte dans lequel nous voulons réaliser notre objectif est celui de la programmation orientée objet. Ceci veut dire, en particulier, que la phase d'analyse orientée objet ne sera, la plupart du temps, qu'esquissée ; en effet, elle représente à elle-même un sujet traité par d'autres livres[4]. La phase de conception sera toujours considérée, mais généralement dans des contextes restreints. Il nous faut donc rester conscient du fait que nous ne couvrons ici qu'une partie de la réalité du développement de logiciel.

4.3   Programmation orientée objet

Pour expliquer le succès de langages de programmation orientés objet comme C++ et même, il n'y a pas si longtemps, Object Pascal, plutôt que des langages comme Smalltalk, on peut trouver d'autres raisons que l'engouement actuel pour tout ce qui est orienté objet. Les gestionnaires et les programmeurs eux-mêmes espèrent, en effet, qu'un programmeur C ou Pascal pourra devenir un programmeur C++ ou Object Pascal sans plus d'efforts que d'allonger un peu le nom du langage... Malheureusement, cet espoir est toujours déçu, car la programmation orientée objet est plus qu'un ensemble de nouveaux langages de programmation ; en fait, c'est plutôt une nouvelle façon de penser, un nouveau *paradigme*.

Les débats éternels sur les langues naturelles reflètent l'importance du langage de l'humain sur sa façon de voir les choses ; « *Nous voyons, nous entendons, et nous ressentons généralement comme nous le faisons, parce que les habitudes de langage de notre communauté nous prédisposent à certains choix d'interprétation* », a dit le linguiste Edward Sapir[5]. Certains prétendent que les Inuits ont dans leur langage, l'inuktitut, plusieurs douzaines de mots pour caractériser la neige, fine, mouillée, légère, glacée, collante, etc. Si c'était le cas, on conclurait que c'est la langue qu'il parle qui demande à un Inuit d'être bien plus sensible aux conditions de la neige que nous, pauvres citadins, le sommes, ne serait-ce que pour choisir le bon vocable ! Cependant[6], ceci a été

---

4   LÉVESQUE, G. *Analyse de système orienté objet et génie logiciel*, Chenelière/McGraw-Hill, 1998.

5   SAPIR, E. « The relation of habitual thought and behavior to language » cité dans *Language, thought and reality*, Whorf, B. L. MIT Press, 1956.

6   PULLUM, G. K. *The Great Eskimo Vocabulary Hoax and Other Irreverent Essays on the Study of Language*, University of Chicago Press, 1991, p. 159-171.

chaudement controversé plus récemment, et si cette idée est agréable et utile pour renforcer celle de Sapir, nous n'en avons pas réellement besoin.

Ce qui est vrai pour les langues naturelles l'est encore plus pour les langues artificielles, les langages de programmation de l'informatique. Pour un compilateur, la différence entre un langage impératif et un langage orienté objet peut se limiter à l'addition de quelques mots réservés et de quelques traitements d'instructions particuliers. Cependant, pour nous les programmeurs, l'utilisation efficace de nouveaux concepts peut nous demander un changement de perspective dans notre façon de résoudre des problèmes.

On dit que la programmation orientée objet est un nouveau paradigme de programmation ; un paradigme était à l'origine un exemple ou un modèle. Ce sens a été récemment élargi pour comprendre un ensemble de théories, de normes et de méthodes qui représentent une façon d'organiser la connaissance ou une façon de voir le monde. C'est dans ce sens que la programmation orientée objet est un nouveau paradigme. Les autres paradigmes de programmation comprennent la *programmation impérative* que vous avez sans doute utilisée avec des langages comme Pascal, C ou Ada; la *programmation logique* illustrée par le langage Prolog; et la *programmation fonctionnelle* illustrée par les langages Lisp ou Haskell.

Un peu d'histoire

Malgré son succès encore récent, la programmation orientée objet ne date pas d'hier et remonte à la définition du langage de programmation Simula[7], développé en Scandinavie au milieu des années soixante. Ce langage a été utilisé principalement en simulation (d'où son nom), où il est commun de penser en termes d'entités et de leur comportement. La syntaxe de Simula-67, le nom finalement retenu, était empruntée en grande partie à Algol-60 et fort semblable à celle de Pascal, lui aussi un descendant d'Algol-60, défini en 1968. Malgré cela, le programmeur de Simula-67 pense différemment du programmeur Pascal, car, au lieu de se concentrer sur les divers processus à réaliser pour fabriquer le système, le programmeur considère plutôt les entités qui existeront dans le système en cours de modélisation et leur représentation dans le modèle. Le concepteur décide alors si ces entités sont uniques ou existent en plusieurs exemplaires dans le système. Des collections de tels objets semblables sont appelées *classes*, et le travail principal du concepteur est de déterminer le comportement caractérisant ces classes. Souvent, ces caractéristiques sont des interactions entre des *objets* de la même classe ou de classes différentes ; il faut donc définir des modèles de communication entre ces objets. Ces modèles de communication résultent en des objets qui partagent l'information en s'envoyant des *messages* de l'un à l'autre. Un objet requiert un service en envoyant un message à un autre objet, lequel exécute alors un sous-programme pour fournir le service au demandeur.

Une des idées fondamentales de la programmation orientée objet, introduite en Simula-67, est celle de *l'héritage*. En utilisant l'héritage, un programmeur peut définir une classe en étendant ou en spécialisant une classe existante. La description de la nouvelle classe est seulement une description des *différences* entre l'ancienne et la nouvelle classe. On peut ainsi ajouter de nouveaux comportements ou modifier des comportements déjà définis. Ceci amène deux avantages : la tâche du programmeur est simplifiée si une bonne partie du comportement d'une nouvelle sorte d'objet existe déjà dans le système ; l'autre avantage, qui est encore plus important, est que les classes créées par héritage constituent une hiérarchie de classes,

7 DAHL, O.-J. et K. NYGAARD « Simula, an Algol based simulation language », *CACM*, septembre 1966, p. 671-678.

qui forme une structure unificatrice sur laquelle on peut construire, et grâce à laquelle on peut également comprendre, un système logiciel. Chaque classe forme ainsi une abstraction pouvant servir à construire d'autres abstractions.

En bref, la caractéristique principale de la programmation orientée objet est que la définition des éléments de données (objets) précède la définition des procédures (comportement des objets, aussi appelées *méthodes* en programmation orientée objet).

Après Simula-67, le prochain langage à adopter l'orientation objet fut Smalltalk, développé dans le courant des années soixante-dix au centre de recherche de Palo Alto (PARC) de Xerox. On voulait alors offrir un système de prototypage rapide sur stations de travail puissantes. On développa ce langage comme une expérience pour l'aide à la conception des interfaces personne-système. Smalltalk[8] et les systèmes que l'on a construits avec lui, bien qu'ayant eu peu de succès commercial, furent cependant à la base du développement des systèmes d'exploitation des ordinateurs actuels en passant par le Macintosh, OS/2 et maintenant Windows-XP.

Simula-67 et Smalltalk sont tous deux conçus de façon élégante, offrant un petit nombre de concepts puissants ainsi qu'une pureté et une uniformité qui les rendent faciles à comprendre, relativement à la complexité des choses que l'on peut construire avec eux. Malheureusement, l'approche syntaxique originale de Smalltalk en fait un langage difficile à apprendre.

Au début des années quatre-vingt, la compagnie Apple Computer développa Object Pascal[9] pour ajouter un support à la programmation orientée objet à une version populaire de Pascal : le Pascal UCSD. Le Pascal UCSD avait déjà une structure modulaire, permettant une compilation séparée des modules (appelés *units*) formés de deux parties : *interface* et *implementation*. Les seuls changements étaient ceux qui étaient nécessaires pour permettre la création de classes et la création d'une hiérarchie de classes, et pour réaliser la méthode de transmission de messages qui existe en Simula-67 et en Smalltalk. Les changements syntaxiques étaient de simples extensions de choses existantes, comme les enregistrements. Le seul défaut d'Object Pascal est qu'il manque d'uniformité, et que le programmeur est parfois obligé de faire preuve de créativité pour contourner les difficultés que cela lui pose.

On a même appliqué avec succès le paradigme orienté objet à la programmation fonctionnelle, avec quelques extensions à Lisp et à Scheme ; le système CLOS[10] (Common Lisp Object System) a ainsi servi à construire plusieurs systèmes commerciaux. L'avantage des langages de programmation de la famille Lisp est que l'addition de quelque chose d'aussi sophistiqué que la programmation orientée objet se fait sans avoir à vraiment modifier le langage, mais la souplesse de Lisp n'est plus à démontrer.

De plus, un certain nombre de langages orientés objet ont aussi vu le jour, comme C++[11], Eiffel[12], Modula-3[13], Beta[14], Oberon-2[15] (devenu Component Pascal), Ada 95[16] et Java[17]. Pour parler de celui qui

8   GOLDBERG, A. et D. ROBSON *Smalltalk-80 : the language and its implementation*, Addison-Wesley, 1983.

9   TESLER, L. *Object Pascal report*, Apple Computer, 1985.

10   KEENE, S. *Object-oriented programming in Common Lisp*, Addison-Wesley, 1989.

11   STROUSTRUP, B. *The C++ programming language*, Addison-Wesley, 1986.

12   MEYER, B. *Object-oriented software construction*, Prentice-Hall International, 1988.

13   HARBISON, S. P. *Modula-3*, Prentice-Hall, 1992.

nous intéresse ici, C++, il a été développé aux fameux Laboratoires Bell (d'où sont sortis Unix et C) par Bjarne Stroustrup, qui voulait tout simplement faire en C ce qu'il avait l'habitude de faire en Simula-67. À l'origine, ses objectifs étaient assez modestes, mais, avec le temps, ils sont devenus plus ambitieux : efficacité des programmes (abandon de la sécurité et de la facilité), compatibilité avec les programmes C existants, portabilité, renforcement des types de données assez faibles de C. Actuellement, le langage C++ est très complexe et comprend une multitude de caractéristiques et de règles, ainsi qu'une syntaxe que l'on peut, en restant poli, qualifier de biscornue. Java, qui améliore en partie ce qui est offert par C++, restreint aussi malheureusement beaucoup trop ce que peut faire le programmeur, ce qui assure qu'il ne sera pas la panacée tant attendue.

4.4 Définitions et caractéristiques de la programmation orientée objet

Rappelez-vous que la programmation orientée objet met en jeu un nouveau paradigme, ce qui vous demande de changer vos façons de faire pour résoudre un problème ; en d'autres termes, la programmation orientée objet vous demande d'opérer à l'intérieur d'un nouveau contexte mental, tel que vous devriez le faire pour la programmation logique ou la programmation fonctionnelle. Gardez cela en tête en lisant ce qui suit, car nous vous donnons les moyens techniques d'appliquer les concepts de la programmation orientée objet ; ces moyens ne sont pas suffisants pour faire de vous de valeureux programmeurs orientés objet : ils doivent, en effet, être utilisés dans un contexte orienté objet, l'établissement duquel demande un effort de votre part !

Le vocabulaire de l'orienté objet comprend, bien sûr, le mot *objet*, qui apparaît souvent, mais aussi le mot *classe*, qui apparaît aussi souvent. Donnons-en ici une définition sommaire :

Une classe est une abstraction représentant une collection d'objets ayant des caractéristiques semblables.

Un objet est une instance spécifique de sa classe, qui lui associe un ensemble d'opérations ; il possède un état, est repéré par un nom et peut être observé à partir de sa spécification ou à partir de sa réalisation.

À l'heure actuelle, les spécialistes s'entendent à reconnaître que les concepts essentiels à la programmation orientée objet sont au nombre de quatre :

- abstraction
- encapsulation
- modularité
- hiérarchie

Nous allons examiner maintenant en détail la signification plus précise de chacun de ces concepts, en tentant de les illustrer par des exemples de programmation. Ces exemples seront évidemment écrits en C++.

[14] MADSEN, O. L., B. MØLLER-PEDERSEN et K. NYGAARD *Object-oriented programming in the BETA programming language*, Addison-Wesley, 1993.

[15] MÖSSENBÖCK, H. et N. WIRTH « The programming language Oberon-2 », *Structured Programming*, vol. 12, n° 4, 1991.

[16] ISO. *Ada 95 reference manual*, International standard ISO/IEC-8652:1995.

[17] ARNOLD, K. et J. GOSLING *The Java™ programming language*, Addison-Wesley, 1996.

4.5   Abstraction

L'abstraction est un outil extraordinairement important en mathématiques et en informatique. Arrivés à votre niveau actuel, vous avez déjà vu comment l'abstraction vous permet de développer des composants logiciels réutilisables. Une bonne abstraction capture l'essence d'un objet, en ne tenant pas compte des caractéristiques immatérielles ou non essentielles. Elle donne une bonne idée de ce qu'est l'objet et de ce qu'il peut faire ; elle donne une vue de l'extérieur.

Types de données abstraits

Un exemple bien connu d'abstraction est celui des types de données abstraits (TDA), que vous devez avoir utilisés, ou tout au moins rencontrés, à plusieurs reprises. Si ce n'est pas le cas, vous avez du pain sur la planche, car c'est à vous de compenser pour vos lacunes. Nous ne donnerons ici qu'un bref rappel au moyen de l'exemple bien connu du type de données abstrait `Pile`.

Un type de données abstrait définit un nouveau type de données en spécifiant les valeurs du nouveau type, ainsi que les opérations s'appliquant à ces valeurs. Lorsque l'on définit un type de données abstrait, on doit respecter les règles suivantes pour les opérations du TDA :

- Un TDA doit comprendre suffisamment d'opérations pour engendrer toutes les valeurs possibles du type ;

- Un TDA doit comprendre suffisamment d'opérations de vérification pour que l'utilisateur puisse vérifier tous les antécédents.

En C++, les types de données abstraits sont réalisés au moyen de ce que l'on appelle les *classes*. Les opérations du type sont parfois nommées *méthodes*, plus souvent fonctions membres, et sont appelées en réponse à des *messages* envoyés à un objet. Un message correspond à un appel à une des opérations du type envoyé d'un objet à un autre ou d'une fonction à un objet. Une fois une classe définie, son nom est un nom de type qui peut être utilisé pour déclarer des objets de cette classe.

Pour définir une classe, nous devons d'abord spécifier une interface qui donne les opérations disponibles aux utilisateurs de la classe ; ces opérations sont généralement divisées en constructeurs, en mutateurs et en accesseurs. Les constructeurs sont utilisés pour initialiser les objets. Les mutateurs sont des opérations qui modifient l'objet. Les accesseurs sont des opérations qui accèdent aux valeurs composant l'objet sans les modifier. Nous prendrons comme exemple une réalisation du type de données abstrait `Pile`, qui ne possède que quelques opérations permettant d'appliquer la politique « dernier arrivé, premier servi » (ou en anglais LIFO *last in first out*). Les opérations sont typiquement : l'empilage, le désempilage, ainsi que la consultation de la valeur située au sommet de la pile. Vous retrouverez d'ailleurs les piles dans la section 4.9 et au prochain chapitre avec le type `stack` de la STL. L'exemple ci-dessous illustre le TDA Pile d'entiers, défini par l'interface du fichier `Piles.hpp`. Cette spécification définit le type `Type_Pile`, représentant des piles d'entiers, ainsi que les opérations de la partie publique (introduite par `public:`) `Empiler`, `Desempiler`, `Sommet`, `Taille` et `Vide`.

Chaque opération liée au type `Type_Pile` est succinctement décrite ; on indique ce qu'elle fait (mais pas comment elle le fait) et, en fait, chaque spécification de sous-programme est semblable à un prototype (le type des paramètres est suffisant). Les *antécédents* sont les conditions qui doivent être respectées pour que l'opération se déroule normalement ; s'ils ne sont pas respectés, l'opération ne peut être faite, ce qui peut être indiqué par un message d'erreur, un arrêt de l'exécution ou une exception. Les *conséquents* sont les conditions garanties, une fois l'opération réalisée avec des antécédents respectés. La spécification d'un TDA donne suffisamment d'information à l'utilisateur pour que ce dernier puisse utiliser le TDA dans ses applications.

La partie privée, introduite par `private:`, n'est pas accessible aux utilisateurs et sert à définir les attributs de données attachés aux objets de la classe. Dans ce cas, pour décider ce qui va dans cette partie, il nous faut décider du type que nous utiliserons pour représenter les piles, et cela avant même de passer à la réalisation du type pile dans le reste de la définition de la classe. Nous choisissons donc d'utiliser la représentation classique des listes linéaires dynamiques au moyen de nœuds et de pointeurs, comme le montre la figure 4.1. Dans cette réalisation dynamique des piles, la pile vide est représentée par le pointeur `NULL`, l'addition d'un élément (empilage) se fait en tête de liste, la suppression d'un élément (désempilage) se fait aussi en tête de liste. Chaque nœud qui compose une liste est créé dynamiquement par un appel à `new`, et supprimé par un appel à `delete`.

Figure 4.1 Pile dynamique

Ayant décidé de réaliser le type `Pile` de façon dynamique, nous avons d'abord défini un type pour les *nœuds* de la liste utilisée pour représenter les piles, lequel comprend deux parties : un entier `donnees` et un pointeur à un nœud `lien`. Pour ce dernier, nous avons défini un type `PtrNoeud` qui pointe à un nœud. On annonce une structure `TypeNoeud`, suivie d'un type pointeur à `TypeNoeud` et de la structure `TypeNoeud` complète. Il est nécessaire d'avoir ces trois éléments dans cet ordre : on ne peut pas définir un pointeur à une structure tant que cette dernière n'a pas été déclarée, ne serait-ce que par une déclaration préliminaire incomplète. Pour pouvoir utiliser le type `PtrNoeud` dans la structure, il faut l'avoir défini au préalable. La partie privée ne comprend qu'un seul élément de données, `sommet`, un pointeur à un nœud, qui sera le sommet de la pile. Voici le contenu du fichier en-tête `piles.hpp` :

```
#ifndef PILES_HPP
#define PILES_HPP
class TypePile {
public:
  TypePile();      // Constructeur
  ~TypePile();     //Destructeur
  void Empiler(int);
  // Antécédent: pile non pleine
  // Conséquent: le paramètre est empilé sur la Pile
  void Desempiler();
  // Antécédent: la pile n'est pas vide
  // Conséquent: l'élément du sommet de la pile est éliminé
  int Sommet() const;
  // Antécédent: la pile n'est pas vide
  // Conséquent: retourne l'élément au sommet de la pile
```

```
  int Taille() const;
  // Antécédent: aucun
  // Conséquent: retourne le nombre d'éléments dans la pile
  bool Vide() const;
  // Conséquent: indique si la pile est vide
private:
  struct TypeNoeud; // déclarations privées inaccessibles
  typedef TypeNoeud *PtrNoeud;
  struct TypeNoeud {              // les noeuds de la liste
                int donnees;    // valeur
                PtrNoeud lien;};// élément suivant
  TypeNoeud *sommet;
};
#endif
```

Notez que, si l'on n'utilise pas public: ou private:, le compilateur suppose private: par défaut. Il vaut toujours mieux être explicite et utiliser public: et private: lorsque l'on définit une classe. De plus, *les principes du génie logiciel nous font placer la zone publique en premier* : en effet, c'est la partie destinée aux clients, et il est normal qu'elle apparaisse d'abord. La partie privée n'est pas destinée aux clients, et il est normal qu'elle soit repoussée plus loin et soit ainsi, on l'espère, moins visible. Notez aussi que, même si le client voit la partie privée, il n'a pas d'accès direct à ce qui s'y trouve.

Ce fichier en-tête (ou interface) est destiné à être utilisé par ceux qui veulent se servir de la classe TypePile que nous venons de définir. Comme ce fichier sera importé dans d'autres programmes au moyen de la directive #include, nous avons utilisé une technique particulière pour assurer que le fichier ne sera pas inclus plusieurs fois. Les directives qui englobent le contenu du *fichier* :

```
#ifndef PILES_HPP
#define PILES_HPP
........
#endif
```

sont là pour cela. Si un fichier inclut piles.hpp et un autre fichier x.hpp qui, lui-même, inclut piles.hpp, le compilateur qui verra les définitions deux fois ne manquera pas de le signaler comme une erreur : deux classes ayant le même nom. Avec les directives ajoutées, le compilateur vérifie la définition de PILES_HPP et, si elle n'existe pas, la définit en faisant l'inclusion, sinon il ne fait pas l'inclusion. On vous conseille fortement d'adopter cette technique relativement standard, chaque fichier utilisant une constante différente qui reflète généralement le nom du fichier.

Une classe doit toujours comporter un *constructeur* (pour initialiser les champs de données des objets créés) et un *destructeur* (pour relâcher la mémoire utilisée) qui sont appelés automatiquement lors de la création et de la destruction des objets.[*] Un constructeur possède le même nom que la classe et peut avoir des paramètres. Le constructeur sans paramètre est appelé constructeur par défaut et est appelé lors de la déclaration des objets de la classe. Les constructeurs avec paramètres sont également appelés lors de la déclaration des objets, lorsque cette dernière est suivie de paramètres entre parenthèses. On ne peut cependant pas utiliser un constructeur pour réinitialiser un objet, mais seulement lors de sa création. Un

---

[*]   Notons en passant qu'un destructeur ne doit pas lever d'exceptions.

destructeur est unique et possède un nom qui est le nom de la classe précédé du signe tilde ~; il est appelé automatiquement dès qu'un objet atteint la fin de sa portée ou qu'un `delete` est appliqué à un pointeur à un objet d'une classe.

Notez l'utilisation du mot-clef `const` à la fin de la déclaration des fonctions `Sommet`, `Taille` et `Vide`. Il signifie que ces fonctions ne modifient pas l'objet auquel elles s'appliquent. Tous les *accesseurs* devraient être identifiés avec ce mot-clef puisqu'ils n'ont pas pour rôle de modifier les objets.

Les données et les opérations qui sont définies dans la partie privée ne sont accessibles qu'aux opérations de la classe. Comme on l'a déjà dit, l'utilisateur n'y a pas accès. Si une classe A doit avoir accès à la partie privée d'une classe B, la classe A devra avoir été déclarée « amie » (`friend`) de la classe B à l'intérieur de la classe B. Nous verrons des exemples de ceci au prochain chapitre.

Il existe une troisième sorte de zone : la zone protégée introduite par `protected`:, cette partie n'est toujours pas accessible directement à l'utilisateur, mais sera accessible aux classes dérivées (voir l'héritage au chapitre 7). La déclaration d'amis (`friend`) de la classe viole le principe de l'encapsulation et de la dissimulation de l'information ; c'est un mauvais moyen de permettre l'accès, mais il est malheureusement nécessaire en C++.

4.6   Encapsulation

Alors que l'abstraction est centrée sur le comportement observable d'un objet, l'encapsulation est centrée sur la réalisation de ce comportement. C'est l'encapsulation qui permet de cacher les détails de la réalisation, afin que l'utilisateur de l'abstraction n'en connaisse que l'essence. En effet, un type de données abstrait nous permet de spécifier les propriétés logiques d'un type de données, et doit être réalisé de façon à respecter le principe de la dissimulation de l'information, qui s'énonce comme ceci :

- Les utilisateurs ont toute l'information nécessaire pour utiliser correctement le logiciel et rien de plus ;
- Les réalisateurs ont toute l'information nécessaire pour réaliser le logiciel et rien de plus.

En d'autres termes, l'utilisateur sait ce que les opérations du TDA font, mais ne sait pas comment elles le font, et l'encapsulation est là pour préserver les secrets de l'abstraction. On utilise les modules ou classes de C++ pour réaliser l'encapsulation, comme dans l'exemple du TDA Pile ci-dessous. Ce faisant, nous sommes conscients d'empiéter un peu sur le concept de modularité, que nous allons aborder sous peu.

Le fichier `piles.cpp` importe le fichier `piles.hpp` et réalise l'encapsulation, en définissant les algorithmes utilisés pour réaliser les diverses opérations. En principe, ces algorithmes ne sont pas directement accessibles à l'utilisateur et lui sont cachés. Nous utilisons des assertions qui nous permettent de vérifier les antécédents des opérations ; si une assertion n'est pas vérifiée, l'exécution du programme prend fin, ce qui est simple, mais un peu radical. Chaque sous-programme déclaré dans le fichier « `.hpp` » doit être complètement défini. Cette définition complète peut se trouver à divers endroits et, pour établir les liens avec la classe, chaque définition de sous-programme doit être préfixée du nom de la classe suivi de deux signes « deux-points ».

```
//    Fichier:  piles.cpp
//    Objectif: Réalisation des piles d'entiers au moyen de listes linéaires simples
//    Auteur:   Philippe Gabrini avril 2005
#include "piles.hpp"                    // spécifications
#include <cassert>
TypePile::TypePile()
{
  sommet = 0;  // pointeur nul = pile vide
}


TypePile::~TypePile()
{
  PtrNoeud PtrTemp;
  while (sommet != 0) {    // relâcher les éléments de la pile
    PtrTemp = sommet;         // prendre le sommet
    sommet = sommet->lien; // sommet passe à l'élément suivant
    delete PtrTemp;         // supprimer l'ancien sommet
  }
}


void TypePile::Empiler(int Element)
{
  PtrNoeud PtrNouv = new TypeNoeud; // allouer espace pour nouvel élément
  assert(PtrNouv != 0);            // vérifier si allocation faite
  PtrNouv->donnees = Element;      // copier valeur
  PtrNouv->lien = sommet;          // ancien sommet devient second élément
  sommet = PtrNouv;                // nouveau sommet = nouvel élément
}


void TypePile::Desempiler()
{
  PtrNoeud PtrTemp = sommet; // prendre le sommet
  assert(sommet != 0);       // vérifier qu'il existe
  sommet = sommet->lien;     // second élément devient nouveau sommet
  delete PtrTemp;            // libérer espace ancien sommet
}


int TypePile::Sommet() const
{
  assert(sommet != 0);       // vérifier sommet existe
  return sommet->donnees;    // retourner valeur au sommet
}


int TypePile::Taille() const
{
  int Compte = 0;
  PtrNoeud PtrTemp = sommet; // partir du sommet
  while (PtrTemp != 0) {     // tous les éléments
    Compte++;                // compter
    PtrTemp = PtrTemp->lien; // passer à élément suivant
  }
  return Compte;
}
```

```
bool TypePile::Vide() const
{
  return sommet == 0;          // pas de sommet?
}
```

Nous avons voulu rester le plus simple possible. Ceci nous a empêché en particulier d'utiliser le vocable NULL pour indiquer un pointeur ne pointant nulle part ; en effet, ce vocable est défini dans le module iostream que nous n'avions pas besoin d'importer, n'ayant pas besoin des opérations d'entrée-sortie. Nous avons dû utiliser la constante zéro pour indiquer un pointeur ne pointant à rien. Notez l'utilisation de la procédure delete dans le destructeur, qui permet de libérer l'espace mémoire alloué par new. Notez que la fonction Taille, dont la complexité temporelle est O(n), aurait pu être accélérée à une complexité O(1) par l'utilisation d'un champ de données supplémentaire donnant le nombre d'éléments dans la pile.

Lorsque dans une fonction membre d'une classe nous faisons référence à un des champs de données de la classe, cette référence repère le champ de données de l'objet sur lequel la fonction a été appelée. Ainsi, dans Empiler, on déclare une variable locale ptrNouv qui sert à créer un nœud où l'on accède aux champs donnees et lien ; mais le champ sommet est l'attribut sommet de l'objet instance de TypePile pour lequel on a appelé Empiler.

Dans le destructeur ~TypePile, sommet est l'attribut de l'objet et un pointeur à un objet de type TypeNoeud. Pour accéder au champ de données du type, il nous faut déréférencer le pointeur *sommet, puis accéder au champ lien en utilisant la notation pointée (*sommet).lien ; dans cette notation, les parenthèses sont vitales, car l'opérateur . a une priorité plus grande que l'opérateur *. Comme vous l'avez déjà vu au chapitre 2, C++ possède un opérateur spécial pour déréférencer et accéder -> :

(*sommet).lien est équivalent à sommet->lien.

Pour vérifier les antécédents de nos opérations, nous avons utilisé assert (nécessitant l'importation de cassert) qui vérifie une assertion donnée en paramètre. Si cette dernière est vraie, l'exécution continue en séquence ; si elle est fausse, l'exécution du programme se termine en catastrophe avec un message inamical du genre :

Assertion failed : *condition*, file monprog.cpp, line 18

C'est une façon simple, mais brutale, de faire, qui est acceptable durant la phase de mise au point d'un programme. *Il vaut toujours mieux utiliser les exceptions.*

4.7   Modularité et généricité

On entend par modularité l'art de découper un système en parties, de tailles suffisamment petites, pour qu'elles soient faciles à gérer. Pourtant, certains langages, comme Smalltalk, ne comprennent pas le concept de module : la classe est alors le seul module possible. Cependant, la plupart des langages de programmation modernes permettent la modularisation ; dans ces langages, les classes et les objets forment l'architecture *logique*. Ces abstractions logiques sont placées dans des modules pour former le système *physique*. En C++, comme nous l'avons déjà vu pour les sous-programmes, il est possible de paramétrer les classes : c'est ce que l'on appelle les classes génériques.

La généricité permet une généralisation du concept de module ou de sous-programme. Ainsi, au lieu de définir un seul module Pile d'entiers, comme nous l'avons fait plus haut, nous pouvons définir un module Pile générique, que l'on pourra utiliser chaque fois que l'on aura besoin de piles d'objets de tout type. L'exemple ci-dessous illustre les classes génériques, ainsi d'ailleurs que la modularité qui permet de réaliser les opérations sur les classes.

Nous allons reprendre l'exemple précédent en le rendant générique. Il nous faut donc redéfinir la même classe que dans les sections 4.5 et 4.6. Cependant, nous voulons une classe générique, c'est-à-dire s'appliquant à tout type de données, et nous utiliserons la même technique que nous avons vue pour les sous-programmes de tri génériques du chapitre 3. Nous devrons préfixer la définition de classe avec `template<typename T>` et utiliser le type T à tous les endroits où les données sont manipulées : ceci dans les déclarations de `Empiler`, de `Sommet` et de `TypeNoeud`.

```
//--------------------------------------------------------------------------
//    Fichier:  pilesG.hpp
//    Objectif: Spécification des piles génériques
//    Auteur:   Philippe Gabrini mai 2005
//--------------------------------------------------------------------------
#ifndef PILESG_HPP
#define PILESG_HPP
```

```cpp
template<typename T> class TypePile {
public:
  TypePile();      // Constructeur
  ~TypePile();     //Destructeur
  void Empiler(T Element);
  // Antécédent: pile non pleine
  // Conséquent: Element est empilé sur la Pile
  void Desempiler();
  // Antécédent: la pile n'est pas vide
  // Conséquent: l'élément du sommet de la pile est éliminé
  T Sommet() const;
  // Antécédent: la pile n'est pas vide
  // Conséquent: retourne l'élément au sommet de la pile
  int Taille() const;
  // Antécédent: aucun
  // Conséquent: retourne le nombre d'éléments dans la pile
  bool Vide() const;
  // Conséquent: indique si la pile est vide
private:
  struct TypeNoeud; // déclarations privées inaccessibles
  typedef TypeNoeud *PtrNoeud;
  struct TypeNoeud {              // les noeuds de la liste
                    T donnees;    // valeur
                    PtrNoeud lien;};// élément suivant
  TypeNoeud *sommet;
};
#endif
```

Notons que la classe `TypePile` est maintenant générique ; pour l'utiliser, il nous faut d'abord l'instancier en donnant une valeur entre crochets angulaires au paramètre T ; à partir de cette classe générique, on peut donc instancier un grand nombre de piles différentes. Pour la définition des opérations qui sera encapsulée dans le fichier `pilesG.cpp`, il nous faut maintenant préfixer *chaque* définition par les termes `template<typename T>` avant le type du résultat et le nom de la classe, et ajouter `<T>` après le nom de la classe, avant les deux signes « deux-points ». Le code ne change pas.

```cpp
//-------------------------------------------------------------------------
//    Fichier:  pilesG.cpp
//    Objectif: Réalisation des piles génériques
//    Auteur:   Philippe Gabrini (gabrini.philippe@uqam.ca)
//-------------------------------------------------------------------------
#include "pilesG.hpp"              // spécifications
#include <cassert>
// Réalisation de piles génériques au moyen de listes linéaires simples.


template<typename T> TypePile<T>::TypePile()
{
  sommet = 0;  // pointeur nul = pile vide
}


template<typename T> TypePile<T>::~TypePile()
{
  PtrNoeud PtrTemp;
  while (sommet != 0) {     // relâcher les éléments de la pile
    PtrTemp = sommet;       // prendre le sommet
    sommet = sommet->lien;  // sommet passe à l'élément suivant
    delete PtrTemp;         // supprimer l'ancien sommet
  }
}


template<typename T> void TypePile<T>::Empiler(T Element)
{
  PtrNoeud PtrNouv = new TypeNoeud; // allouer espace pour nouvel élément
  assert(PtrNouv != 0);             // vérifier si allocation faite
  PtrNouv->donnees = Element;       // copier valeur
  PtrNouv->lien = sommet;           // ancien sommet devient second élément
  sommet = PtrNouv;                 // nouveau sommet = nouvel élément}


template<typename T> void TypePile<T>::Desempiler()
{
  PtrNoeud PtrTemp = sommet; // prendre le sommet
  assert(sommet != 0);       // vérifier qu'il existe
  sommet = sommet->lien;     // second élément devient nouveau sommet
  delete PtrTemp;            // libérer espace ancien sommet
}
```

```
template<typename T> T TypePile<T>::Sommet() const
{
  assert(sommet != 0);         // vérifier sommet existe
  return sommet->donnees;      // retourner valeur au sommet}
```

```
template<typename T> int TypePile<T>::Taille() const
{
  int Compte = 0;
  PtrNoeud PtrTemp = sommet;  // partir du sommet
  while (PtrTemp != 0) {       // tous les éléments
    Compte++;                  // compter
    PtrTemp = PtrTemp->lien;  // passer à élément suivant
  }
  return Compte;
}
```

```
template<typename T> bool TypePile<T>::Vide() const
{
  return sommet == 0;          // pas de sommet?
}
```

Exemple d'application : calculatrice

Pour montrer que tout ceci fonctionne réellement, nous donnons ci-dessous la liste d'un petit programme d'application qui réalise une calculatrice simple, à qui l'on fournit une expression arithmétique, mettant en jeu des valeurs numériques et les quatre opérations arithmétiques usuelles, et utilisant au besoin des parenthèses, par exemple :

$$3+(4-2*4)+16/4.$$

et qui retourne la valeur de l'expression (3 dans ce cas).

```
//////////////////////////////////////////////////////////////////////
//
//    Fichier:  Calculatrice.cpp
//    Objectif: Calculatrice reconnaissant les parenthèses.
//    Auteur:   Philippe Gabrini; mai 2005.
//
//////////////////////////////////////////////////////////////////////

#include <iostream>
#include "pilesG.hpp"
#include "pilesG.cpp"    // Attention! Nécessaire à cause des génériques
using namespace std;

TypePile<int> pile_Operandes;    // variable globale
TypePile<char> pile_Operateurs;  // variable globale

void Calculer()
{
  int gauche, droite;
  char operateur;
```

```
droite = pile_Operandes.Sommet();        // désempiler opérande 1
pile_Operandes.Desempiler();
gauche = pile_Operandes.Sommet();        // désempiler opérande 2
pile_Operandes.Desempiler();
operateur = pile_Operateurs.Sommet(); // désempiler opérateur
pile_Operateurs.Desempiler();
if(operateur=='+')                       // addition
  pile_Operandes.Empiler(gauche + droite);
else if(operateur=='-')                  // soustraction
  pile_Operandes.Empiler(gauche - droite);
else if(operateur=='*')                  // multiplication
  pile_Operandes.Empiler(gauche * droite);
else if(operateur=='/')                  // division
  pile_Operandes.Empiler(gauche / droite);
else
  cout << "Erreur dans Calculer" << endl;
}

int Priorite(char Operateur)
{
  if(Operateur == '+' || Operateur == '-')
    return 1;
  else if(Operateur == '*' || Operateur == '/')
    return 2;
  else if(Operateur == '$' || Operateur == '(')
    return 0;
  else
    cout << "Erreur Priorité" << endl;
  return 0;
}

int main(){  // Calculatrice
  char operateur;
  int operande;
  bool trouve_Operande = false;
  pile_Operateurs.Empiler('$');
  cout << "Donnez une expression: ";
  while(true){  // prochain caractère non espace
    while(true){
      operateur = cin.peek();
      if(operateur == '\n')     // fin de ligne = fin de l'expression
        operateur = '.';
      if(operateur != ' ')
        break;  // sortir boucle si trouvé non espace
      cin >> operateur;  // sinon sauter espace
    }
    // Traiter opérateur ou opérande
    if(operateur >= '0' && operateur <= '9'){  // c'est un opérande
      if(trouve_Operande){      // 2 opérandes à la suite: impossible
        cout << "operateur manquant";
```

```
            break;
      }
      cin >> operande;                // lire l'opérande
      pile_Operandes.Empiler(operande);
      trouve_Operande = true;         // noter qu'on a un opérande
   }
   else{                             // pas un opérande
      trouve_Operande = false;       // le noter
      if(operateur == '.')
         break;    // fin de l'expression
      cin >> operateur;  // lire l'opérateur
      if(operateur == '+' || operateur == '-' || operateur == '*'
         || operateur == '/'){
         while(Priorite(operateur) <= Priorite(pile_Operateurs.Sommet()))
            Calculer();
         pile_Operateurs.Empiler(operateur);
      }
      else if(operateur == '(') // empiler parenthèses gauches
         pile_Operateurs.Empiler(operateur);
      else if(operateur == ')'){ // vider pile jusqu'à '('
         while(Priorite(pile_Operateurs.Sommet()) > Priorite('('))
            Calculer();
         operateur = pile_Operateurs.Sommet();
         pile_Operateurs.Desempiler();
         if(operateur != '('){
            cout << "Parenthèse gauche manquante";
            continue;
         }
      }
      else{
         cout << "operateur invalide '" << operateur << "'" << endl;
         break; // terminer
      }
   }
}
if(operateur == '.'){
   while(Priorite(pile_Operateurs.Sommet()) > Priorite('$'))
      Calculer();
   if(pile_Operateurs.Sommet() == '$')
      cout << pile_Operandes.Sommet();
   else
      cout << "Parenthèse droite manquante";
};
cout << endl;
return 0;
}// Calculatrice;
```

Après avoir empilé un marqueur sur la pile des opérateurs et demandé une expression à évaluer, le programme traite l'expression élément par élément. Comme les éléments sont de deux types, soit des opérateurs (caractères), soit des valeurs numériques (entiers), il faut déterminer le type du prochain élément : ceci est fait par un appel à la procédure `peek` qui retourne le prochain caractère, mais n'avance pas dans l'entrée, permettant ainsi au prochain appel à la procédure de lecture d'utiliser ce même caractère. Le caractère ainsi obtenu est examiné ; si c'est un caractère numérique, on vérifie que l'élément précédent était un opérateur, sinon on a deux opérandes à la suite, ce qui est une erreur. S'il n'y a pas d'erreur, on lit le prochain opérande, on note que c'était un opérande et on l'empile. Si le caractère examiné était un opérateur, on le note et l'on le lit effectivement, avançant ainsi dans l'entrée. Si l'opérateur est une opération, on effectue les opérations empilées qui ont une priorité supérieure à celle de l'opérateur, puis on empile l'opérateur. Si l'opérateur est une parenthèse ouvrante, on l'empile ; si l'opérateur est une parenthèse fermante, on effectue les calculs des opérations empilées jusqu'à la première parenthèse ouvrante rencontrée, que l'on désempile. Tout autre caractère est considéré être un opérateur invalide.

La procédure `Calculer` travaille sur les deux variables *globales* `pile_Operandes` et `pile_Operateurs` (ces variables auraient dû être définies dans `main()` et passées en paramètres ; cependant, il est bon pour votre culture que vous ayez vu des variables globales afin d'abord de les comprendre, mais surtout de les éviter !), désempile deux opérandes et un opérateur, et applique ce dernier aux opérandes avant d'empiler le résultat de l'opération. La fonction `Priorite` retourne la priorité associée à un opérateur. Le programme indique aussi les expressions erronées.

Notez au début du programme l'inclusion de `pilesG.hpp` et de `pilesG.cpp`. C'est la généricité et la façon dont les choses sont faites en C++ qui l'exigent. Sans cela, il y aura des erreurs *au chargement* ! Vous aurez plus de détails au chapitre 6.

4.8 Monceaux et files avec priorités

Nous avons déjà mentionné les monceaux lorsque nous avons donné un aperçu du tri *HeapSort* au chapitre précédent. Un *monceau* (traduction de l'anglais *heap*) est une structure spéciale, basée sur un ordre partiel de ses éléments. On définit un monceau comme une suite d'éléments h_1, h_2, h_3, ... h_{Max}, dont les valeurs (ou les clefs) sont telles que $h_i \leq h_{2i}$ et $h_i \leq h_{2i+1}$, pour i = 1 à Max/2. En particulier, h_1 représente la valeur minimum de la suite, et h_{2i} et h_{2i+1} sont dits descendants de h_i.

La définition indique que l'on peut représenter un monceau au moyen d'un vecteur, et, par conséquent, la suite ci-dessous représente un monceau :

$$5, 7, 10, 11, 8, 19, 25, 12, 13, 17, 9, 22$$

Remarque

On peut aussi représenter un monceau par un arbre binaire partiellement ordonné (voir chapitres 8 et 9), tel que l'illustre la figure 4.2. Une telle *représentation* est très efficace, mais ne peut s'appliquer qu'aux arbres binaires dans lesquels tous les niveaux au-dessus du niveau le plus bas sont pleins, et où les éléments du niveau le plus bas (feuilles) apparaissent aussi à gauche que possible. Ainsi, dans le cas de l'exemple de la figure 4.2, le dernier nœud interne n'a qu'un seul descendant. En d'autres termes, on ne peut utiliser cette représentation par arbre s'il y a des trous au milieu de l'arbre.

Nous utiliserons la représentation par vecteur pour réaliser des files d'attente avec priorités ainsi que dans l'algorithme de tri par monceau qui a été vu au chapitre 3. Un monceau combine l'efficacité d'un vecteur aux notions conceptuelles d'un arbre. Pour l'élément à la position i, les descendants gauche et droit, s'ils existent, se trouvent respectivement aux positions $2i$ et $2i + 1$. Nous pouvons aussi trouver directement le parent : pour l'indice i, le parent se trouve à l'indice $i/2$.

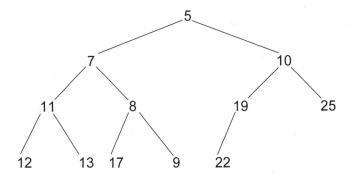

Figure 4.2 Un monceau représenté par un arbre binaire

Tel que vous l'avez certainement vu dans un cours précédent, les files d'attente sont des types de données abstraits qui n'offrent que quelques opérations permettant d'assurer l'ordre « premier arrivé, premier servi » (ou en anglais FIFO *first in first out*). Rappelons que typiquement ces opérations sont : mettre en fin de file, enlever du début de file, examiner le premier et le dernier élément ; vous les retrouverez au chapitre suivant avec le type `queue` de la STL. Tout comme pour les piles, on peut réaliser les files d'attente au moyen des listes linéaires dynamiques (en conservant cette fois deux pointeurs : un au premier élément et l'autre au dernier élément). Les files d'attente ne satisfont pas tous les besoins de certaines applications et doivent alors être remplacées par des files d'attente avec priorités. La salle d'urgence d'un hôpital en fournit un exemple, dans lequel on utilise une priorité (la gravité de la blessure ou de la maladie) pour choisir le prochain patient.

Les files d'attente avec priorités ont les mêmes opérations que les files d'attente habituelles, et leurs éléments ont un champ supplémentaire pour y conserver la priorité de l'élément. On peut réaliser les files d'attente avec priorités au moyen de listes ordonnées, et la différence entre les files d'attente avec priorités et les files d'attente ordinaires apparaîtra soit dans la réalisation de l'opération `pop`, soit dans la réalisation de l'opération `push` (en utilisant le vocabulaire de la STL). Dans le premier cas, pour une opération `pop`, on doit inspecter toute la file pour trouver l'élément avec la plus haute priorité et le sortir de la file. Il n'y a alors aucun changement à l'opération `push`, puisque les éléments sont placés dans la file dans l'ordre dans lequel ils arrivent. La complexité de l'opération `pop` devient $O(n)$. Dans le second cas, on conserve la file sous forme de liste ordonnée sur les priorités des éléments (voir l'application de simulation du chapitre 5) ; la mise en file d'un élément requiert l'insertion en ordre et a une complexité de $O(n)$, tandis que l'enlèvement d'un élément ne met en jeu que le premier élément et a une complexité constante $O(1)$. Les files d'attente avec priorités, sont d'ailleurs définies dans la STL, `priority_queue<T>`, avec obligation de définir l'opération < sur le type `T` (voir le chapitre 5).

On peut réaliser les files d'attente avec priorités plus efficacement qu'avec des listes en utilisant des monceaux. Même si l'élément possédant la plus haute priorité est toujours au sommet du monceau, l'opération `pop` aura une complexité de $O(\log n)$, puisque le monceau doit être *réorganisé* après que le premier élément ait été enlevé, et qu'une telle réorganisation est limitée à un chemin partant du premier élément et passant par l'un de ses descendants, puis un des descendants de ce descendant, etc. (longueur proportionnelle à *log n*) ; en effet, on choisit l'un des deux descendants, le plus petit, de façon répétitive, et ce choix élimine une moitié des éléments restants du monceau. Comme pour l'algorithme de recherche binaire vu au chapitre 2, ces éliminations successives de la moitié des éléments restants nous donnent un nombre de choix de descendant proportionnel à log n. Pour la représentation par arborescence de la figure 4.2, ceci veut dire que la réorganisation va faire descendre l'élément supérieur (la racine) le long d'un chemin (ou suivant une séquence de branches) pouvant aller jusqu'au niveau le plus bas. L'opération push aura la même complexité, *O(log n)*, pour les mêmes raisons.

Nous montrerons ici une réalisation des monceaux définis par les déclarations suivantes :

```cpp
#ifndef HEAP_HPP
#define HEAP_HPP
// P. Gabrini; mai 2005
#include <iostream>
#include <cstdlib>
using namespace std;

template <typename T> class Heap
{  // classe de la structure de monceau
public:
  // constructeurs et destructeur
  Heap(int Taillemax);            // créer monceau vide
  Heap(T Tableau[],int N);        // transforme tableau en monceau
  Heap(const Heap<T>& Monceau);   // copie
  ~Heap();                        // destructeur
  // surcharge des opérateurs: "=", "[]"
  Heap<T>& operator=(const Heap<T>& Droite);
  const T& operator[](int Index);
  int TailleMonceau() const;      // méthodes
  int MonceauVide() const;
  int MonceauPlein() const;
  void Inserer(const T& Item);
  T Supprimer();
  void Vider();
private:
  T *monceau; // pointe au tableau paramètre ou alloué par le constructeur
  bool alloue;// espace a été alloué
  int taillemaximum;        // taille maximum
  int taille;               // fin du tableau
  // utilitaire pour message d'erreur
  void erreur(char MessErreur[]);
  // utilitaires pour restaurer la propriété de monceau
  void Tamiser(int Index);
  void Remonter(int Index);
};
```

La réalisation des opérations suit :

```
template <typename T> void Heap<T>::erreur(char MessErreur[])
{// Afficher message erreur et arrêter l'exécution
  cerr <<  MessErreur << endl;
  exit(1);
}
```

simple sortie d'un message d'erreur sur l'organe `cerr`.

```
template <typename T> Heap<T>::Heap(int TailleMax) // constructeur 1
{ // Allocation d'espace pour le monceau
  if(TailleMax <= 0)
    erreur("Mauvaise taille de monceau.");
  monceau = new T[TailleMax];
  if(monceau == 0)
    erreur("Échec allocation mémoire.");
  taillemaximum = TailleMax;
  taille = 0;    // monceau est vide
  alloue = true;
}
```

Ce premier constructeur alloue l'espace mémoire requis pour le monceau et initialise ce dernier.

```
template <typename T> Heap<T>::Heap(T Tableau[],int N) // constructeur 2
{ // Constructeur pour convertir un tableau en monceau.
  // Le tableau et sa taille sont passés en paramètres.
  int position;
  if(N <= 0)
    erreur("Mauvaise taille de monceau.");
  // Utiliser N pour taille et taille maximum et affecter le tableau au monceau
  taillemaximum = N;
  taille = N;
  monceau = Tableau;
  // Mettre position au dernier indice de parent. Appeler Tamiser
  // en reculant les indices jusqu'à zéro.
  position = (taille - 2)/2;
  while(position >= 0)
  {  // Établir propriété du monceau pour sous-arbre monceau[position]
    Tamiser(position);
    position--;
  }
  // Mettre alloué à faux pour ne pas désallouer l'espace tableau!
  alloue = false;
}
```

Ce deuxième constructeur utilise le tableau passé en paramètre et en réorganise les éléments pour qu'ils respectent la propriété des monceaux.

```
template <typename T> Heap<T>::Heap(const Heap<T>& A) // constructeur 3
{
  int n = A.taille;
```

```
   taille = n;
   taillemaximum = A.taillemaximum;
   monceau = new T[taillemaximum];
   if(monceau == 0)
     erreur("Échec allocation mémoire.");
   while(n--)                // Pour toutes valeurs de n à zéro
     monceau[n] = A.monceau[n];
   alloue = true;            // Nouveau monceau dynamique
}
```

Ce constructeur alloue l'espace mémoire pour un nouveau monceau et y copie le monceau paramètre. Les opérations qui suivent sont triviales. Notez le `while(n--)` qui fonctionne pour deux raisons : l'opérateur suffixe `--` retourne la valeur précédant la diminution, et la valeur zéro représente `false`.

```
template <typename T> Heap<T>::~Heap() // destructeur
{
  if (alloue)   // Supprime seulement si espace alloué.
   delete[] monceau;
}
```

```
template <typename T> void Heap<T>::Vider() // vider le monceau
{ taille = 0;}
```

```
template <typename T> Heap<T>& Heap<T>::operator=(const Heap<T>& Droite)
{
  int n = Droite.taille;
  taille = n;
  if(taillemaximum != Droite.taillemaximum || alloue) {
    taillemaximum = Droite.taillemaximum;
    // détruire monceau si dynamique
    if(alloue)
      delete [] monceau;
    monceau = new T[taillemaximum]; // allouer nouveau
    if(monceau == NULL)
      erreur("Échec allocation mémoire.");
  }
  for(n >= 0; n--)       // copier
    monceau[n] = Droite.monceau[n];
  alloue = true;         // dynamique
  return *this;
}
```

L'opérateur d'affectation commence par détruire le monceau opérande gauche de = s'il existe, réalloue l'espace pour un monceau et y copie le paramètre.

```
template <typename T> int Heap<T>::TailleMonceau() const
{
 return taille;
}
```

```
template <typename T> int Heap<T>::MonceauVide() const
{
  return taille == 0;
}
```

```
template <typename T> int Heap<T>::MonceauPlein() const
{
  return taille == taillemaximum;
}
```

Les deux opérations précédentes, ainsi que le `while(n--)` du constructeur 3, montrent qu'en C++ il est possible de retourner un entier qui tiendra lieu de Booléen. C++ souffre ici du passif du langage C dont il est issu, où zéro représente faux et *toute autre valeur* représente vrai. Comme nous l'avons mentionné, ces exemples vous sont donnés, non pas pour que vous les suiviez, mais plutôt pour que vous compreniez le code que vous devrez lire lorsque vous ferez de la maintenance !

```
template <typename T> const T& Heap<T>::operator[](int Index)
{
  if (Index < 0 || Index >= taille)
    erreur("Indice monceau hors intervalle: ");
  return monceau[Index];
}
```

L'opérateur crochets `[]` permet de retourner l'élément du monceau situé à l'index donné.

```
template <typename T> void Heap<T>::Remonter(int Index)
{ // Utilitaire pour restaurer la propriété de monceau; en commençant
  // à index, remonter dans l'arbre de parent à parent en échangeant
  // les éléments si l'enfant a une valeur inférieure à celle du parent.
  if(Index == 0) return;
  int position, parent;
  T element;
  // position est un indice qui traverse le chemin des parents.
  // élément est la valeur de monceau[index] qui est déplacée.
  position = Index;
  parent = (Index-1)/2;
  element = monceau[Index];
  // suivre la piste des parents jusqu'à la racine
  while(position != 0)
  { // si parent <= element, propriété respectée, on arrête.
    if(monceau[parent] <= element)
      break;
    else {
      // déplace la valeur de l'enfant au parent et met
      // indices à jour avant d'examiner parent suivant.
      monceau[position] = monceau[parent];
      position = parent;
      parent = (position-1)/2;
    }
  } // position trouvée, affecter élément.
  monceau[position] = element;
}// Remonter
```

Dans la procédure `Remonter`, un élément remonte vers la racine à partir d'un indice donné. Nous examinons tous les éléments qui sont les ancêtres de cet élément et les déplaçons vers le bas s'ils ont une valeur supérieure à celle de l'élément. Le processus s'arrête quand on rencontre un parent qui a une valeur inférieure à celle de l'élément ou quand l'élément a migré jusqu'au premier élément. Lorsque la position convenable est trouvée, on y insère l'élément.

```
template <typename T> void Heap<T>::Inserer(const T& Item)
{ // Insérer un nouvel élément au monceau, si pas plein
  if(taille == taillemaximum)
    erreur("Monceau plein");
  // Ranger element à la fin du monceau et augmenter taille.
  // Restaurer la propriété du monceau.
  monceau[taille] = Item;
  Remonter(taille);
  taille++;
}// Insérer
```

Nous commençons avec un tableau de *n* éléments qui satisfont les conditions de monceau. Nous ajoutons le nouvel élément à la fin du monceau linéaire, puis nous réarrangeons les éléments en appelant `Remonter`, de façon à ce que tous satisfassent les conditions de monceau.

```
template <typename T> void Heap<T>::Tamiser(int Index)
{ // Utilitaire pour restaurer la propriété de monceau. En
  // commençant à index, échanger parent et enfant pour que
  // le sous-arbre à partir de index soit un monceau.
  int position, descendant;
  T element;
  // commencer à index et conserver sa valeur dans élément
  position = Index;
  element = monceau[Index];
  // placer descendant à enfant gauche et commencer descente
  // vers les descendants, en arrêtant en fin de tableau.
  descendant = 2 * Index + 1;
  while(descendant < taille) {          // vérifier taille tableau
    // mettre descendant à indice du plus petit des deux enfants
    if((descendant+1 < taille) &&
       (monceau[descendant+1] <= monceau[descendant]))
      descendant = descendant + 1;
    // parent est inférieur aux enfants, monceau ok, on arrête
    if(element <= monceau[descendant])
      break;
    else {
      // placer valeur du plus petit descendant dans parent;
      // la position du descendant est libre.
      monceau[position] = monceau[descendant];
      // mettre indices à jour pour continuer
      position = descendant;
      descendant = 2 * position + 1;
    }
  }
```

```
// affecter element à la position la plus récemment libérée
monceau[position] = element;
}// Tamiser
```

Dans la procédure `Tamiser`, l'élément placé en première position (à la racine de l'arbre) peut descendre vers les éléments sans descendant (feuilles) jusqu'à ce qu'il satisfasse aux conditions de monceau. Pour ce faire, on examine les valeurs de ses descendants et l'on choisit le descendant ayant la plus petite valeur. On compare alors cette valeur à celle de l'élément parent ; si elle est inférieure à celle du nœud occupant la position de l'élément parent à placer, on remplace le parent par le descendant et l'on répète le processus. Notez que ce processus s'arrêtera éventuellement, soit parce que le nœud rangé a une priorité plus petite que ses descendants, soit parce qu'il a atteint un élément sans descendant. Une fois le processus arrêté, on copie l'élément dans sa position finale.

```
template <typename T> T Heap<T>::Supprimer()
{ // Enlever la valeur du premier élément et ajuster le monceau.
  // Antécédent: le monceau n'est pas vide.
  T tempo;
  // Vérifier si monceau vide.
  if(taille == 0)
    erreur("Monceau vide");
  // Copier racine et remplacer par dernier élément.
  // Diminuer taille.
  tempo = monceau[0];
  monceau[0] = monceau[taille-1];
  taille--;
  // Tamiser la nouvelle racine.
  Tamiser(0);
  // Renvoyer la valeur de l'ancienne racine.
  return tempo;
}// Supprimer
```

```
#endif   // HEAP_HPP
```

Nous commençons avec n éléments dans le tableau, qui satisfont les conditions de monceau. Nous enlevons le premier élément du monceau, le remplaçons par le dernier élément, réduisons la taille du monceau, puis réarrangeons les éléments en appelant `Tamiser` de façon à ce qu'ils satisfassent tous les conditions de monceau.

Si nous désirons inverser les relations (les valeurs les plus élevées en premier ou un monceau défini par $h_i \geq h_{2i}$ et $h_i \geq h_{2i+1}$, pour i allant de 1 à Max/2), il nous suffit de remplacer le signe « < » par le signe « > » dans les deux procédures.

4.9   Exemple d'utilisation de la STL

En génie logiciel, la *réutilisation* de logiciel est une notion très importante. En reconnaissant que bien des structures de données et des algorithmes étaient régulièrement utilisés par tous les informaticiens, le comité de normalisation du langage C++ a ajouté la *Standard Template Library* (STL) à la bibliothèque standard de C++. La STL a été développée essentiellement par Alexander Stepanov et Meng Lee des Laboratoires de recherche Hewlett-Packard ; elle a été conçue avec pour objectifs la performance et la souplesse. La STL offre des composants puissants, génériques et réutilisables qui réalisent bien des structures de données classiques et les algorithmes qui les manipulent (voir le chapitre 5). Nous avons déjà utilisé le type de données abstrait `vector` dans les exemples du chapitre 3, nous avons aussi utilisé les algorithmes `binary_search` (chapitre 2), `sort`, `stable_sort`, `make_heap`, `sort_heap` (chapitre 3) : ils sont tous issus de la STL. Dans le reste de ce manuel, nous allons utiliser la STL et ce qu'elle offre, et, dans l'exemple qui suit, nous utilisons le type de données abstrait pile (`stack`).

Conversion d'une expression infixe en notation suffixe et génération de code

Notre prochain exemple sera un programme simple permettant de convertir une expression arithmétique de la notation habituelle infixe à la notation suffixe, puis d'engendrer le code machine permettant de calculer l'expression.

Pour simplifier, on représentera les variables par des lettres majuscules et on limitera les opérations à +, -, * et /; l'expression d'entrée ne comprendra pas de parenthèses et sera terminée par un point-virgule. Comme nous voulons interpréter une expression infixe de la forme A+B*C comme A+(B*C) et la traduire en ABC*+, nous donnerons des priorités aux opérateurs selon les règles de l'évaluation des expressions algébriques. Comme vous venez de le voir dans ce petit exemple, dans une expression suffixe, un opérateur suit immédiatement ses opérandes. Voici quelques exemples d'expressions infixes et de leurs équivalents suffixes :

infixe	suffixe
A+B	AB+
A+B*C	ABC*+
A+B-C/D*E+F	AB+CD/E*-F+
A+B+C+D+E	AB+C+D+E+
A+B*C/D-E	ABC*D/+E-

L'algorithme de conversion est donné ci-dessous :

Convertir à suffixe
    Initialiser table des priorités
    Empiler $
    Lire prochain caractère
    Boucle tant que le prochain caractère n'est pas un point-virgule
        Boucle tant que Priorité prochain caractère ≤ Priorité sommet pile
            Désempiler et sortir caractère
        Si Rang est 0 ou 1
            Empiler prochain caractère
            Lire prochain caractère
            Mettre Rang à jour
        Sinon
            Mettre Valide à faux
            Sauter au prochain point-virgule

Boucle tant que sommet pile n'est pas $ et Valide
        Désempiler et sortir caractère
    Afficher expression suffixe et message de validité

Il consiste essentiellement à sortir les variables au fur et à mesure de leur lecture et à empiler les opérateurs en sortant d'abord ceux qui ont les priorités les plus élevées. Nous y avons ajouté une vérification simple que l'expression donnée est bien formée ; on augmente le compteur `rang` chaque fois que l'on rencontre une variable dans l'entrée et on le diminue chaque fois que l'on rencontre un opérateur. La variable rang nous permet de vérifier que l'expression est bien formée comme une suite de la forme : `opérande` `{opérateur opérande}`.

On donne la plus haute priorité aux variables pour qu'elles sortent de la pile en premier ; ensuite, viennent * et / suivis de + et de − et enfin $ avec la priorité la plus basse. Nous utilisons le signe $ pour marquer la fin des éléments sur la pile parce que cela simplifie la vérification de la priorité du sommet de la pile, autrement il suffirait d'utiliser la fonction `empty`.

L'une des raisons pour laquelle la notation suffixe est largement utilisée est qu'elle produit des expressions non ambiguës qui ne requièrent aucune parenthèse. De plus, on peut évaluer les expressions suffixes très simplement au moyen d'une pile comme on l'a vu dans l'exemple de la calculatrice de la section 4.7.

Étant donné l'expression :

<code>A+B*C;</code>

notre algorithme produira la pile et la sortie suivantes :

Pile	Sortie
$	
$A	
$+	A
$+B	A
$+*	AB
$+*C	AB
$	ABC*+

Les compilateurs utilisent une autre façon de faire pour engendrer le code machine qui devra évaluer l'expression arithmétique au moment de l'exécution du programme. Ici aussi, l'utilisation d'une pile permet une solution simple ; nous supposerons que nous avons une ensemble d'instructions simple : LOAD pour charger une valeur dans un registre, STORE pour ranger la valeur d'un registre en mémoire, et les quatre opérations arithmétiques ADD, SUB, MUL et DIV. Par exemple, avec ces instructions, l'instruction C++: A = B + C; serait traduite comme suit :

```
LOAD    R0,B
ADD     R0,C
STORE   R0,A
```

Vous noterez que nous avons utilisé le registre R0 comme un accumulateur ; certaines instructions machine supposent l'existence d'un accumulateur, et les instructions seraient plus simplement : LOAD B, ADD C, STORE A. Nous devrons aussi utiliser des variables intermédiaires pour ranger les résultats intermédiaires, et nous les appellerons T1, T2, T3, et ainsi de suite ; nous réutiliserons ces variables intermédiaires lorsqu'elles ne seront plus utilisées, autrement nous serions vite à court de variables temporaires. Pour un ensemble d'instructions qui utilise des registres multiples R1 à Rn, nous pourrions utiliser les registres à la place des variables intermédiaires, pourvu que *n* registres soient suffisants ; ici, nous favoriserons la simplicité et utiliserons donc des variables temporaires. L'algorithme de génération de code suit la même voie que l'algorithme d'évaluation mentionné plus haut.

```
Engendrer code
    Boucle pour tous les caractères de l'expression suffixe
        Si caractère est un opérande
            Empiler caractère
        Sinon
            Désempiler opérande droit et si variable temporaire diminuer n
            Désempiler opérande gauche et si variable temporaire diminuer n
            Afficher "LOAD R0," opérande gauche
            Sélection caractère
                +: Afficher "ADD R0," opérande droit
                -: Afficher "SUB R0," opérande droit
                *: Afficher "MUL R0," opérande droit
                /: Afficher "DIV R0," opérande droit
            Augmenter n
            Afficher "STORE R0,T" n
            Empiler Tn
```

Cet algorithme de génération, appliqué à l'expression suffixe ABC*+ produite plus tôt par notre algorithme de conversion, produira le code suivant pour évaluer l'expression :

```
LOAD   R0,B
MUL    R0,C
STORE  R0,T1
LOAD   R0,A
ADD    R0,T1
STORE  R0,T1
```

Il est très simple d'adapter cet algorithme à la génération d'instructions ayant une syntaxe différente.

Le programme de la page suivante illustre les deux algorithmes ; il lit une suite d'expressions, convertit chaque expression en une expression suffixe et engendre le code assembleur pour son évaluation. Il utilise la classe stack et les opérations pop, push et top. Dans cet exemple, on utilise une pile d'éléments de type char. La procédure Convertir suit de près le pseudo-code que nous avons donné ci-dessus en ajoutant quelques validations des données supplémentaires dans la procédure Lire. La procédure Engendrer reflète aussi le pseudo-code, mais a été organisée de façon légèrement différente ; comme nous n'avons qu'une pile de caractères, vous noterez le désempilage double nécessaire pour les variables temporaires dont le nom comporte deux caractères. N'oubliez pas non plus que le désempilage de la pile retourne les éléments dans l'ordre inverse de leur empilage.

```
// Conversion d'une expression arithmétique de notation infixe à la
// notation suffixe et génération du code assembleur correspondant.
//     Philippe Gabrini avril 2005
#include <iostream>
#include <string>       // STL
#include <stack>        // STL
#include <fstream>
using namespace std;
const int MAX = 100;


void Lire(ifstream& entree, char& C, bool& Valide)
{   // Lire un caractère valide dans fichier entree
  entree >> C; cout << C;
  while(C == ' ') { // sauter espaces
    entree >> C; cout << C;
  } // LOOP;
  if((C == '*') || (C == '/') || (C == '+') || (C == '-')
      || (C == ';') || ((C >= 'A') && (C <= 'Z')))
    return;
  else {         // caractère invalide sauter à ;
    Valide = false;
    while(C != ';'&&!entree.eof()) {
      entree >> C; cout << C;
    } // while;
  } // if;
} // Lire;
```

Après avoir sauté les espaces, on lit un caractère valide dans le fichier `entree` qui est retourné dans C. Si le caractère est invalide, on met `Valide` à faux et l'on saute les caractères jusqu'au point-virgule ou jusqu'à la fin du fichier.

```
void Convertir(ifstream& entree, char Suffixe[], int& N, bool& Valide)
{ // Conversion d'une expression infixe qui est lue, terminée par
  // un point-virgule, en une chaîne suffixe. Valide est vrai si
  // l'expression est valide, faux autrement.
  stack<char> pile;
  char carac, suivant;
  int indexSortie;
  int rang;
  int priorite[256];
  int rangs[256];
  for(int i = 0; i <= 255; i++)
    priorite[i] = 0;
  priorite['*'] = 2;
  priorite['+'] = 1;
  priorite['-'] = 1;
  priorite['/'] = 2;
  for(char i = 'A'; i <= 'Z'; i++)
    priorite[i] = 3;
```

```
  for(int i = 0; i <= 255; i++)
    rangs[i] = 0;
  rangs['*'] = -1;
  rangs['+'] = -1;
  rangs['-'] = -1;
  rangs['/'] = -1;
  for(char i = 'A'; i <= 'Z'; i++)
    rangs[i] = 1;
// Convertir
  pile.push('$');   // marqueur pour faciliter comparaisons de priorités
  rang = 0;
  indexSortie = 0;
  Valide = true;
  cout << "Donnez une expression terminée par ;" << endl;
  Lire(entree, suivant, Valide);
  while(suivant != ';') {  // lire et traiter l'entrée
    while(priorite[suivant] <= priorite[pile.top()]) {
      carac = pile.top();
      pile.pop();     // désempile et sort
      Suffixe[indexSortie] = carac;
      indexSortie++;
    } // while;
    if((rang == 0) || (rang == 1)) {
      pile.push(suivant);
      rang += rangs[suivant];
      Lire(entree, suivant, Valide);
    }
    else {
      Valide = false;
      while(suivant != ';')
        Lire(entree, suivant, Valide);
    } // if;
  } // while;
  while((pile.top() != '$') && Valide) {
    carac = pile.top();
    // vider la pile
    pile.pop();
    Suffixe[indexSortie] = carac;
    indexSortie++;
  } // while;
  N = indexSortie;
  cout << "  l'expression: ";
  for(int index = 0; index < N; index++)
    cout << Suffixe[index];
  if(Valide)
    cout << " est valide";
  else
    cout << " est invalide";
  cout << endl;
} // Convertir;
```

Après avoir déclaré une pile et initialisé les tableaux des priorités et des rangs, on demande une expression et on la lit jusqu'au point-virgule. On désempile les opérations ayant une plus grande priorité, puis on empile le symbole lu. Les lettres ayant une plus grande priorité sont empilées directement. Une fois la fin de l'expression rencontrée, on désempile le reste de la pile et l'on indique si l'opération de conversion a réussi ou non.

```
void AfficherCode(stack<char>& Pile, char CodeOp[], int& NumVar)
// Génération du code proprement dite
{ char carac, carGauche, carDroite, gauche, droite;
  carDroite = ' ';
  carGauche = ' ';
  droite = Pile.top(); // désempiler
  Pile.pop();
  if(droite == 'T') {  // deux caractères
    carDroite = Pile.top();
    Pile.pop();
    NumVar--;            // récupère variable temporaire
  } // if;
  gauche = Pile.top(); // désempiler
  Pile.pop();
  if(gauche == 'T') {  // deux caractères
    carGauche = Pile.top();
    Pile.pop();
    NumVar--;            // récupère variable temporaire
  } // IF;
  cout << "LOAD  R0," << gauche;
  cout << carGauche << endl;
  cout << CodeOp << droite;
  cout << carDroite << endl;
  NumVar++;
  carac = ('0' + NumVar);
  cout << "STORE R0,T" << carac << endl;
  Pile.push(carac);
  Pile.push('T');
} // AfficherCode;
```

On désempile deux opérandes et l'on affiche les instructions chargeant le premier, puis effectuant l'opération sur le second et enfin rangeant le résultat. Notez l'utilisation des variables temporaires Ti qui utilisent deux caractères et demandent donc double empilage et désempilage.

```
void Engendrer(char Suffixe[], int N)
// Génération de code assembleur pour l'évaluation d'une expression suffixe.
{ stack<char> pile;
  int varTemp;
  char suivant;
  // Engendrer
  varTemp = 0;
```

```
    for(int index = 0; index < N; index++) {
      suivant = Suffixe[index];
      switch(suivant) {
        case '+': AfficherCode(pile, "ADD    R0,", varTemp); break;
        case '-': AfficherCode(pile, "SUB    R0,", varTemp); break;
        case '*': AfficherCode(pile, "MUL    R0,", varTemp); break;
        case '/': AfficherCode(pile, "DIV    R0,", varTemp); break;
        default: pile.push(suivant); break;
      } // switch;
    } // for;
} // Engendrer;
```

À partir de la chaîne de caractères donnant l'expression suffixe, on crée une pile, on empile tous les opérandes rencontrés. Chaque fois que l'on rencontre un opérateur, on l'applique.

```
int main()
{ // Infixe à suffixe
  char suffixe[MAX];
  int n;
  bool bon;
  cout << "Donnez le nom du fichier de données" << endl;
  string nomFichier;
  cin >> nomFichier;
  ifstream entree(nomFichier.c_str());
  if (!entree) {
    cerr << "Ouverture impossible " << nomFichier
    << " pour génération infixe à suffixe." << endl;
    exit(1);
  }
  while (!entree.eof()) {
    Convertir(entree, suffixe, n, bon);
    if(bon)
      Engendrer(suffixe, n);
  } // while;
} // Infixe à suffixe;
```

Les résultats suivants ont été produits par ce programme :

```
Donnez le nom du fichier de données
Suffixe.dat
Donnez une expression terminée par ;
A+B*C/D-E*F-G;  l'expression: ABC*D/+EF*-G- est valide
LOAD   R0,B
MUL    R0,C
STORE  R0,T1
LOAD   R0,T1
DIV    R0,D
STORE  R0,T1
LOAD   R0,A
ADD    R0,T1
STORE  R0,T1
```

```
LOAD   R0,E
MUL    R0,F
STORE  R0,T2
LOAD   R0,T1
SUB    R0,T2
STORE  R0,T1
LOAD   R0,T1
SUB    R0,G
STORE  R0,T1
Donnez une expression terminée par ;
A+B+C+D;   l'expression: AB+C+D+ est valide
LOAD   R0,A
ADD    R0,B
STORE  R0,T1
LOAD   R0,T1
ADD    R0,C
STORE  R0,T1
LOAD   R0,T1
ADD    R0,D
STORE  R0,T1
Donnez une expression terminée par ;
A*B-C/D+E;   l'expression: AB*CD/-E+ est valide
LOAD   R0,A
MUL    R0,B
STORE  R0,T1
LOAD   R0,C
DIV    R0,D
STORE  R0,T2
LOAD   R0,T1
SUB    R0,T2
STORE  R0,T1
LOAD   R0,T1
ADD    R0,E
STORE  R0,T1
```

4.10 Un exemple de programmation orientée objet

Nous allons maintenant prendre un petit problème relativement simple et connu, et en développer la solution en orienté objet. Vous pourrez, sans mal, trouver des exemples de programme résolvant ce même problème en programmation impérative ; bien entendu, cet exemple est petit, mais c'est fait exprès pour que vous puissiez en suivre le code facilement.

Aux échecs, une reine peut attaquer toute autre pièce qui se trouve dans la même rangée, la même colonne ou en diagonale par rapport à elle. Le problème des huit reines consiste à placer huit reines sur l'échiquier de façon à ce qu'aucune reine ne puisse en attaquer une autre. La figure 4.3 illustre une des solutions possibles. On utilise souvent le problème des huit reines pour illustrer la récursivité ou les techniques de retour en arrière.

Le problème des huit reines est habituellement associé au mathématicien allemand Carl Friedrich Gauss (1777-1855) ; la première mention de ce problème apparaît dans la revue d'échecs *Berliner Schachgesellschaft*, Vol. 3, 1848, p. 363.   La solution arithmétique de Gauss est présentée dans l'article « Gauss's arithmetization of the problem of 8 queens » de J. Ginsburg dans *Scripta Mathematica*, Vol. 5, 1939, p. 63-66.   Par ailleurs, un grand nombre de sites Internet font référence à ce problème qui ne possède pas de solution analytique et dont les solutions doivent par conséquent être trouvées au moyen d'algorithmes.

Figure 4.3 Une solution au problème des huit reines

Dans son livre déjà mentionné plus haut *Algorithms + Data Structures = Programs*, Niklaus Wirth[18] donne une solution récursive à ce problème, que l'on peut caractériser par le pseudo-code suivant :

```
Placer Reine
        Mettre Colonne à zéro
        Tant que Colonne < 8 boucler
                Augmenter Colonne de 1
                Si la Reine est en sécurité à cet endroit
                        Placer Reine dans cette Colonne
                        Si Reine n'est pas la huitième
                                Placer Reine+1
                                Enlever Reine de cette Colonne
                Sinon
                        Afficher la solution
                        Enlever Reine de cette Colonne
```

Les diverses solutions au problème sont alors obtenues par l'appel `Placer(1)`.

Dans notre solution orientée objet, nous créerons les reines en leur donnant le pouvoir de découvrir la solution elles-mêmes. On commence donc à penser en termes d'objets ayant chacun un comportement, ce qui est différent de l'approche de la programmation impérative à laquelle vous êtes probablement habitués et à laquelle correspond la solution en pseudo-code que nous venons de donner. Comment définir le comportement d'une reine pour qu'elle puisse trouver sa propre solution ? Il est clair que deux reines ne peuvent occuper la même rangée et, en conséquence, il ne peut pas y avoir de rangée vide : on affecte donc une rangée spécifique à chaque reine et l'on réduit le problème à ce que chaque reine se trouve une

---

[18]   L'auteur des langages de programmation Pascal, Modula-2, Obéron-2 et Component Pascal (Obéron était le roi des elfes dans la chanson de geste anonyme *Huon de Bordeaux* du début du XIIIe siècle).

colonne appropriée. On atteint une solution lorsque les huit reines sont dans une certaine configuration ; les reines vont donc devoir être en mesure de communiquer entre elles. En fait, chaque reine peut se contenter de communiquer avec sa voisine de rangée; de cette façon, une reine peut communiquer, ne serait-ce qu'indirectement, avec les autres reines. Les données relatives à chaque reine seront donc triples : un numéro de rangée fixe, un numéro de colonne qui variera au cours de la recherche de solution, et un lien à la reine voisine, située dans la rangée immédiatement au-dessus.

On dira qu'une solution est acceptable pour la rangée n, si la configuration des rangées 1 à n est telle qu'aucune reine ne peut attaquer une autre reine de ces rangées. On chargera chaque reine de trouver une solution acceptable pour elle et sa voisine du dessus. De cette façon, on trouvera une solution globale au problème en demandant à la reine de la dernière rangée de trouver une solution acceptable. La stratégie utilisée consiste donc à engendrer toutes les solutions partielles et à les filtrer pour en éliminer celles qui ne sont pas acceptables. Pour tester une solution potentielle, il suffit qu'une reine prenne une position (rangée, colonne) et produise une valeur booléenne indiquant si la reine ou ses voisines du dessus peuvent attaquer la position donnée.

La génération d'une solution est quelque peu différente lorsqu'il s'agit du premier essai et des essais subséquents : au premier essai, on initialise le numéro de colonne, tandis que, plus tard, on augmente ce numéro. Pour simplifier, on divisera donc ce traitement en deux parties distinctes : `PremièreSolution` et `SolutionSuivante`. Quand on demande à la reine de la rangée n de produire une solution acceptable, la première étape est de demander à sa voisine de créer une solution acceptable pour la rangée $n-1$; nous avons donc une solution récursive et, comme la première reine n'a pas de voisine, elle constituera le cas de base de la récursivité. Ayant trouvé une solution pour les rangées précédentes, la reine essaye les colonnes, une par une, à partir de la première : soit une solution est trouvée, soit elle demande à nouveau à sa voisine de trouver une solution acceptable, avant de réessayer les colonnes.

Quand on demande à une reine de trouver une solution acceptable, elle avance sa colonne et vérifie avec ses voisines, en supposant qu'elle ne se trouvait pas dans la dernière colonne. Si elle se trouve dans la dernière colonne, elle n'a d'autre choix que de demander une nouvelle solution à sa voisine et de recommencer à partir de sa première colonne.

Il nous faut également une opération permettant d'afficher la solution trouvée ; ceci pourra se faire simplement en demandant à la dernière reine d'afficher sa position après avoir demandé à sa voisine de faire la même chose, et ainsi de suite.

Le programme principal fera essentiellement deux choses : il créera les huit reines, en reliant chaque reine ainsi créée à sa voisine, puis il demandera à la dernière reine de trouver une première solution par l'appel : `dernièreReine->PremiereSolution()`. Cet appel entraîne une suite d'appels récursifs des diverses reines à `PremiereSolution`, jusqu'au huitième appel sur la première reine qui répond qu'elle a trouvé une solution. L'appel précédent permet à la seconde reine d'essayer trois positions avant de déclarer qu'elle est en sécurité et a trouvé une solution. Les appels qui précèdent permettent aux reines 3 et 4 de se positionner, puis l'appel 4 permet à la reine 5 de se placer. La figure 4.4 illustre ces appels sur des échiquiers partiels, et l'échiquier complet de droite montre la situation stable pour les 5 premières reines dans laquelle la reine 6 va essayer de se placer. Si vous regardez attentivement, vous verrez qu'il lui est impossible de trouver une colonne où elle serait en sécurité. Elle doit donc demander à sa voisine du dessus de trouver une nouvelle solution, puisque la solution présente ne lui permet pas de se trouver une position. Ceci vous donne une idée de la façon dont on va atteindre une solution.

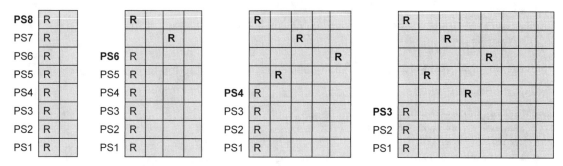

Figure 4.4 Appels successifs à `PremiereSolution`

Les reines étant des objets au sens de la programmation orientée objet, nous définirons une classe `Reine` et, pour changer, placerons la définition de la classe, la définition des opérations et le programme principal dans le même fichier.

```
// Le problème des huit reines à placer sur un échiquier.
// Ce programme trouve la première solution.
// Adaptation Philippe Gabrini  avril 2005

# include <iostream>
using namespace std;

class Reine {
public:
  Reine(int, Reine *);              // constructeur
  bool PremiereSolution();          // trouver les solutions
  void Afficher();                  // afficher les solutions
private:
  const int rangee;                 // données
  int colonne;
  Reine * voisine;
  bool OKouAvance();
  bool AttaquePossible(int, int);   // méthode interne
  bool SolutionSuivante();          // trouver les solutions
};// fin classe Reine

bool Reine::AttaquePossible(int LaRangee, int LaColonne)
{ // vérifie si la reine peut attaquer la position donnée.
  if(colonne == LaColonne)          // tester colonnes
    return true;
  int difference = LaRangee - rangee;  // tester diagonales
  if(colonne+difference == LaColonne || colonne-difference == LaColonne)
    return true;
  // sinon essaye la voisine
  return voisine != NULL && voisine->AttaquePossible(LaRangee, LaColonne);
}
```

```
bool Reine::PremiereSolution()
{ // essaye de trouver une première solution pour la reine.
  if(voisine == NULL)
    return true;
  else if(!voisine->PremiereSolution()) // tester position avec voisines
    return false;
  else
    return OKouAvance();
}
```

```
bool Reine::SolutionSuivante()
{ // Essaye de trouver une autre solution.
  if(colonne == 8)
    if(voisine == NULL)
      return false;
    else if(!voisine->SolutionSuivante()) // tester position avec voisines
      return false;
    else{
      colonne = 1;
      return OKouAvance();
    }
  else{
    colonne++;
    return OKouAvance();
  }
}
```

```
Reine::Reine(int Rang, Reine * LaVoisine):rangee(Rang)
{ // constructeur
  voisine = LaVoisine;
  colonne = 1;
}
```

```
bool Reine::OKouAvance()
{// détermine si une position est bonne, sinon doit avancer.
  if(voisine == NULL)
    return true;
  else if(voisine->AttaquePossible(rangee, colonne))
    return SolutionSuivante();
  else
    return true;
}
```

```
void Reine::Afficher()
{ // affiche la solution trouvée.
  if(voisine != NULL)
    voisine->Afficher();
  cout << "rangée " << rangee << " colonne " << colonne << endl;
}
```

```
int main()
{ Reine * derniereReine = NULL;
  for(int i = 1; i <= 8; i++)
    derniereReine = new Reine(i, derniereReine);
  if(derniereReine->PremiereSolution())
    derniereReine->Afficher();
  else
    cout << "Pas de solution!\n";
}
```

Les fonctions `Reine`, `PremiereSolution` et `Afficher` ne sont pas suffisantes pour effectuer tout le travail, mais sont suffisantes pour l'utilisateur (le programme principal) ; le travail sera effectué par les autres opérations cachées dans la partie privée de la classe. La classe `Reine` comprend, tel que prévu, trois composants : un numéro de rangée constant, un numéro de colonne et un pointeur à une voisine.

L'exécution de ce programme produit la sortie ci-dessous, identifiant la solution de la figure 4.3 :

```
rangée 1 colonne 1
rangée 2 colonne 5
rangée 3 colonne 8
rangée 4 colonne 6
rangée 5 colonne 3
rangée 6 colonne 7
rangée 7 colonne 2
rangée 8 colonne 4
```

Voilà donc un exemple de programmation orientée objet ; notez que nous n'avons utilisé essentiellement que des outils traditionnels avec la classe comme méthode d'encapsulation des objets reines, et que nous n'avons pas utilisé les outils spécialisés de la programmation orientée objet, comme l'héritage et le polymorphisme, que nous verrons au chapitre 7. L'approche choisie, qui consiste à donner des responsabilités aux objets, est particulière et vraiment orientée objet. Si vous l'avez comprise, vous êtes sur la bonne voie !

Notez cependant que vous pouvez programmer cet exemple dans tout langage de programmation impératif. En effet, nous n'avons utilisé la classe de C++ ici que comme moyen d'encapsulation.

4.11 Exercices et problèmes

Exercices

4.1   Étant donné la classe `Noeud` ci-dessous :

```
class Noeud
{
public:
  Noeud(string s);
private:
  string donnee;
  Noeud* precedent;
  Noeud* suivant;
```

```
    friend class Liste;
    friend class Iterateur;
};
Noeud::Noeud(string s)
{ donnee = s;
  precedent = NULL;
  suivant = NULL;
}
```

La transformer en une classe générique d'un seul paramètre.

4.2   Comparer le type de données abstrait générique `TypePile` développé dans ce chapitre au type générique `stack` de la STL. En quoi sont-ils semblables ? En quoi diffèrent-ils ?

4.3   Étant donné un monceau de n éléments où e_k est l'élément dans la position k pour $1 \leq k \leq n$, prouver que la hauteur du sous-arbre de racine e_k (nombre maximum de descendants) est $\left\lfloor \log \frac{n}{k} \right\rfloor$ pour $1 \leq k \leq n$. Utiliser l'induction sur k en commençant avec les feuilles (éléments sans descendants) et en remontant vers la racine, e_1.

Problèmes

4.4   Écrire une *procédure* `Renverser` qui accepte en paramètre un tableau de caractères à une dimension et qui en renverse les éléments *en utilisant la classe pile de la STL*.

4.5   Modifier le programme des huit reines pour produire toutes les solutions possibles plutôt qu'une seule.

4.6   Généraliser le problème des huit reines en passant au problème des N reines, où l'on doit placer N reines sur un échiquier N par N. Comment faut-il changer le programme ? Attention : il y a des valeurs de N pour lesquelles il n'y a pas de solution (essayez N= 3). Votre solution doit les traiter correctement.

4.7   Pour Trekkies (R. Villemaire) : reprendre le problème précédent, mais le faire maintenant pour un échiquier à 3 dimensions (ou à N dimensions, si vous vous sentez en forme).

4.8   Utiliser le pseudo-code donné dans le texte de l'exemple des huit reines de ce chapitre et les structures de données ci-après pour programmer la solution séquentielle impérative de Niklaus Wirth. On représente l'information sur les reines dans les diagonales au moyen de deux vecteurs booléens, selon la technique définie par Niklaus Wirth (un vecteur de 8 entiers pour la position des reines, un vecteur de 8 Booléens pour l'occupation des colonnes, un vecteur de 15 booléens pour l'occupation de la diagonale descendant vers la gauche, somme des colonnes, et un vecteur de 15 booléens pour l'occupation de la diagonale descendant vers la droite, différence des colonnes). Obtenez-vous bien les mêmes résultats ?

4.9   Écrire et tester un programme principal qui utilise un générateur de nombres aléatoires pour engendrer les priorités des éléments à insérer dans une file avec priorités. Calculer le nombre de déplacements et de comparaisons pour les opérations `Inserer` et `Supprimer` sur le monceau représentant la file avec priorités. Comparer ces valeurs avec *log(taille de la file avec priorités)*.

Chapitre 5

STL, algorithmes et structures de données

Comme on fait son lit, on se couche.
Proverbe

Comme vous avez déjà pu le voir, la bibliothèque standard de gabarits C++ (traduction de *Standard Template Library* ou STL) regroupe un grand nombre de structures de données et d'algorithmes. Le programmeur peut vraiment la considérer comme un ensemble de types de données abstraits génériques et d'algorithmes. Les types et les algorithmes de la STL sont faciles à utiliser, une fois maîtrisés les concepts de base qui en sous-tendent la réalisation : les conteneurs et les itérateurs. Dans ce chapitre, après avoir introduit les concepts de conteneur et d'itérateur, nous faisons une revue des divers types de données abstraits de la STL ainsi que des algorithmes qu'elle offre. Nous terminons avec quelques applications liées au type string fourni par la STL, applications permettant d'illustrer des algorithmes classiques.

5.1   Conteneurs et itérateurs

Un *conteneur* est une variable qui comprend une collection d'éléments ; les seuls conteneurs vus jusqu'à maintenant sont le tableau et la structure. Dans la STL, les conteneurs sont définis au moyen de classes (voir chapitre suivant), et de telles classes sont des classes conteneurs ou des classes dont les objets sont des conteneurs. Nous avons déjà utilisé des classes conteneurs : `vector` dans les exemples du chapitre 3, et `stack` dans le chapitre 4. La STL comprend les conteneurs suivants :

Conteneurs séquentiels

> `vector`
> `deque`
> `list`

Adaptateurs de conteneurs

> `stack`
> `queue`
> `priority_queue`

Conteneurs associatifs

> `set`
> `multiset`
> `map`
> `multimap`

Dans les chapitres suivants, nous toucherons à un certain nombre d'entre eux. Pour fixer les idées, nous allons donner ici plusieurs tables présentant les opérations standard des diverses catégories de conteneurs. Dans ces tables, `C` représente le type du conteneur, et `x` et `y`, deux objets de ce type.

Mais avant d'aller plus loin, définissons ce que l'on entend par *itérateur* : un objet qui permet à l'utilisateur d'un conteneur de boucler sur les éléments du conteneur sans violer le principe de la dissimulation de l'information. Imbriquée dans chaque classe conteneur, il se trouve donc au moins une classe itérateur (`iterator`) permettant l'accès de l'utilisateur à chaque élément du conteneur au moyen d'opérations comme `x.begin()`, `x.end()`, `++`, `==`, etc. (vous les trouverez un peu plus loin). Si un conteneur est vide, alors `x.begin()` `==` `x.end()`. Notez aussi l'existence d'itérateurs constants, `const_iterator`, qui ne sont pas constants à proprement parler, mais qui fournissent une référence constante ne permettant pas de modifier l'objet repéré.

Notez également que, pour pouvoir utiliser les algorithmes et les structures de la STL sans problèmes, une règle simple pour vos objets est qu'ils possèdent :

> un constructeur de copie ;
>
> une opération d'affectation ;
>
> une opération de comparaison pour égalité (==) ;
>
> une opération de comparaison pour infériorité (<, les autres opérations de comparaison sont définies en fonction de ces deux opérateurs et font partie de <utility>) ;
>
> un destructeur si votre objet comprend des parties dynamiques.

Conteneurs

Expression	Explications
C::value_type	Le type rangé dans le conteneur
C::reference	Une référence au type rangé dans le conteneur
C::const_reference	Une référence constante au type rangé dans le conteneur
C::iterator	Un itérateur pour le conteneur
C::const_iterator	Un itérateur constant pour le conteneur
C::difference_type	Un type entier avec signe qui peut représenter la différence de deux itérateurs
C::size_type	Un type entier avec signe qui peut représenter tout nombre de membres du conteneur
C x	Crée un conteneur vide
C()	Crée un conteneur vide
C(y)	Crée une copie de y
C x(y)	Crée x comme une copie de y
C x = y	Crée x et l'initialise à la valeur de y
x.~C()	On applique le destructeur du type des éléments à chaque élément dans le conteneur, et toute la mémoire est libérée
x.begin()	Retourne un itérateur repérant le premier élément du conteneur
x.end()	Retourne un itérateur au-delà du dernier élément du conteneur
x.size()	Retourne le nombre d'éléments présents dans le conteneur
x.max_size()	Retourne le plus grand nombre d'éléments que peut recevoir le conteneur
x.empty()	Vrai s'il n'y a aucun élément dans le conteneur
x == y	Vrai si tous les éléments des deux conteneurs sont égaux
x != y	Vrai si pas tous les éléments des deux conteneurs sont égaux
x = y	Affecte la valeur du conteneur y au conteneur x par copie en profondeur (structure)
x < y	Vrai si les éléments de x sont lexicographiquement inférieurs à ceux de y
x > y	Vrai si les éléments de x sont lexicographiquement supérieurs à ceux de y
x <= y	Vrai si les éléments de x sont lexicographiquement inférieurs ou égaux à ceux de y
x >= y	Vrai si les éléments de x sont lexicographiquement supérieurs ou égaux à ceux de y
x.swap(y)	Échange tous les éléments de x avec ceux de y

Table 5.1 Opérations communes à tous les conteneurs

Certains conteneurs sont dits réversibles : ils permettent d'utiliser un itérateur renversé dont les opérations sont données par la table 5.2.

Expression	Explication
`C::reverse_iterator`	Un itérateur renversé pour le conteneur
`C::const_reverse_iterator`	Un itérateur renversé constant pour le conteneur
`x.rbegin()`	Retourne un itérateur renversé repérant le dernier élément du conteneur
`x.rend()`	Retourne un itérateur renversé avant le premier élément du conteneur

Table 5.2 Opérations pour les conteneurs réversibles

Conteneurs séquentiels

Les conteneurs séquentiels rangent les éléments de façon linéaire et permettent les opérations supplémentaires de la table 5.3. Ils sont au nombre de trois : `vector` (qui agit comme un tableau dynamique extensible), `deque` (« *double ended queue* ») et `list` (liste linéaire symétrique).

Expression	Explication
`C x(n, elem)`	Construit une nouvelle séquence initialisée avec n copies de `elem`
`C x(iter1, iter2)`	Construit une nouvelle séquence dont les éléments sont des copies de ceux repérés par les itérateurs allant de `iter1` à `iter2` dans un autre conteneur
`x.insert(iter, elem)`	Insère une copie de `elem` juste avant l'élément repéré par `iter`
`x.insert(iter, n, elem)`	Insère n copies de `elem` juste avant l'élément repéré par `iter`
`x.insert(iter, first, last)`	Insère des copies des éléments repérés par les itérateurs allant de `first` à `last` juste avant l'élément repéré par `iter`
`x.erase(iter)`	Supprime l'élément repéré par `iter` de la séquence
`x.erase(first, last)`	Supprime tous les éléments dans l'intervalle des itérateurs `first` à `last`
`x.clear()`	Supprime tous les éléments du conteneur

Table 5.3 Opérations pour les conteneurs séquentiels

Expression	Conteneur	Explication
`x.front()`	vector, list, deque	Retourne une référence au premier élément du conteneur
`x.back()`	vector, list, deque	Retourne une référence au dernier élément du conteneur
`x.push_back(elem)`	vector, list, deque	Ajoute `elem` à la fin de la séquence
`x.push_front(elem)`	list, deque	Insère `elem` avant le premier élément du conteneur
`x.pop_front()`	list, deque	Supprime le premier élément du conteneur
`x.pop_back()`	vector, list, deque	Supprime le dernier élément du conteneur
`x[n]`	vector, deque	Retourne une référence au nième élément du conteneur
`x.at(n)`	vector, deque	Retourne une référence au nième élément du conteneur avec vérification de l'indice

Table 5.4 Opérations facultatives pour les conteneurs séquentiels

Enfin, les conteneurs séquentiels fournissent aussi les opérations de la table 5.4 quand elles peuvent être réalisées efficacement (complexité $O(1)$ ou en temps constant).

Les itérateurs disponibles sont les suivants (voir aussi plus bas) :

```
vector<T>::iterator          accès aléatoire objet repéré modifiable
vector<T>::const_iterator    accès aléatoire objet repéré non modifiable
deque<T>::iterator           accès aléatoire objet repéré modifiable
deque<T>::const_iterator     accès aléatoire objet repéré non modifiable
list<T>::iterator            bidirectionnel objet repéré modifiable
list<T>::const_iterator      bidirectionnel objet repéré non modifiable
```

Adaptateurs de conteneurs

Les adaptateurs de conteneurs transforment un conteneur en un nouveau conteneur en redéfinissant l'interface (méthodes publiques et données) de la classe. Dans la STL, il y a trois adaptateurs de conteneurs : `stack`, `queue` et `priority_queue`. La table 5.5 illustre les opérations sur les piles. La table 5.6 illustre les opérations sur les files d'attente. La table 5.7 illustre les opérations sur les files d'attente avec priorité.

Le constructeur de pile prend en fait deux paramètres, mais le dernier possède une valeur par défaut et peut donc être omis. Le premier paramètre est le type des éléments à ranger dans la pile, le second paramètre est le type du conteneur qui sera utilisé pour ranger les valeurs (par défaut, c'est `deque`).

Expression	Explication
push(elt)	Empile la valeur elt sur la pile
pop()	Enlève la valeur au sommet de la pile *sans la retourner*
top()	Retourne la valeur du sommet de la pile *sans l'enlever de la pile*
empty()	Retourne un booléen indiquant si la pile est vide
size()	Retourne le nombre d'éléments dans la pile
operator<()	Compare deux piles
operator==()	Compare deux piles

Table 5.5 Opérations sur les piles (`stack`)

Le constructeur de file d'attente prend lui aussi deux paramètres, et le second possède une valeur par défaut et peut donc être omis. Le premier paramètre est le type des éléments à ranger dans la file, le second paramètre est le type du conteneur qui sera utilisé pour ranger les valeurs (par défaut, c'est `deque`).

Expression	Explication
push(elt)	Ajoute la valeur elt à la fin de la file
pop()	Enlève la valeur du début de la file *sans la retourner*
front()	Retourne la valeur au début de la file *sans l'enlever de la file*
back()	Retourne la valeur à la fin de la file *sans l'enlever de la file*
empty()	Retourne un booléen indiquant si la file est vide
size()	Retourne le nombre d'éléments dans la file
operator<()	Compare deux files
operator==()	Compare deux files

Table 5.6 Opérations sur les files d'attente (`queue`)

Le constructeur de file d'attente avec priorité prend trois paramètres, mais les deux derniers possèdent une valeur par défaut et peuvent donc être omis. Le premier paramètre est le type des éléments à ranger dans la file, le second paramètre est le type du conteneur qui sera utilisé pour ranger les valeurs (par défaut, c'est `vector`), et le troisième paramètre est une fonction de comparaison qui sera utilisée pour classer les éléments dans la file (par défaut, c'est la fonction `less` qui doit se comporter comme l'opérateur <).

Expression	Explication
`priority_queue(cmp=Compare())`	Construit une file d'attente vide avec `cmp` comme fonction de comparaison
`priority_queue(iter1, iter2, cmp=Compare())`	Construit une file et l'initialise avec les valeurs allant de `iter1` à `iter2`, en utilisant `cmp` pour la comparaison
`push(elt)`	Enfile la valeur `elt` dans la file
`pop()`	Enlève la valeur au début de la file *sans la retourner*
`top()`	Retourne la valeur du début de la file *sans l'enlever de la file*
`empty()`	Retourne un booléen indiquant si la file est vide
`size()`	Retourne le nombre d'éléments dans la file

Table 5.7 Opérations sur les files d'attente avec priorité (`priority_queue`)

Il existe aussi des adaptateurs d'itérateurs : itérateurs renversés comme ceux de la table 5.2, itérateurs d'insertion (qui, lorsqu'on leur affecte une valeur, ne modifient pas la valeur courante, mais insèrent une nouvelle valeur dans le conteneur), et itérateurs de mémoire brute (*raw storage iterators* qui permettent aux algorithmes et aux conteneurs d'écrire dans la mémoire non initialisée, en lui appliquant d'abord le constructeur approprié avant que l'opération d'écriture ne puisse se faire).

Conteneurs associatifs

Il y a quatre conteneurs associatifs qui sont essentiellement des ensembles. Le `set` permet de ranger des clefs sans répétition de valeur ; le `multiset` permet de ranger des clefs avec possibilité d'avoir des clefs en plusieurs exemplaires. Le `map` permet de ranger des paires (clef et données associées) sans répétition de valeur ; le `multimap` permet de ranger des paires (clef et données associées) avec possibilité d'avoir des paires ayant la même clef en plusieurs exemplaires.

Les conteneurs associatifs ont de nombreuses opérations communes, qui sont listées dans la table 5.8. Ils possèdent trois paramètres génériques : le type des éléments à ranger dans le conteneur, un objet fonction de comparaison utilisé pour comparer les éléments dans le conteneur et un allocateur. Le second paramètre doit se comporter comme l'opérateur < sur les éléments; `less<type>` est la valeur par défaut. Le troisième paramètre a pour valeur par défaut celle de l'allocateur par défaut. On peut donc souvent n'utiliser qu'un seul paramètre générique, le premier, pour l'instanciation.

Les conteneurs associatifs sont conçus pour des opérations de recherche fréquentes et efficaces. Ils sont réalisés au moyen d'une variation des arbres binaires, connue sous le nom d'arbres Rouge-Noir (voir chapitre 9).

Les itérateurs disponibles sont les suivants (voir aussi plus bas) :

```
set<T>::iterator              bidirectionnel objet repéré non modifiable
set<T>::const_iterator        bidirectionnel objet repéré non modifiable
multiset<T>::iterator         bidirectionnel objet repéré non modifiable
multiset<T>::const_iterator   bidirectionnel objet repéré non modifiable
map<T>::iterator              bidirectionnel objet repéré modifiable
map<T>::const_iterator        bidirectionnel objet repéré non modifiable
multimap<T>::iterator         bidirectionnel objet repéré modifiable
multimap<T>::const_iterator   bidirectionnel objet repéré non modifiable
```

Expression	Explications
`C::key_type`	Le type de clef du conteneur.
`C::key_compare`	Le type de la fonction de comparaison des clefs qui est `less<key_type>` par défaut.
`C::value_compare`	Identique à `key_compare` pour `set` et `multiset`. Pour `map` et `multimap`, c'est une fonction d'ordre sur le premier membre d'une paire, c'est-à-dire la clef.
`C()`	Crée un conteneur vide utilisant `Compare()`, paramètre générique, comme fonction de comparaison.
`C(cmp)`	Crée un conteneur vide avec `cmp` comme fonction de comparaison.
`C(iter1, iter2, cmp)`	Crée un conteneur et insère les éléments allant de `iter1` jusqu'à `iter2` avec la fonction de comparaison `cmp`.
`C(iter1, iter2)`	Crée un conteneur et insère les éléments allant de `iter1` jusqu'à `iter2` avec la fonction de comparaison `Compare()`.
`x.insert(val)`	Pour les conteneurs à clef unique, insère `val` à condition qu'elle ne soit pas déjà là. Retourne une `pair <iter, bool>` (voir plus loin) où le booléen indique si l'opération a réussi, et `iter` repère la valeur insérée. Pour les conteneurs à clefs multiples, retourne un itérateur repérant la valeur insérée.
`x.insert(iter, val)`	Se comporte comme `x.insert(val)`, mais utilise `iter` comme indication d'où faire l'insertion.
`x.insert(iter1,iter2)`	Insère les valeurs allant de `iter1` jusqu'à `iter2`.
`x.erase(key)`	Supprime tous les membres dont la clef est `key`; retourne le nombre d'éléments supprimés.
`x.erase(iter)`	Supprime l'élément repéré par `iter`, sans retourner de valeur.
`x.erase(iter1, iter2)`	Supprime tous les éléments, de `iter1` à `iter2`, sans retourner de résultat.
`x.clear()`	Supprime tous les éléments du conteneur.
`x.find(key)`	Retourne un itérateur repérant un élément avec la clef `key` ou `end()` s'il n'y a pas de tel élément.
`x.count(key)`	Retourne le nombre d'éléments dont la clef vaut `key`.
`x.lower_bound(key)`	Retourne un itérateur repérant le premier élément dont la clef n'est pas inférieure à `key`.
`x.upper_bound(key)`	Retourne un itérateur repérant le premier élément dont la clef est supérieure à `key`.
`x.equal_range(key)`	Retourne une paire d'itérateurs délimitant un intervalle d'éléments avec la clef `key` (sur le premier et après le dernier).

Table 5.8 Opérations communes à tous les conteneurs associatifs

Itérateurs

Les itérateurs peuvent être classés en différentes catégories. Il existe une hiérarchie d'itérateurs, et l'on retrouve des opérations communes à plusieurs catégories.

Itérateurs d'entrée

Les itérateurs d'entrée ne peuvent qu'avancer et que *lire* des valeurs. Les opérations sur des itérateurs d'entrée, dont `istream_iterator` est un exemple, b et a peuvent être résumées par :

```
istream_iterator b(a) (constructeur avec copie de a)
b = a     (affectation)
a++       (post-incrément)
++a       (pré-incrément)
*a        (lecture seulement)
a->m      (accès au membre m de l'objet en lecture seulement)
*a++      (lecture de l'objet, puis augmentation de l'itérateur)
a == b    (comparaison)
a != b    (comparaison)
```

Itérateurs de sortie

Les itérateurs de sortie ne peuvent qu'avancer et *qu'écrire* des valeurs. Les opérations sur des itérateurs de sortie, dont `ostream_iterator` est un exemple, b et a peuvent être résumées par :

```
ostream_iterator b(a)
ostream_iterator b = a (affectation)
a++
++a
*a        (écriture seulement)
*a++      (écriture de l'objet, puis augmentation de l'itérateur)
```

Itérateurs en avant

Les itérateurs en avant ne peuvent qu'avancer et lire ou écrire des valeurs. Les opérations sur des itérateurs en avant comprennent toutes les opérations des itérateurs d'entrée et de sortie et une déclaration sans valeur initiale :

```
Iterateur a
```

Itérateurs bidirectionnels

Les itérateurs bidirectionnels peuvent avancer et reculer. Les opérations sur des itérateurs bidirectionnels sont celles des itérateurs en avant avec en plus :

```
--a       (pré-décrément)
a--       (post-décrément)
*a--      (accès à l'objet, puis diminution de l'itérateur)
```

Itérateurs à accès aléatoires

Les itérateurs à accès aléatoire peuvent avancer, mais pas uniquement de façon séquentielle. Les opérations sur des itérateurs à accès aléatoire sont celles des itérateurs bidirectionnels auxquelles s'ajoutent :

```
a += n   (augmentation de n éléments)
a + n    (augmentation de n éléments)
n + a    (augmentation de n éléments)
a -= n   (diminution de n éléments)
a - n    (diminution de n éléments)
a - b    (nombre d'éléments)
a[n]     (objet repéré n positions plus loin que l'itérateur)
a < b    (comparaison)
a > b    (comparaison)
a <= b   (comparaison)
a >= b   (comparaison)
```

5.2   Algorithmes de la STL

La STL fournit avec chaque classe les opérateurs de relation génériques ; ces derniers sont accessibles dans `<utility>`. La STL généralise le concept de fonction objet qui peut être utilisé de la même façon que les pointeurs à des fonctions. Comme on ne peut pas passer d'opérateur à une fonction, la STL a défini des fonctions objets pour tous les opérateurs communs, de façon à ce qu'ils puissent être passés comme paramètres. Les définitions suivent le modèle ci-dessous, donné par la fonction objet binaire `plus` :

```
template <typename T>
struct plus : binary_function<T, T, T>{
        T operator()(const T& x, const T& y) const
                { return x+y }
};
```

Les fonctions objets définies par la STL sont les suivantes :

```
plus            +
minus           -
multiplies      *
divides         /
modulus         %
negate          - unaire
equal_to        ==
not_equal_to    !=
greater         >
less            <
greater_equal   >=
less_equal      <=
logical_and     &&
logical_or      ||
logical_not     !
```

La STL fournit un grand nombre d'algorithmes ; afin de mieux les présenter, nous les répartirons dans trois catégories :

- Algorithmes numériques ;

- Algorithmes de tri et de recherche ;

- Algorithmes sur les séquences.

Un grand nombre d'algorithmes s'appliquent à des séquences qui sont définies au moyen d'itérateurs. En général, deux itérateurs identifient une séquence ; la séquence commence alors par l'élément identifié par le premier itérateur et se termine par l'élément précédant le dernier itérateur. Il faut, bien sûr, que le second itérateur soit atteignable à partir du premier par applications successives de l'opérateur ++. Nous noterons une séquence définie par les itérateurs début et fin par [début, fin[.

Comme certains algorithmes de la STL retournent des paires de valeurs au lieu d'une seule valeur, une structure de données générique particulière a été créée pour les paires :

```
template <typename T1, typename T2>
struct pair {
    typedef T1 first_type;
    typedef T2 second_type;
    T1    first;
    T2    second;
};
```

La paire possède trois constructeurs. Le premier, pair(), initialise first à T1() et second à T2() (les constructeurs des deux types). Le deuxième constructeur est aussi le plus utilisé, pair(const T1& a, const T2& b), et prend les deux valeurs arguments pour construire une paire. Le troisième accepte une paire avec des paramètres génériques différents.

Algorithmes numériques

La STL fournit les algorithmes numériques suivants :

```
accumulate(début, fin, init)
//place l'opérateur + entre chaque paire de valeurs de la séquence [début,fin[ et
    accumule le résultat à partir de la valeur init
accumulate(début, fin, init, binaire)
//place l'opérateur binaire entre chaque paire de valeurs de la séquence [début,fin[
    et accumule le résultat à partir de la valeur init
partial_sum(début, fin, destination)
//produit une nouvelle séquence où chaque élément est la somme cumulative des éléments
    précédents correspondants dans la séquence [début,fin[
partial_sum(début, fin, destination, binaire)
//calcule les totaux partiels des éléments de la séquence [début,fin[ au moyen de
    l'opération binaire et produit une nouvelle séquence de ces totaux partiels
adjacent_difference(début, fin, destination)
//calcule la différence entre chaque paire d'éléments de la séquence [début,fin[ et
    produit une nouvelle séquence des différences dont le premier élément est une
    copie du premier élément de la séquence originale
```

adjacent_difference(début, fin, destination, binaire)
//calcule la différence en appliquant *binaire* entre chaque paire d'éléments de la
    séquence [*début,fin*[et produit une nouvelle séquence des différences dont le
    premier élément est une copie du premier élément de la séquence originale
inner_product(début1, fin1, début2, init)
//applique l'opérateur * à chaque paire d'éléments correspondants des deux séquences
    [*début,fin*[et [*début2,*… et l'opérateur + aux résultats à partir de la valeur *init*
inner_product(début, fin, début2, init, binaire1, binaire2)
//applique l'opérateur *binaire2* à chaque paire d'éléments correspondants des deux
    séquences [*début,fin*[et [*début2,*… et l'opérateur *binaire1* aux résultats à partir
    de la valeur *init*

La classe `valarray` permet la manipulation de tableaux numériques : elle offre un grand nombre de
possibilités y compris la classe `indirect_array`, la classe `slice` et des méthodes applicables à tous
les éléments d'un `valarray`.

Algorithmes de tri et de recherche

La STL fournit un certain nombre d'algorithmes de tri, dont la complexité temporelle est O(n log n), et de
recherche, dont la complexité est O(log n).

Tris

sort(début, fin)
//trie les éléments de la séquence [*début,fin*[en ordre ascendant en utilisant une
    variation de Quicksort
sort(début, fin, comparaison)
//trie les éléments de la séquence [*début,fin*[selon la fonction objet *comparaison*
stable_sort(début, fin)
//trie les éléments de la séquence [*début,fin*[en ordre ascendant et conserve l'ordre
    relatif des éléments égaux
stable_sort (début, fin, comparaison)
//trie les éléments de la séquence [*début,fin*[selon la fonction objet *comparaison* et
    conserve l'ordre relatif des éléments égaux
partial_sort(début, milieu, fin)
//trie les (*milieu-début*) premiers éléments de la séquence [*début,fin*[en ordre
    ascendant; le reste des éléments n'est dans aucun ordre
partial_sort(début, milieu, fin, comparaison)
//trie les (*milieu-début*) premiers éléments de la séquence [*début,fin*[selon la
    fonction objet *comparaison*; le reste des éléments n'est dans aucun ordre
partial_sort_copy(début, fin, debDestination, finDestination)
//trie le nombre d'éléments égal au minimum des longueurs des deux séquences
    [*début,fin*[et [*debDestination,finDestination*[en ordre ascendant et les place à
    partir de *debDestination*; retourne l'itérateur au-delà de la fin de la destination
partial_sort_copy(début, fin, debDestination, finDestination, comparaison)
//trie le nombre d'éléments égal au minimum des longueurs des deux séquences
    [*début,fin*[et [*debDestination,finDestination*[selon *comparaison* et les place à
    partir de *debDestination*; retourne l'itérateur au-delà de la fin de la destination

```
nth_element(début, nième, fin)
//place un seul élément de la séquence [début,… à la position qu'il occuperait si
    toute la séquence était triée
nth_element(début, nième, fin, comparaison)
//place un seul élément de la séquence [début,… à la position qu'il occuperait si
    toute la séquence était triée avec la fonction comparaison
```

Monceaux

Algorithmes offrant la structure de monceau et ses avantages.

```
make_heap(début, fin)
//réarrange les éléments de la séquence [début,fin[ pour qu'ils forment un monceau où
    le premier élément est celui qui a la plus grande valeur (utilisant < par défaut)
make_heap(début, fin, comparaison)
//réarrange les éléments de la séquence [début,fin[ pour qu'ils forment un monceau en
    utilisant la comparaison
push_heap(début, fin)
//suppose que les éléments de la séquence [début,fin-1[ forment un monceau et
    réarrange les éléments de la séquence [début,fin[ pour qu'ils forment un monceau
    (place le dernier élément)
push_heap(début, fin, comparaison)
//réarrange les éléments de la séquence [début,fin[ pour qu'ils forment un monceau en
    utilisant la comparaison; on ajoute habituellement un élément à la fin de la
    séquence avant d'appeler push_heap
pop_heap(début, fin)
//supprime l'élément du début de la séquence [début,fin[ et le place à la fin, et
    réarrange les éléments restants pour qu'ils forment un monceau
pop_heap(début, fin, comparaison)
//supprime l'élément du début de la séquence [début,fin[ et le place à la fin, et
    réarrange les éléments restants pour qu'ils forment un monceau en utilisant la
    comparaison
sort_heap(début, fin)
//trie les éléments de la séquence [début,fin[ en ordre ascendant
sort_heap(début, fin, comparaison)
//trie les éléments de la séquence [début,fin[ et détruit le monceau en utilisant la
    comparaison
```

Recherche

Algorithmes utilisant la recherche binaire.

```
binary_search(début, fin, valeur)
//retourne un booléen indiquant si la valeur est présente dans l'intervalle
    [début,fin[
binary_search(début, fin, valeur, comparaison)
//retourne un booléen indiquant si la valeur est présente dans l'intervalle
    [début,fin[ en utilisant la fonction objet comparaison
equal_range(début, fin, valeur)
//retourne une paire d'itérateurs indiquant l'intervalle de la séquence [début,fin[
    qui contient des éléments tous égaux à la valeur donnée
```

equal_range(début, fin, valeur, comparaison)
//retourne une paire d'itérateurs indiquant l'intervalle de la séquence [*début,fin*[
    qui contient des éléments tous égaux à la *valeur* donnée selon la fonction
    comparaison
upper_bound(début, fin, valeur)
//retourne un itérateur indiquant le premier élément de la séquence [*début,fin*[dont
    la valeur est supérieure à la *valeur* donnée
upper_bound(début, fin, valeur, comparaison)
//retourne un itérateur indiquant le premier élément de la séquence [*début,fin*[dont
    la valeur est supérieure à la valeur donnée en utilisant la fonction objet
    comparaison
lower_bound(début, fin, valeur)
//retourne un itérateur indiquant le premier élément de la séquence [*début,fin*[dont
    la valeur est supérieure ou égale à la *valeur* donnée
lower_bound(début, fin, valeur, comparaison)
//retourne un itérateur indiquant le premier élément de la séquence [*début,fin*[dont
    la valeur est supérieure ou égale à la *valeur* donnée utilisant la fonction objet
    comparaison
merge(début1, fin1, début2, fin2, destination)
//fusionne deux séquences triées [début1,fin1[et [début2,fin2[en une troisième
    séquence en conservant l'ordre relatif des éléments égaux; retourne un itérateur
    au-delà de la fin de la *destination*
merge(début1, fin1, début2, fin2, destination, comparaison)
//fusionne deux séquences triées selon la fonction *comparaison* [*début1,fin1*[et
    [*début2,fin2*[en une troisième séquence en conservant l'ordre relatif des éléments
    égaux; retourne un itérateur au-delà de la fin de la *destination*
inplace_merge(début, milieu, fin)
//fusionne deux sous-séquences contiguës triées [*début,milieu*[, [*milieu,fin*[en une
    seule séquence qui remplace les deux sous-séquences en conservant l'ordre relatif
    des éléments égaux
inplace_merge(début, milieu, fin, comparaison)
//fusionne deux sous-séquences contiguës triées selon la fonction *comparaison*
    [*début,milieu*[, [*milieu,fin*[en une seule séquence qui remplace les deux sous-
    séquences en conservant l'ordre relatif des éléments égaux

Ensembles

Algorithmes permettant de traiter une séquence ordonnée comme un ensemble de valeurs.

includes(début1, fin1, début2, fin2)
//retourne un booléen indiquant si la première séquence [*début1,fin1*[contient toute
    la seconde séquence [*début2,fin2*[
includes(début1, fin1, début2, fin2, comparaison)
//retourne un booléen indiquant si la première séquence [*début1,fin1*[contient toute
    la seconde séquence [*début2,fin2*[en utilisant la fonction objet *comparaison* à la
    place de < pour des séquences complexes ou non en ordre
set_union(début1, fin1, début2, fin2, destination)
//retourne l'union des deux séquences [*début1,fin1*[et [*début2,fin2*[en conservant les
    éléments multiples; retourne l'itérateur au-delà de la fin de la *destination*;
    chevauchement des séquences et de la destination non permis

set_union(début1, fin1, début2, fin2, destination, comparaison)
//retourne l'union des deux séquences [*début1,fin1*[et [*début2,fin2*[en conservant les
  éléments multiples et en utilisant la fonction de *comparaison*; retourne
  l'itérateur au-delà de la fin de la *destination*; chevauchement des séquences et de
  la destination non permis
set_intersection(début1, fin1, début2, fin2, destination)
//retourne l'intersection des deux séquences [*début1,fin1*[et [*début2,fin2*[en
  conservant les éléments multiples; retourne l'itérateur au-delà de la fin de la
  destination; chevauchement des séquences et de la destination interdit
set_intersection(début1, fin1, début2, fin2, destination, comparaison)
//retourne l'intersection des deux séquences [*début1,fin1*[et [*début2,fin2*[en
  conservant les éléments multiples et en utilisant la fonction de *comparaison*;
  retourne l'itérateur au-delà de la fin de la destination; chevauchement des
  séquences et de la destination interdit
set_difference(début1, fin1, début2, fin2, destination)
//retourne la différence des deux séquences [*début1,fin1*[et [*début2,fin2*[en
  conservant les éléments multiples; retourne l'itérateur au-delà de la fin de la
  destination; chevauchement des séquences et de la destination interdit
set_difference(début1, fin1, début2, fin2, destination, comparaison)
//retourne la différence des deux séquences [*début1,fin1*[et [*début2,fin2*[en
  conservant les éléments multiples et en utilisant la fonction de *comparaison*;
  retourne l'itérateur au-delà de la fin de la destination; chevauchement des
  séquences et de la destination interdit
set_symmetric_difference(début1, fin1, début2, fin2, destination)
//retourne la différence symétrique des deux séquences [*début1,fin1*[et [*début2,fin2*[
  en conservant les éléments multiples; retourne l'itérateur au-delà de la fin de la
  destination; chevauchement des séquences et de la destination interdit
set_symmetric_difference(début1, fin1, début2, fin2, destination, comparaison)
//retourne la différence symétrique des deux séquences [*début1,fin1*[et [*début2,fin2*[
  en conservant les éléments multiples et en utilisant la fonction de *comparaison*;
  retourne l'itérateur au-delà de la fin de la destination; chevauchement des
  séquences et de la destination interdit

Divers

max(élément1, élément2)
//retourne le maximum des deux éléments
max(élément1, élément2, comparaison)
//retourne le maximum des deux éléments selon *comparaison*
min(élément1, élément2)
//retourne le minimum des deux éléments
min(élément1, élément2, comparaison)
//retourne le minimum des deux éléments selon *comparaison*
max_element(début, fin)
//retourne le maximum de la séquence [*début,fin*[
max_element(début, fin, comparaison)
//retourne le maximum de la séquence [*début,fin*[selon *comparaison*
min_element(début, fin)
//retourne le minimum de la séquence [*début,fin*[
min_element(début, fin, comparaison)
//retourne le minimum de la séquence [*début,fin*[selon *comparaison*

next_permutation(début, fin)
//retourne un booléen vrai et la prochaine permutation de la séquence [*début,fin*[en
    ordre lexicographique ou faux s'il n'existe pas de prochaine permutation
next_permutation(début, fin, comparaison)
//retourne un booléen vrai et la prochaine permutation de la séquence [*début,fin*[en
    ordre lexicographique selon la fonction *comparaison* ou faux s'il n'existe pas de
    prochaine permutation
prev_permutation(début, fin)
//retourne un booléen vrai et la permutation précédente de la séquence [*début,fin*[en
    ordre lexicographique ou faux s'il n'existe pas de prochaine permutation
prev_permutation(début, fin, comparaison)
//retourne un booléen vrai et la permutation précédente de la séquence [*début,fin*[en
    ordre lexicographique selon la fonction *comparaison* ou faux s'il n'existe pas de
    prochaine permutation
lexicographical_compare(début1, fin1, début2, fin2)
//retourne un booléen vrai si la séquence [*début1,fin1*[est inférieure en ordre
    lexicographique à la séquence [*début2,fin2*[
lexicographical_compare(début1, fin1, début2, fin2, comparaison)
//retourne un booléen vrai si la séquence [*début1,fin1*[est inférieure en ordre
    lexicographique à la séquence [*début2,fin2*[en utilisant une fonction de
    comparaison autre que <

Algorithmes sur les séquences

Algorithmes non modificateurs

Les séquences visées ne sont pas modifiées.

count(itérateur1, itérateur2, valeur)
//retourne le nombre de fois où *valeur* apparaît dans l'intervalle
    [*itérateur1,itérateur2*[
count_if(itérateur1, itérateur2, prédicat)
//retourne le nombre de valeurs de l'intervalle [*itérateur1,itérateur2*[qui satisfont
    le *prédicat*
find(itérateur1, itérateur2, valeur)
//retourne l'itérateur indiquant la première apparition de *valeur* dans l'intervalle
    [*itérateur1,itérateur2*[
find_if(itérateur1, itérateur2, prédicat)
//retourne l'itérateur de la première valeur de l'intervalle [*itérateur1,itérateur2*[
    satisfaisant le *prédicat*
find_first_of(début1, fin1, début2, fin2)
//retourne l'itérateur indiquant le premier membre de la séquence [*début1,fin1*[qui
    est dans l'autre séquence [*début2,fin2*[
find_first_of(début1, fin1, début2, fin2, prédicat)
//retourne l'itérateur indiquant le premier membre de la séquence [*début1,fin1*[
    satisfaisant le *prédicat* qui est dans l'autre séquence [*début2,fin2*[
mismatch(début1, fin1, début2)
//retourne une paire d'itérateurs repérant les premiers éléments des deux séquences
    [*début,fin*[et [*début2,…* qui ne sont pas égaux

mismatch(début1, fin1, début2, prédicat)
//retourne une paire d'itérateurs repérant les premiers éléments des deux séquences
    [*début,fin*[et [*début2,*… qui ne satisfont pas le *prédicat*
equal(début1, fin1, début2)
//retourne un booléen, résultat de la comparaison des éléments de [*début1,fin1*[aux
    éléments de la séquence [*début2,*…
equal(début1, fin1, début2, prédicat)
//retourne un booléen, résultat de l'application du *prédicat* binaire aux éléments de
    [*début1,fin1*[et de la séquence [*début2,*…
adjacent_find(début, fin)
//retourne l'itérateur indiquant la première paire d'éléments adjacents égaux de la
    séquence [*début,fin*[
adjacent_find(début, fin, prédicat)
//retourne l'itérateur indiquant la première paire d'éléments adjacents de la séquence
    [*début,fin*[qui satisfont le *prédicat*
find_end(début1, fin1, début2, fin2)
//retourne la dernière apparition d'une sous-séquence [*début2,fin2*[dans la séquence
    [*début1,fin1*[
find_end(début1, fin1, début2, fin2, prédicat)
//retourne la dernière apparition d'une sous-séquence [début2,fin2[de valeurs
    satisfaisant le prédicat dans la séquence [début1,fin1[
search(début1, fin1, début2, fin2)
//retourne la première apparition d'une sous-séquence [*début2,fin2*[dans la séquence
    [*début1,fin1*[
search(début1, fin1, début2, fin2, prédicat)
//retourne la première apparition d'une sous-séquence [*début2,fin2*[satisfaisant le
    prédicat dans la séquence [*début1,fin1*[
search_n(début, fin, compte, valeur)
//retourne la première apparition d'une sous-séquence de *compte* valeurs répétées dans
    la séquence [*début,fin*[
search_n(début, fin, compte, valeur, prédicat)
//retourne la première apparition d'une sous-séquence de *compte* valeurs satisfaisant
    le *prédicat* dans la séquence [*début,fin*[

Algorithmes avec transformation

Les séquences visées sont modifiées.

for_each(début, fin, fonction)
//l'algorithme traverse la séquence [*début,fin*[et applique une *fonction* à chaque
    membre de la séquence
copy(début, fin, destination)
//effectue une copie du premier au dernier des éléments de la séquence [*début,fin*[et
    retourne l'itérateur au-delà de la fin de la *destination*; il faut faire attention
    si l'origine et la destination se chevauchent
copy_backward(début, fin, finDestination)
//effectue une copie du dernier au premier des éléments de la séquence [*début,fin*[et
    retourne l'itérateur sur le dernier élément copié, soit le premier élément de la
    destination; il faut faire attention si l'origine et la destination se chevauchent
fill(début, fin, valeur)
//remplit la séquence [*début,fin*[avec des copies de la *valeur*

fill_n(début, n, valeur)
//remplit la séquence [*début,fin*[avec n copies de *valeur*
generate(début, fin, générateur)
//remplit la séquence [*début,fin*[avec des valeurs produites par le *générateur*
generate_n(début, n, valeur)
//remplit la séquence commençant à *début* avec n fois *valeur*
swap(élément1, élément2)
//échange les valeurs des deux éléments
iter_swap(iter1, iter2)
//échange les éléments repérés par les itérateurs *iter1* et *iter2*
swap_ranges(début1, fin1, début2)
//échange les éléments des deux intervalles [*début1,fin1*[et [*début2,*… et retourne un
    itérateur au-delà de la fin de la destination; il ne faut pas que l'origine et la
    destination se chevauchent
replace(début, fin, ancien, nouveau)
//remplace toutes les valeurs *ancien* de la séquence [*début,fin*[par *nouveau*
replace_if(début, fin, prédicat, valeur)
//remplace tous les éléments de la séquence [*début,fin*[satisfaisant le *prédicat* par
    valeur
replace_copy(début, fin, destination, ancien, nouveau)
//remplace toutes les valeurs *ancien* de la séquence [*début,fin*[par nouveau, mais
    produit une copie dans *destination*
replace_copy_if(début, fin, destination, prédicat, valeur)
//remplace tous les éléments de la séquence [*début,fin*[satisfaisant le *prédicat* par
    valeur, mais produit une copie dans *destination*. Chevauchement de l'origine et de
    la destination interdit
remove(début, fin, valeur)
//supprime tous les éléments égaux à *valeur* de la séquence [*début,fin*[; retourne
    itérateur après la fin de la séquence raccourcie
remove_if(début, fin, prédicat)
//supprime les éléments de la séquence [*début,fin*[satisfaisant le *prédicat*; retourne
    itérateur après la fin de la séquence raccourcie
remove_copy(début, fin, destination, valeur)
//supprime tous les éléments égaux à *valeur* de la séquence [*début,fin*[, mais produit
    une copie; retourne itérateur après la fin de la séquence raccourcie
remove_copy_if(début, fin, destination, prédicat, valeur)
//supprime tous les éléments de la séquence [*début,fin*[satisfaisant le *prédicat*, mais
    produit une copie; retourne itérateur après la fin de la séquence raccourcie
transform(début, fin, destination, unaire)
//produit une nouvelle séquence à partir de la séquence [*début,fin*[en appliquant
    unaire à chacun de ses éléments
transform(début1, fin1, début2, destination, binaire)
//produit une nouvelle séquence à partir des séquences [*début1,fin1*[et [*début2,*… en
    appliquant *binaire* à chaque paire d'éléments
unique(début, fin)
//supprime toutes les valeurs adjacentes multiples de la séquence [*début,fin*[;
    retourne itérateur après la fin de la séquence raccourcie

unique_if(début, fin, prédicat)
//supprime tous les éléments adjacents multiples de la séquence [*début,fin*[
   satisfaisant le *prédicat*; retourne itérateur après la fin de la séquence
   raccourcie
unique_copy(début, fin, destination, valeur)
//supprime toutes les valeurs adjacentes multiples de la séquence [*début,fin*[, mais
   produit une copie; retourne itérateur après la fin de la séquence raccourcie
unique_copy_if(début, fin, destination, prédicat, valeur)
//supprime tous les éléments adjacents multiples de la séquence [*début,fin*[
   satisfaisant le *prédicat*, mais produit une copie dans *destination*; retourne
   itérateur après la fin de la séquence raccourcie
reverse(début, fin)
//renverse l'ordre des éléments dans la séquence [*début,fin*[
reverse_copy(début, fin, destination)
//renverse l'ordre des éléments dans la séquence [*début,fin*[, mais produit une copie;
   retourne un itérateur au-delà de la fin de *destination*
rotate(début, milieu, fin)
//décale les éléments de la séquence [*début,fin*[de sorte que *milieu* devienne le
   premier élément
rotate_copy(début, milieu, fin, destination)
//décale les éléments de la séquence [*début,fin*[de sorte que *milieu* devienne le
   premier élément et produit une copie; retourne un itérateur au-delà de la fin de
   destination
random_shuffle(début, fin)
//réarrange aléatoirement les éléments de la séquence [*début,fin*[
random_shuffle (début, fin, générateur)
//réarrange aléatoirement les éléments de la séquence [*début,fin*[à l'aide d'un
   générateur de nombres aléatoires fourni par l'utilisateur
partition(début, fin, prédicat)
//partitionne une séquence [*début,fin*[en deux sous-séquences, la première comprenant
   les éléments satisfaisant le *prédicat*
stable_partition (début, fin, prédicat)
//partitionne une séquence [*début,fin*[en deux sous-séquences, la première comprenant
   les éléments satisfaisant le *prédicat*; l'ordre relatif des éléments égaux est
   préservé

5.3   La classe `string`

La STL fournit la classe `string` réalisée par un conteneur réversible séquentiel qui peut contenir des éléments autres que des caractères. Ces éléments sont similaires à des caractères et sont traités comme des chaînes de caractères C. Ceci s'avère intéressant lorsque l'on manipule des ensembles de caractères particuliers non limités au code ASCII, par exemple Unicode. Ces codes occupent une place en mémoire qui peut varier ; pour cette raison, les propriétés et les opérations de base sur ces caractères peuvent différer d'un ensemble de caractères à un autre. C'est pourquoi l'on a créé la classe `char_traits` : différents ensembles de caractères posséderont une version spécialisée appropriée de `char_traits` qui sera passée à la classe `string`. La classe `char_traits` comprend les opérations de base, comme affectation, comparaison, copie, recherche d'un caractère dans un tableau, compte du nombre de caractères dans un tableau terminé par zéro, conversion des caractères en entiers, conversion des entiers à des caractères.

Comme la classe `string` est un conteneur séquentiel, elle possède toutes les opérations de ces conteneurs (voir les tables 5.1 et 5.3). Les opérateurs ont été surchargés de façon à permettre le traitement de tableaux du type de caractères de la chaîne. Les opérations les plus communes qui lui sont spécifiques sont celles de la table 5.9.

Méthode	Explication
`at(position)`	Retourne une référence à l'élément situé à la position ou une exception `out_of_range` si position est hors chaîne.
`c_str()`	Retourne un pointeur à un tableau du contenu de la chaîne terminé par zéro.
`length()`	Retourne le nombre d'éléments de la chaîne.
`append(chne)`	Ajoute `chne` à la fin de la chaîne.
`assign(chne)`	Affecte `chne` à la chaîne.
`insert(pos, chne)`	Insère `chne` avant `pos` dans la chaîne.
`erase(pos, n)`	Supprime n éléments dans la chaîne à partir de `pos`.
`replace(pos, n, chne)`	Remplace les n éléments commençant à `pos` dans la chaîne par `chne`.
`find(chne)`	Retourne la position de la première apparition de `chne`.
`rfind(chne)`	Retourne la position de la dernière apparition de `chne`.
`find_first_of(chne)`	Retourne la position du premier élément de la chaîne qui est dans `chne`.
`find_last_of(chne)`	Retourne la position du dernier élément de la chaîne qui est dans `chne`.
`find_first_not_of(chne)`	Retourne la position du premier élément de la chaîne qui n'est pas dans `chne`.
`find_last_not_of(chne)`	Retourne la position du dernier élément de la chaîne qui n'est pas dans `chne`.
`compare(chne)`	Compare en ordre lexicographique la chaîne à `chne`. Retourne un négatif si la chaîne est inférieure à `chne`, zéro si elles sont égales, et un positif si supérieure.
`reserve(res)`	Permet l'allocation de mémoire pour prochain `resize`.
`resize(n, c)`	Modifie la taille de la chaîne, soit en tronquant, soit en agrandissant et en ajoutant des éléments initialisés à `c`.
`size()`	Retourne le nombre d'éléments dans la chaîne.

Table 5.9 Opérations de la classe `string`

Méthode	Explication
`substr(pos, n)`	Retourne une sous-chaîne commençant à `pos` et avec `n` éléments ou moins si fin de chaîne atteinte.
`swap(chne)`	Échange le contenu de la chaîne avec celui de `chne`.
`operator +(gauche, droite)`	Retourne la concaténation de droite à gauche.
`operator +=(chne)`	Ajoute `chne` à la fin de la chaîne.
`operator =(chne)`	Affecte `chne` à la chaîne.
`operator ==(chaîne, chne)`	Retourne vrai si la chaîne est égale à `chne`.
`operator !=(chaîne, chne)`	Retourne vrai si la chaîne n'est pas égale à `chne`.
`operator <(chaîne, chne)`	Retourne vrai si la chaîne est inférieure à `chne`.
`operator >(chaîne, chne)`	Retourne vrai si la chaîne est supérieure à `chne`.
`operator <=(chaîne, chne)`	Retourne vrai si la chaîne est inférieure ou égale à `chne`.
`operator >=(chaîne, chne)`	Retourne vrai si la chaîne est supérieure ou égale à `chne`.
`swap(gauche, droite)`	Échange les contenus de `droite` et `gauche`.
`operator <<(os, chne)`	Insère `chne` dans le flux de sortie `os`.
`operator >>(is, chne)`	Extrait une chaîne du flux d'entrée `is` et la place dans `chne`.
`getline(is, chne, delim)`	Extrait les éléments de `is` dans `chne` jusqu'à `eof` ou `delim`.

Table 5.9 Opérations de la classe `string` (suite et fin)

On a parlé au chapitre 2 des chaînes de caractères de type C, et l'on peut facilement convertir de ce type au type `string`. Ainsi :

```
string nom = "Tartempion";
```

est équivalent à :

```
char* pnom = "Tartempion";   // pnom pointe à la lettre T
nom = pnom;
```

car la classe `string` possède un constructeur `string(char*)` qui peut être utilisé pour convertir tout pointeur à un caractère ou tout tableau de caractères à un objet `string`. C'est ce constructeur qui a été appelé dans l'affectation à nom ci-dessus.

5.4 Applications des chaînes de caractères : cryptographie

Historiquement, le chiffrement et le déchiffrement des messages ont été des applications militaires puisque le secret des messages militaires était manifestement de la plus haute importance. Depuis le début de l'ère informatique, des applications de chiffrement ou de cryptographie ont fait leur apparition, pour assurer en particulier la sécurité des fichiers informatiques et des transferts électroniques de fonds et d'informations. En effet, le propriétaire d'un ensemble de fichiers veut que les informations conservées dans ses fichiers soient aussi en sécurité que si elles étaient conservées dans un coffre de banque. De leur côté, les banques veulent que leurs transferts de fonds électroniques soient plus sûrs que s'ils étaient effectués par voitures blindées. Les commerçants de l'Internet veulent que les informations qui circulent sur le réseau ne puissent être volées et que l'identité de leurs clients demeure anonyme (quelques cas récents montrent que ce n'est pas vraiment le cas). Pour atteindre ce haut degré de sécurité, il faut avoir les moyens de chiffrer les chaînes de caractères et de les déchiffrer. Grâce à l'informatique, on peut maintenant utiliser des méthodes complexes de cryptographie[1]. Nous allons brièvement présenter ici quelques méthodes de chiffrement, qui sont en fait des méthodes de traitement des chaînes de caractères que constituent les messages et les fichiers.

La méthode de chiffrement la plus ancienne et la plus simple est celle du chiffre de César, ainsi nommée parce que Jules César[2] s'en servait pour chiffrer ses messages militaires. Cette méthode remplace chaque caractère de l'alphabet par le caractère qui se trouve trois positions plus loin (en considérant l'alphabet de façon cyclique où A suit Z). Essayez de déchiffrer le message « PDUFKHC FRQWUH OXWHFH », ça ne devrait pas vous prendre beaucoup de temps ! Même généralisée en remplaçant 3 par une valeur k (en remplaçant le caractère n par le caractère $n+k$), cette méthode de chiffrement est faible, car le déchiffreur n'a au plus que 26 possibilités à essayer avant de déchiffrer le message.

Au cours des ans, la méthode de César a été améliorée, d'abord en utilisant un alphabet décalé ou une table de substitution. L'exemple suivant de cette méthode est basé sur la clef « DONNEZ CE WHISKY AU VIEUX JUGE BLANC QUI FUME SA PIPE ASSIS SUR LE TAS »

Alphabet :   `ABCDEFGHIJKLMNOPQRSTUVWXYZ`

Clef :   `DONEZCWHISKYAUVXJGBLQFMPRT`

On copie la clef sous l'alphabet sans tenir compte ni des espaces ni de la ponctuation, mais les caractères qui sont déjà apparus ne sont pas répétés (par exemple, le deuxième « N » de DONNEZ, le « E » de CE, etc.). Avec ce vecteur de substitution, le message chiffré précédent devient : « ADGNHZT NVULGZ YQLZNZ », ce qui est mieux que le chiffre de César puisque le déchiffreur doit essayer au plus 26 vecteurs pour être sûr de déchiffrer le message.

Il faut quand même dire que de telles méthodes de chiffrement basées uniquement sur des substitutions sont faciles à résoudre parce qu'elles ne dissimulent pas la fréquence d'utilisation des lettres d'un langage donné ; le savant arabe Al-Kindi a mis au point dès le IXe siècle une méthode d'analyse des fréquences permettant le déchiffrement des messages chiffrés. Ainsi, en français, les lettres apparaissant le plus fréquemment et leurs fréquences approximatives, calculées sur de gros ensembles de textes, sont données par la table 5.10[3]. On note que les neuf lettres les plus utilisées sont : E, A, S, I, N, T, R, L, U.

Notez que l'on ne tient pas habituellement compte de la ponctuation ni des espaces, bien que les espaces apparaissent plus fréquemment que toute autre lettre. De telles fréquences ne sont représentatives que des textes utilisés pour la mesure ; et un ensemble de textes particuliers donnera des fréquences différentes d'un autre ensemble (par exemple, des œuvres littéraires)[4]. Ainsi, la table 5.10 a été établie à partir d'un

---

[1]   ROUBATY, R. *ABC de cryptographie avec programmes en Basic*, Masson, 1984.

[2]   Caius Julius Caesar (100-44 av. J.-C.), consul romain qui fit la conquête des Gaules ; il fut assassiné en plein sénat, un mois après avoir été nommé consul et dictateur à vie.

[3]   http://www.jura.ch/lcp/cours/dm/codage/stat/francais.html un site complet sur la cryptographie.

[4]   Ainsi, on trouve généralement des fréquences différentes dans divers ouvrages, mais les neuf lettres les plus utilisées restent les mêmes.

texte français de 100 000 lettres composé de textes de Gustave Flaubert (20 600 lettres), de Jules Verne (19 438) et de trois articles de l'Encyclopedia Universalis, le premier consacré à Bruges (8 182), le deuxième à l'artillerie (25 078) et le dernier à la population (26 702). Dans les langues naturelles, autres que le français, nous rencontrerons des fréquences différentes que celles de la table 5.10, mais chacune aura un profil particulier (par exemple, en anglais, les lettres les plus utilisées sont les suivantes : e, t, a, o, n, r, i, s, h). Si l'on connaît la langue du message, il n'est pas difficile de remplacer la lettre qu'il utilise le plus souvent par la lettre la plus utilisée de la langue, et ainsi de suite.

On évite ainsi d'avoir à essayer chacune des 26 lettres, mais il demeure quand même une certaine incertitude.

Lettre	Fréquence	Lettre	Fréquence
A	8.40 %	N	7.13 %
B	1.06 %	O	5.26 %
C	3.03 %	P	3.01 %
D	4.18 %	Q	0.99 %
E	17.26 %	R	6.55 %
F	1.12 %	S	8.08 %
G	1.27 %	T	7.07 %
H	0.92 %	U	5.74 %
I	7.34 %	V	1.32 %
J	0.31 %	W	0.04 %
K	0.05 %	X	0.45 %
L	6.01 %	Y	0.30 %
M	2.96 %	Z	0.12 %

Table 5.10 Lettres apparaissant le plus fréquemment en français

Afin de compliquer le déchiffrement, il est suffisant d'utiliser plus d'une table de substitution : c'est ce que l'on appelle la *substitution polyalphabétique*. Une façon d'effectuer une substitution polyalphabétique est d'utiliser les carrés décrits par Blaise De Vigenère[5], desquels la paternité doit être partagée avec l'abbé allemand J. Trithemius, auteur du premier ouvrage sur le chiffrement *Poligraphia,* publié en 1518, et J. B. della Porta, auteur de *De furtivis litterarum notis, vulgo de ziferis,* publié en 1563. Dans les carrés de De Vigenère, il y autant d'alphabets qu'il y a de caractères dans l'alphabet original. Chaque alphabet peut être un alphabet décalé, mais il est parfois suffisant de n'utiliser qu'une seule clef et d'obtenir les autres alphabets par rotations successives, comme dans l'exemple suivant basé sur la clef GUILLAUMETELL. En éliminant les répétitions dans la clef, nous obtenons la suite de caractères : GUILAMET. Nous définissons 26 alphabets, en commençant par en définir le premier, qui commencera par la clef, suivie des lettres inutilisées de l'alphabet complet, soit dans notre cas :

G U I L A M E T B C D F H J K N O P Q R S V W X Y Z

---

5   DE VIGENÈRE, B. *Traictés des chiffres ou secrètes manières d'escrire,* Paris, 1586.

À partir de cet alphabet, nous construisons les autres commençant dans l'ordre par les lettres U, I, L, A, M, E, T, B, C, etc. On obtient chaque alphabet en effectuant une rotation cyclique d'une position vers la gauche. Les 26 alphabets construits de cette façon se trouvent dans la table 5.11.

Nous pouvons utiliser l'alphabet 1 pour coder le premier caractère du message, l'alphabet 2 pour coder le deuxième caractère, etc. Par exemple, HELICICULTURE[6] devient FHSQBRIEJEBSC; la première lettre, H, est la lettre numéro 8 et on la remplace par F, la huitième lettre du premier alphabet. La deuxième lettre, E, est la lettre numéro 5 et on la remplace par H, la cinquième lettre du deuxième alphabet. La troisième lettre, L, est la lettre numéro 12 et on la remplace par S, la douzième lettre du troisième alphabet, et ainsi de suite.

Une meilleure façon d'utiliser les carrés de De Vigenère est d'utiliser une seconde clef, qui indique quel alphabet utiliser pour chaque caractère du message. Par exemple, la clef secondaire QUATREVINGTTREIZE

et le message   LESPARASITESMEBROUILLENTLECOUTE

produisent le message chiffré suivant :   LMWWRXVSXRFZMDLOSHCNQXRKJRIVUHD

```
            0 0 0 0 0 0 0 0 0 1 1 1 1 1 1 1 1 1 1 2 2 2 2 2 2
            1 2 3 4 5 6 7 8 9 0 1 2 3 4 5 6 7 8 9 0 1 2 3 4 5 6

       1    A M E T B C D F H J K N O P Q R S V W X Y Z G U I L
       2    B C D F H J K N O P Q R S V W X Y Z G U I L A M E T
       3    C D F H J K N O P Q R S V W X Y Z G U I L A M E T B
       4    D F H J K N O P Q R S V W X Y Z G U I L A M E T B C
       5    E T B C D F H J K N O P Q R S V W X Y Z G U I L A M
       6    F H J K N O P Q R S V W X Y Z G U I L A M E T B C D
       7    G U I L A M E T B C D F H J K N O P Q R S V W X Y Z
       8    H J K N O P Q R S V W X Y Z G U I L A M E T B C D F
       9    I L A M E T B C D F H J K N O P Q R S V W X Y Z G U
      10    J K N O P Q R S V W X Y Z G U I L A M E T B C D F H
      11    K N O P Q R S V W X Y Z G U I L A M E T B C D F H J
      12    L A M E T B C D F H J K N O P Q R S V W X Y Z G U I
      13    M E T B C D F H J K N O P Q R S V W X Y Z G U I L A
      14    N O P Q R S V W X Y Z G U I L A M E T B C D F H J K
      15    O P Q R S V W X Y Z G U I L A M E T B C D F H J K N
      16    P Q R S V W X Y Z G U I L A M E T B C D F H J K N O
      17    Q R S V W X Y Z G U I L A M E T B C D F H J K N O P
      18    R S V W X Y Z G U I L A M E T B C D F H J K N O P Q
      19    S V W X Y Z G U I L A M E T B C D F H J K N O P Q R
      20    T B C D F H J K N O P Q R S V W X Y Z G U I L A M E
      21    U I L A M E T B C D F H J K N O P Q R S V W X Y Z G
      22    V W X Y Z G U I L A M E T B C D F H J K N O P Q R S
      23    W X Y Z G U I L A M E T B C D F H J K N O P Q R S V
      24    X Y Z G U I L A M E T B C D F H J K N O P Q R S V W
      25    Y Z G U I L A M E T B C D F H J K N O P Q R S V W X
      26    Z G U I L A M E T B C D F H J K N O P Q R S V W X Y
```

Table 5.11 Alphabets pour substitutions polyalphabétiques

---

[6]   Avez-vous reconnu l'élevage des escargots ?

On prend le premier caractère dans l'alphabet Q (ou 17), le deuxième caractère dans l'alphabet U (ou 21), le troisième caractère dans l'alphabet A (ou 1), et ainsi de suite de façon cyclique. La procédure ci-dessous crée un carré de De Vigenère à partir d'une clef primaire :

```cpp
const int TAILLEALPHA = 26; // alphabet majuscule
void CreerCarre(char Vigenere[][TAILLEALPHA], string Cle)
{
  bool choisi[TAILLEALPHA];
  char premier, dernier, second;
  int numero;
  for(char car = 0; car < TAILLEALPHA; car++)  // pas de caractère choisi
    choisi[car] = false;
  premier = Cle[0]-'A'; // 'A' est l'indice zéro
  second = 0;
  for(int index = 0; index < Cle.length(); index++){ // clef
    // clef = début du premier alphabet
    dernier = Cle[index]-'A';
    if(!choisi[dernier]){                       // choisir caractère
      Vigenere[premier][second] = dernier+'A';
      second++;
      choisi[dernier] = true;
    } // if
  } // for
  for(char car = 0; car < TAILLEALPHA; car++){  // reste du premier alphabet
    if(!choisi[car]){
      Vigenere[premier][second] = car+'A';
      second++;
      choisi[car] = true;
    } // if
  } // for
  dernier = premier;
  for(char car = 1; car < TAILLEALPHA; car++){  // tous les autres alphabets
    second = Vigenere[premier][car]-'A'; // prochain alphabet
    for(int colonne = 0; colonne < TAILLEALPHA-1; colonne++){
      // rotation prochain alphabet à partir du dernier alphabet
      numero = colonne + 1;
      Vigenere[second][colonne] = Vigenere[dernier][numero];
    }
    Vigenere[second][TAILLEALPHA-1] = Vigenere[dernier][0]; // cyclique
    dernier = second;
  } // for
} // CreerCarre;
```

La procédure ci-dessous chiffre un message en utilisant une clef secondaire et un carré de De Vigenère :

```
void Coder(string & Message, string Cle, char Vigenere[][TAILLEALPHA])
// Coder Message en utilisant la Cle secondaire et un carré de De Vigenère
{ int longueurCle, indiceCle;
  longueurCle = Cle.length();
  indiceCle = 0;
  for(int index = 0; index < Message.length(); index++){
    // indexage par caractères basés 'A'
    Message[index] = Vigenere[Cle[indiceCle]-'A'][Message[index]-'A'];
    indiceCle++;
    if(indiceCle >= longueurCle)  // clef réutilisée cycliquement
      indiceCle = 0;
  } // for
} // Coder;
```

Comme cet exemple ne nous a permis que d'effleurer le champ de la cryptographie, quelques remarques s'imposent pour mieux mettre les choses en perspective. Si un message et sa clef sont chiffrés en binaire, il est alors facile d'obtenir le chiffre en effectuant un OU exclusif du message et de sa clef. Un OU exclusif du chiffre et de la clef produit le message, tandis qu'un OU exclusif du chiffre et du message produit la clef. Cette propriété, qui est bien connue en cryptographie, indique que l'on peut trouver la clef si le message et le chiffre sont connus.

On peut appliquer toutes les modifications définies par les méthodes de chiffrement à des chaînes de caractères, quelles que soient leurs significations. Cependant, si l'on doit transmettre de nombreuses chaînes de caractères dans un réseau peu sûr, on utilise une machine de chiffrement. L'expéditeur fournit une clef à la machine qui l'utilise pour produire de longues chaînes de bits et fait un OU exclusif du message et de cette chaîne de bits avant l'envoi. Le récepteur a une machine semblable qui utilise la même clef pour produire la même longue chaîne de bits, puis effectue un OU exclusif sur le chiffre reçu pour obtenir le message original.

Dans les applications commerciales, comme les transferts de fonds électroniques, on utilise des clefs publiques : elles sont connues de tous. Chaque personne possède aussi une clef secrète de déchiffrement.

L'expéditeur utilise la clef publique pour envoyer, et le récepteur utilise la clef secrète pour déchiffrer. Pour que le système fonctionne, il faut que la clef secrète appliquée au chiffre de la clef publique produise le message original. Les deux clefs doivent être distinctes, et la découverte de la clef secrète à partir de la clef publique doit être extrêmement difficile. Le chiffrement et le déchiffrement doivent être efficaces. Ce problème conduit à un champ d'étude complexe qui va bien au-delà des objectifs de ce manuel. Cependant, nous pouvons noter que ce domaine d'application utilise les chaînes de caractères et, avec l'utilisation intensive des réseaux, est devenu extrêmement important.

5.5   Applications des chaînes de caractères : algorithmes de recherche

Quand on utilise des chaînes de caractères, on a souvent besoin d'examiner une chaîne pour y rechercher une sous-chaîne donnée. Une telle opération de recherche existe dans tous les logiciels de traitement de textes, ainsi d'ailleurs que dans toutes les réalisations du type de données abstrait *chaîne de caractères*. Lorsque l'on manipule de longs textes, on doit réaliser cette opération aussi efficacement que possible. Nous nous concentrerons ici sur quatre algorithmes classiques de recherche de patron[7] (en anglais *pattern-matching*) qui examinent une chaîne pour y trouver une sous-chaîne donnée.

Recherche simple

La réalisation de l'opération `find`, pour prendre une des opérations de recherche associées au type `string`, permet d'illustrer l'algorithme de recherche de patron le plus simple. La figure 5.1 illustre cet algorithme pour la recherche de la sous-chaîne « abc » dans la chaîne « ababc » ; le caractère « | » marque les positions dans le patron et dans la chaîne où la comparaison est effectuée.

```
 |       |         |        |          |         |         |
ababc  ababc    ababc    ababc      ababc     ababc     ababc      Chaîne de caractères
abc    abc      abc      abc        abc       abc       abc        Patron
|1     |2       |3*      |4*        |5        |6        |7         Comparaisons
```

Figure 5.1 Recherche de patron

On commence au début de la chaîne et de la sous-chaîne (ou patron), et l'on compare les premiers caractères. Ils correspondent; on compare alors les deuxièmes caractères ; ils correspondent aussi. On compare donc les troisièmes caractères ; comme ils ne correspondent pas (indiqué par un astérisque), on revient au deuxième caractère de la chaîne et au premier caractère du patron, et l'on répète le processus.

Cet algorithme est simple et facile à programmer. La fonction `RechercheSimple` ci-dessous illustre cet algorithme de façon plus détaillée :

```
int RechercheSimple(const string& Patron, const string& Texte)
{ int carac, pat, longueurPatron, longueurTexte;
  longueurPatron = Patron.size();
  longueurTexte = Texte.size();
  pat = 0;
  if(longueurPatron <= longueurTexte){
    carac = 0;
    do{
      if(Patron[pat] == Texte[carac]){
        pat++;
        carac++;
      }
```

---

[7]   Sous-produit d'une recherche d'emploi ?

```
      else{
        carac = carac - pat + 1;  // avance dans Texte
        pat = 0;
      } //if
    } while(pat < longueurPatron && carac < longueurTexte);
  } //if;
  if((pat >= longueurPatron))    // trouvé
    return carac - longueurPatron;
  else
    return -1;
} //RechercheSimple;
```

Dans la boucle `do-while`, les caractères de la chaîne et du patron sont comparés un à un ; chaque fois que l'on note une différence des caractères, on repart au début du patron après avoir reculé dans la chaîne. Dans le pire des cas, c'est-à-dire celui où le patron ne se trouve pas dans la chaîne, chacun des p caractères du patron sera comparé aux t caractères de la chaîne texte (par exemple si nous cherchons « hipi » dans « *hipahipbhipchipdhipehipfhipg* »). La complexité temporelle de l'algorithme est donc *O(pt)*.

Algorithme de Knuth-Morris-Pratt

En examinant la recherche de patron de la figure 5.1, on se rend facilement compte que certaines comparaisons sont inutiles. Par exemple, la comparaison de l'étape 4 est inutile, car le second caractère de la chaîne a déjà été examiné et peut être sauté. L'idée de base de l'algorithme de Knuth-Morris-Pratt[8] est de tirer avantage de l'information obtenue avant qu'une différence ne soit trouvée. Si une différence apparaît au n^e caractère du patron, les (n-1) premiers caractères correspondaient. Sauter tous ces caractères ne fonctionnera pas, car le patron pourrait correspondre à des parties de lui-même au point où la différence se produit. Par exemple, si nous cherchons « grigou » dans « grisettegrignotanteetgrigou », la première différence se produit au quatrième caractère, nous avançons dans la chaîne et reprenons le patron au début. La seconde différence après quelques correspondances se produit au treizième caractère de la chaîne. On reste au même endroit de la chaîne et l'on repart au second caractère du patron, un peu comme si l'on avait reculé dans la chaîne et repris au début du patron. Le meilleur « recul » ne dépend que du patron et du fait qu'il peut se correspondre, constatation qui peut être faite au préalable et conservée dans une table des reculs ; la figure 5.2 montre ce qu'il faut faire si un caractère du patron ne correspond pas au caractère du texte et aide à comprendre le recul dans le patron.

Position différence	Correspondance	Recul[j]	Commentaires
0	aucune	-1	pas g, avancer dans chaîne et patron au début
1	g	0	pas r, peut être g, patron: aller au début, chaîne: rester
2	gr	0	pas i, peut être g, patron: aller au début, chaîne: rester
3	gri	-1	pas g, avancer dans chaîne et patron au début
4	grig	1	pas o, peut être r, patron: aller à 1, chaîne: rester
5	grigo	0	pas u, peut être g, patron: aller au début, chaîne: rester

Figure 5.2 Table des reculs

8   KNUTH, D. E., J. H. MORRIS et V. R. PRATT « Fast pattern matching in strings », *SIAM J. Comp.*, vol. 6, n° 2, juin 1977.

De façon un peu plus générale, lorsque l'on calcule le recul (ou décalage) à effectuer, on peut raisonnablement penser qu'un préfixe *pré* du patron correspond à un suffixe de la portion du patron ayant correspondu au texte *cor* (figure 5.3). Afin d'éviter une non-correspondance immédiate, il faut que le caractère qui suit immédiatement *pré* soit différent du caractère du texte ayant provoqué la non-correspondance après *cor*. On appelle le plus long de ces préfixes la bordure de *cor*. On donne à TableRecul[i] la valeur de la longueur de la bordure de Patron[0..i-1] suivie d'un caractère différent de Patron[i] ou −1 si une telle bordure n'existe pas. On reprend alors la comparaison entre Patron[TableRecul[i]] et Texte[i+j] sans manquer de correspondance de Patron dans Texte et en évitant de reculer dans le texte.

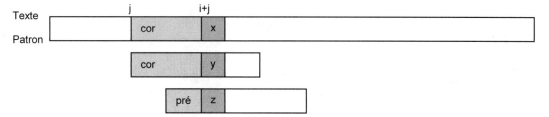

Figure 5.3 Décalage de l'algorithme de Knuth-Morris-Pratt

```
grisettegrignotanteetgrigou
grigou.....................
...*grigou.................
....*grigou................
.... *grigou..............
......*grigou.............
.......*grig*u............
..........g*igou.........
............*grigou.......
.............*grigou......
..............*grigou.....
...............*grigou....
................*grigou...
.................*grigou..
..................*grigou.
...................*grigou
```

Figure 5.4 Recherche de « grigou »

La fonction ci-dessous effectue la recherche de patron en avançant de la façon normale tant que les caractères correspondent ; autrement elle recule dans le patron, de la valeur trouvée dans une table des reculs. La figure 5.4 illustre le processus de décalage aux endroits où il y a certaines correspondances. Un astérisque indique la fin d'une correspondance.

Après la première différence au quatrième caractère, on avance de caractère en caractère à cause des différences jusqu'à une correspondance partielle qui s'arrête à une différence sur le cinquième caractère du patron ; on recule au deuxième caractère du patron, et l'on reprend dans la chaîne sur le caractère déjà examiné. La différence qui se produit nous fait de nouveau progresser de caractère en caractère jusqu'à la correspondance totale de la fin du patron.

```cpp
void CalculerRecul(const string& Patron, int TableRecul[])
{ // Calculer la table des sauts pour les caractères du patron.
  int longueurPatron, pat1 = 0, pat2 = -1;
  longueurPatron = Patron.size();
  TableRecul[0] = -1;
  while(pat1 < longueurPatron){
    while(pat2 > -1 && Patron[pat1] != Patron[pat2])
      pat2 = TableRecul[pat2];
    pat1++;
    pat2++;
    if(Patron[pat1] == Patron[pat2])
      TableRecul[pat1] = TableRecul[pat2];
    else
      TableRecul[pat1] = pat2;
  }
} //CalculerRecul;
```

```cpp
int KnuthMorrisPratt(const string& Patron, const string& Texte)
// Recherche Patron dans Texte.  Retourne indice du patron dans le texte
// sinon retourne -1.
{
  int carac, pat, longueurPatron, longueurTexte;
  int TableRecul[PATRONMAX];
  CalculerRecul(Patron, TableRecul);
  longueurTexte = Texte.size();
  longueurPatron = Patron.size();
  carac = 0;
  pat = 0;
  while(carac < longueurTexte){
    while(pat > -1 && Patron[pat] != Texte[carac])
      pat = TableRecul[pat];
    pat++;
    carac++;
    if(pat >= longueurPatron)
      return carac-pat;
  }
  return -1;
} //KnuthMorrisPratt
```

La procédure `CalculerRecul` est très semblable à la procédure `KnuthMorrisPratt`, car, en essayant de faire correspondre le patron à lui-même, elle utilise la même méthode. La procédure `KnuthMorrisPratt` a une complexité de $O(t)$, où t est la longueur du texte, ce qui n'inclut pas la création de la table de recul qui est $O(p)$. La complexité totale est $O(p+t)$, ce qui est mieux que $O(pt)$.

Cependant, ces procédures ne seront pas nécessairement bien plus rapides que la méthode de recherche simple lorsqu'elles seront appliquées à des textes réels, car ces derniers ne mettent pas souvent en jeu la recherche d'un patron très répétitif dans un texte très répétitif. Nous développerons davantage cette comparaison dans l'étude de cas qui suit.

Algorithme de Boyer-Moore

Il est encore possible d'améliorer la recherche en balayant le patron de droite à gauche et en décidant de la marche à suivre lorsque l'on rencontre la première différence, comme le fait l'algorithme de Boyer-Moore[9]. Supposez que nous prenions comme exemple la recherche de « gigogne » dans la chaîne « gigantesque gigolo gigotant dans le lit gigogne ». Dans la forme simplifiée de cet algorithme, nous commençons par comparer le « e » du patron à la lettre « e » de la chaîne. Il y a correspondance ; on compare ensuite le « n » et le « t » et l'on note une différence. Puisqu'il n'y a pas de « t » dans le patron, nous pouvons avancer dans la chaîne de la longueur du patron. La prochaine comparaison est alors entre « e » et « i », et, comme « i » apparaît dans le patron, nous avançons le patron de cinq positions pour que son «i» corresponde au «i» de la chaîne, ce qui nous conduit à comparer « e » et « ». Comme il n'y a pas d'espace dans le patron, nous avançons alors encore de la longueur du patron pour comparer « e » « n », puis nous avançons d'une position et comparons « e » et « t », avant d'avancer du patron entier. Nous comparons alors « e » et « l ». Comme il n'y a pas de « l » dans le patron, nous avançons de la longueur du patron et nous comparons à nouveau « e » et « g ». Comme il y a un « g » dans le patron, nous avançons de deux positions et comparons encore « e » et « g », avançons encore de deux positions et nous trouvons la correspondance, comme le montre la figure 5.5. Nous avons comparé 17 caractères du texte, y compris 7 pour déterminer la correspondance finale.

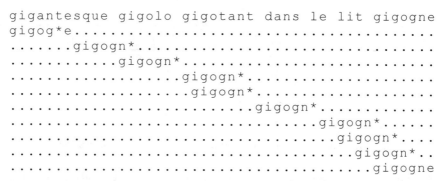

Figure 5.5 Correspondance du patron à partir de la droite

Le décalage sur mauvais caractère fait aligner Texte[i+j] avec son occurrence la plus à droite dans le patron, comme le montre la figure 5.6.

---

9   BOYER, R. S. et J. S. MOORE « A fast searching algorithm », *CACM*, vol. 20, nᵒ 10, octobre 1977.

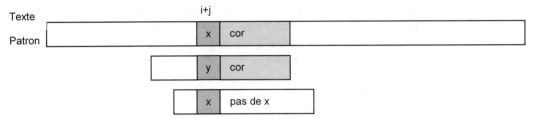

Figure 5.6 Décalage sur mauvais caractère réapparaissant

Si Texte[i+j] n'apparaît pas dans le patron, le patron doit être décalé au-delà de Texte[i+j] comme le montre la figure 5.7. Les décalages résultant de cette méthode sont rangés dans une table des sauts de telle façon que TableSauts[car] prenne la valeur minimum de i telle que `Patron[longueurPatron-i-1] = car` ou `longueurPatron` si car n'apparaît pas dans Patron.

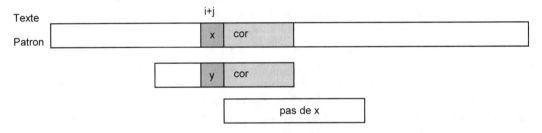

Figure 5.7 Décalage sur mauvais caractère non présent

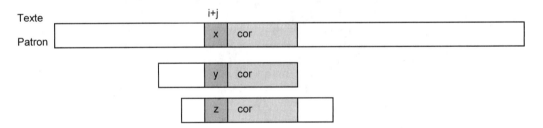

Figure 5.8 Décalage du bon suffixe présent plusieurs fois

Cette méthode pourrait donner des reculs du patron ; ceci ne se produira cependant pas si l'on utilise aussi la seconde méthode attachée à l'algorithme de Boyer-Moore. Cette seconde méthode recherche ce que l'on appelle des suffixes dans le patron. Si une différence se produit entre les caractères `Patron[i]` et `Texte[j+i]`, on essaye d'aligner le « bon » suffixe `Texte[j+i+1..j+lP-1]` avec son occurrence la plus à droite dans le patron qui sera précédée d'un caractère différent de `Patron[i]` (voir figure 5.8).

Évidemment, si le bon suffixe ne réapparaît pas, on aligne le plus long suffixe possible de `Texte [j+i+1..j+lP-1]` avec un préfixe correspondant du patron (voir figure 5.9).

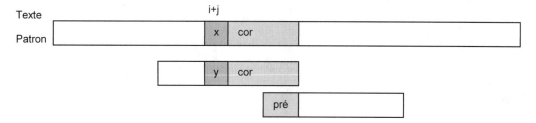

Figure 5.9 Décalage si le bon suffixe n'est pas présent plusieurs fois

Les décalages calculés par cette seconde méthode sont rangés dans une table des suffixes. Pour la calculer, on remplit d'abord les éléments d'un tableau `Suffixes[k]` avec la valeur maximum de i telle que `Patron[k-i-1..i]` = `Patron[longueurPatron-i..longueurPatron-1]`. La table des suffixes est alors calculée en y plaçant des valeurs telles que `TableSuffixes[i+1]` (i variant de 0 à `longueurPatron-1`) reçoive la valeur minimum positive de k telle que pour tout j compris entre i et `longueurPatron k` ≥ j où `Patron[j-k]` = `Patron[j]`, et si k < i `Patron[i-k]` ≠ `Patron[i]`.

L'algorithme correspondant est réalisé par la fonction `BoyerMoore` ci-dessous. Elle utilise le vecteur `TableSauts` défini plus haut. Dans cette table, tous les caractères qui n'apparaissent pas dans le patron donnent un saut de la longueur du patron, tandis que les caractères qui apparaissent dans le patron donnent des sauts allant de zéro à la longueur du patron moins 1. Par exemple, pour notre patron « gigogne », `TableSauts` donne zéro pour la lettre « e », 1 pour la lettre « n », 2 pour la lettre « g », 3 pour la lettre « o », 5 pour la lettre « i » (il n'y a pas de 4 ou de 6, puisque la lettre « g » est répétée dans le patron). La procédure `CalculerSauts` crée cette table des sauts. Le vecteur `TableSuffixes` est calculé par la procédure `CalculerSuffixes` selon la méthode exposée plus haut, qui est moins intuitive que la précédente.

```
void CalculerSauts(const string& Patron, int TableSauts[])
{ // Calculer les décalages dus aux non-correspondances
  int longueurPatron = Patron.size();
  for(int i = 0; i < TAILLEALPHA; ++i)
    TableSauts[i] = longueurPatron;
  for(int i = 0; i < longueurPatron - 1; ++i)
    TableSauts[Patron[i]] = longueurPatron - i - 1;
}//CalculerSauts
```

```
void CalculerSuffixes(const string& Patron, int Suffixes[])
{ // Établir la table des suffixes du patron
  int longueurPatron = Patron.size();
  int iprec, index;
  Suffixes[longueurPatron - 1] = longueurPatron;
  index = longueurPatron - 1;
  for(int i = longueurPatron-2; i >= 0; i--){
    if(i > index && Suffixes[i+longueurPatron-1-iprec] < i-index)
      Suffixes[i] = Suffixes[i+longueurPatron-1-iprec];
```

```
    else{
      if(i < index)
        index = i;
      iprec = i;
      while(index >= 0 && Patron[index] == Patron[index + longueurPatron-1-iprec])
        index--;
      Suffixes[i] = iprec - index;
    }
  }
}//CalculerSuffixes
```

```
void CalculerTableSuffixes(const string& Patron, int TableSuffixes[])
{ // Calculer les valeurs de la table des suffixes
  int Suffixes[PATRONMAX];
  int longueurPatron = Patron.size();
  CalculerSuffixes(Patron, Suffixes);
  for(int i = 0; i < longueurPatron; i++)
    TableSuffixes[i] = longueurPatron;
  int j = 0;
  for(int i = longueurPatron-1; i >= -1; i--)
    if(i == -1 || Suffixes[i] == i+1)
      for(; j < longueurPatron-1-i; j++)
        if(TableSuffixes[j] == longueurPatron)
          TableSuffixes[j] = longueurPatron-1-i;
  for(int i = 0; i <= longueurPatron - 2; i++)
    TableSuffixes[longueurPatron-1-Suffixes[i]] = longueurPatron-1-i;
}//CalculerTableSuffixes
```

```
int BoyerMoore(const string& Patron, const string& Texte)
{ // Appliquer l'algorithme de recherche de Boyer-Moore
  int i, tableSuffixes[PATRONMAX], tableSauts[TAILLEALPHA];
  int longueurPatron = Patron.size();
  int longueurTexte = Texte.size();
  CalculerSauts(Patron, tableSauts);
  CalculerTableSuffixes(Patron, tableSuffixes);
  int j = 0;
  while(j <= longueurTexte-longueurPatron){
    for(i = longueurPatron-1;
        i >= 0 && Patron[i] == Texte[i+j];
        i--);  // reculer dans chaîne
    if(i < 0){ // correspondance totale
      return j; // ou j += tableSuffixes[0];  pour poursuivre recherche
    }
    else{       // caractères différents
      unsigned char carac = Texte[i+j];
      j += max(tableSuffixes[i], tableSauts[carac]-longueurPatron+1+i);
    }
  }
  return -1;
}//BoyerMoore
```

La fonction `BoyerMoore` essaye de faire correspondre le patron de droite à gauche. Lorsqu'une différence se produit, la fonction avance dans la chaîne en choisissant la plus grande valeur de saut à partir des valeurs de sauts de la table des sauts et des valeurs de décalage de la table des suffixes. Cet algorithme de Boyer-Moore est l'algorithme de recherche de patron le plus rapide des algorithmes connus : avec un long alphabet et des patrons courts, la complexité temporelle de l'algorithme est approximativement $O(t/p)$.

Algorithme de Rabin-Karp

L'algorithme de Rabin-Karp[10] utilise une fonction de transformation ou de hachage pour calculer une valeur numérique pour le patron. L'algorithme calcule une valeur numérique de hachage (voir le chapitre 11) pour chaque tranche de p caractères possible de la chaîne, et vérifie si elle est égale à la valeur de hachage du patron. Cette méthode n'est pas très différente de celle de la recherche simple, sauf que le calcul de la valeur de hachage pour la position i est basé sur la valeur de hachage de la position $i-1$.

On considère les p caractères comme les parties d'un entier, chaque caractère étant interprété comme un chiffre en base b, où b est le nombre de caractères différents possibles. La valeur correspondant aux p caractères entre les indices k et $k+p-1$ est exprimée par :

$$n = t_k b^{p-1} + t_{k+1} b^{p-2} + ... + t_{k+p-1}$$

Si l'on décale d'une position vers la droite dans le texte, la nouvelle valeur est :

$$(n - t_k b^{p-1})b + t_{k+p}$$

Nous prenons une fonction de hachage $h(i) = i \% N$, où N est un grand nombre premier. Sachant que prendre le reste de la division par N après chaque opération arithmétique donne le même résultat que de prendre le reste de la division par N, une fois toutes les opérations arithmétiques effectuées, nous pouvons programmer la fonction de recherche de la façon suivante :

```
int RabinKarp(const string& Patron, const string& Texte)
// Recherche de Patron dans Texte. Retourne l'indice du patron dans le texte
// ou zéro si pas trouvé.
{
  const int PREMIER = 5000011;  // gros nombre premier
  const int BASE = 256;
  int hachePatron, hacheTexte, puissance;
  int longueurTexte, longueurPatron, index;
  longueurPatron = Patron.size();
  longueurTexte = Texte.size();
  puissance = 1;
  for(int compteur = 1; compteur < longueurPatron; compteur++)
    // calculer BASE à la puissance (longueurPatron-1)
    puissance = (puissance * BASE) % PREMIER;
  hachePatron = 0;
```

10   KARP, R. M. et M. O. RABIN *Efficient randomized pattern-matching algorithms TR-31-81*, Aiken Comp. Lab., Harvard University, 1981.

```
for(int indx = 0; indx < longueurPatron; indx++)
    // calculer nombre de hachage du patron
    hachePatron = (hachePatron * BASE + Patron[indx]) % PREMIER;
hacheTexte = 0;
for(int indx = 0; indx < longueurPatron; indx++)
    // calculer nombre de hachage du texte
    hacheTexte = (hacheTexte * BASE + Texte[indx]) % PREMIER;
index = 0;
while(hachePatron != hacheTexte &&
        index < longueurTexte - longueurPatron + 1){
    // calculer nouveau nombre de hachage de la tranche de texte
    hacheTexte = (hacheTexte + BASE * PREMIER -
                    Texte[index] * puissance) % PREMIER;
    hacheTexte = (hacheTexte * BASE +
                    Texte[index + longueurPatron]) % PREMIER;
    index++;
} //while;
if(index < longueurTexte - longueurPatron + 1)
    return index;
else
    return -1;
} //RabinKarp;
```

Comme le code ASCII étendu normalisé comprend 256 codes, on a pris 256 comme base et le premier nombre premier supérieur à cinq millions[11] pour la constante PREMIER. Lorsque nous choisissons BASE et PREMIER, nous devons nous assurer que le calcul de (BASE+1) × PREMIER ne cause pas de débordement arithmétique. Cette fonction calcule d'abord la valeur de hachage du patron ainsi que b^{p-1}, puis la valeur de hachage des p premiers caractères du texte. À partir de là, la fonction calcule de façon répétée la valeur de hachage de la prochaine section du texte, en utilisant la méthode présentée ci-dessus, jusqu'à ce qu'une valeur égale à celle du patron soit trouvée. Lorsque l'on trouve une correspondance, on doit encore effectuer une comparaison directe du patron et du texte, puisqu'il est possible que des chaînes différentes aient la même valeur de hachage. Cependant, une grande valeur pour PREMIER rend ce fait extrêmement peu probable. Dans la première étape du calcul, on ajoute BASE × PREMIER pour que la soustraction produise un résultat positif qui ne fausse pas le résultat de l'opération %. Cet algorithme a une complexité de $O(p+t)$, comme l'algorithme de Knuth-Morris-Pratt.

5.6   Étude de cas : performance des algorithmes de recherche de patrons

Nous venons de présenter quatre algorithmes classiques de recherche de patron dans une chaîne : recherche simple, Knuth-Morris-Pratt, Boyer-Moore et Rabin-Karp. Le choix d'algorithme dépendra probablement de l'application. Il est vrai que le pire des cas pour la complexité de la recherche simple est $O(n^2)$, si l'on cherche le patron xxxxxxxxxy dans la chaîne xxxxxxxxxxxxxxxxxxxx, mais on peut se demander combien de fois un tel cas se produit dans la réalité. Si la recherche met en jeu des patrons de bits faits de zéros et de uns, où les zéros et les uns ont tendance à être groupés, alors la recherche simple

---

[11]   Calculé par notre collègue mathématicien, Gilbert Labelle.

peut en effet connaître son pire comportement. Cependant, étant donné une chaîne de caractères qui apparaît avec la même fréquence que les caractères en français, le scénario du pire des cas aurait peu de chance de se produire. Dans cette étude de cas, nous étudierons la performance des quatre algorithmes de recherche de patron en utilisant des chaînes de caractères alphabétiques.

Comme la recherche de patron est un facteur critique dans un produit logiciel, il est important de coder ces divers algorithmes et d'en mesurer la performance. Notre objectif est un peu moins ambitieux : nous simulerons la recherche de patrons dans un texte où la fréquence des lettres est la même qu'en français.

Les fréquences des lettres dans un groupe de textes français typiques sont données par la figure 5.10, laquelle reprend les données de la table 5.10.

Tel qu'indiqué plus tôt, les fréquences ont été calculées à partir d'un grand ensemble de proses diverses. Et comme nous l'avons déjà fait remarquer, les fréquences peuvent ne pas être les mêmes pour d'autres sortes de textes, comme des textes techniques ou même, bien pire, des textes de programmes.

Les fréquences des textes peuvent aussi différer d'un auteur à l'autre, puisque, dans une certaine mesure, les fréquences d'utilisation des lettres peuvent caractériser le style d'un auteur. Dans notre étude de cas, nous utiliserons les fréquences de la figure 5.10. Le texte de nos recherches sera fait de suites de caractères, que nous appellerons des « mots », séparés par des espaces. Il n'y aura pas de ponctuation ou de caractères autres que des lettres, en dehors des 26 lettres minuscules et de l'espace.

```
a   0.0840      j   0.0031      s   0.0808
b   0.0106      k   0.0005      t   0.0707
c   0.0303      l   0.0601      u   0.0574
d   0.0418      m   0.0296      v   0.0132
e   0.1726      n   0.0713      w   0.0004
f   0.0112      o   0.0526      x   0.0045
g   0.0127      p   0.0301      y   0.0030
h   0.0092      q   0.0099      z   0.0012
i   0.0734      r   0.0655
```

Figure 5.10 Fréquences des lettres en français

La distribution de la longueur des mots dans le texte devrait être :

longueurs de 1 à 4 :   15 % pour chacune

longueurs de 5 à 7 :   9 % pour chacune

longueurs de 8 à 10 :   4 % pour chacune

Ces distributions sont arbitraires et ne correspondent pas à des statistiques faites sur des textes français pour la longueur des mots.

Le programme engendrera un texte représenté par une chaîne de caractères de longueur 25 000, basée sur les données ci-dessus, et utilisera les quatre algorithmes de recherche présentés plus haut, pour rechercher des patrons dont la longueur variera entre 5 et 16 caractères. Les patrons ne comprendront pas d'espaces. Comme nous voulons mesurer le pire des cas, nous mesurons le temps pour des recherches de patrons qui *ne sont pas présents dans la chaîne.* Le programme affichera une table des temps résultants basés sur les moyennes pour cent patrons différents de chaque longueur.

Après avoir effectué ces mesures, nous essayerons d'en tirer des conclusions pour chacun des quatre algorithmes utilisés.

Notons tout de suite que ni le texte ni les patrons ne seront vraiment du texte français. La fréquence des lettres ne peut, à elle seule, garantir la génération de français ; dans une vraie langue, les combinaisons de lettres sont en effet plus importantes que les fréquences individuelles. À la fin de cette étude de cas, nous indiquerons quelques façons d'engendrer du texte plus réaliste.

La solution retenue est assez simple :

- Engendrer une chaîne ;
- Appliquer chaque algorithme systématiquement à 150 patrons de même longueur, la longueur variant de 5 à 16 ;
- Afficher une table des résultats moyens.

Pour accomplir ces tâches, nous aurons besoin d'un ensemble de procédures pour :

- engendrer des entiers aléatoires dans un intervalle donné ;
- engendrer des lettres aléatoires avec la distribution de fréquences désirée ;
- engendrer des suites de lettres aléatoires (« mots ») pouvant former un texte ou un patron ;
- chronométrer chaque algorithme de recherche.

Nous avons déjà utilisé des fonctions de génération de nombres aléatoires et nous les réutiliserons. La génération de lettres aléatoires avec une fréquence donnée sera faite en engendrant un entier aléatoire entre 1 et 1000 et en utilisant cette valeur pour choisir le caractère approprié. Par exemple, selon la figure 5.10, il y aurait 84 chances sur 1000 pour un *a*, 10 chances sur 1000 pour un *b*, 30 chances sur 1000 pour un *c*, etc. Ainsi, les entiers allant de 1 à 84 correspondraient à un *a* ; de 85 à 94, à un *b* ; de 95 à 124, à un *c* ; et ainsi de suite. Une instruction `if` pourra trouver le cas correspondant et retourner la bonne lettre.

Pour former des mots, nous engendrerons une longueur selon la distribution choisie, puis nous produirons ce nombre de caractères. La génération d'une chaîne de caractères mettra en jeu la génération de mots séparés par des espaces jusqu'à ce que l'on atteigne la longueur voulue. La génération des patrons de recherche se fera en engendrant des lettres jusqu'au nombre de lettres correspondant à la longueur du patron.

Pour chronométrer chaque recherche, nous utiliserons l'opération `clock()` offerte par la bibliothèque `ctime` qui nous permettra de relever l'heure avant et après une recherche, puis de déterminer la différence en millisecondes entre ces deux heures. Bien que nous voulions être sûrs que le temps mesuré a été effectivement consacré à la recherche, les systèmes utilisés peuvent ne pas nous le permettre. Pour en être relativement sûrs, nous pouvons au moins nous assurer qu'en dehors du système d'exploitation aucune autre application n'est active au moment de la mesure.

Nous rangerons ces mesures dans un tableau à trois dimensions, indexé par le type de recherche, la longueur du patron et le nombre d'essais.

Le pseudo-code ci-dessous affichera notre table des moyennes :

```
Afficher les moyennes résultats
    Afficher les en-têtes
    Pour chaque longueur de patron boucler
        Pour le nombre d'essais voulu boucler
            Choisir Patron
            Pour chaque type de recherche boucler
                Mettre le temps total à 0
                Ajouter le temps de recherche au temps total
                Afficher la moyenne de tous les essais
```

Le programme lui-même est simple ; nous en présentons la plus grande partie avec quelques commentaires supplémentaires situés entre les divers sous-programmes. Notons que pour rester le plus possible dans la normale, puisque nous faisons des mesures, nous avons décidé d'utiliser le type string de la bibliothèque standard C++. Les sous-programmes de recherche sont ceux qui ont été vus plus tôt. Les résultats des tests étant la sortie critique du programme, nous les donnerons à la suite du programme et nous en tirerons quelques conclusions. Nous montrerons aussi comment rendre cette simulation plus réaliste.

```cpp
const int TAILLEALPHA = 256;
const int PATRONMAX = 150;
const int PATRONMINI = 5;
const int PATRONMAXI = 16;
const int ESSAISMAX = 150;
const bool AFFICHE = false;
enum SorteRecherche
    {Recherche_Simple, Knuth_Morris_Pratt, Boyer_Moore, Rabin_Karp};
```

Nous avons utilisé un micro-ordinateur Ciara, dit compatible IBM, basé sur un processeur Pentium II à 385 MHz et tournant sous le système d'exploitation Windows 2000. Nous avons éliminé tous les processus sur lesquels nous avons le contrôle (quand on fait des mesures, on doit toujours être conscient de la dépendance de ces mesures du système). Si ce dernier est un système permettant des processus simultanés, le temps mesuré est généralement un temps absolu qui comprend toutes les tâches effectuées au cours de ce laps de temps et donc pas nécessairement la tâche visée seule, ce qui fausse les mesures.

```cpp
char LettreAleatoire()
// Engendre une lettre minuscule de "a" à "z" selon sa fréquence
{
  int valeurAleatoire = entier_aleatoire(0, 1000);
  if(     valeurAleatoire <  85) return 'a';
  else if(valeurAleatoire <  95) return 'b';
  else if(valeurAleatoire < 125) return 'c';
  else if(valeurAleatoire < 167) return 'd';
  else if(valeurAleatoire < 339) return 'e';
  else if(valeurAleatoire < 350) return 'f';
  else if(valeurAleatoire < 363) return 'g';
  else if(valeurAleatoire < 372) return 'h';
```

```
      else if(valeurAleatoire < 445) return 'i';
      else if(valeurAleatoire < 448) return 'j';
      else if(valeurAleatoire < 449) return 'k';
      else if(valeurAleatoire < 509) return 'l';
      else if(valeurAleatoire < 538) return 'm';
      else if(valeurAleatoire < 609) return 'n';
      else if(valeurAleatoire < 661) return 'o';
      else if(valeurAleatoire < 691) return 'p';
      else if(valeurAleatoire < 701) return 'q';
      else if(valeurAleatoire < 765) return 'r';
      else if(valeurAleatoire < 847) return 's';
      else if(valeurAleatoire < 918) return 't';
      else if(valeurAleatoire < 976) return 'u';
      else if(valeurAleatoire < 989) return 'v';
      else if(valeurAleatoire < 990) return 'w';
      else if(valeurAleatoire < 995) return 'x';
      else if(valeurAleatoire < 998) return 'y';
      else return 'z';
} //LettreAleatoire;
```

Nous avons décidé de réaliser la fonction `LettreAleatoire` au moyen d'une grande instruction `if`. Nous avons pu éviter de vérifier les divers intervalles en vérifiant les valeurs en ordre croissant. Bien qu'il soit tentant d'utiliser une instruction `switch`, il vaut mieux éviter cette voie à cause du grand nombre de valeurs possibles pour la variable de contrôle `valeurAleatoire`. D'ailleurs, il vaut toujours mieux éviter d'utiliser des instructions `switch`.

```
void MotAleatoire(string & Mot)
{
  // Engendre une suite de lettres aléatoires, basée sur des fréquences données,
  // de longueur suivante:
  // 1 lettre à 4 lettres : chacune avec une fréquence de 0.15
  // 5 lettres à 7 lettres : chacune avec une fréquence de 0.09
  // 8 lettres à 10 lettres : chacune avec une fréquence de 0.04
  int valeurAleatoire, longueurMot;
  valeurAleatoire = entier_aleatoire(1, 100);
  if(valeurAleatoire <= 60)
    longueurMot = entier_aleatoire(1, 4);
  else if(valeurAleatoire <= 87)
    longueurMot = entier_aleatoire(5, 7);
  else
    longueurMot = entier_aleatoire(8, 10);
  Mot = "";
  for(int compteur = 0; compteur < longueurMot; compteur++)
    Mot += LettreAleatoire();
} //MotAleatoire;
```

Un premier nombre aléatoire nous permet de choisir la plage de longueur désirée avec la fréquence voulue. Nous utilisons un deuxième nombre aléatoire pour définir la longueur. Les lettres aléatoires sont engendrées et placées dans une chaîne de caractères vide à l'origine. Ce placement est fait par concaténation.

```
void EngendrerChaine(int LongueurChaine, string & Chaine)
// Engendrer une suite de "Mots" séparés par une seule espace de sorte que
// Chaine ait comme longueur LongueurChaine.
{
  string copie;
  Chaine = "";
  while(Chaine.size() < LongueurChaine){
    MotAleatoire(copie);
    Chaine += copie + ' ';
  } //while;
  if(Chaine.size() > LongueurChaine)
    Chaine.erase(LongueurChaine, Chaine.size()-LongueurChaine);
} //EngendrerChaine;
```

Les mots aléatoires suivis d'une espace sont ajoutés à la fin de la chaîne texte jusqu'à ce que la longueur voulue soit atteinte. Si le dernier mot ajouté rend la chaîne trop longue, on appelle `erase` pour réduire la chaîne à la longueur voulue en la tronquant.

```
bool VerifierAbsence(string &Patron, string Texte)
// Vérifier que Patron n'est pas une sous-chaîne de Texte; s'il l'est
// mettre Patron à la chaîne vide.
{ bool succes = Texte.find(Patron) == string::npos;
  if(! succes)
    Patron = "";
  return succes;
} //VerifierAbsence;
```

```
void ChoisirPatron(int LongueurPatron, string &Patron, string Texte)
// Engendrer un patron de longueur LongueurPatron qui ne soit PAS dans Texte.
{
  bool reponse;
  Patron = "";
  do{
    for(int compteur = 0; compteur < LongueurPatron; compteur++)
      Patron += LettreAleatoire();
    reponse = VerifierAbsence(Patron, Texte);
  }while(!reponse);
} //ChoisirPatron;
```

Nous engendrons un patron comme une suite de lettres aléatoires, puis nous vérifions que le patron ne se trouve pas dans la chaîne, car nous voulons tester nos algorithmes pour des recherches infructueuses. Nous avons utilisé la fonction `find` du type `string` pour effectuer cette recherche de patron. On doit absolument éviter les patrons d'un seul caractère, puisque des chaînes de bonne taille comprendront tous les caractères de l'alphabet, et la procédure de choix de patron engendrerait des patrons à l'infini[12], en en cherchant un qui ne soit pas dans la chaîne.

Dans le programme principal, la chaîne texte est engendrée, la longueur du patron varie du minimum au maximum et la recherche est effectuée par les quatre algorithmes pour le nombre d'essais voulu. Nous

---

[12]   Un cauchemar prolétaire.

pouvons accomplir cette tâche au moyen d'une boucle for qui comprend une instruction switch simple. Chaque fonction de recherche de patron est appelée de la même façon.

```
int main ()
{
  string patron, texte;
  int longueurTexte;
  float Donnees[4][PATRONMAXI-PATRONMINI+1][ESSAISMAX];
  int resultat;
  float tempsEcoule, tempsMoyen, tempsTotal;
  long top = clock();

  germe_aleatoire();
  // engendrer le texte à rechercher
  EngendrerChaine(25000, texte);
  longueurTexte = texte.length();
  // engendrer données de recherche
  for(int longueurMot = PATRONMINI; longueurMot <= PATRONMAXI; longueurMot++)
    for(int compteur = 0; compteur < ESSAISMAX; compteur++){
      ChoisirPatron(longueurMot, patron, texte);
      for(int recherche = Recherche_Simple; recherche <= Rabin_Karp;
          recherche++)
        switch(recherche){
        case Recherche_Simple :
          top = clock();
          resultat = RechercheSimple(patron, texte);
          tempsEcoule = clock() - top;
          Donnees[Recherche_Simple][longueurMot-PATRONMINI][compteur] = tempsEcoule;
......
```

On calcule enfin les résultats et on les affiche dans une table compacte. On pourrait placer le programme dans une boucle permettant à l'utilisateur de spécifier un nouveau germe pour la génération des nombres aléatoires pour chaque répétition de la boucle. Cependant, puisque l'on engendre 100 patrons pour chaque longueur, les résultats ci-dessous seront assez représentatifs.

Avant d'examiner la table des résultats, regardons une partie du texte engendré :

```
raoubleu ueegros adss ux eado en icggae nurh ai tta eouuo lcle oi eeq elsr so
erstscs cgpcclpni atosin i tiracsri lna i i rieu av eeclteueno os od srio
nanre tneeeelter ian s petppun n aeeteee geq asn pnb te oseetpiuep ous mi au n
rreu e ncrruspc een ana maue apamaah o ers ris tesnxe sorbeeea eeiinlaag it
iueu dktd idnoartu resrlr rudecsrsrc nnsaut ee osbpiu etru lrlnimt ztenitget
sppnf eifleseu e meplbn etrl net ucalen ea e s s eale ics ip e siec runi ut lr
em aefidiusp tepcjr mer tlaruea npda e oem a oi te vbagel amnsim tdegue aca
ece otna istartmase uo dbnea n srlumhrela obnsti ulamees tnmegua pndvu
eimmzeef emleep mi dusfice spi lu sletapl e aom unc cepmt uslejem ithtd
eedonor eoep enss wnutaof ohuln tssh mpltitt nmsi sleeseue dsiieeouoc a moenp
nrennb yerl datepre sioe es gpet deil ed edddti cnr nrexradn b ds aeeailelne
freaol c ln m ggaeeahoea vceatrua sitsrpa r aelmws hgedqugt eoie euoasiu
rsdcro rfnen rgrt tletee xiir ese lmead to o aesuoo csoese ueeusnib otaif
lmroregr l mao dailmn uoe ne deoem neobq ivprettrem dsti ouin a dgp dt urlnxr
ilh eeeomo rtpfs rltm metoito nmdsrt slms idln orm pesripp hedio itdfssiata
eodae ila dsittvseon pai et mho olpagdiai urllseenl sa iscdn adea a me aelpnlr
eeuavsl n pedm lt suchu nveeti smrarun lane l lr iseece sedsulneee sr tor
```

```
erido ctq n lts svrtott u d ee ndv eeoe o pgami lte pf eenlaee auiobr ah
eaoanminio e sstcnueeei e ii tu a rlo faul isedsntd medf eiav selemds onn
etllatla sghll eroruper asaocti rlg sgai oa salnl ep exettr armeoir rrpoeuv le
ts l iuaos ne hr et n ncd rn oesafedtei axboo rtoe eposebnnsn sdtmo hpl t pcat
ainllteean mia ra plr sdeelar ctmceiepee dei iaoabg anisaeepa epem ds scd fio
atpolrg ennt s al clnrm aer ub u ue e fll eiee bsldlm n sar mlpepi eiotd bcic
aanrl eluteoet ersteneqot vase evi roeap pard m ra onct tiaodid ab eeseipurn
mapdi aoe narpi esnaieuo a eae lta naaue ddles nxodsso aeor aosie u u o ems
lre ezeo ein anpwpeux
```

Voilà un texte qui ne ressemble en rien à du français ! On n'y reconnaît que quelques mots très courts, comme « lu », « ris » et « vase » ; nous sommes passés très près de « armoire » avec « armeoir ». Il est clair qu'il faudrait un temps extrêmement long à une équipe de chimpanzés installés chacun devant un clavier pour produire toute une phrase en français qui aurait un sens, sans parler de produire les œuvres complètes de Corneille ! La génération de vrais mots français par utilisation de méthodes aléatoires est un problème intéressant et ardu. En réalité, les suites de lettres en français ne sont pas vraiment aléatoires ; certaines suites, comme « *es* », apparaissent souvent, tandis que d'autres n'apparaissent jamais. L'étude de la cryptographie a permis de développer des tables de paires de lettres ou bigrammes (fréquences des paires de lettres) et de triplets de lettres ou trigrammes (fréquences des suites de trois lettres) pour permettre de casser des méthodes de chiffrement[13]. Par exemple, parmi les bigrammes les plus fréquents, on trouve : *es, de, le, en, re, nt, on, er, te, el, an, se, et, la, ai, it, me, ou, em*, et *ie*. Notez cependant que la plupart des probabilités associées à des bigrammes ont une valeur voisine de zéro. Et les valeurs sont encore plus faibles pour les trigrammes, dont les plus fréquents sont : *ent, les, ede, des, que, ait, lle, sde, ion, eme, ela, res, men, ese, del, ant, tio, par, esd*, et *tde*. Malgré tout, l'utilisation de telles données permettrait d'engendrer des mots qui ressembleront un peu plus au français, mais même cette technique est loin de pouvoir nous permettre la production de phrases françaises sensées.

```
Recherche sans succès dans un texte de longueur 25000
Résultats moyens basés sur 150 essais.
```

Patron	Recherche Simple	Knuth-Morris-Pratt	Boyer-Moore	Rabin-Karp
5	6.27	7.01	2.95	9.21
6	5.75	7.15	2.21	9.40
7	6.13	7.02	2.07	9.08
8	6.15	6.87	2.01	9.07
9	5.67	8.20	0.87	9.35
10	6.00	6.74	1.67	9.09
11	6.14	6.88	1.60	9.21
12	5.93	6.76	1.73	9.08
13	5.27	7.41	1.13	9.21
14	5.87	7.61	1.20	9.27
15	5.73	6.89	0.93	9.14
16	5.61	7.27	1.07	9.29

Figure 5.11 Sortie du programme de mesure des algorithmes de recherche de patron

---

[13]   Voir le site http://www.jura.ch/lcp/cours/dm/codage/stat/francais.html.

Une meilleure stratégie serait de construire des phrases à partir de mots choisis aléatoirement dans un dictionnaire de mots français. Il est également possible de conserver un grand nombre de passages textuels extraits de la prose française et d'y choisir des passages au hasard. Cependant, de tels efforts vont bien au-delà des objectifs de cette étude de cas dont les résultats sont présentés sous forme de table (voir la figure 5.11).

Ces temps incluent le prétraitement, comme la construction des tables pour les algorithmes de Knuth-Morris-Pratt et Boyer-Moore. Trois des techniques, l'algorithme de Rabin-Karp, l'algorithme de la recherche simple et l'algorithme de Knuth-Morris-Pratt, ont une performance semblable pour toutes les longueurs de patron, tandis que l'algorithme de Boyer-Moore a une performance qui s'améliore avec la taille du patron. Ce résultat ne devrait pas être surprenant, puisque la recherche va de droite à gauche dans le patron et laisse un plus grand nombre de caractères non examinés au fur et à mesure que le patron grandit. Le comportement devient en fait sous-linéaire.

L'algorithme de Rabin-Karp est l'algorithme le plus lent, un résultat qui n'est pas surprenant non plus, étant donné la quantité de calculs numériques. La performance est à peu près constante, puisque les calculs sur le texte sont les mêmes quel que soit le patron. Par contre, il faut noter que l'algorithme de Rabin-Karp aurait certainement une meilleure performance pour un alphabet plus restreint. En particulier, pour un choix binaire de 0 ou de 1, les calculs numériques seraient bien plus simples, et la performance serait améliorée de façon spectaculaire.

L'algorithme de la recherche simple a une performance semblable et peut-être même meilleure que l'algorithme de Knuth-Morris-Pratt, ce qui peut sembler a priori quelque peu surprenant. Cependant, on devrait tenir compte de la génération des données en analysant ces résultats. La recherche simple a une performance médiocre si la première différence se produit après les quelques premiers caractères. Comme nous l'avons déjà mentionné, certaines suites de caractères se produisent relativement plus fréquemment dans les textes français réels, tandis que la plupart des suites n'apparaissent jamais ou rarement. Donc, pour des textes français réels, l'algorithme de la recherche simple aura probablement des correspondances initiales plus fréquentes que pour des textes totalement aléatoires, comme nous en avons utilisé. On peut donc s'attendre à ce que la performance de l'algorithme de la recherche simple se dégrade avec des textes français réels, tandis que ce changement de textes n'aura aucun effet sur la performance de l'algorithme de Knuth-Morris-Pratt. Nous pouvons aussi prévoir une performance bien pire de la recherche simple pour un ensemble de caractères plus restreint, et, extrêmement mauvaise, si nous n'avons que deux caractères, comme 0 et 1.

Pour des patrons qui ont plus que quelques caractères, l'algorithme de Boyer-Moore est nettement gagnant, car la performance devient meilleure avec des longueurs de patron qui augmentent. On doit noter que l'algorithme de Boyer-Moore, comme l'algorithme de la recherche simple, bénéficie de l'aléatoire et de la variété des données qui produisent la différence rapidement. Cette performance se dégradera probablement avec un ensemble de caractères plus restreint ou avec des textes français réels.

5.7 Exercices et problèmes

Exercices

5.1 Les adaptateurs de conteneurs `stack` et `queue` sont dérivés du conteneur `deque`. Examiner les opérations de la classe `deque` et repérer celles qui ont été retenues pour la réalisation des opérations sur chacun des deux adaptateurs de conteneurs.

5.2 L'adaptateur de conteneur `priority_queue` est basé sur le conteneur séquentiel `vector`. Cependant, les techniques utilisées sont celles des *monceaux* qui ont été mentionnées dans le chapitre 4. Dire pourquoi le choix de `vector` semble tout à fait raisonnable, même si le vrai type utilisé est un monceau.

5.3 Calculer les valeurs de la table de recul pour les patrons suivants :

babarbarbados   chouchoucroute   hiphiphip

Problèmes

5.4 Reprendre le programme de la calculatrice au chapitre 4 et le modifier pour qu'il fonctionne avec les piles de la STL.

5.5 Dans les opérations de la classe `vector`, on ne trouve rien pour effectuer la recherche d'un élément. Il est cependant possible d'utiliser les algorithmes génériques `find()` ou `count()` à ces fins. Écrire un programme qui remplisse un vecteur d'une bonne quantité d'éléments et qui utilise `find()` et `count()` pour trouver si des éléments sont présents dans le vecteur et en combien d'exemplaires.

5.6 Écrire un programme qui définisse et remplisse un vecteur de chaînes de caractères et qui applique l'algorithme de tri `sort()` pour effectuer un tri en ordre *descendant* (attention ! la valeur de tri par défaut est l'ordre ascendant).

5.7 Écrire un programme qui définisse et remplisse deux vecteurs de *paires*. Le programme triera ensuite chacun des deux vecteurs en ordre ascendant et appliquera l'algorithme `merge()` de la STL pour créer un troisième vecteur.

5.8 Écrire un programme qui crée un annuaire téléphonique de paires (`map::value_type`) de noms et de numéros de téléphone en utilisant le conteneur `map` de la STL. La création se fera au moyen de l'opération `insert`, la consultation se fera au moyen de `find`, l'effacement au moyen de `erase` et l'affichage en utilisant les itérateurs.

5.9 Écrire une procédure `Decoder` permettant de déchiffrer un message en utilisant un carré de De Vigenère de la section 5.4.

5.10 Écrire un programme qui supprime dans une chaîne donnée toutes les apparitions de chacun des caractères d'une seconde chaîne. Par exemple, avec la chaîne « THELMZ ZEST PHRIZS QZUMI CHROVMYAWIMT PHREHWNDVRFEG » et la seconde chaîne « BFGHJMVWZ » nous obtenons « TEL EST PRIS QUI CROYAIT PRENDRE ».

5.11   Écrire un programme qui cherche dans un texte donné toutes les apparitions de chaque membre d'un ensemble de chaînes et qui affiche toutes les positions du texte où chaque chaîne apparaît.

5.12   Écrire un programme qui trouve et affiche la plus longue sous-chaîne commune à deux chaînes C1 et C2.

5.13   Écrire deux procédures pour convertir une chaîne de chiffres décimaux en une chaîne de chiffres romains et pour convertir une chaîne de chiffres romains en une chaîne de chiffres décimaux.

5.14   Dans votre bibliothèque, trouver un livre sur la cryptographie qui contient des données sur la fréquence des paires de lettres (bigrammes) en français ou chercher ces fréquences sur l'Internet. Écrire un programme qui engendre des mots aléatoires en utilisant ces données. Quelles sont vos conclusions sur les résultats obtenus ?

5.15   Adapter et compléter le programme de l'étude de cas pour le faire tourner sur votre machine. Obtenez-vous des résultats semblables ?

5.16   Étendre le programme de l'étude de cas pour inclure la mesure des recherches fructueuses. On peut vouloir écrire une procédure qui choisisse aléatoirement un mot du texte en commençant à une position aléatoire et en prenant le premier mot complet après cette position.

5.17   Vérifier les algorithmes de recherche de patron avec de longs textes, tirés de prose française. Comment les résultats se comparent-ils à ceux de l'étude de cas ?

5.18   Étudier le comportement des algorithmes de recherche de patron lorsque le patron et le texte sont tous deux des suites de zéros et de uns.

5.19   Une liste de concordance est une liste qui donne la position de chacun des mots du texte ainsi que le contexte autour du mot (on appelle aussi cela un index « KWIC » pour « *Key Word In Context* »). Écrire un programme qui établisse une liste de concordances pour un texte donné (le contexte sera la ligne dans laquelle le mot apparaît). On sautera les mots communs que l'on trouvera dans une liste d'omission : « *le* », « *la* », « *les* », « *un* », « *une* », « *des* », « *sa* », « *son* », « *ses* », « *ma* », « *mon* », « *mes* », « *ta* », « *ton* », « *tes* », « *nos* », « *vos* », « *leur* », « *mais* », « *ou* », « *et* », « *donc* », « *or* », « *ni* », « *car* », etc.

5.20   Réaliser deux programmes qui permettent de coder et de décoder un fichier texte en remplaçant les occurrences (autres que la première) des mots du texte par des références de la forme $*position* où *position* est la position en nombre de caractères de la première occurrence du mot. La position du premier caractère est 0. Par exemple le texte suivant :

```
abc def abc
```

sera codé comme suit :

```
abc def $0
```

où $0 représente la seconde occurrence du premier mot. Voici un autre exemple :

```
abc hij abc k def uv def
```

sera codé comme suit :

```
abc hij $0 k def uv $14
```

Il faut donc réaliser deux programmes : un pour coder et l'autre pour décoder.

Fonctionnalités du programme de codage

On demande à l'utilisateur de donner le nom d'un fichier à coder. On remplace les occurrences des mots (sauf la première) par $*position* où *position* est la position (en nombre de caractères) de la première occurrence dans le texte original. La position du premier caractère est 0. Si un mot débute par un $, on le préfixe par un second $. Ceci permet de distinguer entre une référence et un mot débutant par $ dans le fichier produit par le programme. Si le fichier d'entrée s'appelle *nom*, alors le fichier produit s'appellera *nom.ref*.

Fonctionnalités du programme de décodage

On demande à l'utilisateur de donner le nom d'un fichier à décoder. On remplace les occurrences de $*position* (une référence) par le mot qui apparaît à la position *position* dans la *sortie*. La position du premier caractère est 0. Si un mot débute par deux caractères $, on remplace ces deux caractères par un seul et l'on ne considère pas les chiffres qui pourraient les suivre comme formant une référence. Si le fichier d'entrée s'appelle *nom.ref*, alors le fichier produit s'appellera *nom*. Pour tous les autres noms, si l'entrée s'appelle *nom*, le fichier produit s'appellera *nom.drf*.

Validation

Réaliser les validations suivantes :

- S'il est impossible d'ouvrir le fichier d'entrée, afficher un message d'erreur. Si le fichier de sortie existe, l'écraser sans avertissement ;

- Dans le cas du décodage, si l'on rencontre une référence invalide, afficher un message d'erreur dans le format suivant (nom du fichier, numéro de ligne, référence) :

```
Texte2: ligne 25: $123: Cette référence n'existe pas
```

Contraintes de programmation

- Dans le programme de codage, vous servir *absolument* d'un **map** pour conserver la correspondance entre un mot et la position de sa première occurrence ;

- Dans le programme de décodage, vous servir *absolument* d'un **map** pour conserver la correspondance entre la position de la première occurrence d'un mot et ce mot ;

- Le caractère qui introduit une référence ($) doit être une constante du programme. De la même façon, les extensions utilisées par votre programme (`.ref` et `.drf`) doivent aussi être des constantes ;

- Utiliser le type C++ **string** plutôt que les « chaînes » C **char *** ;

- Vous servir des fonctions de **cctype** comme **isspace** au lieu de définir vos propres fonctions ;

- Vous servir d'un **long int** pour conserver les positions.

Délimiteurs de mots

Lorsque l'on fait la lecture d'un mot en C++ comme dans l'exemple suivant :

```
string mot;
cin >> mot;
```

le programme saute toutes les espaces[14] et lit tous les caractères jusqu'à la prochaine espace pour former le mot. Une espace est un caractère qui retourne `true` lorsque passé à la fonction `isspace(char c);`

Stratégie de test

Au minimum, votre stratégie de test doit contenir les choses suivantes :

Tests unitaires ;

Pour le programme de codage, tester avec les fichiers suivants :

- vide,
- sans doublons ni $,
- avec un doublon (au début, au milieu, à la fin, consécutif, non-consécutif),
- avec plusieurs doublons (le même plusieurs fois, plusieurs, plusieurs fois),
- avec un $ (début et non-début d'un mot, non suivi par un chiffre, suivi par un chiffre),
- avec plusieurs $ (non suivi par un chiffre, suivi par un chiffre),
- vérifier le message d'erreur pour un fichier que l'on ne peut pas ouvrir,
- vérifier l'écrasement sans avertissement ;

Pour le programme de décodage, tester avec les fichiers suivants :

- vide,
- non vide, pas de $,
- avec un seul $ (suivi par une position valide, suivi par une position invalide, non suivi d'un chiffre),
- deux $$ consécutifs (au début d'un mot, ailleurs),
- plusieurs $ des types déjà vus,
- fichier `.ref` et pas `.ref`,
- vérifier l'écrasement sans avertissement ;

Tests d'intégration :

- Prendre les fichiers précédents, les passer dans le programme de codage et puis dans celui de décodage et vérifier que l'on obtient le fichier original,
- Refaire le test précédent avec un « gros » fichier (code source `.cpp`, un fichier `html`, un fichier texte, etc.).

---

[14]   Rappelez-vous que l'espace typographique est féminine.

Chapitre 6

Structures de données simples

Les petits ruisseaux font les grandes rivières.
Proverbe

Après la revue des divers conteneurs et algorithmes de la STL, nous allons nous concentrer sur des structures de données fort simples afin de mieux comprendre les concepts de conteneur et d'itérateur. Nous utiliserons les conteneurs de la STL, mais nous verrons aussi comment on peut les réaliser. Nous considérerons d'abord les listes linéaires, puis les listes génériques et, finalement, une dernière application de simulation nous verra utiliser les files d'attente et les listes de la STL.

6.1 Listes linéaires de la STL

Nous allons nous concentrer ici sur le conteneur `list` de la STL. Les principales opérations de la classe conteneur `list` sont les suivantes :

`begin()`	position du premier élément
`end()`	position au-delà du dernier élément
`push_front(valeur)`	insertion valeur au début de la liste
`push_back(valeur)`	insertion valeur à la fin de la liste
`insert(iter, valeur)`	insertion valeur avant iter
`front()`	référence au premier élément
`back()`	référence au dernier élément
`pop_front()`	élimination du premier élément
`pop_back()`	élimination du dernier élément
`erase(iter)`	suppression de l'élément à iter
`erase(iter1, iter2)`	suppression des éléments de [iter1, iter2[

Exemple 1 Liste de chaînes de caractères

Afin de montrer la manière d'utiliser les conteneurs de la STL, nous allons développer un exemple d'application simple qui utilisera le conteneur `list` appliqué aux chaînes de caractères.

```
#include <iostream>
#include <string>
#include <list>        // conteneur de la STL
using namespace std;

/* Création d'une liste linéaire symétrique en utilisant les listes
   génériques de la STL.  On crée une liste de chaînes de caractères
   en y ajoutant successivement des chaînes, puis en se positionnant
   à un endroit et en y insérant une autre valeur, en éliminant
   l'élément situé en quatrième position, puis en ajoutant un nouvel
   élément à la fin et enfin en modifiant la valeur d'un élément.
   Philippe Gabrini avril 2005  */
```

```cpp
int main()
{
  list<string> etudiants; // objet liste de chaînes

  etudiants.push_back("Bon, Jean"); // addition en fin de liste
  etudiants.push_back("Fine, Louis");
  etudiants.push_back("Gat, René");
  etudiants.push_back("Stant, Alain");
  etudiants.push_back("Tard, Guy");
  etudiants.push_back("Tron, Paul");

  list<string>::iterator position; // itérateur de liste de chaînes
  // afficher toutes les valeurs
  for(position = etudiants.begin(); position != etudiants.end(); position++)
    cout << *position << "\n";
  cout << "\n";                    // nouvelle ligne

  // ajout en troisième position
  position = etudiants.begin();    // début de la liste
  position++; // deuxième
  position++; // troisième
  etudiants.insert(position, "Fère, Lucie"); // insérer avant position

  // afficher toutes les valeurs
  for (position = etudiants.begin(); position != etudiants.end(); position++)
    cout << *position << "\n";
  cout << "\n"; // nouvelle ligne

  position = etudiants.begin(); // premier élément de la liste
  position++; // deuxième
  position++; // troisième
  position++; // quatrième
  etudiants.erase(position); // éliminer élément

  // afficher toutes les valeurs
  for (position = etudiants.begin(); position != etudiants.end(); position++)
    cout << *position << "\n";
  cout << "\n"; // nouvelle ligne

  // addition en fin de liste
  position = etudiants.end(); // après dernier élément de la liste
  etudiants.insert(position, "Kadératé, Yamamoto"); // insérer à la fin

  // modification d'un élément
  position--; // dernier
  position--; // avant-dernier
  *position = "Goland, Henri"; // modifier
```

```
etudiants.sort();              // trier la liste en ordre ascendant
// afficher toutes les valeurs
for (position = etudiants.begin(); position != etudiants.end(); position++)
  cout << *position << "\n";
cout << "\n"; // nouvelle ligne
return 0;
}
```

On déclare une liste de chaînes de caractères `etudiants` et l'on y insère six chaînes. Comme `etudiants` est un objet, on utilise la notation pointée pour lui appliquer les opérations : `etudiants.push_back`. Pour pouvoir afficher la liste ainsi créée, on déclare un itérateur de liste `position` que l'on utilise dans une boucle où on lui donne toutes les valeurs possibles dans la liste en commençant à `etudiants.begin()` et en arrêtant à `etudiants.end()`. Un itérateur est en fait assimilable à un pointeur, et, pour accéder à l'élément auquel il pointe, il faut le déréférencer (`*position`). En faisant ensuite avancer l'itérateur à la troisième position simplement en l'augmentant comme si c'était un entier, on y insère un nouvel élément. Puis on élimine le quatrième élément de la liste. Enfin, on positionne l'itérateur au-delà de la fin de liste et l'on y insère un élément qui sera donc le dernier. En faisant reculer l'itérateur, on modifie le contenu de l'avant-dernier élément. On appelle enfin la fonction de tri de la classe `list`, `sort`, seule classe ayant son propre tri, les autres classes utilisant le tri générique STL.

L'exécution de ce programme produit le résultat suivant qui illustre les diverses opérations effectuées sur la liste :

```
        Bon, Jean                  liste originale
        Fine, Louis
        Gat, René
        Stant, Alain
        Tard, Guy
        Tron, Paul


        Bon, Jean
        Fine, Louis
        Fère, Lucie                 élément inséré
        Gat, René
        Stant, Alain
        Tard, Guy
        Tron, Paul


        Bon, Jean
        Fine, Louis
        Fère, Lucie
        Stant, Alain                élément supprimé
        Tard, Guy
        Tron, Paul
```

éléments triés

```
Bon, Jean
Fine, Louis
Fère, Lucie
Goland, Henri          élément modifié
Kadératé, Yamamoto     élément ajouté
Stant, Alain
Tard, Guy
```

Exemple 2 Arithmétique de haute précision

Nous voulons maintenant pouvoir effectuer des opérations arithmétiques sur des valeurs entières de grande taille pour lesquelles nous ne pouvons utiliser les types int ou long int qui sont trop petits. En utilisant des listes linéaires pour représenter ces valeurs entières, nous pouvons effectuer des calculs sur des nombres très grands. Nous pourrions représenter nos grands nombres positifs en base 10 à raison d'un chiffre par élément ; ceci ne serait cependant pas une façon efficace de faire les choses puisque les types numériques existants peuvent déjà contenir de grandes valeurs. Au lieu de cela, nous considérerons chaque « chiffre » comme s'il était en base 10 000[1] (avec quatre chiffres décimaux) ; un entier de grande précision sera ainsi découpé en tranches de quatre chiffres, chaque tranche étant un élément d'une liste. Ainsi, la représentation de l'entier 123678923459012 est la liste (0123, 6789, 2345, 9012). Avec l'utilisation de la classe list de la STL, l'opération d'addition peut être définie par la fonction ci-dessous :

```cpp
const int LIMITEENTIERS = 10000; // limite des tranches de nombre entier
list<int> SommeEntiers(const list<int>& X, const list<int>& Y)
// Ajoute deux entiers en haute précision produisant un nouvel entier
// en haute précision
{
  int retenue = 0, trancheX = 0, trancheY = 0, partielle = 0;
  list<int>::const_reverse_iterator numeroX = X.rbegin(); // dernier élément X
  list<int>::const_reverse_iterator numeroY = Y.rbegin(); // dernier élément Y
  list<int> resultat;
  while((numeroX != X.rend()) || (numeroY != Y.rend())) {
    if(numeroX == X.rend())        // première liste est terminée
      trancheX = 0;
    else {                         // prochain élément de première liste
      trancheX = *numeroX;
      numeroX++;
    }// IF;
    if(numeroY == Y.rend())        // seconde liste est terminée
      trancheY = 0;
    else {                         // prochain élément de seconde liste
      trancheY = *numeroY;
      numeroY++;
    }// if;
```

---

[1] Un abus de langage (il nous faudrait 10 000 chiffres différents) utile pour l'explication !

```
      partielle = trancheX + trancheY + retenue;
      if(partielle > LIMITEENTIERS-1) {    // valeur trop grande, engendre retenue
        resultat.push_front(partielle-LIMITEENTIERS);
        retenue = 1;
      }
      else {
        resultat.push_front(partielle);
        retenue = 0;
      }//  if;
   }//  while;
   if(retenue == 1)              // ajoute un élément supplémentaire
     resultat.push_front(1);
   return resultat;
}//  SommeEntiers;
```

On construit la liste résultante, `resultat`, en ajoutant chaque nouvel élément au début de la liste ; la fonction `SommeEntiers` prend en considération le fait que les deux entiers peuvent avoir des longueurs différentes et que la boucle `while` est répétée tant que les deux listes n'ont pas été entièrement examinées. Comme nous devons traiter les éléments de la liste en commençant par la fin, nous utilisons des itérateurs inversés, `const_reverse_iterator` (constants à cause des `const` des paramètres passés par référence pour éviter les copies), les positions extrêmes sont alors identifiées par `rbegin` et `rend`, et l'avancement par l'opérateur `++` se fait à reculons. Si l'une des listes est épuisée avant l'autre, on fournit une valeur nulle pour l'élément manquant. La retenue commence à zéro et est ensuite zéro ou un selon l'addition effectuée. Nous n'avons pas oublié la possibilité que la liste résultante soit plus longue que les listes originales à cause d'une dernière retenue. Appelée avec les paramètres suivants :

```
(1234, 5678, 9012)
(9999, 9012, 8765, 4321)
```

la procédure produira le résultat suivant :

```
(0001, 0000, 0247, 4444, 3333)
```

ce qui correspond à l'addition suivante :

```
123456789012 + 9999901287654321 = 10000024744443333
```

Exemple 3 Arithmétique des polynômes

Dans certaines applications, les objets manipulés ne sont pas des nombres, mais des polynômes, et il est utile de pouvoir additionner et multiplier des polynômes. Par exemple :

$$(12x^3y+4x^2y^2-3xz-2y^3z^2)+(3x^4z-4x^2y^2+9xz-4y^3z^2+2yz)=(3x^4z+12x^3y+6xz-6y^3z^2+2yz)$$

Nous pouvons représenter des polynômes à trois variables en utilisant le type `list` de la STL avec le type suivant :

```
typedef struct{int Coefficient, PuissanceX, PuissanceY, PuissanceZ;} Terme;
```

Nous supposerons que les termes des polynômes sont ordonnés de façon lexicographique sur les puissances combinées de x, de y et de z ; par exemple $x^6 - 6xy^5 + 5y^6$ serait représenté par :

$$([1, 6, 0, 0], [-6, 1, 5, 0], [5, 0, 6, 0])$$

Les fonctions suivantes réalisent l'addition de deux polynômes :

```cpp
int PuissancesComparees(Terme E1, Terme E2)
{
  if(E1.PuissanceX > E2.PuissanceX)
    return 1;
  else if(E1.PuissanceX < E2.PuissanceX)
    return -1;
  else if(E1.PuissanceY > E2.PuissanceY)
    return 1;
  else if(E1.PuissanceY < E2.PuissanceY)
    return -1;
  else if(E1.PuissanceZ > E2.PuissanceZ)
    return 1;
  else if(E1.PuissanceZ < E2.PuissanceZ)
    return -1;
  else
    return 0;
} // PuissancesComparees;

list<Terme> operator +(const list<Terme>& Poly1, const list<Terme>& Poly2)
// Additionne deux polynômes pour produire un troisième polynôme
{
  list<Terme>::const_iterator i1, i2;
  Terme element1, element2;
  const Terme TERMENUL = {0,0,0,0};
  list<Terme> resultat;
  i1 = Poly1.begin();
  i2 = Poly2.begin();
  element1 = (*i1);
  element2 = (*i2);
  while((i1 != Poly1.end()) || (i2 != Poly2.end())) {
    if(PuissancesComparees(element1, element2) == -1) {
      // élément 2 en premier, copier dans résultat
      resultat.push_back(element2);
      i2++;
      if(i2 != Poly2.end())
        element2 = *i2;
      else // polynôme 2 terminé
        element2 = TERMENUL;
    }
```

```
      else if( PuissancesComparees(element1, element2) == 1) {
        // élément 1 en premier, copier dans résultat
        resultat.push_back(element1);
        i1++;
        if(i1 != Poly1.end())
          element1 = *i1;
        else // polynôme 1 terminé
          element1 = TERMENUL;
      }
    else {// mêmes puissances ajouter coefficients
      element2.Coefficient = element2.Coefficient + element1.Coefficient;
      if(element2.Coefficient != 0) // copier dans résultat
        resultat.push_back(element2);
      i1++;
      if(i1 != Poly1.end()) // élément suivant dans polynôme 1
        element1 = *i1;
      else // polynôme 1 terminé
        element1 = TERMENUL;
      i2++;
      if(i2 != Poly2.end()) // élément suivant dans polynôme 2
        element2 = *i2;
      else // polynôme 2 terminé
        element2 = TERMENUL;
    } // if;
  } // while;
  return resultat;
} // "+";
```

Nous utilisons les itérateurs pour obtenir les termes du polynôme (monômes) ; si nous atteignons la fin d'un polynôme, nous n'utilisons plus l'itérateur et affectons plutôt la valeur TERMENUL (un élément ayant quatre valeurs nulles) à l'élément. La deuxième fonction redéfinit l'opérateur +, ce qui nous permet d'écrire :

```
list<Terme> Polynome1, Polynome2, Polynome3;
.........
Polynome3 = Polynome1 + Polynome2;
```

Avec   Polynôme1 = ([12, 3, 1, 0], [4, 2, 2, 0], [-3, 1, 0, 1], [-2, 0, 3, 2])

et   Polynôme2 = ([3, 4, 0, 1], [-4, 2, 2, 0], [9, 1, 0, 1], [-4, 0, 3, 2], [2, 0, 1, 1])

la procédure produit:

$$\text{Polynôme3} = ([3, 4, 0, 1], [12, 3, 1, 0], [6, 1, 0, 1], [-6, 0, 3, 2], [2, 0, 1, 1])$$

Ceci correspond à   Polynôme1 = $12x^3y + 4x^2y^2 - 3xz - 2y^3z^2$

$$\text{Polynôme2} = 3x^4z - 4x^2y^2 + 9xz - 4y^3z^2 + 2yz$$

dont la somme est:

$$\text{Polynôme3} = 3x^4z + 12x^3y + 6xz - 6y^3z^2 + 2yz$$

Nous pourrions facilement développer un type de données abstrait complet pour les opérations sur les polynômes ; la multiplication de deux polynômes vous est laissée comme exercice.

6.2   Réalisation de listes linéaires simples

Afin de mieux comprendre comment sont construites les classes conteneurs et les itérateurs qui leur sont associés, voyons comment nous pourrions réaliser les listes linéaires que nous venons juste d'utiliser. Nous sommes en présence d'un type de données abstrait, c'est-à-dire de la définition d'un nouveau type comprenant un ensemble de valeurs et les opérations qui s'y appliquent. Pour simplifier les choses, nous allons réaliser des listes linéaires de chaînes de caractères.

Une liste linéaire peut être représentée par la figure 6.1, laquelle ressemble à la structure que nous avons utilisée pour réaliser les piles ; un élément de la liste, ou nœud, possède deux parties : l'élément de la liste proprement dit et un pointeur au prochain nœud.

Figure 6.1 Liste chaînée

Bien qu'il soit possible d'accéder à tout élément d'une telle liste à partir du premier élément de la liste, on ne peut passer d'un élément à un autre que dans une seule direction. Avec une réalisation statique contiguë comme un tableau, les successeurs sont adjacents à leurs prédécesseurs, et ce problème ne se pose pas. Mais, avec la réalisation dynamique, la plupart des opérations requièrent un pointeur supplémentaire à l'élément précédent. Par exemple, avec les listes de la figure 6.1, pour éliminer un élément, il nous faut connaître son prédécesseur ; si nous devons parcourir la liste à partir de son début pour trouver le prédécesseur, l'opération peut devenir inefficace. Afin de pouvoir nous déplacer dans les deux directions de la liste, chaque élément d'une *liste symétrique* ou *liste doublement chaînée* aura deux champs pour le lier à l'élément précédent et à l'élément suivant, comme le montre la figure 6.2.

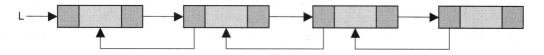

Figure 6.2 Une liste symétrique

Bien sûr, il y a un prix à payer pour cette souplesse supplémentaire ; il nous faut de l'espace pour les liens supplémentaires, et nous aurons plus de liens à manipuler lors de la réalisation des opérations. Nous allons construire nos listes selon ce modèle classique, et une liste sera à nouveau composée de nœuds. Dans notre réalisation, nous pouvons déjà prévoir trois classes : une classe `Noeud`, une classe `Liste` et une classe `Iterateur`. Commençons par définir la classe `Noeud`, qui contrairement à ce que nous avons fait pour les piles est déclarée comme une classe à part entière.

```
class Liste;      // on conserve un nom similaire à STL
class Iterateur;  // on conserve un nom similaire à STL
```

```
class Noeud        // l'élément de la liste
{
    friend class Liste;      // les fonctions membres de ces classes peuvent
    friend class Iterateur;// inspecter et modifier le champ de la classe Noeud
    public:
        Noeud(string Str);   // Construit un Noeud avec une valeur Str donnée.
    private:
        string donnee;       // valeur dans le nœud
        Noeud* precedent;    // pointeur à élément précédent
        Noeud* suivant;      // pointeur à élément suivant
};
```

La déclaration de cette classe est précédée de deux déclarations préliminaires (ou en avant) de classes dont nous avons besoin pour définir les données de la partie privée ou leurs propriétés. L'interface de cette classe est réduite au strict minimum : un constructeur. Chaque nœud doit contenir la chaîne de caractère ainsi que deux pointeurs sur les nœuds suivant et précédent. Ces éléments de données sont définis dans la partie privée de la définition de classe. Comme ces éléments sont privés, seules les fonctions membres de la classe peuvent y avoir accès. L'utilisateur ne peut y accéder. Les champs de données sont ainsi cachés de l'utilisateur, c'est ce que l'on appelle *encapsulation*. Notez qu'il est possible de placer ces champs dans la partie publique et de les rendre ainsi accessibles à tous ; ceci n'est pas fait en pratique, car c'est contraire au principe de l'encapsulation. Notez aussi que nous avons donné les prototypes des classes Liste et Iterateur avant la déclaration de la classe Noeud ; la raison en est simple : la classe Noeud fait référence à ces deux classes dans sa définition, et le compilateur doit être averti de l'existence de ces classes désignées comme classes amies, c'est-à-dire à qui la classe Noeud *permet l'accès à sa partie privée*. La déclaration friend peut apparaître n'importe où dans la définition de classe, elle n'est pas affectée par les parties public ou private.

La classe étant ainsi définie, il reste à donner la définition complète des opérations apparaissant dans l'interface. Il n'y en a qu'une, et pour ce faire nous écrivons le code de cette opération en préfixant le nom du sous-programme du nom de la classe suivi de deux fois le signe deux-points, comme nous l'avons fait plus tôt.

```
Noeud::Noeud(string Str)
{
    donnee = Str;
    precedent = NULL;
    suivant = NULL;
}
```

Fichiers du code source (première partie)

Le code étant ainsi défini, où devons nous le placer ? Logiquement, l'interface devrait être placée dans un fichier à part puisque c'est d'elle dont l'utilisateur a besoin, et il peut alors y accéder en plaçant un `#include` dans son fichier source. Bien qu'au chapitre 4 nous ayons placé l'interface de la classe dans un fichier `.hpp` et la définition des fonctions membres de la classe dans un fichier `.cpp`, C++ n'exige rien en ce qui concerne le découpage et le placement des diverses parties d'une classe. En langage C, il existait des fichiers en-têtes ayant l'extension `.h`, et ce sont des fichiers semblables que l'on privilégie en C++, mais, comme on l'a vu au chapitre 4, plutôt avec l'extension `.hpp` (certains utilisent aussi `.h++`). Un bon découpage serait de placer l'interface destinée à l'utilisateur dans un fichier en-tête et le reste du code dans un fichier à extension `.cpp` (certains utilisent aussi les extensions `.c++`, `.cc` et `.cp`, l'extension `.c` restant réservée au langage C). Malheureusement, les choses ne sont pas aussi simples et parfaites que cela. D'abord, comme vous l'avez vu, l'interface comprend la partie privée qui devient alors visible à l'utilisateur, ce qui est un peu regrettable, même s'il n'y a pas accès. De plus, les fichiers en-têtes contiennent souvent une partie de la réalisation de certaines opérations (définitions `inline` par exemple, dont on dira plus au chapitre 7, qui sont censées être plus efficaces, mais doivent être compilées à chaque importation). Bref, le langage a été défini de telle manière à laisser ce découpage vague. Il est donc possible de tout placer dans le même fichier (voyez l'application des huit reines) ou bien même de placer l'interface et la définition complète des opérations dans un fichier en-tête (comme pour le code de la classe `Heap`)... Dans la mesure du possible, nous essayerons de placer l'interface d'une classe dans un fichier en-tête `.hpp` et la définition des opérations dans un fichier de même nom et d'extension `.cpp`. Le programme utilisant ou vérifiant la classe se trouvera alors dans un troisième fichier d'extension `.cpp`. Pour cet exemple, nous avons décidé de placer les trois interfaces (nœud, liste, itérateur) dans le même fichier `liste.hpp` et les définitions des opérations des trois classes dans le même fichier `liste.cpp`. Le sujet des fichiers source n'est cependant pas clos pour autant, car, comme on s'en est aperçu au chapitre 4, les génériques viennent compliquer la situation.

Continuons maintenant la réalisation de nos listes linéaires de chaînes. Comme certaines opérations sur les listes utilisent des itérateurs, il vaut mieux commencer par définir la classe `Iterateur` dont nous donnons l'interface ci-dessous :

```cpp
#include <cassert> // permet les assertions
class Iterateur     // Un itérateur indique une position dans la liste
{                   // ou au-delà de la fin de la liste.
friend class Liste;
public:
    //    Construit un itérateur qui ne pointe à aucune liste.
    Iterateur();
    //    Retourne la valeur du noeud repéré par l'itérateur.
    string get() const;
    //    Remplace la valeur du noeud repéré par l'itérateur.
    void set(string Str);
    //    Avance l'itérateur au noeud suivant.
```

```
    void suivant();
    //    Recule l'itérateur au noeud précédent.
    void precedent();
    //    Compare deux itérateurs, l'objet et le paramètre
    bool equals(Iterateur It) const;
private:
  Noeud* position; // élément repéré
  Noeud* dernier;  // dernier élément
};
```

Un itérateur est donc défini par deux pointeurs à des nœuds, ce qui n'en fait pas une structure compliquée. En conséquence, les opérations sur les itérateurs ne sont pas complexes, et nous pouvons en donner le code directement (dans le fichier `liste.cpp`).

```
Iterateur::Iterateur() //constructeur
{
  position = NULL;
  dernier = NULL;
}

string Iterateur::get() const
{
  assert(position != NULL);
  return position->donnee;
}

void Iterateur::set(string Str)
{ assert(position != NULL);
  position->donnee = Str;
}

void Iterateur::suivant()
{
  assert(position != NULL);
  position = position->suivant;
}

void Iterateur::precedent()
{
  if(position == NULL)
    position = dernier;
  else
    position = position->precedent;
  assert(position != NULL);
}

bool Iterateur::equals(Iterateur It) const
{
    return position == It.position && dernier == It.dernier;
}
```

Dans ce code, nous avons utilisé de nouveau des assertions (`assert(condition)`), ce qui est une façon simple de vérifier une condition et, si elle n'est pas vraie, de terminer le programme en produisant un message d'erreur approprié. Pour pouvoir utiliser `assert`, il nous a fallu précéder le programme de `#include <cassert>`. Nous avons vu au chapitre 3 qu'il y avait des façons moins brutales de traiter les erreurs, les exceptions. Dans le reste de nos exemples des chapitres subséquents, nous opérerons avec des exceptions, ce qui donne à l'utilisateur la possibilité de traiter lui-même et en toute connaissance de cause les erreurs qui se produisent.

Il nous faut maintenant définir l'interface pour la classe Liste (fichier `liste.hpp`).

```
class Liste          // Classe réalisant les listes linéaires symétriques
{
public:
   Liste();                      //   Construit une Liste vide;
   void push_back(string Str);   //   Ajoute un élément Str à la liste.
   Iterateur insert(Iterateur It, string Str);
   // Insère un élément Str dans la liste, retourne itérateur sur cet élément.
   // Paramètre It = position avant laquelle insérer.
   Iterateur erase(Iterateur It);
   // Enlève élément de liste, retourne itérateur sur élément suivant.
   // Paramètre It = position de l'élément à enlever.
   Iterateur begin();
   // Retourne la position du début de la liste.
   Iterateur end();
   // Retourne un itérateur pointant après la fin de la liste.
private:
   Noeud *premier; // pointeur au premier élément de la liste
   Noeud *dernier; // pointeur au dernier élément de la liste
};
```

De la même façon que pour la classe `Noeud`, la classe `Liste` présente dans la partie publique les opérations sur le type de données abstrait `Liste`. On y retrouve les opérations que nous avons utilisées dans l'exemple basé sur la STL. La partie privée de cette définition de classe ne contient que deux données : un pointeur au premier élément de la liste et un pointeur au dernier élément de la liste. Il nous faut maintenant définir les opérations dont nous avons donné les prototypes (toujours dans le fichier `liste.cpp`).

```
Liste::Liste() //constructeur
{
  premier = NULL;
  dernier = NULL;
}

void Liste::push_back(string Str)
{
  Noeud *nouveau = new Noeud(Str);
  if(dernier == NULL){  //  Liste vide
    premier = nouveau;
    dernier = nouveau;
  }
```

```
  else {
    nouveau->precedent = dernier;
    dernier->suivant = nouveau;
    dernier = nouveau;
  }
}
```

Le code de `push_back` est simple : on crée un nouveau nœud qui contient la valeur à ajouter ; ensuite si la liste est vide on place l'élément dans la liste, sinon on relie l'élément au dernier élément de la liste et l'on en fait le dernier élément.

```
Iterateur Liste::insert(Iterateur It, string Str)
{
   if (It.position == NULL)
   {
      push_back(Str);
      It.dernier = dernier;
      It.position = dernier;
      return It;
   }
   Noeud* apres = It.position;
   Noeud* avant = apres->precedent;
   Noeud* nouveau = new Noeud(Str);
   nouveau->precedent = avant;
   nouveau->suivant = apres;
   apres->precedent = nouveau;
   if (avant == NULL)  // insérer au début
      premier = nouveau;
   else
      avant->suivant = nouveau;
   It.position = nouveau;
   return It;
}
```

Le code de `insert` est un peu plus complexe. On détermine d'abord s'il s'agit d'une insertion en fin de liste (`It.position` est alors nul), et on la fait en appelant `push_back` avant de modifier le dernier élément. Sinon on détermine les nœuds précédant et suivant le nœud à insérer, on crée le nouveau nœud et on le relie à ses voisins en s'assurant de traiter le cas où l'insertion se fait au début de la liste.

```
Iterateur Liste::erase(Iterateur It)
{
   Iterateur iter = It;
   assert(iter.position != NULL);
   Noeud* a_enlever = iter.position;
   Noeud* avant = a_enlever->precedent;
   Noeud* apres = a_enlever->suivant;
   if (a_enlever == premier)
      premier = apres;
```

```
   else
      avant->suivant = apres;
   if (a_enlever == dernier)
      dernier = avant;
   else
      apres->precedent = avant;
   iter.position = apres;
   delete a_enlever;
   return iter;
}
```

Le code de `erase` est, lui aussi, un peu plus compliqué. On détermine d'abord que l'itérateur repère bien un nœud de la liste. Ceci étant le cas, on repère le nœud à enlever et ses deux voisins. On procède ensuite à l'enlèvement du nœud en traitant le cas du premier élément de la liste et le cas du dernier élément de la liste. L'itérateur est ensuite placé sur l'élément qui suivait l'élément enlevé, puis on relâche la mémoire affectée au nœud supprimé avant de retourner la valeur de l'itérateur.

```
Iterateur Liste::begin()
{
  Iterateur iter;
  iter.position = premier;
  iter.dernier = dernier;
  return iter;
}

Iterateur Liste::end()
{
  Iterateur iter;
  iter.position = NULL;
  iter.dernier = dernier;
  return iter;
}
```

Le code des opérations `begin` et `end` est simple puisqu'il ne fait que copier l'information dans des itérateurs.

Pour tester ces classes, nous reprenons un programme principal semblable à celui de la section précédente et créons une liste de chaînes de caractères en y ajoutant successivement des chaînes, puis en s'y positionnant à un endroit donné et en y insérant une autre valeur, en éliminant l'élément situé dans une autre position, puis en ajoutant un nouvel élément à la fin, et enfin en modifiant la valeur d'un élément. La notation est cependant quelque peu différente de notre exemple de la section précédente, par exemple dans la boucle de sortie.

```
// afficher toutes les valeurs
  for (position = etudiants.begin(); !position.equals(etudiants.end());
       position.suivant())
    cout << position.get() << endl;
  cout << endl; // nouvelle ligne
```

6.3   Listes génériques

La réalisation de la classe `Liste` de la section 6.2 s'approche de ce que la STL nous offre, avec quelques différences, la plus importante étant la généricité. Nous allons donc reprendre cet exemple en le rendant générique d'une part et en nous approchant plus de la notation de la STL. Il nous faut redéfinir les mêmes classes que dans la section 6.2. Cependant, nous voulons des classes génériques, c'est-à-dire s'appliquant à tout type de données, et nous utiliserons la même technique que nous avons vue pour les sous-programmes de tri génériques et les piles génériques. Nous devrons préfixer la définition de classe avec `template<typename T>` et utiliser le type T à tous les endroits où les données sont manipulées. De plus, nous redéfinirons les opérateurs de façon à offrir la même notation que la STL. Dans le fichier `listeG.hpp`, nous plaçons :

```cpp
// Déclarations "en avant"
template<typename T> class List;
template<typename T> class Iterator;

// Une classe pour les nœuds de la liste linéaire.
template<typename T> class Noeud
{
  friend class List<T>;      // les fonctions membres de ces classes peuvent
  friend class Iterator<T>; // inspecter et modifier le champ de la classe Noeud
public:
  Noeud(T Str);              // Construit un nœud pour une donnée.
private:
  T donnee;
  Noeud<T> *precedent;
  Noeud<T> *suivant;
};
```

Et dans le fichier `listeG.cpp`, nous plaçons :

```cpp
template<typename T> Noeud<T>::Noeud(T Str)
{
  donnee = Str;
  precedent = NULL;
  suivant = NULL;
}
```

Ces déclarations de la classe Noeud ne sont pas différentes de celles de la section précédente à part la notation introduite pour les génériques. Le nom de la classe est suivi des crochets angulaires entourant le marqueur générique T.

Voyons maintenant la classe `Iterator` (placée dans le fichier `listeG.hpp`).

```cpp
// Un itérateur indique une position dans la liste ou au-delà de la fin de la liste.
template<typename T> class Iterator
{
friend class List<T>; // les fonctions membres de cette classe peuvent
                      // inspecter et modifier le champ de la classe Iterator
```

```
public:
    //   Construit un Iterateur qui ne pointe à aucune liste.
    Iterator();
    //   Retourne la référence à la valeur repérée par la position.
    T& operator *();
    //   Avance l'itérateur à la position suivante.
    void operator ++(int Dummy);// paramètre nécessaire pour op. ++ suffixe
    //   Recule l'itérateur à la position précédente.
    void operator --(int Dummy);// paramètre nécessaire pour op. -- suffixe
    //   Compare deux itérateurs, l'objet et le paramètre.
    bool operator ==(Iterator<T> It) const;
    //   Compare deux itérateurs, l'objet et le paramètre.
    bool operator !=(Iterator<T> It) const;
private:
    Noeud<T> *position;
    Noeud<T> *dernier;
};
```

Notez l'utilisation de T& comme type du résultat de l'opérateur * : on retourne une référence, ce qui permet d'accéder à la valeur de type T ou de la changer ! Le code définissant les opérations des itérateurs n'est pas très différent, à part la redéfinition de l'opérateur * qui remplace les anciennes opérations get et set de la section précédente. La redéfinition des opérateurs suffixes ++ et -- exige que nous utilisions un paramètre factice, sinon l'opérateur serait considéré préfixe. Le fichier listeG.cpp est complété par :

```
template<typename T> Iterator<T>::Iterator()
{
    position = NULL;
    dernier = NULL;
}


template<typename T> T& Iterator<T>::operator*() // ramène une référence
{
    assert(position != NULL);
    return position->donnee;
}


template<typename T> void Iterator<T>::operator++(int Dummy)
{// post incrément déclaré comme void(int)
    assert(position != NULL);
    position = position->suivant;
}


template<typename T> void Iterator<T>::operator--(int Dummy)
{// post incrément déclaré comme void(int)
    if(position == NULL)
        position = dernier;
    else
        position = position->precedent;
    assert(position != NULL);
}
```

```
template<typename T> bool Iterator<T>::operator==(Iterator<T> It) const
{
    return position == It.position && dernier ==It.dernier;
}


template<typename T> bool Iterator<T>::operator!=(Iterator<T> It) const
{
    return position != It.position || dernier != It.dernier;
}
```

Nous pouvons maintenant considérer la classe List et la placer dans le fichier listeG.hpp.

```
template<typename T> class List
{// Une liste linéaire des valeurs d'un certain type.
public:
    List();                    // Construit une liste vide;
    List(const List<T>& L);    // Construit une copie de la liste L;
    ~List();                   // Détruit une liste;
    //   Affecte une liste L à cette liste
    List<T>& operator =(const List<T>& L);
    //   Ajoute un élément Elt à la fin de la liste.
    void push_back(T Elt);
    //   Insère un élément Elt dans la liste avant It.
    //   retourne itérateur sur l'élément ajouté.
    Iterator<T> insert(Iterator<T> It, T Elt);
    //   Enlève un élément It de la liste,
    //   retourne itérateur sur l'élément suivant l'élément effacé.
    Iterator<T> erase(Iterator<T> It);
    //   Donne la position du début de la liste.
    Iterator<T> begin() const;
    //   Retourne un itérateur pointant après la fin de la liste.
    Iterator<T> end() const;
private:
    Noeud<T>* premier; // pointeur au premier élément de la liste
    Noeud<T>* dernier; // pointeur au dernier élément de la liste
    void Liberer();    // libération de la mémoire occupée par une liste
    void Copier(const List<T>&);// copie d'une autre liste dans cette liste
};
```

Notez que nous avons complété les opérations en ajoutant un second constructeur, un destructeur et une opération d'affectation. De plus, dans la partie privée, nous avons ajouté une opération de copie et une opération de libération de tous les nœuds de la liste. Dans un sens, le plus grand changement est la notation des gabarits que nous devons répéter pour la définition de chaque opération placée dans le fichier listeG.cpp.

```
template<typename T> List<T>::List()
{
  premier = NULL;
  dernier = NULL;
}


template<typename T> List<T>::~List()
{
  Liberer();
}


template<typename T> List<T>::List(const List<T>& L)
{
  premier = NULL;
  dernier = NULL;
  Copier(L);
}


template<typename T> List<T>& List<T>::operator =(const List<T>& L)
{
  if(this != &L){
    Liberer();
    Copier(L);
  }
  return *this;
}


template<typename T> void List<T>::push_back(T Elt)
{
  Noeud<T>* nouveau = new Noeud<T>(Elt);
  if(dernier == NULL){    // liste est vide
    premier = nouveau;
    dernier = nouveau;
  }
  else {                  // liste non vide
    nouveau->precedent = dernier;
    dernier->suivant = nouveau;
    dernier = nouveau;
  }
}


template<typename T> Iterator<T> List<T>::insert(Iterator<T> It, T Elt)
{
  if (It.position == NULL)
  {
    push_back(Elt);
    It.dernier = dernier;
    It.position = dernier;
    return It;
  }
```

```cpp
   Noeud<T>* apres = It.position;
   Noeud<T>* avant = apres->precedent;
   Noeud<T>* nouveau = new Noeud<T>(Elt);
   nouveau->precedent = avant;
   nouveau->suivant = apres;
   apres->precedent = nouveau;
   if (avant == NULL)  // insérer au début
      premier = nouveau;
   else
      avant->suivant = nouveau;
   It.position = nouveau;
   return It;
}


template<typename T> Iterator<T> List<T>::erase(Iterator<T> It)
{
   Iterator<T> iter = It;
   assert(iter.position != NULL);
   Noeud<T>* a_enlever = iter.position;
   Noeud<T>* avant = a_enlever->precedent;
   Noeud<T>* apres = a_enlever->suivant;
   if (a_enlever == premier)
      premier = apres;
   else
      avant->suivant = apres;
   if (a_enlever == dernier)
      dernier = avant;
   else
      apres->precedent = avant;
   iter.position = apres;
   delete a_enlever;
   return iter;
}


template<typename T> Iterator<T> List<T>::begin() const
{
  Iterator<T> iter;
  iter.position = premier;
  iter.dernier = dernier;
  return iter;
}
```

```
template<typename T> Iterator<T> List<T>::end() const
{
  Iterator<T> iter;
  iter.position = NULL;
  iter.dernier = dernier;
  return iter;
}


template<typename T> void List<T>::Copier(const List<T>& L)
{// copie d'une autre liste dans cette liste
  for(Iterator<T> iter = L.begin(); iter != L.end(); iter++)
    push_back(*iter);
}


template<typename T> void List<T>::Liberer()
{
  while (begin() != end())
    erase(begin());
}
```

La plupart des opérations n'ont pas changé. Les cinq nouvelles opérations ne sont pas non plus très complexes. L'opération interne `Liberer` boucle sur tous les éléments de la liste et applique `erase` à chacun d'entre eux jusqu'à ce qu'il n'en reste plus. L'opération interne `Copier` boucle sur tous les éléments de la liste paramètre et fait un `push_back` dans le nouvel objet pour chacun d'eux. Le destructeur appelle tout simplement `Liberer`. Le nouveau constructeur initialise les deux pointeurs et appelle ensuite `Copier`.

Pour l'affectation, on vérifie d'abord que la partie droite est bien une entité différente de l'objet traité ; ce dernier est repéré par le pointeur `this` (mot réservé C++) qui représente toujours l'adresse de l'objet. On vérifie simplement que la valeur du pointeur (une adresse) est différente de l'adresse du paramètre. On applique alors `Liberer` à l'objet pour relâcher la mémoire qui lui est associée, puis on lui applique `Copier`, afin de créer une copie du paramètre. Ceci étant fait, on retourne le nouvel objet.

Pour tester le programme, nous utilisons le même programme principal que dans les sections précédentes. On remarque que la notation est maintenant très proche de ce que nous avons utilisé dans la section 6.1. Par contre, il nous restera encore à tester les opérations d'affectation, le constructeur de copie, les retours des fonctions `insert` et `erase`, etc., ce que l'on vous laisse comme exercice.

```
int main()
{
  List<string> etudiants;

  etudiants.push_back("Bon, Jean");
  etudiants.push_back("Fine, Louis");
  etudiants.push_back("Gat, René");
  etudiants.push_back("Stant, Alain");
  etudiants.push_back("Tard, Guy");
  etudiants.push_back("Tron, Paul");
```

```cpp
Iterator<string> position; // itérateur de liste
// afficher toutes les valeurs
for(position = etudiants.begin(); position != etudiants.end(); position++)
    cout << *position << "\n";
cout << "\n"; // nouvelle ligne

// ajout en troisième position
position = etudiants.begin(); // début de la liste
position++; // deuxième
position++; // troisième
etudiants.insert(position, "Fère, Lucie"); // insérer avant position

// afficher toutes les valeurs
for(position = etudiants.begin(); position != etudiants.end(); position++)
    cout << *position << "\n";
cout << "\n"; // nouvelle ligne

position = etudiants.begin(); // premier élément de la liste
position++; // deuxième
position++; // troisième
position++; // quatrième
etudiants.erase(position); // éliminer élément

// afficher toutes les valeurs
for(position = etudiants.begin(); position != etudiants.end(); position++)
    cout << *position << "\n";
cout << "\n"; // nouvelle ligne

// addition en fin de liste
position = etudiants.end(); // après dernier élément de la liste
etudiants.insert(position, "Kadératé, Yamamoto"); // insérer à la fin

// modification d'un élément
position--; // dernier
position--; // avant-dernier
*position = "Goland, Henri"; // modifier

// afficher toutes les valeurs
for(position = etudiants.begin(); position != etudiants.end(); position++)
    cout << *position << "\n";
cout << "\n"; // nouvelle ligne

return 0;
}
```

À part le tri, qui n'est pas fait cette fois-ci, les résultats de l'exécution du programme sont semblables à ceux de la section 6.1.

```
Bon, Jean
Fine, Louis
Gat, René
Stant, Alain
Tard, Guy
Tron, Paul

Bon, Jean
Fine, Louis
Fère, Lucie
Gat, René
Stant, Alain
Tard, Guy
Tron, Paul

Bon, Jean
Fine, Louis
Fère, Lucie
Stant, Alain
Tard, Guy
Tron, Paul

Bon, Jean
Fine, Louis
Fère, Lucie
Stant, Alain
Tard, Guy
Goland, Henri
Kadératé, Yamamoto
```

Fichiers du code source (seconde partie)

Le code générique (utilisant les gabarits – template) est un peu différent du code *ordinaire*. D'une certaine manière, les gabarits se situent entre les macros[2] et les déclarations ordinaires (non génériques). Bien que ce soit une simplification peut-être exagérée, ceci a des implications pour la façon dont nous écrivons les algorithmes et définissons les structures de données avec des gabarits, et aussi sur la façon d'exprimer et d'analyser nos programmes génériques.

Le modèle inclusif

Il y a plusieurs façons d'organiser le code source générique ; le modèle le plus populaire est ce que l'on appelle le modèle inclusif. Nous pouvons procéder tel que nous l'avons indiqué à la section 6.2 avec une division entre fichiers .hpp et fichiers .cpp. Ceci fonctionne bien. Cependant, avec des génériques les choses se compliquent. Vous avez peut-être remarqué dans le programme de la calculatrice du chapitre 4 que nous avons dû rajouter **#include "pilesG.cpp"** après le **#include "pilesG.hpp"**. Sans cette addition, le programme principal et l'interface compilent sans erreur ; le compilateur, qui n'a pas la définition des opérations comme Empiler, suppose qu'elle sera donnée ailleurs et place une référence à l'intention du chargeur, car même si le compilateur traite séparément le fichier pilesG.cpp rien ne lui indique qu'il doit instancier les définitions rencontrées. Il se produit alors des erreurs au chargement indiquant qu'il n'existe pas de définition pour les fonctions appelées. Ce problème est facilement résolu par l'addition du **#include "pilesG.cpp"**.

Notons cependant une chose : l'instanciation des opérations est faite lors de la traduction d'un appel. Si votre programme n'utilise pas toutes les fonctions membres d'une classe générique, celles qui ne sont pas appelées ne seront pas instanciées et par conséquent leur code ne sera pas compilé complètement. Bien que votre code ait fonctionné correctement, il se peut qu'il ne compile plus si vous ajoutez à votre programme un appel à une fonction générique qui n'a encore jamais été appelée !

On peut cependant demander explicitement une instanciation d'une classe ou d'une des fonctions membres d'une classe en faisant suivre le mot template de la déclaration complète de l'entité à instancier, par exemple :

```
template class TypePile<int>;
template char TypePile<char>::Sommet();
```

Le modèle séparé

Ce modèle utilise l'exportation des génériques au moyen du mot réservé export. Il suffit de faire précéder du mot export le mot template des déclarations génériques. Les génériques ainsi exportés peuvent être utilisés sans que leurs définitions ne soient visibles. Appliqué à une classe, export provoque l'exportation de tous les membres exportables (les fonctions inline explicites ou non, voir chapitre 7, ne peuvent l'être). On peut exporter des fonctions génériques, des fonctions de classes génériques, des fonctions génériques de classe. Cependant, il est à noter que bien des compilateurs ne traitent pas encore le mot export (error : unimplemented C++ feature), plus de six ans après l'adoption de la norme !

---

[2]   Macro veut dire *macro-instruction*, soit un ensemble d'instructions possédant un nom, pouvant être utilisé à la place d'une instruction en permettant même une adaptation en fonction de paramètres. L'appel de macro est remplacé par l'ensemble d'instructions dont le compilateur fait l'expansion en y remplaçant les paramètres.

6.4 Piles de la STL

Comme nous l'avons fait à la section 6.1 où nous avons simplement utilisé un des types prédéfini de la STL, nous allons illustrer ici encore l'utilisation d'un autre type, la pile générique, pour programmer une application. Ceci devrait vous convaincre que, si la structure de données ou l'algorithme dont vous avez besoin pour résoudre un problème existe dans la STL, vous avez tout intérêt à vous en servir plutôt que de réinventer la réalisation de la structure. Les personnes du centre de recherche de la compagnie Hewlett-Packard[3] qui ont développé la STL ont en effet accompli un très bon travail ; d'autres réalisations existent, et si vous pensez pouvoir vous faire une idée de la réalisation, pensez-y deux fois : le code est extrêmement complexe. En voici un exemple tiré de la réalisation par la compagnie SGI (`http://www.sgi.com/tech/stl/stl_list.h`) ; comme vous pouvez le constater, ce code est assez peu convivial ! Et sa documentation laisse rêveur…

```
iterator erase(iterator __position) {
  _List_node_base* __next_node = __position._M_node->_M_next;
  _List_node_base* __prev_node = __position._M_node->_M_prev;
  _Node* __n = (_Node*) __position._M_node;
  __prev_node->_M_next = __next_node;
  __next_node->_M_prev = __prev_node;
  _Destroy(&__n->_M_data);
  _M_put_node(__n);
  return iterator((_Node*) __next_node);
}


template <class _Tp, class _Alloc>
list<_Tp, _Alloc>& list<_Tp, _Alloc>::operator=(const list<_Tp, _Alloc>& __x)
{
  if (this != &__x) {
    iterator __first1 = begin();
    iterator __last1 = end();
    const_iterator __first2 = __x.begin();
    const_iterator __last2 = __x.end();
    while (__first1 != __last1 && __first2 != __last2)
      *__first1++ = *__first2++;
    if (__first2 == __last2)
      erase(__first1, __last1);
    else
      insert(__last1, __first2, __last2);
  }
  return *this;
}
```

[3]   STEPANOV, A. A. et M. LEE *The Standard Template Library*, Technical Report HPL-94-34, avril 1994 révisé le 7 juillet, 1995.

Exemple : Résolution d'un labyrinthe

Un ancien puzzle qui a fasciné et fascine toujours les enfants et les adultes est la recherche d'un chemin dans un labyrinthe. Un labyrinthe construit pour des gens peut être fait de haies bien taillées ou de miroirs, mais pour des rats dans une expérience de psychologie, il sera fait de petits panneaux de bois. Nous ne considérons ici qu'un labyrinthe abstrait, et nous développerons un programme simple pour trouver un chemin dans un labyrinthe sans garantie de trouver le chemin le plus court ou le plus efficace. Notre labyrinthe est représenté par la figure 6.3.

Une fois que nous sommes dans une position donnée, nous pouvons nous déplacer dans quatre directions : au nord, à l'est, au sud et à l'ouest ; notre stratégie sera d'essayer chaque direction successivement. Si nous essayons une direction et que le déplacement est possible, nous effectuons le déplacement ; nous sauvegardons aussi la position actuelle et la direction utilisée pour effectuer le déplacement. Nous sauvegardons cette information afin de pouvoir revenir sur nos pas et essayer une autre direction au cas où nous trouverions un cul-de-sac. Cette stratégie de sauvegarde et de restauration des positions est une stratégie dernier arrivé, premier servi, et nous utiliserons une pile pour conserver et restaurer les positions.

Ce plan ne sera pas suffisant pour nous empêcher de tourner en rond en empruntant un chemin déjà parcouru. Pour éviter d'essayer un chemin déjà emprunté, nous marquerons notre chemin comme le Petit Poucet[4] en changeant un marqueur *blanc* en un marqueur *visité*. Nous utiliserons le type de données abstrait Pile, comme nous l'avons fait pour les applications du chapitre précédent, mais cette fois-ci notre type de base sera une structure définissant une position dans le labyrinthe, identifiée par ses coordonnées (rangée et colonne), et la direction à essayer pour le prochain déplacement.

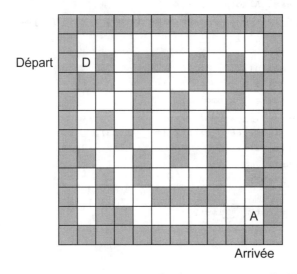

Figure 6.3 Un labyrinthe

---

[4]   Les petits cailloux blancs du Petit Poucet lui permirent de retrouver sa maison ; voir les *Contes de ma mère l'Oye* de Charles Perrault (1628-1703).

Nous définirons un labyrinthe comme une structure avec trois champs : une position de départ, une position d'arrivée et une matrice de *couleurs* (noir, blanc, visité et chemin). Si nous atteignons la position d'arrivée, nous aurons sauvegardé les positions du chemin sur la pile et nous les marquerons comme étant le chemin, afin que celui-ci puisse être affiché comme solution du puzzle.

Notre solution complète comprendra une procédure pour initialiser le labyrinthe : lecture des données d'un fichier pour la dimension du labyrinthe, la définition du labyrinthe par une suite de zéros (blanc) et de uns (noir), et les positions de départ et d'arrivée (deux paires de coordonnées) comme le montre la figure 6.4 qui correspond au labyrinthe de la figure 6.3.

```
11   11
1 1 1 1 1 1 1 1 1 1 1 1
1 0 0 0 0 0 0 0 0 0 0 1
1 0 1 0 1 1 0 1 0 1 0 1
1 1 1 0 1 0 0 1 0 1 1 1
1 0 0 0 1 0 1 0 0 1 0 1
1 0 1 0 1 0 1 0 1 0 0 1
1 0 0 1 0 0 1 0 1 0 1 1
1 1 0 0 1 0 1 0 1 0 0 1
1 0 1 0 1 0 0 0 1 0 1 1
1 0 1 0 0 1 1 1 1 0 0 1
1 0 1 1 0 0 0 0 0 0 0 1
1 1 1 1 1 1 1 1 1 1 1 1
2 1 10 10
```

Figure 6.4 Fichier d'entrée pour un labyrinthe

La solution comprendra aussi une procédure pour afficher le labyrinthe dans sa forme finale (représentant les murs par des astérisques et le chemin par des points), une procédure pour effectuer un déplacement à partir d'une position donnée dans une direction donnée et une procédure pour copier l'information de la pile dans la matrice du labyrinthe.

Le pseudo-code ci-dessous décrit notre algorithme de recherche de chemin :

```
Sortir du Labyrinthe
        Initialiser labyrinthe et pile
        Empiler la position de départ
        Boucle tant que la pile n'est pas vide
            Désempiler position actuelle
            Boucle tant qu'il existe des possibilités de déplacement
                Essayer un déplacement à la nouvelle position
                Si la position est celle de l'arrivée
                    Empiler position actuelle
                    Empiler position de l'arrivée
                    Enregistrer le chemin
                    Afficher labyrinthe et chemin
                    Stop
```

Sinon

Marquer la position visitée

Empiler position actuelle

Mettre position actuelle à nouvelle position

Afficher "Impossible de sortir du labyrinthe"

Ceci conduit au programme suivant :

```cpp
// Programme pour lire un labyrinthe, trouver un chemin allant du départ
// à la sortie, et afficher le chemin
//     Philippe Gabrini  avril 2005
# include <iostream>
# include <string>
# include <stack>
# include <fstream>
using namespace std;

const int XMAX = 15;
const int YMAX = 15;

enum Direction {Nord, Est, Sud, Ouest, Aucune};
typedef struct {int  x, y;
                Direction  dir;} Carre;
enum Couleur {Blanc, Noir, Chemin, Visite};
typedef struct  {int nbRangs, nbCols;
                Couleur plan[XMAX][YMAX];
                Carre  depart, arrivee;} TypeLabyrinthe;

void Initialiser(TypeLabyrinthe& L)
// Initialisation du labyrinthe L par lecture des données d'un fichier
{
  cout << "Donnez le nom du fichier de données" << endl;
  string nomFichier;
  cin >> nomFichier;
  ifstream fEntree(nomFichier.c_str());
  if(!fEntree) {
    cerr << "Ouverture impossible " << nomFichier
    << " pour labyrinthe." << endl;
    exit(1);
  }
  fEntree >> L.nbRangs;
  fEntree >> L.nbCols;
  int place;
  for(int rangee = 0; rangee <= L.nbRangs; rangee++)
    for(int colonne = 0; colonne <= L.nbCols; colonne++) {
      fEntree >> place;
      if(place == 0)
        L.plan[rangee][colonne] = Blanc;
```

```
        else
            L.plan[rangee][colonne] = Noir;
        }
    fEntree >> L.depart.x;
    fEntree >> L.depart.y;
    fEntree >> L.arrivee.x;
    fEntree >> L.arrivee.y;
    L.depart.dir = Nord;
    L.arrivee.dir = Nord;
} // Initialiser
```

La procédure `Initialiser` ouvre le fichier des données, lit le nombre de rangées et le nombre des colonnes ainsi que la valeur de chacune des cases de la matrice `plan`. Elle lit enfin les coordonnées de la case départ et de la case arrivée.

```
void Afficher(TypeLabyrinthe L)
{
    for (int rangee = 0; rangee <= L.nbRangs; rangee++) {
        for (int colonne = 0; colonne <= L.nbCols; colonne++)
            if(L.plan[rangee][colonne] == Noir) cout << "* ";
            else if ((L.plan[rangee][colonne] == Blanc)
                    || (L.plan[rangee][colonne] == Visite))
                cout << "  ";
            else if (L.plan[rangee][colonne] == Chemin)
                cout << ". ";
        cout << endl;
    }
} // Afficher
```

La procédure `Afficher` montre le contenu du labyrinthe et le chemin trouvé selon le format de la figure 6.5.

```
void CopierChemin(stack<Carre>& Empilage, TypeLabyrinthe& L)
// Transcrire le chemin empilé dans le plan du labyrinthe
{
    Carre position;
    while(!Empilage.empty()) {
        position = Empilage.top();
        Empilage.pop();
        L.plan[position.x][position.y] = Chemin;
    }
} // CopierChemin
```

La procédure `CopierChemin` désempile les positions du labyrinthe empilées et les enregistre dans le `plan`.

```
void Essayer(Carre& PositionCourante, Carre& NouvellePosition)
// Effectuer un déplacement à partir de la position actuelle
{
  int X, Y;
  X = PositionCourante.x;
  Y = PositionCourante.y;
  switch (PositionCourante.dir) {
    case Nord:   NouvellePosition.x = X - 1;
                 NouvellePosition.y = Y; break;
    case Est:    NouvellePosition.x = X;
                 NouvellePosition.y = Y + 1; break;
    case Sud:    NouvellePosition.x = X + 1;
                 NouvellePosition.y = Y; break;
    case Ouest:  NouvellePosition.x = X;
                 NouvellePosition.y = Y - 1; break;
    default: ;
  }
  NouvellePosition.dir = Nord;
  PositionCourante.dir = static_cast<Direction>(PositionCourante.dir + 1);
} // Essayer
```

La procédure `Essayer` effectue un déplacement à partir de la position et de l'orientation actuelles, et définit la prochaine position atteinte. Elle fait également avancer la direction de la position courante à la prochaine valeur du type énumération.

```
int main() // SortirDuLabyrinthe
{
  stack<Carre> pileChemin;
  TypeLabyrinthe labyrinthe;
  Carre positionCourante, nouvellePosition;
  bool succes = false;

  Initialiser(labyrinthe);
  Afficher(labyrinthe);
  pileChemin.push(labyrinthe.depart);
  while (!pileChemin.empty()) {
    positionCourante = pileChemin.top();
    pileChemin.pop();
    while ((positionCourante.dir != Aucune) && (!succes)) {
      Essayer(positionCourante, nouvellePosition);
      if((nouvellePosition.x == labyrinthe.arrivee.x)
         && (nouvellePosition.y == labyrinthe.arrivee.y)) {
        pileChemin.push(positionCourante);
        pileChemin.push(nouvellePosition);
        CopierChemin(pileChemin, labyrinthe); // vide la pile
        Afficher(labyrinthe);
        succes = true;
      }
```

```
    else if(labyrinthe.plan[nouvellePosition.x][nouvellePosition.y] == Blanc) {
      labyrinthe.plan[nouvellePosition.x][nouvellePosition.y] = Visite;
      pileChemin.push(positionCourante);
      positionCourante = nouvellePosition;
    }// if
  }//while
}//while
if(!succes)
  cout << "Impossible de sortir du labyrinthe";
return 0;
}// SortirDuLabyrinthe
```

Le code du programme principal correspond au pseudo-code donné plus tôt. Nous avons ajouté une valeur supplémentaire dans les directions possibles, `Aucune`, pour indiquer simplement que toutes les directions ont été essayées et également pour simplifier le code.

L'exécution du programme `SortirDuLabyrinthe` avec les données de la figure 6.4 produit le résultat de la figure 6.5.

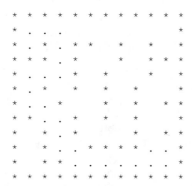

Figure 6.5 Labyrinthe et son chemin

Notez encore que le chemin trouvé n'est pas le plus court, car les trois derniers déplacements (représentés par les quatre points en bas à droite de la figure) peuvent être remplacés par un seul déplacement ; notre stratégie essaye toujours Nord en premier. Si nous avions essayé Est en premier, la fin du chemin aurait été plus courte.

6.5 Simulation des guichets de la gare centrale

Comme les files d'attente sont souvent présentes dans la vie de tous les jours, il n'est pas surprenant de les retrouver dans un grand nombre d'applications informatiques. En fait, la *théorie des files d'attente* est un champ de l'informatique. Nous présenterons un exemple de simulation mettant en jeu des files d'attente. Les systèmes d'exploitation dont le rôle principal est de contrôler le partage des ressources de l'ordinateur entre les utilisateurs ont aussi grand besoin des files d'attente.

Un programme de simulation fait un *modèle* d'une situation réelle : chaque objet et chaque opération importante de la situation réelle sont représentés dans la simulation. On peut utiliser les résultats de la simulation pour comprendre les phénomènes réels sans avoir à les observer. La simulation imite la façon dont une situation réelle évoluerait tout en accélérant le passage du temps.

Considérons les guichets de la gare centrale et supposons d'abord qu'il y ait cinq guichets. Lorsque vous, un voyageur, arrivez, il se peut qu'un guichet soit libre, auquel cas vous pourriez acheter votre billet directement sans avoir à attendre. En général, si tous les guichets sont occupés, vous pouvez choisir la queue la plus courte et attendre votre tour. Dans de tels cas, vous devez passer un temps total égal au temps de la transaction augmenté du temps d'attente. Afin d'améliorer le service et de déterminer le nombre optimal de guichets, nous allons simuler l'opération des guichets. Un programme de simulation nous permettra de calculer le temps moyen passé par un voyageur à acheter un billet en fonction de diverses conditions comme les intervalles de temps entre les arrivées des voyageurs, le nombre de guichets et le nombre de queues (s'il n'y a pas une queue par guichet).

Un tel programme de simulation est plus utile que des observations de l'opération réelle des guichets, car il permet de modifier *facilement* les conditions et d'obtenir *rapidement* de nouvelles données. La validité des résultats dépendra évidemment de la façon dont le modèle correspond à la situation réelle.

Dans notre programme de simulation de la situation aux guichets, on caractérisera les voyageurs par deux données : l'heure d'arrivée et la durée de la transaction au guichet. Nous ferons l'hypothèse simplificatrice que chacun agit indépendamment ; nous aurons cinq guichets représentés par cinq files d'attente différentes. Chaque élément d'une file d'attente sera un voyageur attendant d'être servi ; le premier élément de chaque file représentera un voyageur en train d'être servi. On ajoute chaque nouveau voyageur à la queue la plus courte ; après avoir été servi, le voyageur quitte la file d'attente. Nous aurons six actions possibles :

- Arrivée d'un voyageur ;

- Départ d'un voyageur de la file d'attente numéro 1 ;

- Départ d'un voyageur de la file d'attente numéro 2 ;

- Départ d'un voyageur de la file d'attente numéro 3 ;

- Départ d'un voyageur de la file d'attente numéro 4 ;

- Départ d'un voyageur de la file d'attente numéro 5.

Ces actions constituent les événements de la simulation.

L'algorithme de simulation général est donné par le pseudo-code suivant :

```
Simulation
    Initialiser
    Boucle
        Trouver prochain événement
        Choix événement
            Arrivée:  enregistrer arrivée
                      engendrer prochaine arrivée
            Départ:   enregistrer départ et temps passé
                      engendrer prochain départ
        Terminer boucle si fin de simulation
    Calculer et afficher résultats
```

Le programme de simulation utilisera une liste d'événements ; la liste comprendra au plus un élément pour chaque type d'événement, ce qui fait six éléments dans notre cas : un élément pour la prochaine arrivée et cinq éléments correspondant au service des têtes de file. Si toutes les files ne sont pas occupées, la liste d'événements comprendra moins de six éléments ; la figure 6.6 illustre notre modèle.

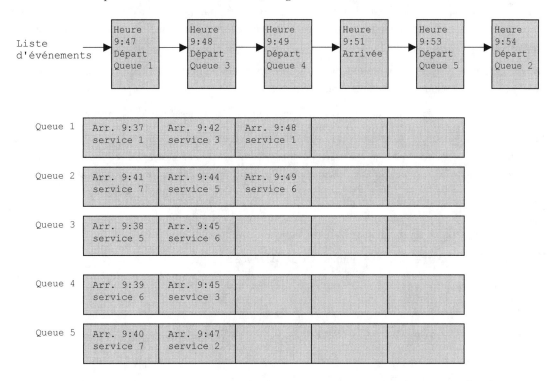

Figure 6.6 Instantané du modèle de simulation

La liste d'événements est ordonnée selon l'heure ; de cette façon, le premier événement à traiter est le premier élément de la liste, les éléments de la liste possèdent l'information sur la sorte d'événements qu'ils représentent, et la liste d'événements permet de savoir quel événement sera le prochain. Les éléments des files d'attente possèdent deux données : l'heure d'arrivée et le temps nécessaire pour effectuer le service. Dans la figure 6.6, les heures des événements de départ de la liste d'événements sont les heures de départ tandis que les heures indiquées dans les files d'attente sont les heures d'arrivée. Par exemple, le voyageur à la tête de la queue numéro 2 est arrivé à 9 heures 41 et est servi pendant 7 minutes ; il partira à 9 heures 54, ce qui résulte en un temps d'attente de 6 minutes puisque son temps total est de 13 minutes.

L'adaptation de l'algorithme général de simulation à notre simulation des guichets de la gare centrale produit ce qui suit :

Initialiser : quand la simulation commence, le premier événement doit nécessairement être l'arrivée du premier voyageur. Il faut donc engendrer l'arrivée de ce voyageur en plaçant un élément correspondant dans la liste des événements.

Trouver le prochain événement : on copie le prochain événement et on l'enlève de la liste des événements.

Arrivée : l'événement est placé dans la file d'attente la plus courte et, si la file ne comprend qu'un seul élément, on engendre aussi son départ : l'événement correspondant est alors placé dans la liste d'événements ; ensuite, on engendre la prochaine arrivée de sorte qu'il y ait toujours une arrivée dans la liste d'événements jusqu'à la fin de la simulation.

Départ : on enlève l'élément correspondant de sa file d'attente et l'on calcule le temps total. On engendre un départ pour l'élément suivant de cette file, s'il y en a un.

Calculer et afficher les résultats : on calcule et l'on affiche le temps moyen passé par les voyageurs.

Le programme `SimulerGareCentrale` instancie la classe `queue` avec le type `Voyageur` ; il instancie aussi la classe `list` sur le même type. Cette liste sera conservée en ordre des heures des événements de ses éléments ; il nous faudra pour cela définir une procédure d'insertion ordonnée `InsererEnOrdre` ainsi qu'une fonction de comparaison des voyageurs basée sur `heureEvenement`.

Le type `Voyageur` est un enregistrement dans lequel :

- le champ `heureArrivee` indique l'heure d'arrivée ;

- le champ `heureEvenement` représente l'heure de départ prévue ;

- le champ `duree` indique le temps nécessaire au service ;

- le champ `evenement` permet de distinguer entre arrivées et départs ;

- le champ `numeroFile` vaut zéro dans le cas des arrivées ou indique le numéro de la queue pour les départs.

Les cinq files d'attente font partie d'un tableau de files. Le programme fait appel au générateur de nombres pseudo-aléatoires `rand` du paquetage de la bibliothèque standard C qui utilise un germe qui doit être initialisé par un appel à `srand`. Les fonctions `AdditionTemps` et `DifferenceTemps` sont des fonctions utilitaires pour ajouter et soustraire des heures données sous forme d'entiers positifs inférieurs à 2400. La procédure Engendrer engendre aléatoirement une arrivée dans un intervalle maximum de trois minutes entre les arrivées, met à jour l'horloge et place l'élément correspondant dans la liste d'événements. La génération des arrivées débute à 9 heures et arrête à 11 heures ; notez qu'avec ce programme, l'intervalle de temps choisi ne doit pas permettre le passage de 23 heures 59 à 0 heure qui n'est pas vérifié par le programme.

```cpp
// Simulation des voyageurs servis à un nombre de guichets de la gare centrale
//            P. Gabrini    avril 2005
#include <iostream>
#include <list>   // file avec priorité, queue insuffisant
#include <queue>  // file d'attente
#include <cstdlib>// nombres aléatoires
#include <ctime>  // pour le germe aléatoire
#include <iomanip>// formatage de la sortie
using namespace std;

const int NBGUICHETS = 5;


enum Sorte {Arrivee, Depart};
typedef struct {int heureArrivee, heureEvenement, duree;
                Sorte evenement;
                int numeroFile, numero;} Voyageur;
typedef queue<Voyageur> TypeQueue[NBGUICHETS];


void germe_aleatoire()
{// Définir le germe du générateur de nombres aléatoires.
   int germe = static_cast<int>(time(0));
   srand(germe);
}
int entier_aleatoire(int bas, int haut)
//   Calculer un entier aléatoire dans un intervalle [bas, haut].
{
   return bas + rand() % (haut - bas + 1);
}


bool operator <=(const Voyageur E1, const Voyageur E2)
{ //  Infériorité des enregistrements événements.
   return E1.heureEvenement <= E2.heureEvenement;
}


int AdditionTemps(int temps, int duree)
{ // Ajoute durée à un temps donné
  int heures, minutes;
  heures = temps / 100;
  minutes = temps % 100 + duree;
  if(minutes > 59) {
    minutes -= 60;
    heures++;
  }
```

```
    return heures * 100 + minutes;
}// AdditionTemps;
```

```
int DifferenceTemps(int temps1, int temps2)
// Calcule la différence temps1 - temps2.  Les valeurs des temps, créées
// par Engendrer sont correctes et représentées par des entiers.
// Par exemple 1136 représente 11 heures 36 minutes.
{ int min1, min2, heure1, heure2, diffMin;
  if(temps1 > temps2) {    // calcule différence
    min1 = temps1 % 100;
    min2 = temps2 % 100;
    heure1 = temps1 / 100;
    heure2 = temps2 / 100;
    if(min1 > min2)       // différence simple
      diffMin = min1 - min2;
    else {                        // ajoute 60 minutes à min1
      diffMin = min1 + 60 - min2;
      heure1 = heure1 - 1;
    }
    return (heure1 - heure2) * 100 + diffMin;
  }
  else                    // différence impossible
    return 0;
}// DifferenceTemps;
```

```
void InsererEnOrdre(list<Voyageur>& listeEvenements, Voyageur item)
{ // Insérer item dans liste en ordre des heures.
  list<Voyageur>::iterator iter=listeEvenements.begin();
  while((iter!=listeEvenements.end()) && (*iter<=item))
    iter++;
  listeEvenements.insert(iter, item);
} // InsererEnOrdre;
```

```
void Engendrer(int& horloge, int& compteur,
              list<Voyageur>& listeEvenements)
{ // Engendrer prochaine arrivée aléatoire et avancer l'horloge.  Les temps
  // sont représentés par des entiers sur une échelle de 0 à 2400.
  const int M = 3;  // intervalle maximum entre arrivées
  int heure, minute;
  Voyageur item;

  minute = entier_aleatoire(1, M);      // M minutes maxi
  minute = (horloge % 100) + minute;    // nouvelles minutes
  if(minute >= 60)                      // convertir en heures-minutes
    minute = 100 + minute - 60;
  heure = (horloge / 100) * 100;        // ancienne heure
  horloge = heure + minute;             // avancer horloge
```

```
      if(horloge < 1100) {                 // plus d'arrivées après 11 heures
         compteur = compteur + 1;
         item.numero = compteur;
         item.evenement = Arrivee;
         item.heureArrivee = horloge;
         item.heureEvenement = horloge;
         // 0-15 minutes de temps de service
         item.duree = entier_aleatoire(1, 15);
         item.numeroFile = 0;
         InsererEnOrdre(listeEvenements, item);  // insertion ordonnée
      }// if
}// Engendrer;


void TraiterArrivee(Voyageur client, TypeQueue queues,
                    list<Voyageur>& listeEvenements,
                    int& horloge, int& compteur)
// Enregistre et traite une nouvelle arrivée
{ int petit, numeroQ, nombre;
  Voyageur item;

  numeroQ = 0;
  petit = queues[0].size();
  for(int index = 1; index < NBGUICHETS; index++) { // trouve file la plus courte
     nombre = queues[index].size();
     if(nombre < petit) {
        petit = nombre;
        numeroQ = index;
     }
  }
  cout << "Arrivée:" << setw(5);
  cout << client.numero << setw(5);
  cout << client.heureArrivee;
  cout << " service:" << setw(5);
  cout << client.duree << endl;
  item = client;
  item.evenement = Depart;
  item.numeroFile = numeroQ;
  queues[numeroQ].push(item);                // place dans file
  if(queues[numeroQ].size() == 1) {          // 1 seul élément -> départ
     item.heureEvenement = AdditionTemps(client.heureArrivee, client.duree);
     InsererEnOrdre(listeEvenements,item); // insertion en ordre
  }
  Engendrer(horloge, compteur, listeEvenements);
}// TraiterArrivée;
```

La procédure `TraiterArrivee` traite une arrivée en trouvant d'abord la file la plus courte et en y insérant le nouvel élément. Si la file n'a qu'un seul élément (celui que l'on vient d'insérer), on engendre aussitôt un départ après le temps de service et l'on insère l'élément correspondant dans la liste des événements ; finalement, on engendre la prochaine arrivée.

```
void TraiterDepart(Voyageur client, TypeQueue Q,
                   list<Voyageur>& EvList, int& tempsTotal)
// Traite un départ
{ Voyageur item;
  int numeroQ, attente;
  numeroQ = client.numeroFile;
  item = Q[numeroQ].front();        // copie du premier élément de la file
  Q[numeroQ].pop();                 // enlève de la file
  attente = DifferenceTemps(client.heureEvenement, item.heureArrivee);
  // mise à jour compteur
  tempsTotal = tempsTotal + attente;
  cout << "Départ :";
  cout << setw(5) << item.numero;
  cout << setw(5) << client.heureEvenement;
  cout << " attente:";
  cout << setw(5) << (attente-item.duree) << endl;
  // si encore des clients dans la file, prépare prochain départ
  if(Q[numeroQ].size() > 0) {
    item = Q[numeroQ].front();
    item.heureEvenement = AdditionTemps(client.heureEvenement, item.duree);
    InsererEnOrdre(EvList, item); // insertion ordonnée
  }
}// TraiterDepart;
```

La procédure `TraiterDepart` traite un départ en enlevant l'élément de sa file d'attente, en calculant le temps d'attente, et en mettant à jour les temps totaux et le nombre de clients servis. S'il y a d'autres éléments dans cette file, on engendre un départ qui aura lieu après le temps de service du premier élément.

```
int main()
{ // SimulerGareCentrale
  int compteur;  // numéro client
  TypeQueue queues;
  list<Voyageur> listeEvenements;
  int tempsTotal, horloge;
  Voyageur item;

  compteur = 0;
  tempsTotal = 0;
  germe_aleatoire();           // démarre générateur aléatoire
  horloge = 900;               // simulation commence à 9 heures
  Engendrer(horloge, compteur, listeEvenements);   // premier client
  while(! listeEvenements.empty()) {
  // tant qu'il y a des événements
    item = listeEvenements.front();
    listeEvenements.pop_front();
    if(item.evenement == Arrivee)   // arrivée
      TraiterArrivee(item, queues, listeEvenements, horloge, compteur);
    else                            // départ
      TraiterDepart(item, queues, listeEvenements, tempsTotal);
  }
```

```
   cout << endl << "temps moyen passé: ";
   cout << setw(6) << setprecision(2);
   cout << float(tempsTotal)/float(compteur) << endl;
   return 0;
}// SimulerGareCentrale;
```

Le programme principal initialise la liste d'événements, les cinq files d'attente et l'horloge ; il engendre la première arrivée et boucle sur le traitement des événements. On enlève le premier événement de la liste des événements et on le traite selon sa sorte. Une fois la simulation terminée, on calcule et l'on affiche les résultats.

```
Arrivée:   53 1042 service:    9
Départ :   46 1045 attente:    0
Arrivée:   54 1045 service:    3
Départ :   52 1046 attente:    0
Départ :   54 1048 attente:    0
Arrivée:   55 1048 service:    1
Départ :   55 1049 attente:    0
Arrivée:   56 1050 service:    6
Départ :   53 1051 attente:    0
Départ :   51 1052 attente:    0
Départ :   50 1052 attente:    4
Arrivée:   57 1052 service:    1
Départ :   57 1053 attente:    0
Arrivée:   58 1054 service:   13
Départ :   56 1056 attente:    0
Arrivée:   59 1056 service:   13
Arrivée:   60 1059 service:    7
Départ :   60 1106 attente:    0
Départ :   58 1107 attente:    0
Départ :   59 1109 attente:    0

temps moyen passé:    7.9
```

Figure 6.7 Résultats de la simulation

La figure 6.7 montre la fin de la sortie produite par l'exécution du programme `SimulerGareCentrale` (type d'événement, numéro du client, heure de traitement, temps de service ou d'attente) avec un intervalle entre arrivées d'au plus trois minutes.

En réduisant l'intervalle maximum entre les arrivées à deux minutes (il suffit de modifier la valeur de la constante M dans la procédure `Engendrer`) et en exécutant le programme de nouveau, on obtient des résultats très différents ; la figure 6.8 montre la fin de ces derniers. Les arrivées cessent à 11 heures, mais le système est maintenant très encombré, et il faut attendre 11 heures 42 pour que le dernier client soit servi. Cette personne aura attendu 35 minutes pour obtenir son billet tandis que le temps moyen passé est de 24 minutes ! Sans aucun doute, dans la vraie vie, bien des clients seraient partis avant d'être servis ! Nos résultats indiquent que, pour un tel taux d'arrivées, le nombre de guichets est insuffisant ; un autre essai de simulation pourrait augmenter le nombre de guichets à huit pour voir quelles améliorations se produiraient, et ainsi de suite.

```
Départ :    67 1106 attente:    27
Départ :    63 1106 attente:    34
Départ :    70 1107 attente:    18
Départ :    64 1108 attente:    26
Départ :    65 1110 attente:    23
Départ :    73 1110 attente:    23
Départ :    68 1113 attente:    30
Départ :    77 1116 attente:    23
Départ :    72 1119 attente:    25
Départ :    69 1120 attente:    32
Départ :    79 1120 attente:    23
Départ :    71 1121 attente:    27
Départ :    78 1122 attente:    18
Départ :    74 1125 attente:    35
Départ :    76 1133 attente:    30
Départ :    75 1135 attente:    34
Départ :    80 1135 attente:    30
Départ :    81 1139 attente:    39
Départ :    82 1142 attente:    35

temps moyen passé:     24
```

Figure 6.8 Résultats d'une autre simulation

6.6 Exercices et problèmes

Exercices

6.1 La procédure d'insertion dans une liste insère un élément *avant* la position de l'itérateur. Pour s'assurer du bon fonctionnement du code, dessiner la figure correspondant au cas où la liste est vide, la liste n'est pas vide et l'itérateur est au début de la liste, la liste n'est pas vide et l'itérateur est à la fin de la liste, la liste n'est pas vide et l'itérateur est au milieu de la liste.

6.2 Étant donné une liste symétrique de trois nœuds comprenant les éléments voisins `Junon <=>` `Venus <=> Diane` (repérés par les pointeurs du même nom), montrer comment ces nœuds sont reliés après exécution des instructions suivantes :

```
Noeud* p1 = junon->suivant;
Noeud* p2 = junon;
while(p2->suivant != NULL)
  p2 = p2->suivant;
junon->suivant = p2;
p2->suivant = p1;
p1->suivant = NULL;
p2->precedent = junon;
p1->precedent = p2;
```

6.3 Expliquer ce que le code ci-dessous affiche :

```
List<string> equipe;
List<string>::Iterator iter = equipe.begin();
equipe.insert(iter, "Pierre Kiroul");
iter = equipe.begin();
equipe.insert(iter, "Paul Hémique");
iter++;
equipe.insert(iter, "René Nufare");
for(iter = equipe.begin(); iter != equipe.end(); iter++)
  cout << *iter << endl ;
```

Problèmes

6.4 Écrire un programme qui calcule et affiche les nombres premiers jusqu'à 1000 obtenus par application du crible d'Eratosthène. D'abord, placer les nombres dans un ensemble (`set` de la STL). Ensuite, éliminer les multiples de 2 sans éliminer 2. Puis éliminer les multiples de 3, puis ceux de 5, et ceci jusqu'à racine carrée de 1000. Tous les nombres restants sont premiers.

6.5 Écrire une procédure `Renverser` de la classe `Liste` qui renverse l'ordre des nœuds dans une liste.

6.6 Écrire une procédure `push_front` de la classe `Liste` qui ajoute une valeur à l'avant de la liste.

6.7 Écrire une procédure `Trier` de la classe `Liste` qui trie les éléments d'une liste sans les copier dans un tableau.

6.8 Écrire une procédure `Alleger` de la classe `Liste` qui efface un élément sur trois de la liste.

6.9 Écrire les programmes qui vous permettront de réaliser le type de données abstrait *file d'attente générique* en utilisant pour votre structure de base une liste linéaire simple circulaire, définie par un seul pointeur sur le dernier de ses éléments.

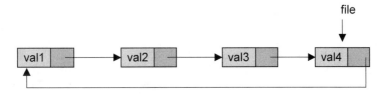

Les opérations à définir sont les suivantes :

```
bool Vide() const;
int Taille() const;
const T& Tête()
void Enfiler(const T&)
const T& Désenfiler()
```

Porter une attention particulière à `Désenfiler`. Ne pas oublier que c'est à vous de prouver que toutes vos opérations fonctionnent. *Donner la complexité temporelle et spatiale de chacune de vos opérations*, ainsi que la façon dont vous les avez établies.

Chapitre 7

Programmation orientée objet : *hiérarchie et polymorphisme*

Après l'abstraction, l'encapsulation et la modularité, la dernière caractéristique de la programmation orientée objet, la hiérarchie, comprend en fait un grand nombre de choses nouvelles ; comme le dit le proverbe, il nous faut nous mettre aux choses nouvelles. La hiérarchie indique effectivement une structure hiérarchique entre divers types de données, mais va aussi plus loin en offrant le concept d'héritage qui permet de définir de nouveaux types à partir de types existants. Les types ainsi dérivés ou étendus sont des formes différentes des types originaux ; comme les mêmes opérations doivent s'appliquer à toutes les formes existantes, on parle de polymorphisme, une caractéristique également connue de l'orienté objet. Ce chapitre présente le polymorphisme dynamique et la façon dont il est réalisé en C++.

7.1   Hiérarchie

On crée une hiérarchie par l'imposition d'un ordre sur les abstractions. L'héritage est une hiérarchie fondamentale de la relation « est un ». Par exemple, on peut définir la hiérarchie de la figure 7.1 pour la relation « est un Bourbon[1] ».

Louis XIII est un Bourbon puisque Henri IV était un Bourbon ; il hérite de son père, assassiné par Ravaillac, alors qu'il n'avait que neuf ans. De la même façon, Louis XIV hérite de son père Louis XIII. Comme dans cette figure généalogique, l'héritage simple est le plus commun, mais en informatique il peut y avoir des héritages multiples.

En réalité, l'héritage orienté objet va plus loin que l'héritage illustré par cet arbre généalogique très simplifié ; la figure 7.2 en donne une bien meilleure illustration. Elle illustre des relations d'héritage (relation « est un ») pour des machines volantes.

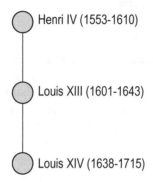

Figure 7.1 L'héritage Bourbon

Par opposition, la relation « a un » ne décrit pas une relation hiérarchique. Ainsi, un avion a une porte, un moteur, des ailes, des roues. En programmation orientée objet, la relation « est un » définit une hiérarchie de classes et de sous-classes (un ballon est un aérostat), tandis que la relation « a un » décrit plutôt les données à conserver à l'intérieur d'une classe (attributs). L'hydravion est un exemple d'héritage multiple (figure 7.2).

7.2   Héritage par extension de types

Il y a deux façons de réaliser l'héritage en C++ ; d'une part, l'instanciation d'une classe générique, dans laquelle est défini un type de données abstrait, permet de produire des objets qui héritent des propriétés du type de données abstrait ; d'autre part, la création d'un type dérivé provoque l'héritage total des propriétés du type original.

---

[1]   La maison de Bourbon, dont le nom vient de la seigneurie de Bourbon-l'Archambault et du Bourbonnais, remonte au XIe siècle. Ses membres ont régné sur la France, la Navarre, l'Espagne (où ils règnent encore en la personne de Juan Carlos de Bourbon y Bourbon), Naples et le duché de Parme. Henri IV fut le premier roi de France issu de cette maison.

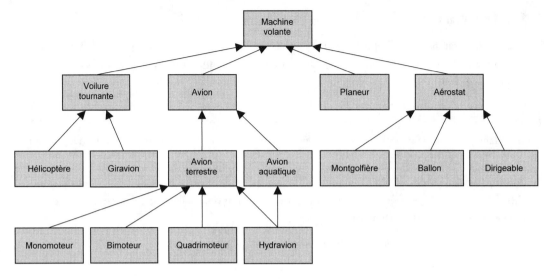

Figure 7.2 Machines volantes

Illustrons une petite hiérarchie de dérivations de types au moyen du mini exemple ci-dessous, où le type Employé sera dérivé du type Personne avec addition simple d'un champ. Voyons d'abord le fichier `Personnes.hpp`.

```
#ifndef PERSONNES_HPP
#define PERSONNES_HPP
#include <string>
#include <iostream>
using namespace std;
// Classe de base
// P. Gabrini; mai 2005

class Personne
{
public:
  Personne() : nom(""), prenom("") {} // constructeur
  Personne(string Nom, string Prenom):nom(Nom), prenom(Prenom){} // constructeur
  string Nom() const;
  string Prenom() const;
  // Conséquent: retourne le champ désiré.

  void DonnerNom(string Nom);
  // Conséquent: Nom devient le nom de la personne.

  void DonnerPrenom(string Prenom);
  // Conséquent: Prenom devient le prénom de la personne.

  void Afficher() const;
  // Conséquent: Le nom et le prénom de la personne sont affichés.
```

```
private:
    string nom;
    string prenom;
};
```

```
#endif
```

Nous avons choisi une réalisation extrêmement simple pour obtenir une exemple facile. Les deux constructeurs sont définis complètement ci-dessus en utilisant une clause d'initialisation introduite par le signe « deux-points ». Dans cette clause, on donne des valeurs aux champs en les plaçant entre parenthèses après le nom du champ. Cette clause est suivie d'une paire d'accolades qui doit contenir le code : dans ce cas, il n'y en a pas, car le contenu des accolades est vide. De telles déclarations complètes dans une définition de classe sont ce que l'on appelle des fonctions `inline`.

Fonctions `inline`

Lorsque la définition de l'opération est faite en même temps que sa déclaration dans la déclaration ou interface d'une classe, comme ici, on a ce que l'on appelle une définition `inline`. Lorsqu'une fonction `inline` est appelée, le compilateur place le code du corps de la fonction à la place de l'appel. Ceci élimine le coût d'un appel de fonction à l'exécution (placement des paramètres sur la pile, transfert de contrôle, retour de la fonction, nettoyage de la pile), mais a pour résultat des copies multiples du corps de la fonction. À cause de la façon dont les fonctions `inline` sont traitées, elles ne sont viables que si elles sont petites. De telles fonctions auront donc des définitions d'au plus trois instructions d'affectation, ou d'une seule instruction `if`, ou d'une seule instruction `return` ; le nombre d'instructions est important au même titre que la durée de l'exécution de ces instructions. Ainsi, les instructions d'entrée-sortie, qui sont généralement longues, sont à proscrire dans les fonctions `inline`. Le compilateur considère l'utilisation de fonctions `inline` comme une suggestion et, s'il trouve la fonction trop longue, il la traite comme une fonction normale.

Il est également possible, lors de la définition d'une fonction, d'indiquer que l'on veut une définition `inline` en plaçant le mot-clef `inline` en tête de la définition. Normalement, une telle définition devrait se trouver dans le fichier interface `.hpp`. Cependant, il faut le répéter, le compilateur n'est pas contraint de respecter le mot-clef `inline`.

Autre chose à noter : un changement dans une fonction inline peut exiger une recompilation de tous les clients de la fonction – ce qui peut être coûteux. Les opérations communes des adaptateurs de conteneur de la STL sont réalisées par des fonctions `inline` qui appellent la fonction appropriée du conteneur sous-jacent ; ceci évite le coût de deux appels successifs. On ne peut placer la fonction `inline` dans une bibliothèque, car le compilateur doit avoir accès au code source pour pouvoir l'insérer, ce qui n'est pas le cas pour les bibliothèques.

En général, on ne devrait pas utiliser de fonction `inline`, c'est simple ! En fait, on ne devrait considérer les fonctions `inline` qu'une fois le système réalisé et testé, et dans le cas où certaines opérations s'avèrent trop lentes.

```cpp
string Personne::Nom() const
{
  return nom;
} //Nom;

string Personne::Prenom() const
{
  return prenom;
} //Prenom;

void Personne::DonnerNom(string Nom)
{
  nom = Nom;
} //DonnerNom;

void Personne::DonnerPrenom(string Prenom)
{
  prenom = Prenom;
} //DonnerPrenom;

void Personne::Afficher() const
{
  cout << "Nom: " << nom << " Prénom: " << prenom;
} //Afficher;
```

Les opérations comprennent deux constructeurs, les accesseurs Nom, Prenom et Afficher (notez le const qui suit leur en-tête et qui indique qu'ils ne changent pas les données de l'objet), et les mutateurs DonnerNom et DonnerPrenom. Définissons maintenant la classe Employe qui est dérivée de la classe Personne et qui ajoute un champ de données à ceux de la classe Personne.

```cpp
#ifndef EMPLOYES_HPP
#define EMPLOYES_HPP
#include <string>
#include <iostream>
#include "Personnes.hpp"
using namespace std;
// Classe dérivée
// P. Gabrini; mai 2005

class Employe : public Personne
{
public:
  Employe() : Personne(), code(""){} //constructeur
  Employe(string Nom, string Prenom, string Code) //constructeur
          : Personne(Nom, Prenom), code(Code){}
  string Code() const;  // Retourne le code de l'employé.

  void DonnerCode(string Code);
  // Conséquent: l'employé possède un Code.
```

```
void Afficher() const; // redéfinit Personne::Afficher
// Conséquent: l'employé est affiché.

protected:
  string code;
};


#endif
```

La procédure de sortie `Afficher` est explicitement redéfinie. Les opérations `Code` et `DonnerCode` sont des opérations primitives pour `Employe`, laquelle hérite des opérations de la classe `Personne`. Notez la façon dont on indique que `Employe` est dérivée de `Personne` :

`class Employe : public Personne`

La notation est simple, mais n'oubliez pas le mot `public` ; l'utilisation de `protected` ou `private` est rare et ne devrait être faite qu'avec précaution (voir plus bas). Voici maintenant la définition des opérations de la classe `Employe`. Notez que les deux constructeurs sont complètement définis ci-dessus (fonctions `inline`) ; ils font appel aux constructeurs de la classe de base et initialisent le champ supplémentaire au moyen de la clause d'initialisation qui suit leur en-tête et est introduite par le signe « deux-points ».

```
string Employe::Code() const
{
  return code;
} //Code;


void Employe::DonnerCode(string Code)
{
  code = Code;
} //DonnerCode;


void Employe::Afficher()
{
  Personne::Afficher();  // Afficher personne
  cout << " Code: " << code;
} //Afficher;
```

Il n'y a rien à signaler de spécial dans ce code à part le fait que les opérations de la classe `Employe` *n'ont pas accès aux champs de données de la classe* `Personne`. Pourquoi ? Simplement parce que ces champs de données sont déclarés `private`. On verra dans la prochaine section que, pour que les classes dérivées aient accès aux champs de données de la classe de base, ceux-ci doivent être déclarés `protected` (comme on l'a fait pour `Employe`) et non `private`. Pour mieux fixer les idées, voici un programme utilisateur de ces deux classes. Nous utilisons la plupart des constructeurs et des opérations des deux classes, et le résultat de l'exécution qui suit est suffisant pour montrer que tout fonctionne.

```cpp
#include <iostream>
#include "Employes.hpp"
using namespace std;
int main()
{
  Personne X("Dupont","Alain"), Y, Z;
  Employe A, B, C("Gabrini","Fabrice","GabF5");
  Y.DonnerNom("Dupond");
  Z.DonnerNom("Durand");
  A.DonnerNom("Martin");
  B.DonnerNom("Duwyn");
  Y.DonnerPrenom("Bernard");
  Z.DonnerPrenom("Charles");
  A.DonnerPrenom("Denis");
  B.DonnerPrenom("Eustache");
  A.DonnerCode("MarD5");
  B.DonnerCode("DuwE3");
  cout << X.Nom() << ' ' << X.Prenom() << endl;
  cout << Y.Nom() << ' ' << Y.Prenom() << endl;
  cout << Z.Nom() << ' ' << Z.Prenom() << endl;
  cout << A.Nom() << ' ' << A.Prenom() << ' ' << A.Code() << endl;
  cout << B.Nom() << ' ' << B.Prenom() << ' ' << B.Code() << endl;
  cout << C.Nom() << ' ' << C.Prenom() << ' ' << C.Code() << endl;
  X.Afficher(); cout << endl;
  Y.Afficher(); cout << endl;
  Z.Afficher(); cout << endl;
  A.Afficher(); cout << endl;
  B.Afficher(); cout << endl;
  C.Afficher(); cout << endl;
} // TesterPersonnes;
```

Le résultat de l'exécution suit.

```
Dupont Alain
Dupond Bernard
Durand Charles
Martin Denis MarD5
Duwyn Eustache DuwE3
Gabrini Fabrice GabF5
Nom: Dupont Prénom: Alain
Nom: Dupond Prénom: Bernard
Nom: Durand Prénom: Charles
Nom: Martin Prénom: Denis Code: MarD5
Nom: Duwyn Prénom: Eustache Code: DuwE3
Nom: Gabrini Prénom: Fabrice Code: GabF5
```

Types d'héritage

Il existe trois types d'héritage, public, que nous venons de voir, mais aussi protected et private :

Avec l'héritage **public** *:*

- les membres public de la classe de base demeurent public dans la classe dérivée ;
- les membres protected de la classe de base demeurent protected dans la classe dérivée ;
- les membres private de la classe de base sont cachés dans la classe dérivée et ne sont accessibles qu'au travers des opérations disponibles.

Avec l'héritage **protected** *:*

- les membres public de la classe de base deviennent protected dans la classe dérivée ;
- les membres protected de la classe de base demeurent protected dans la classe dérivée ;
- les membres private de la classe de base sont cachés dans la classe dérivée et ne sont accessibles qu'au travers des opérations disponibles.

Avec l'héritage **private** *:*

- les membres public de la classe de base deviennent private dans la classe dérivée ;
- les membres protected de la classe de base deviennent private dans la classe dérivée ;
- les membres private de la classe de base sont cachés dans la classe dérivée et ne sont accessibles qu'au travers des opérations disponibles.

Avec ceci, on peut voir que la dérivation de nouvelles classes à partir de classes provenant des deux derniers héritages risque de bloquer le fonctionnement des nouvelles classes dérivées, ce qui explique le fait que ces sortes d'héritage soient rarement utilisées.

Notez qu'il existe aussi des héritages multiples ; il suffit alors de répéter le couple public nom de classe après une virgule. Si les deux classes dont on hérite sont elles-mêmes des dérivées d'une même classe possédant des attributs, il y aura ambiguïté sur l'appartenance de ces attributs. Pour régler ce problème, on utilise des héritages virtuels où le mot-clef virtual précise chaque nom de classe de base et permet de partager les classes de base communes (une seule copie).

7.3 Polymorphisme

Bien que l'on ne l'ait pas placé dans la liste des concepts essentiels à la programmation orientée objet, le polymorphisme est souvent cité justement comme l'une des choses essentielles de la programmation orientée objet. Le *polymorphisme* est un moyen permettant de gérer les différences d'une collection d'abstractions en nous concentrant sur les points communs ; les racines grecques du terme, *poly* (nombreux) et *morphos*[2] (forme), indiquent bien que les valeurs d'une classe et de ses dérivées, et leurs opérations peuvent prendre de nombreuses formes.

Polymorphisme statique

Les modules ou classes génériques permettent déjà un polymorphisme statique. Lorsque l'on instancie une classe générique, on adapte ses opérations à un ou à plusieurs types particuliers ; plusieurs instanciations peuvent donc conduire à des opérations qui ont en fait différentes formes. Le polymorphisme est dit statique, car la forme est déterminée au moment de la compilation et demeure fixe par la suite. Ainsi, dans notre exemple de la calculatrice au chapitre 4, nous avons instancié la classe générique `TypePile` à deux reprises :

```
TypePile<int> pile_Operandes;   // pile d'entiers
TypePile<char> pile_Operateurs; // pile de caractères
```

Les opérations `Desempiler` et `Sommet` prennent alors deux formes, et les appels :

```
    pile_Operandes.Desempiler();         // entiers
    gauche = pile_Operandes.Sommet();    // entiers
    pile_Operateurs.Desempiler();        // caractères
    operateur = pile_Operateurs.Sommet(); // caractères
```

offrent deux exemples de polymorphisme statique.

Polymorphisme dynamique

Comme son nom l'indique, le polymorphisme dynamique n'est pas fixé à la compilation, mais plutôt décidé au moment de l'exécution. Pour pouvoir en donner un exemple plus parlant, nous allons définir maintenant un ensemble de types dérivés à partir d'un même type de base.

Dans cet exemple, nous définissons plusieurs types de pizza à partir d'ingrédients variés ; mais si vous pensez que certains de ces ingrédients sont le fruit d'une imagination tourmentée, détrompez-vous. Tous ces ingrédients apparaissent vraiment dans les pizzas de Pizza Hut™ ou Domino's™, dans divers pays d'Europe ![3]

```
//  Philippe Gabrini mai 2005

#ifndef CLASSE_PIZZA
#define CLASSE_PIZZA

#include <iostream>
using namespace std;

class Pizza
{
public:
    enum Pate_a_pain {ble_dur, ble_entier, seigle};
    enum Sortes_de_Fromages {mozzarella, gruyere, emmenthal, bleu,
                             roquefort, feta, aucun};
```

---

[2]   Vous passez vos nuits dans les bras de Morphée (dieu des Songes), fils d'Hypnos (dieu du Sommeil) et de la Nuit.

[3]   Voir *Consumer Reports*, janvier 1997, p. 21.

```
      enum Sortes_de_Sauces {tomate, viande, piquante, haricots_noirs,
                             curry, aucune};
      enum Garnitures_Vegetariennes {oignons, olives, champignons, poivrons,
                                     choucroute, chou, tofu};
      enum Garnitures_Carnivores {anchois, pepperoni, jambon, saucisse,
                                  bacon, calmar, sardines, thon, maquereau,
                                  saumon, poulet, crevettes, mouton};
      Pizza(Pate_a_pain = ble_dur, Sortes_de_Fromages = mozzarella,
            Sortes_de_Sauces = tomate);
      virtual void Faire_Pizza();  // opération primitive

protected:
      Pate_a_pain pate;
      Sortes_de_Fromages fromage;
      Sortes_de_Sauces sauce;
}; // Pizza


class Pissaladiere : public Pizza          // type dérivé étendu
{
 public:
   Pissaladiere(Pate_a_pain = ble_dur, Sortes_de_Fromages = mozzarella,
          Sortes_de_Sauces = tomate, Garnitures_Vegetariennes = oignons,
          Garnitures_Vegetariennes = olives);
   void Faire_Pizza(); // opération primitive redéfinie
 protected:
   Garnitures_Vegetariennes garniture1;
   Garnitures_Vegetariennes garniture2;
}; // Pissaladiere


class Pizza_Napolitaine : public Pizza      // type dérivé étendu
{
 public:
   Pizza_Napolitaine(Pate_a_pain = ble_dur, Sortes_de_Fromages = mozzarella,
          Sortes_de_Sauces = tomate, Garnitures_Vegetariennes = olives,
          Garnitures_Carnivores = anchois);
   void Faire_Pizza(); // opération primitive redéfinie
 protected:
   Garnitures_Vegetariennes garnitureVeg;
   Garnitures_Carnivores garnitureCarn;
}; // Pizza_Napolitaine


class Pizza_Marine : public Pizza_Napolitaine  // type dérivé étendu
{
 public:
   Pizza_Marine(Pate_a_pain = ble_dur, Sortes_de_Fromages = mozzarella,
          Sortes_de_Sauces = tomate, Garnitures_Vegetariennes = olives,
          Garnitures_Carnivores = anchois, Garnitures_Carnivores = calmar,
          Garnitures_Carnivores = saumon);
```

```
  void Faire_Pizza(); // opération primitive redéfinie
protected:
   Garnitures_Carnivores poisson1;
   Garnitures_Carnivores poisson2;
}; // Pizza_Marine
```

```
class Ma_Pizza : public Pizza_Marine
// type dérivé avec extension nulle, hérite de l'opération
// primitive Faire_Pizza, constructeur de Pizza_Marine appelé par défaut
{
}; // Ma_Pizza
```

```
#endif   // CLASSE_PIZZA
```

Les constructeurs sont définis avec des arguments ayant une valeur par défaut. Dans le cas de la classe Pizza, ceci permet de définir des valeurs du type par l'appel d'un constructeur sans aucun paramètre, ou avec un, deux ou trois paramètres :

```
Pizza P1; // tout par défaut
Pizza P2(seigle); // seul le premier paramètre
Pizza P3(seigle, roquefort); // seuls les deux premiers paramètres
Pizza P4(seigle, roquefort, viande); // les trois paramètres
```

Les trois champs de données sont déclarés protected, ce qui les rend accessibles aux classes dérivées. La classe Pissaladiere étend la classe Pizza avec deux attributs supplémentaires. La classe Pizza_Napolitaine étend, elle aussi, la classe Pizza avec deux attributs supplémentaires. La classe Pizza_Marine étend la classe Pizza_Napolitaine avec deux attributs supplémentaires. Enfin, la classe Ma_Pizza étend la classe Pizza_Marine sans lui ajouter de champ de données. Toutes ces classes redéfinissent l'opération Faire_Pizza. La figure 7.3 illustre la hiérarchie créée par la définition de la classe Pizza et de ses classes dérivées.

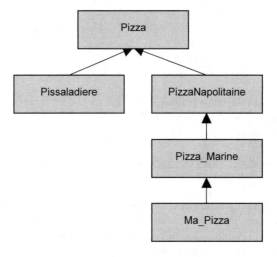

Figure 7.3 Hiérarchie des classes Pizza

La définition des diverses opérations qui suit ne présente aucun point très nouveau et n'est donnée que pour mémoire.

```
Pizza::Pizza(Pate_a_pain pat, Sortes_de_Fromages from,
             Sortes_de_Sauces sauc)
{ pate = pat;
  fromage = from;
  sauce = sauc;
}


void Pizza::Faire_Pizza()
{ cout << "Pizza: Faire_Pizza" << endl;
}


Pissaladiere::Pissaladiere(Pate_a_pain pat, Sortes_de_Fromages from,
          Sortes_de_Sauces sauc, Garnitures_Vegetariennes g1,
          Garnitures_Vegetariennes g2)
{
  Pizza(pat, from, sauc);
  garniture1 = g1;
  garniture2 = g2;
}


void Pissaladiere::Faire_Pizza()
{
  cout << "Pissaladiere: Faire_Pizza" << endl;
}


Pizza_Napolitaine::Pizza_Napolitaine(Pate_a_pain pat, Sortes_de_Fromages from,
          Sortes_de_Sauces sauc, Garnitures_Vegetariennes gv,
          Garnitures_Carnivores gc)
{
  Pizza(pat, from, sauc);
  garnitureVeg = gv;
  garnitureCarn = gc;
}


void Pizza_Napolitaine::Faire_Pizza()
{
  cout << "Pizza_Napolitaine: Faire_Pizza" << endl;
}


Pizza_Marine::Pizza_Marine(Pate_a_pain pat, Sortes_de_Fromages from,
          Sortes_de_Sauces sauc, Garnitures_Vegetariennes gv,
          Garnitures_Carnivores gc1, Garnitures_Carnivores gc2,
          Garnitures_Carnivores gc3)
```

```
{
  Pizza_Napolitaine(pat, from, sauc, gv, gc1);
  poisson1 = gc2;
  poisson2 = gc3;
}


void Pizza_Marine::Faire_Pizza()
{
  cout << "Pizza_Marine: Faire_Pizza" << endl;
}
```

Opérations sur les classes

Nous allons utiliser cette classe Pizza et ses dérivées pour illustrer l'héritage et le *polymorphisme dynamique* ; pour ce dernier, ce n'est qu'au moment de l'exécution que l'on pourra déterminer la nature exacte des paramètres et choisir la version appropriée de `Faire_Pizza`. À partir des différentes classes de pizza, nous pouvons déclarer des variables et y affecter des valeurs au moyen de constantes.

```
//   Philippe Gabrini mai 2005
#include <iostream>
#include <vector>
#include "Pizzas.hpp"
using namespace std;


int main()
{
  Pizza Pizza_bon_marche(Pizza::ble_dur,Pizza::mozzarella,Pizza::tomate);
  Pissaladiere Pizza_grand_pere(Pizza::seigle,Pizza::aucun,Pizza::aucune,
                                Pizza::oignons,Pizza::olives);
  Pizza_Napolitaine Pizza_bourgeoise(Pizza::ble_dur,Pizza::gruyere,Pizza::viande,
                                Pizza::champignons,Pizza::pepperoni);
  Ma_Pizza LaMienne;
  Pizza_Marine Pizza_toute_habillee = Pizza_Marine(LaMienne);
  // conversion vers type de base
  Pizza_bon_marche = Pizza_toute_habillee;       // OK
  //Pizza_toute_habillee = Pizza_bon_marche;     // conversion invalide

  Pizza_bon_marche.Faire_Pizza();    // répartition statique
  Pizza_bourgeoise.Faire_Pizza();    // répartition statique
  LaMienne.Faire_Pizza();            // opération héritée répartition statique

  vector <Pizza *> rang(3);
  rang[0] = new Pizza(Pizza_bon_marche);
  rang[1] = new Pizza_Napolitaine(Pizza_bourgeoise);
  rang[2] = new Pizza_Marine(Pizza_toute_habillee);
```

```
for(int indice =0; indice < 3; indice++){
  cout << endl;
  rang[indice]->Faire_Pizza();       // répartition dynamique

  Pizza_Napolitaine *napoPtr =
          dynamic_cast<Pizza_Napolitaine *>(rang[indice]);
  if(napoPtr != NULL)                // conversion possible?
    cout << "reconnu une pizza napolitaine" << endl;
  else
    cout << "reconnu autre pizza" << endl;

  if(typeid(*rang[indice]) == typeid(Pizza_Napolitaine)) // même type?
    cout << "reconnu type pizza napolitaine" << endl;
  else
    cout << "reconnu autre type" << endl;
}

for(int ind =0; ind < 3; ind++){               // nom des classes
  cout << "\nSuppression objet de " << typeid(*rang[ind]).name();
  delete rang[ind];
}
return 0;
}
```

On déclare des variables des divers types en utilisant les constructeurs pour leur donner des valeurs initiales. On utilise une conversion de la classe `Ma_Pizza` à sa classe de base `Pizza_Marine`, et dans ce sens la conversion est permise, car il ne peut y avoir de champ non défini dans le résultat de la conversion. On peut également convertir une valeur d'un type dérivé en un autre type, comme `Pizza_Marine` à `Pizza`, mais attention, on peut seulement convertir une valeur d'une classe dérivée en une classe dont elle est dérivée ; en effet, la conversion peut éliminer des attributs supplémentaires, mais ne peut automatiquement en rajouter. On ne peut effectuer une conversion d'une classe de base à une classe dérivée, comme le montre l'essai de conversion de `Pizza` à `Pizza_Marine` qui ne compile pas et a donc dû être mis en commentaire. Les trois appels à `Faire_Pizza` s'adressent à trois versions différentes de `Faire_Pizza`, mais la version peut être déterminée par le compilateur qui engendre alors l'appel direct à la bonne procédure ; c'est ce que l'on appelle une répartition statique. Notez, dans le cas du troisième appel avec paramètre de type `Ma_Pizza`, que l'on utilise l'opération primitive qui a été dérivée automatiquement du type `Pizza_Marine` (on ne l'a pas explicitement redéfinie).

On déclare ensuite un vecteur de trois pointeurs à des éléments appartenant à la classe `Pizza` ; on le remplit avec les adresses d'objets de différents types qui sont créés au fur et à mesure. Les appels à `Faire_Pizza`, à l'intérieur de la boucle, sont déterminés dynamiquement selon les objets auxquels pointent les pointeurs du tableau `rang`. Notez que ceci ne fonctionne que parce que la procédure `Faire_Pizza` *initiale* de la classe `Pizza` a été déclarée `virtual`, transmettant cette propriété à toutes ses dérivées. Sans cela il ne pourrait y avoir de polymorphisme dynamique, le compilateur n'ayant pas créé de table de répartition dynamique. En fait, si vous enlevez le mot réservé `virtual` de `Pizza.hpp`, *le programme principal ne compile plus* !

Dans cet exemple, on utilise aussi les outils du RTTI (*Run Time Type Identification*) ; ainsi, on illustre la possibilité de déterminer le type des objets repérés par un pointeur de classe. On convertit avec un `dynamic_cast` les pointeurs du tableau en un pointeur à la classe `Pizza_Napolitaine`. Si cette conversion fonctionne, c'est que le pointeur de départ s'y prêtait ; sinon on a un pointeur nul qui n'a pu être converti. On peut également vérifier l'appartenance d'un objet à une classe particulière au moyen de l'opérateur `typeid`. On finit par relâcher la mémoire allouée aux éléments du tableau en montrant encore une utilisation de `typeid` sur les éléments pointés qui permet de sortir le nom du type rencontré (fonction `name`).

Pour vous aider à mieux comprendre, voici la sortie produite par ce programme. D'abord les trois appels à `Faire_Pizza`, le troisième issu de la classe `Ma_Pizza` qui utilise le `Faire_Pizza` de `Pizza_Marine`. Les trois groupes de trois lignes qui suivent correspondent aux trois répétitions de la première boucle `for` ; la première ligne de chaque groupe est un appel dynamique à `Faire_Pizza` correspondant au type de l'élément du tableau considéré (`Pizza`, puis `Pizza_Napolitaine`, puis `Pizza_Marine`). La seconde ligne de chaque groupe indique si la conversion a fonctionné (c'est le cas pour `Pizza_Napolitaine` et `Pizza_Marine`), et la troisième ligne de chaque groupe indique la correspondance avec `Pizza_Napolitaine` (qui n'est vraie que pour le deuxième élément).

Les trois dernières lignes sont produites par la seconde boucle `for` et montrent les types extraits des éléments du tableau avant leur suppression.

```
Pizza: Faire_Pizza
Pizza_Napolitaine: Faire_Pizza
Pizza_Marine: Faire_Pizza

Pizza: Faire_Pizza
reconnu autre pizza
reconnu autre type

Pizza_Napolitaine: Faire_Pizza
reconnu une pizza napolitaine
reconnu type pizza napolitaine

Pizza_Marine: Faire_Pizza
reconnu une pizza napolitaine
reconnu autre type

Suppression objet de Pizza
Suppression objet de Pizza_Napolitaine
Suppression objet de Pizza_Marine
```

7.4   Classes abstraites

Lorsque l'on crée une hiérarchie de classes dérivées, on peut utiliser des classes de base abstraites pour indiquer les parties absolument nécessaires, qui doivent donc être absolument déclarées par l'utilisateur. L'utilisation principale d'un type de base abstrait est de fournir une interface commune pour les classes dérivées. Une classe abstraite décrit l'interface que les classes dérivées doivent absolument offrir. Lorsqu'il le faut, la classe abstraite laisse aux classes dérivées le soin de définir la réalisation. Une classe sera *abstraite* si elle contient au moins une **fonction virtuelle pure**. Une fonction virtuelle sera dite pure si on lui affecte la valeur (ou l'adresse) zéro dans la définition de la classe. Ces fonctions pures doivent alors être absolument définies dans les classes dérivées. Ceci peut permettre, en particulier, des réalisations différentes d'un même type, comme le montre la figure 7.4 ; on peut également utiliser cela lorsque l'on construit une abstraction qui formera la base d'une famille d'abstractions.

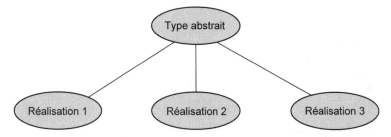

Figure 7.4 Hiérarchie possible basée sur un type abstrait

Prenons un exemple de classe abstraite afin de mieux illustrer ce concept.

```
class Compte_de_base //  classe abstraite Philippe Gabrini mai 2005
{
public:
  virtual void Deposer(float Montant);
  virtual void Retirer(float Montant);
  virtual float Interet() const = 0; //  fonction virtuelle pure
  virtual float Solde() const = 0;   //  fonction virtuelle pure
protected: // accès permis aux dérivés
  float solde;
};

void Compte_de_base::Deposer(float Montant)
{
  solde += Montant;
}

void Compte_de_base::Retirer(float Montant)
{
  solde -= Montant;
}
```

La classe `Compte_de_base` définit un compte bancaire de base abstrait qui doit comprendre quatre opérations, dont deux sont pures et **devront** être redéfinies. Notez que cette définition de classe ne nécessite pas de définition pour les fonctions pures. Les exemples ci-dessous montrent la création de deux types de compte, `Compte_cheque` et `Compte_epargne`, qui, en plus d'un constructeur, redéfinissent, comme il se doit, les fonctions pures de `Compte_de_base`.

```
class Compte_cheque : public Compte_de_base
{
public:
  Compte_cheque(float = 0, float = 0); // constructeur
  virtual float Interet() const;       // à définir
  virtual float Solde() const;         // à définir
private:
  float taux;
};

Compte_cheque::Compte_cheque(float montant, float inter)
: taux(inter)    //liste d'initialisation de champs
{
  solde = montant;
}

float Compte_cheque::Interet() const
{
  return solde * taux / 12 / 100;
}

float Compte_cheque::Solde() const
{
  return solde;
}
```

Notez l'utilisation d'une liste d'initialisation de champs pour donner une valeur à l'attribut `taux` ; cette liste suit la liste de paramètres entre parenthèses et est introduite par un signe « deux-points ». Dans sa forme générale, elle comprend une liste de noms de champs, chacun suivi d'une paire de parenthèses entourant la valeur à affecter au champ, chaque élément de la liste étant séparé de son voisin par une virgule. Le champ `solde` venant de la classe de base ne peut être inclus dans cette liste. La seconde classe dérivée ajoute plus d'attributs à l'attribut `solde` déjà présent.

```
class Compte_epargne : public Compte_de_base
{
public:
  Compte_epargne(float = 0, float = 0, float = 0, int = 0); // constructeur
  virtual float Interet() const;       // à définir
  virtual float Solde() const;         // à définir
private:
  float taux_quotidien;
  float interet_accumule;
  int julien;
};
```

```
Compte_epargne::Compte_epargne(float montant, float inter, float acc,
                          int jours)      //liste d'initialisation de champs
: taux_quotidien(inter), interet_accumule(acc), julien(jours)
{
  solde = montant;
}


float Compte_epargne::Interet() const
{
  return solde * taux_quotidien * julien / 100;
}


float Compte_epargne::Solde() const
{
  return solde;
}
```

On retrouve les mêmes caractéristiques que dans la classe dérivée précédente, avec un meilleur exemple de liste d'initialisation des attributs. Les instructions ci-dessous donnent un exemple d'utilisation de ces classes. Notez qu'il est impossible de définir un objet d'une classe abstraite puisque la réalisation d'une telle classe n'est pas complète. Comme on ne peut construire d'objets de la classe abstraite, on ne peut utiliser cette dernière que comme référence.

```
Compte_epargne epar(345.67, 0.01, 0, 124);
Compte_cheque cheq(1223.44, 2.5);
epar.Deposer(33.33);
cheq.Deposer(123);
cout << epar.Solde() << ' ' << cheq.Solde() << endl;
epar.Retirer(22);
cheq.Retirer(100);
cout << epar.Solde() << ' ' << cheq.Solde() << endl;
cout << epar.Interet() << ' ' << cheq.Interet()  << endl;
```

7.5   Exercices et problèmes

Exercices

7.1   Étant donné les classes Personne et Employe du chapitre, définir une nouvelle classe Professionnel qui hérite de la classe Employe et qui ajoute trois champs de données numériques : salaire, bonus et budget, avec les méthodes appropriées. À quels champs de données de la hiérarchie de classe les méthodes de la classe Professionnel ont-elles accès ? Donner un exemple de polymorphisme dynamique en utilisant la classe Professionnel. Peut-on le faire directement ou faut-il modifier les classes parents ?

7.2   Avec la description de problème suivante : « Les clients commandent des produits d'un magasin ; les factures qui sont engendrées listent les éléments et les quantités achetées, les paiements reçus et les montants restant à payer. Les produits sont expédiés à l'adresse de réception du client et les factures sont envoyées à l'adresse de facturation ». Quelles classes devriez-vous utiliser pour réaliser une solution à ce problème ?

7.3   Illustrer par un diagramme les relations existant entre les classes machine à sous, boissons et pièces de monnaie qui modélisent la vente de boissons par machines acceptant des pièces de monnaie.

7.4   Le code suivant provoque deux erreurs de compilation ; lesquelles et pourquoi ?

```cpp
class E {
public:
  E();
  E(int x);
  void afficher() const;
private:
  int e;
};

class F : public E {
public:
  F();
  F(int x);
  void afficher() const;
};

E::E()
{
  e = 0;
}

E::E(int x)
{
  e = x;
}

void E::afficher() const
{
  cout << "E: " << e << endl;
}

F::F() {}

F::F(int x)
{
  e = x;
}

void F::afficher() const
{
  cout << "F: " << e << endl;
}
```

7.5   Le code ci-dessus ayant été rectifié, le programme principal suivant provoque quelques erreurs de compilation ; lesquelles ?

```
int main()
{
  E e1;
  F f1;
  E* pE;
  F* pF;
  e1 = f1;
  f1 = e1;
  pF = pE;
  pE = pF;
  f1 = pF;
  e1 = *pF;
  *pF = *pE;
  return 0;
}
```

7.6   Soit les classes A et B suivantes ; qu'affichera le programme `main` ?

```
class A {
public:
  A();
  A(int x);
};

class B : public A {
public:
  B();
  B(int x);
};

A::A()
{
  cout << "A::A()" << endl;
}

A::A(int x)
{
  cout << "A::A(" << x << ")" << endl;
}

B::B()
{
  cout << "B::B()" << endl;
}

B::B(int x)
{
  cout << "B::B(" << x << ")" << endl;
}
```

```
int main()
{
  B b1(5);
  return 0;
}
```

7.7   Qu'affichera le programme suivant ?

```
class C {
public:
  void afficher(int x) const;
};


void C::afficher(int x) const
{
  cout << x << endl;
}


class D : public C {
public:
  void afficher(int x) const;
};


void D::afficher(int x) const
{ // problème de Collatz
  if(x <= 1)
    C::afficher(x);
  else if(x % 2 == 0)
    afficher(x / 2);
  else
    afficher(3 * x + 1);
}
int main()
{
  D d1;
  d1.afficher(3);
  return 0;
}
```

7.8   Avec les déclarations des classes G et H, qu'affichera le programme main ci-dessous ?

```
class G {
public:
  G();
  virtual void proc1() const;
  void proc2() const;
};


class H : public G {
public:
  H();
  virtual void proc1() const;
```

```cpp
    void proc2() const;
};

G::G() {}

void G::proc1() const
{
  cout << "G::proc1" << endl;
}

void G::proc2() const
{
  cout << "G::proc2" << endl;
}

H::H() {}

void H::proc1() const
{
  cout << "H::proc1" << endl;
}

void H::proc2() const
{
  cout << "H::proc2" << endl;
}

int main()
{
  G g;
  H h;
  G* pG = new G;
  G* pH0 = new H;
  H* pH1 = new H;
  g.proc1();
  g.proc2();
  h.proc1();
  h.proc2();
  pG->proc1();
  pG->proc2();
  pH0->proc1();
  pH0->proc2();
  pH1->proc1();
  pH1->proc2();
  return 0;
}
```

Problèmes

7.9   Écrire un programme qui va permettre à votre enseignant de conserver les notes de tous ses cours. Chaque étudiant reçoit des notes pour deux examens (pondération 25% chacun) et trois travaux pratiques (pondération 15%, 15% et 20%). Le programme multiplie les notes par la pondération associée, produisant ainsi un total numérique. Ce total est transformé en une note finale en lettre selon le barème suivant : 100-97 A+, 96-93 A, 92-89 A-, 88-85 B+, 84-81 B, 80-77 B-, 76-73 C+, 72-69 C, 68-65 C-, 64-61 D+, 60-57 D, 56-0 E.

7.10 Écrire un programme qui effectue la réservation de sièges dans un avion qui possède 4 rangées de 4 sièges séparés par une allée en première classe, et 32 rangées de 6 sièges séparés par une allée en classe économie. Le programme reçoit une demande de réservation comprenant le nom du passager (ou des passagers voyageant ensemble, 2 en première classe, 3 en classe économie), sa classe et sa préférence (hublot, allée, milieu) : le programme essaye de trouver une solution et indique le siège ou l'impossibilité. Une autre commande permet de montrer le siège réservé pour un passager donné.

7.11 Pour réaliser une application `Agenda`, définir et programmer une classe `Rendez-vous` et des classes dérivées comme `Unique`, `Quotidien`, `Hebdomadaire` et `Mensuel`. Chaque rendez-vous possède une description, une date et une heure. L'utilisateur doit pouvoir ajouter des rendez-vous en spécifiant les informations nécessaires ; doit pouvoir lister ses rendez-vous pour une date donnée, ou un intervalle de jours ; doit aussi pouvoir sauvegarder ses rendez-vous dans un fichier et pouvoir les restaurer à partir d'un tel fichier. L'agenda sera tout simplement un tableau de pointeurs aux divers rendez-vous, ces derniers, des objets des diverses classes. On aura besoin d'une fonction booléenne virtuelle pour vérifier qu'un rendez-vous a bien lieu à une date donnée et d'une procédure virtuelle `Sauvegarder`. Pour l'opération de restauration, il faudra déterminer le type du rendez-vous à restaurer, puis créer un objet de ce type et appeler une procédure virtuelle `Lire` qui remplisse l'objet.

7.12 Étant donné les structures suivantes, qui présentent un certain nombre de champs redondants, éliminer la redondance en définissant une hiérarchie de classes.

```
struct Enregistrement_Phonographique{
  string Titre;
  genre Musique;
  annee Annee_Enr;
  bool Instrumental;
  evaluation Qualite;
  float Vitesse;
  bool Egratigne;
};

struct Enregistrement_Cassette{
  string Titre;
  genre Musique;
  annee Annee_Enr;
  bool Instrumental;
  evaluation Qualite;
```

```
    temps Longueur;
    sorte Bande;
    bool Reduction_Bruit;
};

struct Enregistrement_CD{
    string Titre;
    genre Musique;
    annee Annee_Enr;
    bool Instrumental;
    evaluation Qualite;
    bool Enregistrement_Digital;
};
```

7.13   Écrire et tester une procédure virtuelle `Jouer` qui permet de faire jouer un enregistrement phonographique, ou une cassette, ou un disque compact avec les paramètres nécessaires, selon la solution avec héritages du problème précédent.

7.14   Écrire et tester les classes suivantes en s'assurant que la fonction `Espace` du cuboïde fait appel à la fonction `Espace` du rectangle.

```
class Rectangle{
public:
    Rectangle() ;
    virtual float Espace();
protected:
    float Longueur;
    float Largeur;
};

class Cuboide : public Rectangle{
public:
    virtual float Espace();
private:
    float Hauteur;
};
```

7.15   Réaliser une classe générique `Vecteur` qui généralise la classe `vector` de la STL en créant un vecteur sécurisé avec des indices de début et de fin généraux. Par exemple :

$$\texttt{Vecteur<int> V1(1, 90), V2(-5, 12);}$$

crée deux objets `V1` et `V2` avec des intervalles d'indice respectifs de [1, 90] et de [-5, 12], et ces objets peuvent seulement être indicés dans l'intervalle ainsi défini.

Dériver la classe `Vecteur` de la classe `vector` de la STL en utilisant l'héritage public. Redéfinir l'opérateur d'accès `[]` pour qu'il n'accepte que des indices dans l'intervalle permis. Définir la fonction `resize` qui ajuste la taille du vecteur et modifie les bornes des indices tout en conservant les éléments qui peuvent l'être. Ainsi, avec l'exemple ci-dessus, si l'on fait : `V2.resize(-6, 20)`, toutes les valeurs doivent être conservées, et les éléments supplémentaires prennent la valeur produite par le constructeur de la classe des valeurs (ici `int`). Placer cette classe dans le fichier `Vecteur.hpp`.

Parallèlement à l'élaboration de la classe `Vecteur`, créer une famille de classes d'exceptions dérivées de la classe standard `exception` et placer ces classes dans le fichier `Exceptions.hpp`. Définir d'abord la classe `Exception_de_base` qui comprend essentiellement un constructeur et la redéfinition de la fonction `what()` de la classe `exception` qui retourne une chaîne de caractères. Dériver ensuite de la classe `Exception_de_base` des exceptions plus spécifiques avec au moins `ErreurLimiteIndice` (avec quatre paramètres : une chaîne, l'indice fautif, la borne inférieure et la borne supérieure) et `ErreurOuvertureFichier` (un seul paramètre chaîne qui est le nom du fichier). Utiliser la première exception dans votre classe `Vecteur` et la seconde dans le programme de test ci-dessous.

Écrire un programme de test qui utilise cette classe en créant en particulier les deux vecteurs suivants :

```
Vecteur<char> majuscules(65, 90);
Vecteur<double> temperatures(-10, 25);
```

et remplir `majuscules` des caractères ASCII correspondant aux indices : `majuscules[65] = 'A';`, etc. Remplir `temperatures` des valeurs Fahrenheit correspondant à la valeur Celsius de l'indice (F = 9/5 C + 32).

Ne pas oublier que c'est à vous de prouver que toutes vos opérations fonctionnent dans tous les cas. Donner les complexités spatiales et temporelles de tous vos algorithmes.

Chapitre 8

Arborescences

On reconnaît l'arbre à ses fruits.
Proverbe

Jusqu'à présent, les types de données abstraits que vous avez vus étaient essentiellement tous linéaires. Rappelez-vous que les conteneurs correspondants de la STL (conteneurs séquentiels ou adaptateurs de conteneurs) réalisent ces types de données abstraits. Rappelez-vous aussi que la STL comprend des conteneurs associatifs qui sont basés sur des structures non linéaires. La STL offre ces conteneurs, car, bien souvent, les conteneurs linéaires sont inadéquats pour arriver à conceptualiser certains problèmes ou pour être utilisés dans un grand nombre d'applications informatiques. Les conteneurs associatifs sont basés sur des structures arborescentes qui sont non linéaires et très importantes en informatique, car très utilisées. On présente ici les arborescences qui sont des structures de données non linéaires ; on peut leur appliquer le proverbe ci-dessus sans hésitation. Les arborescences fournissent la base de nombreuses méthodes de recherche de l'information. Les arborescences sont utilisées, bien entendu, dans les applications de recherche, mais aussi de tri et dans les applications touchant les jeux, l'intelligence artificielle et la représentation de la connaissance.

Bien que les arborescences ne soient pas nécessairement binaires, ce chapitre est centré sur le concept d'arborescence binaire et l'abstraction correspondante, ainsi qu'un certain nombre d'applications et de réalisations.

8.1   Définitions

On peut dire qu'un *arbre* est un ensemble de *nœuds* (qui sont les éléments constitutifs de l'arbre) comme le montre la figure 8.1.   On appelle *racine* de l'arbre le premier nœud de l'arbre.

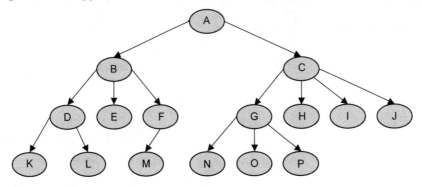

Figure 8.1 Un arbre

La définition précise d'un arbre est récursive ; un arbre est :

* soit vide ;

* soit un nœud (la racine de l'arbre) possédant un nombre fini d'arbres associés que l'on appelle *sous-arbres*.

Une *branche* est un lien entre un nœud et l'un de ses sous-arbres.   Un nœud est le *parent* de ses sous-arbres. La racine d'un sous-arbre d'un nœud donné est un *descendant* direct de ce nœud.   Une *feuille* est un nœud qui n'a pas de sous-arbres.   Par exemple, dans la figure 8.1, les nœuds K, L, E, M, N, O, P, H, I, J sont des feuilles ; les nœuds B, C sont des descendants directs de la racine A ; et B est le parent de D, E, et F.

Le *degré* d'un nœud est le nombre de ses descendants directs, tandis que le degré d'un arbre est le degré maximum de tous ses nœuds.   Soit n_1, n_2, n_3, ... , n_m une séquence de nœuds dans un arbre donné, tel que n_{i+1} soit un descendant de n_i pour $1 \leq i \leq m$; on appelle cette séquence un *chemin* du nœud n_1 au nœud n_m. La longueur d'un chemin est égale au nombre de nœuds dans le chemin, moins un.   Par exemple, dans la figure 8.1, il y a un chemin de longueur 3 entre les nœuds A et M.   La *hauteur* d'un nœud dans un arbre est la longueur du chemin le plus long de ce nœud à une feuille.   Dans la figure 8.1, la hauteur du nœud C est 2. La hauteur d'un arbre est la hauteur de sa racine.   La *profondeur* d'un nœud est la longueur du chemin de la racine à ce nœud.   Le *niveau* d'un nœud est tel que le niveau de la racine est 1, et chaque nœud a un niveau qui est un de plus que le niveau de son parent.   Un *arbre ordonné* est un arbre dans lequel l'ordre des sous-arbres de chaque nœud est fixé (on ne peut les intervertir) ; les descendants d'un nœud sont habituellement ordonnés de gauche à droite.   Une *forêt* est un ensemble d'arbres pouvant être vide.

Bien qu'il y ait un grand nombre de façons de représenter des arbres, la représentation la plus souvent utilisée est celle d'un arbre inversé avec la racine au sommet et les feuilles en bas, tel que le montre la figure 8.1.   La majorité des applications des arborescences sont basées sur un sous-ensemble des arborescences comprenant ce que l'on appelle les *arborescences binaires*.   Un arbre binaire est un arbre de degré 2, c'est-à-dire un arbre dans lequel les nœuds ont au plus deux descendants.   Il devrait être évident que l'arbre vide est aussi un arbre binaire. Les descendants d'un nœud sont identifiés soit comme le descendant droit (ou *enfant* droit), soit comme le descendant gauche (ou *enfant* gauche) de ce nœud. On considère que les enfants d'un même parent sont des frères ou des sœurs.

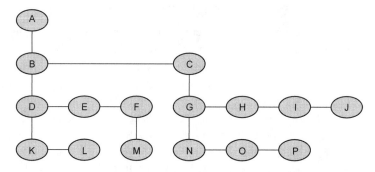

Figure 8.2 Arbre binaire représentant un arbre général

La raison pour laquelle on tend à utiliser les arbres binaires est qu'il est toujours possible de représenter une forêt d'arbres de degré quelconque au moyen d'arbres binaires en s'assurant :

- que le premier descendant d'un nœud donné devienne la racine du sous-arbre gauche ;
- que le prochain frère du nœud devienne la racine du sous-arbre droit.

La figure 8.2 montre l'arbre binaire représentant l'arbre de la figure 8.1.

On utilise souvent les arbres binaires pour ranger de l'information qui doit faire l'objet de recherches. Les arbres binaires sont alors organisés en *arbres binaires de recherche* afin de rendre les opérations de recherche plus efficaces ; ce sont ces arbres que nous allons étudier dans la suite du chapitre.

8.2 Abstraction

Si nous définissons un type de données abstrait (TDA) *Arbre général*, il devra définir les types Arbre et Nœud, et offrir un ensemble d'opérations qui devra comprendre en particulier :

Créer Arbre(Racine)	Création d'un nouvel arbre
Parent(Nœud)	Retourne le parent du Nœud dans l'Arbre
Descendant(Nœud, N)	Retourne le n^e descendant du Nœud de l'Arbre
Insérer(Élément)	Insérer un élément dans l'arbre
Chercher(Élément)	Recherche un élément dans l'arbre
Supprimer(Élément)	Éliminer un élément donné d'un arbre
Afficher	Afficher les éléments contenus dans un arbre
Libérer	Détruire l'arbre et récupérer l'espace mémoire utilisé
Copier	Construire une copie d'un arbre
Traverser(Traitement)	Rendre visite à chacun des nœuds de l'Arbre et y appliquer le Traitement
Greffer(Sous Arbre, Nœud)	Ajouter Sous Arbre comme descendant le plus à droite de Nœud dans l'Arbre

L'opération de traversée d'un arbre présente un intérêt spécial, car elle exige de rendre visite à chaque nœud de l'arbre *exactement une fois* et d'appliquer une opération de traitement à chacun des nœuds rencontrés. Le parcours des listes linéaires se fait d'une façon relativement intuitive, du début à la fin ou de la fin au début, mais pour les arborescences on peut procéder de bien des façons.

On peut, par exemple, commencer à la racine et aller à la racine de son sous-arbre le plus à gauche, puis à la racine du sous-arbre le plus à gauche de ce sous-arbre, et ainsi de suite jusqu'à ce que l'on rencontre une feuille. Cette feuille est alors le premier nœud visité. Après cela, on recule sur le chemin que l'on a suivi jusqu'à ce que l'on trouve un nœud possédant d'autres sous-arbres, et l'on suit le plus à gauche de ces sous-arbres de la même manière jusqu'à ce qu'une feuille soit trouvée et visitée. On continue ce processus de recul jusqu'à ce qu'il ne reste plus de nœuds à visiter. On appelle cette méthode de traversée méthode de *traversée en profondeur*, car on va toujours au plus profond possible pour la visite du nœud suivant. La traversée de l'arbre de la figure 8.1, en utilisant la méthode de traversée en profondeur, rend visite aux nœuds dans l'ordre suivant (qui n'est pas unique) : K L D E M F B N O P G H I J C A.

L'autre méthode de traversée, la *traversée en largeur*, procède niveau par niveau, en rendant visite à tous les éléments d'un niveau avant de descendre au niveau suivant. On commence à la racine à qui on rend visite en premier, puis on rend visite aux racines de tous ses sous-arbres (ou descendants) de gauche à droite, puis à tous les descendants du premier descendant, et ainsi de suite. La traversée en largeur de l'arbre de la figure 8.1 rend visite aux nœuds dans l'ordre suivant : A B C D E F G H I J K L M N O P.

En plus des traversées, et comme la liste ci-dessus le laisse deviner, il existe un grand nombre d'autres opérations sur les arbres ; notons cependant que bon nombre d'entre elles sont spécifiques à des applications données.

Comme il est toujours possible de représenter un arbre au moyen d'un arbre binaire (qui aura cependant une structure différente) et comme la plupart des applications sont basées sur cette sorte d'arbre, nous nous concentrerons sur les arbres binaires.

Arbres binaires

Comme on l'a vu, les méthodes de traversée peuvent être nombreuses, encore que très similaires. Dans le cas des arbres binaires, on n'utilise communément que trois stratégies de traversée qui sont toutes des méthodes de traversée en profondeur.

Préfixe :   Rendre visite à la racine, puis au sous-arbre gauche et finalement au sous-arbre droit.

Infixe :   Rendre visite au sous-arbre gauche, puis à la racine et finalement au sous-arbre droit.

Suffixe :   Rendre visite au sous-arbre gauche, au sous-arbre droit et finalement à la racine.

Afin d'illustrer ces trois stratégies, les traversées de l'arbre de la figure 8.2 visiteront les nœuds dans les ordres suivants :

Préfixe :   A B D K L E F M C G N O P H I J

Infixe :   K L D E M F B N O P G H I J C A

Suffixe :   L K M F E D P O N J I H G C B A

Dans une recherche en profondeur, on va commencer à la racine, et, en suivant une série de pointeurs gauches, on va à la racine du sous-arbre le plus à gauche et le plus profond. On compare alors cette racine (ou sa clef) à l'élément cherché ; si la comparaison est négative, on recule sur le chemin suivi et, en utilisant la récursivité, on examine le prochain successeur du nœud atteint en reculant (ordre préfixe). En utilisant l'exemple d'arbre binaire de la figure 8.2 et en recherchant J, on commence à la racine A, et l'on suit les pointeurs gauches en passant par B, D et K en les examinant ; comme K n'a pas de successeur gauche, on examine L, puis on recule jusqu'à D, et l'on examine E puis F et M, et l'on recule jusqu'à B avant de continuer dans son sous-arbre droit. On examine C puis G puis N, O et P, et finalement, on recule à G, et l'on examine H, puis I et enfin J.

Dans une recherche en largeur, on va commencer à la racine et on l'examine en premier. S'il ne s'agit pas de l'élément cherché, on examine tous ses successeurs, de gauche à droite. Puis, si l'on cherche toujours, on va examiner les descendants du premier descendant, de gauche à droite, puis les descendants du second descendant, et ainsi de suite, jusqu'à ce que l'on trouve ce que l'on cherche ou que l'on ait examiné tous les nœuds de l'arbre. En utilisant l'arbre de la figure 8.2 à la recherche de J, on examine A, puis son seul descendant B, puis C, puis les descendants de B, puis les descendants de C, où se trouve J.

En abordant la définition du TDA Arbre binaire dans une optique orientée objet, il nous faut rechercher quels sont les objets que nous devons définir et qui seront utiles à la construction de l'arbre. Il est bien évident que ce que nous sommes en train de définir, les arbres binaires, seront éventuellement eux-mêmes les objets utilisés dans un certain nombre d'applications. Il nous est cependant possible de descendre à un plus grand niveau de détail et de nous pencher sur la question de quels objets nous sont nécessaires pour fabriquer des arbres binaires. Il devrait être relativement évident que nous allons avoir besoin de nœuds pour construire nos arbres, et il semble alors tout indiqué de considérer utiliser les nœuds comme les objets de base nécessaires à la construction des arbres binaires.

8.3   Abstraction : l'arbre binaire de recherche

Un arbre binaire de recherche[1] est un arbre binaire dans lequel tous les éléments qui se trouvent dans le sous-arbre gauche d'un nœud donné ont une valeur de clef inférieure à la valeur de la clef de ce nœud, et tous les éléments qui se trouvent dans le sous-arbre droit de ce nœud ont des valeurs de clef supérieures à la valeur de la clef de ce nœud. La figure 8.3 montre un arbre binaire de recherche dans lequel les valeurs des nœuds sont des caractères.

Dans un arbre binaire de recherche, la place de chaque nœud dans l'arbre est déterminée par la valeur de la clef de l'élément associé au nœud. On utilise soit tout l'élément, soit sa clef seule pour déterminer la position du nœud. L'organisation d'un arbre binaire de recherche rend les recherches efficaces parce qu'il n'existe qu'un seul chemin de la racine au nœud cible.

[1]   NIEVERGELT, J. « Binary search trees and file organization », *ACM Computing Surveys*, vol. 6, n⁰ 3, septembre 1974.

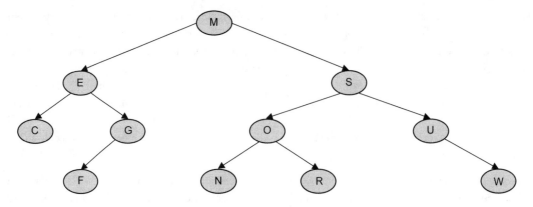

Figure 8.3 Un arbre binaire de recherche

La STL ne définit pas de structure arbre binaire, bien qu'elle en utilise une variante pour représenter les ensembles (set, multiset, map, multimap). Comme le sujet est important au niveau des structures de données, il nous faut définir une réalisation de cette structure. Nous adopterons la philosophie de la STL en définissant une classe conteneur et la classe itérateur qui l'accompagne. Comme les déplacements dans les arbres binaires peuvent se faire selon trois ordres, nous choisissons arbitrairement l'ordre infixe pour définir nos itérateurs. La définition de classe suivante définit les nœuds binaires qui seront utilisés pour construire nos arbres binaires de recherche. Chaque nœud possède une partie valeur et trois pointeurs : un au nœud parent (afin de faciliter les déplacements, en particulier ceux des itérateurs) et deux aux descendants de gauche et de droite.

```
#ifndef NOEUDARBRE_HPP
#define NOEUDARBRE_HPP
#include <cstdlib>
using namespace std;
// P. Gabrini; mai 2005


// Les arbres binaires sont construits avec ces noeuds
template <class T> class ArbreBinRech; // classe amie ayant accès aux noeuds
template <class T> class ArbreAVL;     // classe amie ayant accès aux noeuds

template <typename T> class NoeudArbre
{
public:
  // constructeur inline
  NoeudArbre (const T& item, NoeudArbre<T> *pparent = NULL,
              NoeudArbre<T> *pgauche = NULL,
              NoeudArbre<T> *pdroite = NULL)
   : valeur(item), parent(pparent), gauche(pgauche), droite(pdroite) {}
  virtual ~NoeudArbre(){}  // destructeur virtuel (pour les dérivés)
```

```
protected: // accessibles aux dérivés
  T valeur;
  // pointeurs au parent et aux descendants droite et gauche du noeud
  NoeudArbre<T> *parent;
  NoeudArbre<T> *gauche;
  NoeudArbre<T> *droite;
  friend class ArbreBinRech<T>;
  friend class ArbreBinRech<T>::IterateurInfixe;
  friend class ArbreAVL<T>;
};
#endif // NOEUDARBRE_H
```

La seule fonction est le constructeur qui est défini `inline` au moyen d'une clause d'initialisation. Notez que, comme nous sommes dans la déclaration d'une classe, nous n'avons pas besoin de spécifier le mot-clef `inline`; la définition l'est automatiquement, et le compilateur décide s'il l'a traite de cette façon ou non (voir chapitre 7). Le destructeur est déclaré `virtual`, car, s'il ne l'était pas et que nous disposions de nœuds de types dérivés (voir le prochain chapitre), le système n'aurait pas moyen de déterminer dynamiquement quel destructeur appeler, les nœuds de nos structures étant évidemment repérés par des pointeurs de classe.

La classe ci-dessous définit le type arbre binaire de recherche bâti sur ces nœuds binaires, ainsi que la classe itérateur associée :

```
#ifndef ARBRESBINRECHN_HPP
#define ARBRESBINRECHN_HPP
#include <stdexcept>
#include <fstream>
#include "NoeudArbre.hpp"
using namespace std;
// P. Gabrini   mai 2005
template<typename T> class ArbreBinRech {
public:
    ArbreBinRech(): racine(NULL){}// constructeur
    ArbreBinRech(const ArbreBinRech<T>&);         // constructeur
    ~ArbreBinRech();     // destructeur
    // opérations
    int Taille() const; // retourner le nombre d'éléments dans l'arbre
    virtual void Inserer(const T&) throw(runtime_error); // insérer un élément
    bool Chercher(T&) const; // chercher un élément dans l'arbre
    virtual void Supprimer(const T&);
    ArbreBinRech<T>& operator =(ArbreBinRech<T>&);// copie du paramètre
    void Liberer(); // libérer la mémoire occupée par l'arbre
    void Prefixe(void(*)(T)) const; // traversée
    void Infixe(void(*)(T)) const;  // traversée
    void Suffixe(void(*)(T)) const; // traversée
    void AfficherArbre(ostream & = cout, int = 0) const; // afficher arbre couché
    class IterateurInfixe; // classe imbriquée
    IterateurInfixe begin();
    IterateurInfixe end();
```

```
protected:
    // un arbre binaire possède une racine
    NoeudArbre<T>* racine; // racine de l'arbre
    friend class IterateurInfixe;
    int TailleNoeud(NoeudArbre<T>*) const;
    void InsererNoeud(NoeudArbre<T>*&,NoeudArbre<T>*,const T&) throw(runtime_error);
    bool ChercherNoeud(NoeudArbre<T>*,T&) const;
    NoeudArbre<T>* SupprimerNoeud(NoeudArbre<T>*,const T&);
    NoeudArbre<T>* Fusion(NoeudArbre<T>*, NoeudArbre<T>*);
    NoeudArbre<T>* CopieNoeud(NoeudArbre<T>*,NoeudArbre<T>*);
    // fabrique une copie de l'arbre
    void LibererNoeud(NoeudArbre<T>* &);
    NoeudArbre<T>* NouveauNoeud(const T&, NoeudArbre<T>*,
        NoeudArbre<T>*, NoeudArbre<T>*) throw(runtime_error);
    void PrefixeNoeud( NoeudArbre<T>*,void(*)(T)) const;
    void InfixeNoeud(NoeudArbre<T>*,void(*)(T)) const;
    void SuffixeNoeud(NoeudArbre<T>*,void(*)(T)) const;
    void AfficherNoeud(ostream &,NoeudArbre<T>*,int) const;
};
```

Les opérations déclarées correspondent à ce à quoi nous nous attendions : deux constructeurs (dont un de copie), un destructeur, taille, insertion, recherche, suppression, affectation, libération, affichage, trois opérations de traversée (avec chacune une fonction de traitement en paramètre), et la déclaration d'une classe imbriquée pour les itérateurs. Dans la partie protégée qui n'est accessible qu'à la classe et à ses dérivées, nous retrouvons le seul attribut (pointeur `racine`) et les opérations locales nécessaires à la réalisation des opérations publiques. Comme la plupart des opérations sont réalisées de façon récursive, on a besoin pour chaque opération d'une fonction récursive interne qui opère sur les pointeurs.

```
template <typename T> class ArbreBinRech<T>::IterateurInfixe {
public:
    typedef IterateurInfixe iterateur;// synonyme
    // constructeurs
    IterateurInfixe();
    IterateurInfixe(ArbreBinRech<T>&);
    // opérations
    iterateur operator ++()throw(runtime_error);     // pré-incrément
    iterateur operator ++(int); // post-incrément
    iterateur operator --();     // pré-incrément
    iterateur operator --(int); // post
    T& operator *() {return actuel->valeur;}
    void operator =(iterateur iter)
      {actuel = iter.actuel; arbre = iter.arbre;}
    bool operator ==(iterateur operande)const
      {return actuel == operande.actuel && arbre == operande.arbre;}
    bool operator !=(iterateur operande)const
      {return actuel != operande.actuel || arbre != operande.arbre;}
```

```
protected:
  friend class ArbreBinRech<T>;
  NoeudArbre<T>* arbre;
  NoeudArbre<T>* actuel;
};
#endif
```

La classe itérateur possède les opérations habituelles : constructeur, opérateurs ++ et -- en pré et post notation, opérateurs de déréférencement, d'affectation, de comparaison pour égalité et inégalité (certains `inline`). Un itérateur sera constitué de deux pointeurs.

8.4   Application : création de l'index d'un texte

Ayant défini le type de données abstrait Arbre binaire de recherche, nous voulons l'utiliser pour concevoir un programme qui lira un texte du début à la fin, en rassemblera tous les mots significatifs avec leurs numéros des pages, et qui affichera ensuite un index des mots ainsi conservés en ordre alphabétique avec les numéros ordonnés des pages où ils apparaissent. Nous définirons un mot comme une suite de caractères alphabétiques (majuscules, minuscules, accentués ou non) et numériques commençant par une lettre. Afin d'alléger l'index, nous composerons un dictionnaire des mots triviaux, comme « le », « la », « les », et un mot sera considéré être significatif s'il n'apparaît pas dans un dictionnaire des mots triviaux. La fin d'une page sera indiquée par le caractère \ qui pourrait être aisément modifié et remplacé par le caractère utilisé pour créer le fichier texte à indexer. La fin du texte correspondra à la fin du fichier.

Il va nous falloir deux arbres binaires de recherche, l'un pour représenter le dictionnaire des mots triviaux et l'autre pour ranger les mots significatifs du texte. La partie de données des nœuds de l'arbre binaire de recherche des mots comprendra elle-même deux parties : le mot et la liste des numéros de page associés. Comme les mots d'un texte peuvent grandement varier en longueur, et afin que le programme utilise l'espace mémoire le plus efficacement possible, les mots significatifs du texte seront terminés par un caractère spécial de fin de chaîne et conservés dans un tampon linéaire (vecteur de caractères) ; on ne placera dans les nœuds de l'arbre que l'indice du premier caractère du mot dans le tampon. L'application doit afficher les numéros de page en ordre ascendant ; il faut les conserver dans les nœuds sous forme de file d'attente sans répétitions. Nous faisons l'hypothèse que le texte sera lu en ordre de la première page à la dernière, ce qui nous assure que les numéros de page seront automatiquement triés en ordre ascendant.

La figure 8.4 illustre cette organisation, après lecture des deux premiers vers de la fable *Le corbeau et le renard* de Jean De La Fontaine exprimée en argot :

> « *Un mahousse corbac dans un arbre planqué*
> *S'enfilait par la tronche un coulant baraqué.* »

Tampon des mots du texte

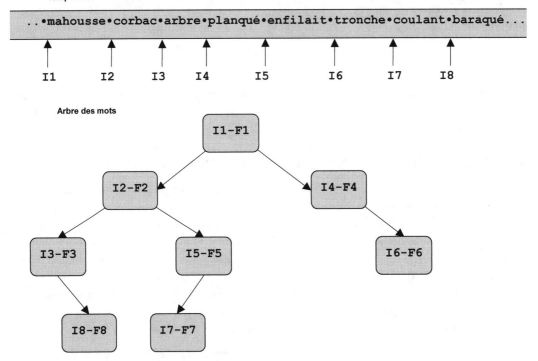

Figure 8.4 Organisation de l'arbre et du tampon de mots

Le programme `ConstruireIndex` est donné ci-dessous. Il utilise les files d'attente de la STL (queue) et notre classe `ArbreBinRech`. Les éléments des files d'attente sont des entiers pour les numéros de page, tandis que les éléments correspondant aux nœuds des arbres sont constitués d'une structure comprenant la clef (indice du mot), le dernier numéro de page (pour éviter la répétition) et la file d'attente des numéros de page.

Le programme comprend trois étapes principales : lecture de la liste des mots triviaux et construction de l'arbre binaire de recherche de ces mots `dictionnaire`, lecture du texte et construction de l'arbre binaire de recherche `mots` et, finalement, affichage des éléments de `mots` en effectuant une traversée de l'arbre binaire de recherche. Comme ces étapes sont toutes relativement simples, le code correspondant est facile à comprendre. Nous avons inclus des commentaires explicatifs après la présentation de chaque sous-programme majeur. Nous commençons par les déclarations de la structure des nœuds, du tampon de sortie et du fichier de sortie globaux (bien qu'il puisse paraître pédagogiquement nécessaire de ne montrer que de *beaux* exemples de programmes, il se trouve que de plus en plus les informaticiens doivent lire du code écrit par d'autres ; dans cette optique, il est bon de montrer du code plus proche de la réalité afin d'y habituer nos lecteurs…).

```
// Construction d'un index en utilisant les arbres binaires de recherche
// génériques basés sur les noeuds binaires et des pointeurs à ces noeuds.
//   Philippe Gabrini  mai 2005
//
#include <iostream>
#include <string>
#include <cstdlib>
#include <fstream>
#include <iomanip>
#include <queue>
#include "ArbreBinRechN.hpp"
#include "ArbreBinRechN.cpp" // à cause des génériques
using namespace std;

const int LONGUEURTAMPON = 20000;
const int LONGUEURNUMERO = 6;
const int LONGUEURMOT = 3 * LONGUEURNUMERO;
const char FINCHAINE = 0;
const char FINPAGE = '\\';
const char ESPACE = ' ';
const int ELEMENTSPARLIGNE = 8;


typedef struct {int clef;
                int dernierePage;
                queue<int> pages;}TypeElement;


char Tampon[LONGUEURTAMPON]; // tampon de mots global
ofstream fSortie;            // fichier de sortie global


ostream & operator <<(ostream &sortie, const TypeElement &element)
// Redéfinition de << pour afficher un mot, nécessaire pour appel à AfficherArbre
{int indiceCarac = element.clef;
  while(Tampon[indiceCarac] != FINCHAINE) {   // affiche mot
    sortie << Tampon[indiceCarac];
    indiceCarac++;
  }
  return sortie;
}


void AfficherMot(int index, int& nombresAffiches)
// Afficher un mot du tampon global dans une largeur LONGUEURMOT.  Si le mot
// est plus long que LONGUEURMOT, il est affiché au complet, et on décale les
// colonnes subséquentes en comptant leur nombre dans nombresAffiches.
{
  int limite, indiceCarac, compte;
  indiceCarac = index;
  limite = index + LONGUEURMOT;
```

```
  while(Tampon[indiceCarac] != FINCHAINE) {     // affiche mot
    fSortie << Tampon[indiceCarac];
    indiceCarac++;
  } // while
  if(indiceCarac > limite) {
    nombresAffiches = (indiceCarac - limite) / LONGUEURNUMERO; // au-delà
    compte = (indiceCarac - limite) % LONGUEURNUMERO;
    if(compte > 0) {
      nombresAffiches = nombresAffiches + 1;
      compte = LONGUEURNUMERO - compte; // nombre d'espaces
    } // if;
  }
  else {
    nombresAffiches = 0;                    // on ne déborde pas
    compte = limite - indiceCarac;
  } // if;
  for(int indice = 1; indice <= compte; indice++) // remplir avec espaces
    fSortie << ESPACE;                      // pour aligner sur la colonne
} // AfficherMot;
```

La procédure `AfficherMot` affiche un mot du tampon de mots justifié à gauche dans LONGUEURMOT (18) colonnes. Si le mot a une longueur qui dépasse la longueur maximum prévue pour un mot, on l'affiche au complet en décalant le début des numéros de page d'un nombre de numéros, afin d'avoir des colonnes de numéros de page alignées, et en retournant le compte de ces pseudo-numéros.

```
void AfficherElement(TypeElement element)
// Afficher un élément de l'index: mot et références de page
{
  int nombresAffiches, numero;
  TypeElement copie;
  copie = element;
  AfficherMot(copie.clef, nombresAffiches);
  while(copie.pages.size() != 0){
    if(nombresAffiches == ELEMENTSPARLIGNE) {    // ligne pleine
      fSortie << endl;
      nombresAffiches = 0;
      for(int index = 1; index <= LONGUEURMOT; index++) // saute espace sous mot
        fSortie << ESPACE;
    } // if
    numero = copie.pages.front();
    copie.pages.pop();
    fSortie << setw(LONGUEURNUMERO) << numero;
    // affiche numéro de page
    nombresAffiches++;
  } //while
  fSortie << endl;
} // AfficherElement;
```

La procédure `AfficherElement` commence par afficher le mot correspondant puis affiche ensuite la file de numéros de page dans le format numérique voulu en s'assurant de sauter le nombre d'espaces nécessaire (LONGUEURMOT) au début d'une ligne supplémentaire.

```
bool operator <(TypeElement E1, TypeElement E2)
// Comparer deux mots du tampon global.
{
 int i = E1.clef;
 int j = E2.clef;
 while(true){
    if(Tampon[i] != Tampon[j])        // non identiques
      return Tampon[i] < Tampon[j];
    else if(Tampon[i] == FINCHAINE)  // identiques
      return false;
    i++; j++;
 }
} // <;
```

```
bool operator ==(TypeElement E1, TypeElement E2)
// Vérifier l'égalité de deux mots du tampon global.
{
 int i = E1.clef;
 int j = E2.clef;
 while(true){
    if(Tampon[i] != Tampon[j])        // non identiques
      return false;
    else if(Tampon[i] == FINCHAINE)  // identiques
      return true;
    i++; j++;
 }
} // ==;
```

Les deux opérateurs < et == examinent deux mots du tampon et les comparent caractère par caractère, en retournant l'ordre des codes ASCII des deux premiers caractères qui diffèrent ou le fait que tous les caractères correspondent. *Ces opérateurs sont nécessaires*, car ils seront utilisés dans les instanciations des opérations sur les arbres comme `Inserer` ou `Chercher`.

```
void FinDeLigne(int& numeroLigne)
{ // traite la fin de ligne, nouveau numéro de ligne
  fSortie << endl;
  numeroLigne++;
  fSortie << setw(LONGUEURNUMERO) << numeroLigne;
  fSortie << ESPACE;
} // FinDeLigne;
```

```cpp
void LireMot(ifstream& entree, char& carac, int& suivant, int& ancien,
             int& numeroLigne)
{// Lire un mot et le ranger dans le tampon global.
  suivant = ancien;
  do {                    // pour toutes les lettres y compris les accents
    fSortie << carac;
    Tampon[suivant] = carac;
    suivant++;
    if(carac == '\n') {      // sauter
      do {
        FinDeLigne(numeroLigne);
        carac = entree.get();
      }
      while((carac == '\n')&&(!entree.eof()));
      if(!entree.eof())
        continue;
      else
        return;
    }
    carac = entree.get();
  }
  while(((carac>='0')&&(carac<='9'))||((carac>='A') &&
        (carac<='Z'))||((carac>='a')&&(carac<='z'))||((carac<0)&&((carac>='À')
      &&(carac != 215)&&(carac != 247)))&&(carac!=EOF)); // codes × et ÷.
  Tampon[suivant] = FINCHAINE;
  suivant++;
  if(entree.eof())  // ne pas perdre le dernier caractère
    fSortie << carac << endl;
} // LireMot;
```

La procédure `LireMot` lit un mot du texte d'entrée et le range temporairement dans le tampon des mots, en le terminant par un caractère de fin de chaîne ; la fin du mot est indiquée par un caractère non numérique et non alphabétique (les lettres incluant toutes les lettres accentuées du code ASCII étendu normalisé) ; les codes caractères occupent un octet, et les codes supérieurs à 127 sont considérés négatifs (128 représente la valeur la plus négative tandis que 255 représente -1). Il y a deux indices associés au tampon des mots : `ancien` et `suivant`. Lorsqu'on lit un mot, on ne change pas la valeur de `ancien` : elle repère le mot lu. La valeur de `suivant` est mise à jour et repère l'espace pour le prochain mot dans le tampon. Si l'on conserve le mot, on avance `ancien` à la valeur de `suivant`, autrement le prochain appel à `LireMot` lira le nouveau mot et le rangera dans le tampon de mots en écrasant le mot qui n'a pas été conservé.

```cpp
void InsererMot(ArbreBinRech<TypeElement>& racine,
                int page, int& suivant, int& ancien)
// Insérer mot dans arbre index si pas déjà là. Ajouter nouvelle référence
// à sa file de numéros de page.
{
  TypeElement mot;
  mot.clef = ancien;
```

```
  if(racine.Chercher(mot)){
    if(mot.dernierePage != page) {
      // n'ajouter que les nouvelles références de page
      mot.pages.push(page);
      mot.dernierePage = page;
      racine.Inserer(mot); // met à jour le noeud existant
    } // if;
  }
  else {                    // nouveau mot
    if(page != 0) {         // page zéro pour dictionnaire
      mot.pages.push(page);
      mot.dernierePage = page;
    } // if;
    racine.Inserer(mot);
    ancien = suivant;        // conserver mot dans tampon global
  } // if;
} // InsererMot;
```

On appelle la procédure `InsererMot` après que l'on ait décidé que le mot lu était significatif. La procédure commence par vérifier si le mot est déjà rangé dans l'arbre binaire de recherche `racine`. S'il y est et que le numéro de la page en cours n'a pas encore été enregistré, on l'ajoute à la file des numéros de page associée, puis on met à jour le nœud correspondant de l'arbre `racine` (notez le signe & précédant le nom du paramètre dans la liste des paramètres : on s'assure que les changements sont effectivement faits au paramètre effectif et non sur une copie). Le mot lu ne sera pas conservé dans le tampon, puisqu'il y est déjà. Si le mot n'est pas dans l'arbre `racine`, on insère un nouveau nœud dans `racine` et l'on conserve le mot dans le tampon. Notez que l'on utilise aussi la procédure `InsererMot` pour créer le dictionnaire des mots triviaux, mais, dans ce cas, le numéro de page est nul et n'est pas conservé.

```
int main ()
{ ArbreBinRech<TypeElement> mots;
  ArbreBinRech<TypeElement> dictionnaire;
  int vieilIndex, nouvelIndex, numeroPage, numeroLigne;
  char carac;
  TypeElement mot;
  char nom[40];

  vieilIndex = 0;
  nouvelIndex = 0;
  numeroLigne = 1;
  cout << "Donnez le nom du fichier de sortie: ";
  cin >> nom;
  fSortie.open(nom, ios::out);
  if(!fSortie){
    cerr << "Impossible ouvrir fichier sortie" << endl;
    exit(1);
  }
  cout << "Donnez le nom du fichier des mots bruit: ";
  cin >> nom;
  ifstream fBruit(nom, ios::in);
```

```cpp
if(!fBruit){
  cerr << "Impossible ouvrir fichier bruit" << endl;
  exit(1);
}
carac = fBruit.get();
while(!fBruit.eof())              // une lettre accentuée ou non
  if(((carac>='A')&&(carac<='Z'))||((carac>='a')&&(carac<='z'))
  ||((carac<='ÿ')&&(carac>='ù'))||((carac<='ö')&&(carac>='Ù')) // négatifs!
  ||((carac<='Ö')&&(carac>='À'))) {
        LireMot(fBruit, carac, nouvelIndex, vieilIndex, numeroLigne);
        InsererMot(dictionnaire, 0, nouvelIndex, vieilIndex);
  }
  else {
    fSortie << carac;
    carac = fBruit.get();
  } // if
fSortie << endl;
dictionnaire.AfficherArbre(fSortie, 0); // sortie arbre bruit
cout << "Donnez le nom du fichier texte: ";
cin >> nom;
ifstream fEntree(nom, ios::in);
if(!fEntree){
  cerr << "Impossible ouvrir fichier texte" << endl;
  exit(1);
}
numeroPage = 1;
numeroLigne = 1;                 // replacer au départ
fSortie << setw(6) << numeroLigne;
fSortie << ESPACE;
carac = fEntree.get();
while(!fEntree.eof())            // une lettre accentuée ou non
  if(((carac>='A')&&(carac<='Z'))||((carac>='a')&&(carac<='z'))
  ||((carac<='ÿ')&&(carac>='ù'))||((carac<='ö')&&(carac>='Ù')) // négatifs!
  ||((carac<='Ö')&&(carac>='À'))) {
        LireMot(fEntree, carac, nouvelIndex, vieilIndex, numeroLigne);
        mot.clef = vieilIndex;
        mot.dernierePage = 0;
        if(!dictionnaire.Chercher(mot))
          InsererMot(mots, numeroPage, nouvelIndex, vieilIndex);
  }
  else if(carac == FINPAGE) {    // fin de page
          numeroPage++;
          fSortie << carac;
          cout << '.';
          carac = fEntree.get();
          while(carac == '\n'){
            FinDeLigne(numeroLigne);
            carac = fEntree.get();
          }
        }
```

```
    else {                        // fin de ligne et autres caractères
      if(carac == '\n')
        while(carac == '\n'){
          FinDeLigne(numeroLigne);
          carac = fEntree.get();
        }
      else {
        fSortie << carac;
        carac = fEntree.get();
      }
    } // if;
  fSortie << endl << endl;
  mots.Infixe(AfficherElement);      // sortie index complet
  cout << "index terminé" << endl;
  return(0);
} // ConstruireIndex;
```

Le programme principal crée les deux arbres binaires de recherche, et initialise les compteurs et les indices. Il demande le nom du fichier pour le dictionnaire des mots triviaux, ouvre ce fichier, en lit le contenu et construit l'arbre `dictionnaire`. Le programme demande alors à l'utilisateur le nom du fichier du texte et l'ouvre. Le fichier du texte est lu : une fin de ligne augmentera le compteur de lignes, le caractère de fin de page augmentera le numéro de page. Les mots sont identifiés par le fait qu'ils commencent par une lettre ; le programme lit les mots et pour chacun vérifie s'il apparaît dans le dictionnaire. Si c'est le cas, le mot est sauté, sinon, on l'insère dans l'arbre `mots`. Les caractères de ponctuation et les nombres sont sautés. Une fois le fichier lu, on affiche l'index en traversant simplement l'arbre binaire de recherche `mots` et en appliquant la procédure `AfficherElement` à chaque nœud.

La liste de mots triviaux ci-dessous illustre un contenu possible pour le fichier du dictionnaire. Vous noterez en passant que ces mots ne sont pas en ordre, puisque nous voulons obtenir un arbre relativement équilibré (nous en dirons plus à ce sujet plus loin dans ce chapitre).

```
ces Nous ou L Tes leur tes Dont Mais Quoi Votre il ni sa votre Ces Eux Les Ni Par
Or Où Si Tout au car c Y a dont l mais nous qu pas son tout Au à A Car De En Ils
Le Lui Moi Nos Or Que Ses Sur Tous Une ce de et je le ma moi nos on où par qui si
ta tous une y À C Ce Donc Elle Il Je La Leur Ma Mes Mon Non Notre On Qui Sa Son
Ta Ton Un Vos Vous donc elle eux ils la les lui mes mon non notre or que quoi ses
sur ton un vos vous d D etc Qu en du des Des Du Et ou Ou
```

L'arbre des mots triviaux a alors l'aspect suivant, couché sur le côté tel qu'affiché par la procédure `AfficherArbre`, la racine ayant la valeur du premier mot lu « ces » et étant indiquée en grisé ainsi que les racines de ses deux sous-arbres.

```
            y
                vous
        votre
                    vos
            une
                un
        tout
            tous
```

```
                        ton
        tes
                ta
                        sur
            son
                si
                        ses
        sa
                        quoi
                qui
                        que
            qu
                pas
                        par
ou
                        or
            on
                        où
            nous
                        notre
            nos
                        non
        ni
                        mon
            moi
                        mes
            mais
                ma
                        lui
    leur
                        les
                le
                        la
            l
                je
                        ils
        il
                        eux
                            etc
                et
                            en
                        elle
                            du
            dont
                        donc
                            des
                de
                        d
ces
                        ce
```

```
                car
                      c
          au
                      a
          Y
                      Vous
       Votre
                      Vos
              Une
                      Un
          Tout
              Tous
                      Ton
   Tes
                      Ta
              Sur
                      Son
        Si
              Ses
                      Sa
      Quoi
                      Qui
              Que
                      Qu
          Par
                      Ou
          Or
                          On
                      Où
  Nous
                      Notre
              Nos
                      Non
          Ni
                      Mon
              Moi
                      Mes
       Mais
                      Ma
              Lui
                      Leur
          Les
              Le
                      La
   L
                      Je
              Ils
                      Il
          Eux
                      Et
```

```
                En
                        Elle
                                Du
        Dont
                        Donc
                                Des
                De
                        D
        Ces
                                Ce
                Car
                        C
        Au
                                A
        à
                        À
```

Le texte qui suit est un exemple du milieu de la sortie du programme, après que ce dernier ait traité un fichier de texte de 357 lignes. On voit les quatre dernières lignes du texte et le début de l'index ; comme nous n'avons comparé les caractères que par leur code ASCII étendu (voir Annexe A), les lettres accentuées, qui ont un code allant de 128 à 255, valeurs négatives pour des entiers occupant un octet, apparaissent en premier. Vous noterez aussi que les lettres majuscules non accentuées apparaissent avant les lettres minuscules, leurs codes ASCII (65 à 90) étant positifs et plus petits que les codes des minuscules (97 à 122).

```
354 Un certain nombre de problèmes de santé sont liés à l'utilisation des ordinateurs qui
355 ont reçu plus ou moins d'attention dans les années passées.  On a d'abord cru à un
356 problème sérieux de radiations émises par les écrans cathodiques attachés aux stations
357 de travail.
```

Équilibre	5	
Éthique	2	
Évidemment	9	12
ème	6	
ère	12	
économies	11	
économique	8	
économiques	7	
économistes	9	
écoute	12	
écouter	12	
écran	12	
écrans	13	
éducation	4	10
éduquées	10	
également	6	
électeurs	5	
électricité	8	
électriques	6	

```
ouverture          3
période            8      9
pacemakers         4
papier             4
......
```

8.5 Réalisation

La réalisation d'un arbre binaire de recherche est peu complexe en matière de structure, mais le nombre d'opérations est relativement important. Un arbre est fait de nœuds, et est défini par un pointeur à un nœud racine et un pointeur à un nœud courant. Cette représentation nous obligera à avoir des opérations en double, par exemple `Inserer` doublé par `InsererNoeud`, car, étant donné la symétrie implicite des arbres de recherche, nous voulons utiliser la récursivité dans les algorithmes correspondants aux opérations sur ces arbres. Par conséquent, les déclarations associées à nos arbres binaires de recherche sont les suivantes :

```cpp
#ifndef ARBRESBINRECHN_CPP
#define ARBRESBINRECHN_CPP
#include "ArbreBinRechN.hpp"        // spécifications


template <typename T> ArbreBinRech<T>::~ArbreBinRech()
{// Destructeur
  liberer();
}


template <typename T> ArbreBinRech<T>::ArbreBinRech(const ArbreBinRech<T>& arbre)
{// Constructeur
    racine = CopieNoeud(arbre.racine, NULL);
}


template <typename T>
NoeudArbre<T>* ArbreBinRech<T>::NouveauNoeud(const T& item, NoeudArbre<T>* pparent,
    NoeudArbre<T>* pgauche, NoeudArbre<T>* pdroite) throw(runtime_error)
{// Allouer un nouveau noeud et retourner son pointeur
  NoeudArbre<T>* pointeur;
 // Initialiser les quatre champs
  pointeur = new NoeudArbre<T>(item, pparent, pgauche, pdroite);
  if(pointeur == NULL)
    throw runtime_error("Échec allocation mémoire!\n");
  return pointeur;
} // nouveauNoeud


template <typename T> int ArbreBinRech<T>::TailleNoeud(NoeudArbre<T>* noeud) const
// Compter les noeuds du sous-arbre noeud.
{ int compteur = 1;
  if(noeud->gauche != NULL)
    compteur += TailleNoeud(noeud->gauche);
```

```
  if(noeud->droite != NULL)
    compteur += TailleNoeud(noeud->droite);
  return compteur;
}// TailleNoeud
```

```
template <typename T> int ArbreBinRech<T>::Taille() const
// retourner le nombre d'éléments dans l'arbre
{
  return TailleNoeud(racine);
}
```

La fonction `Taille` compte les nœuds récursivement par le biais de la fonction récursive `TailleNoeud` qui compte les nœuds du sous-arbre gauche, puis du sous-arbre droit pour les ajouter au compteur.

```
template <typename T> void ArbreBinRech<T>::InsererNoeud(NoeudArbre<T>* & arbre,
                                    NoeudArbre<T>* ancetre,
                                    const T & element) throw(runtime_error)
// Insérer un nouvel élément dans un arbre binaire de recherche
{
  if(arbre == NULL)
    arbre = nouveauNoeud(element, ancetre, NULL, NULL);
  else
    if(element < arbre->valeur)
      InsererNoeud(arbre->gauche, arbre, element);
    else
      if(arbre->valeur < element)
        InsererNoeud(arbre->droite, arbre, element);
      else
        arbre->valeur = element;  // mise à jour, pas de valeurs multiples
}// InsererNoeud
```

```
template <typename T> void ArbreBinRech<T>::Inserer(const T & element)
                                    throw(runtime_error)
{ // Insérer un élément dans l'arbre
  InsererNoeud(racine, NULL, element);
}
```

La procédure `Inserer` est nécessaire pour faire le premier appel à la procédure récursive `InsererNoeud`. Notez que ces deux procédures peuvent déclencher une exception ; ceci est dû au fait que la procédure `NouveauNoeud`, appelée par `InsererNoeud` peut elle-même déclencher une exception.

La seule raison du déclenchement d'exception par `NouveauNoeud` est l'échec de l'allocateur `new`, lequel ne se produit que lorsqu'il n'y a plus de mémoire libre à allouer. Dans un tel cas, l'allocateur retourne un pointeur nul. Sur le plan de la conception, on pourrait vouloir éviter de déclencher cette exception. Il devrait cependant être évident que ce n'est pas l'utilisateur qui va pouvoir détecter que le pointeur retourné est nul à ce moment de l'exécution. Il faut se rendre à l'évidence : une allocation de mémoire qui se termine en échec est un problème grave qui ne permet pas de continuer comme si de rien n'était. Il faut donc intercepter l'erreur d'une façon ou d'une autre. *C'est ce que fait notre code qui permet à l'utilisateur d'être averti de l'erreur et de décider ce qu'il va faire dans ce cas.* En effet, il voudra peut-être sauvegarder en tout ou en partie les structures complexes qu'il a construites jusqu'au moment de l'erreur. Il existe cependant une autre façon de traiter cet échec d'allocation de `new`, une façon qui est entièrement automatique et qui n'exige pas que l'on vérifie si le pointeur retourné par `new` est nul. Dans un tel cas, il suffit de définir une procédure sans paramètre qui sera appelée automatiquement en cas d'échec de `new`. Il faut alors indiquer au système que cette procédure est celle qui doit être appelée en cas d'erreur d'allocation. On fait cela en appelant `set_new_handler` avec comme paramètre la procédure spécialement définie, comme dans l'exemple ci-dessous :

```
void Plus_de_memoire()
{
  cout << "Il ne reste plus de mémoire libre; fin du programme"
       << endl;
  exit(1);
}


int main()
{
  set_new_handler(Plus_de_memoire); // installer fonction erreur
......
```

Lors de l'exécution, si une erreur d'allocation se produit, la procédure `Plus_de_memoire` est automatiquement appelée, et produit le message prévu, et termine le programme. Bien entendu, on peut lui faire effectuer toute tâche jugée nécessaire dans ce cas d'erreur, mais rappelez-vous, elle n'a pas de paramètre !

La procédure `InsererNoeud` est relativement simple à écrire. Pour la comprendre totalement, il faut cependant se pencher de plus près sur son fonctionnement. Le schéma en est simple : on compare l'élément à insérer à la racine ; si sa valeur est inférieure à celle de la racine, il est inséré dans le sous-arbre gauche. Si, par contre, sa valeur est supérieure à celle de la racine, l'élément est inséré dans le sous-arbre droit. Si les valeurs sont égales, un élément de l'arbre possède la même clef, et l'on met simplement à jour le nœud correspondant (il serait également possible de ne rien faire dans ce cas-là). Le cas de base est l'arbre vide pour lequel on crée un nouveau nœud en affectant son adresse au paramètre variable `NoeudArbre<T>* &arbre`.

La chose intéressante à noter est que l'instruction de création d'un nouveau nœud

```
arbre = nouveauNoeud(element, ancetre, NULL, NULL);
```

rattache également ce nouveau nœud à l'endroit approprié de l'arbre. La raison pour laquelle ceci se produit est l'utilisation du paramètre `arbre` : un pointeur, qui est passé par référence. Pour voir ceci, supposons que nous voulions insérer la valeur « T » dans l'arbre binaire de recherche de la figure 8.5.

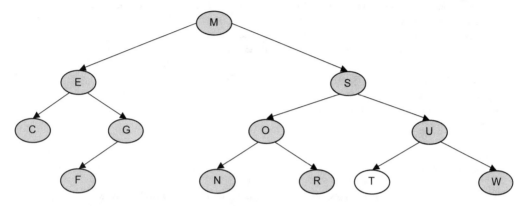

Figure 8.5 Insertion dans un arbre binaire de recherche

L'appel original à la procédure `Inserer` serait alors `Inserer(element)` qui provoquerait l'appel :

```
InsererNoeud(racine, NULL, element);
```

où `racine` serait un pointeur au nœud racine de valeur « M » ; ce pointeur n'étant pas nul, on effectuerait la comparaison des clefs et l'on aurait un premier appel récursif :

```
InsererNoeud (racine->droite, racine, element);
```

où `racine->droite` représente le champ `droite` du nœud racine, soit un pointeur au nœud de valeur « S » ; ce pointeur n'étant pas nul, on effectuerait la comparaison des clefs et l'on aurait un second appel récursif :

```
InsererNoeud (racine->droite->droite, racine->droite, element);
```

où `racine->droite->droite` représente le champ `droite` du dernier nœud, soit un pointeur au nœud de valeur « U » ; ce pointeur n'étant pas nul, on effectuerait la comparaison des clefs et l'on aurait un troisième appel récursif :

```
InsererNoeud (racine->droite->droite->gauche, racine->droite->droite, element);
```

où `racine->droite->droite->gauche` représente le champ `gauche` du dernier nœud, soit un pointeur nul. À l'exécution de ce troisième appel récursif, on détecte une valeur nulle et l'on exécute un appel à `nouveauNoeud`, qui crée un nouveau nœud avec les valeurs d'`element`, et l'affectation au paramètre `arbre`, que nous avons vue ci-dessus, est en réalité :

```
racine->droite->droite->gauche =
                     nouveauNoeud(element, racine->droite->droite, NULL, NULL);
```

ce qui crée bien les liens entre le nœud de valeur « U » et le nouveau nœud de valeur « T », comme le montre la figure 8.5.

```
template <typename T>
bool ArbreBinRech<T>::ChercherNoeud(NoeudArbre<T>* arbre, T & element) const
{ // Chercher un élément dans l'arbre
   if((element < arbre->valeur)&&(arbre->gauche != NULL))
     return ChercherNoeud(arbre->gauche, element);
   else if((arbre->valeur < element)&&(arbre->droite != NULL))
     return ChercherNoeud(arbre->droite, element);
   else if(element == arbre->valeur) {
     element = arbre->valeur; // copie
     return true;
   }
  return false;
}// ChercherNoeud
```

```
template <typename T> bool ArbreBinRech<T>::Chercher(T& element) const
{ // Chercher un élément dans l'arbre
  if(racine != NULL)
    return ChercherNoeud(racine, element);
  else
    return false;
}
```

La fonction booléenne `Chercher` est également très simple[2] : si la racine est vide, la recherche échoue, sinon on appelle la fonction `ChercherNoeud` pour effectuer la recherche. Cette fonction est récursive : soit l'élément est trouvé, soit on continue la recherche dans le sous-arbre approprié, indiqué par le résultat de la comparaison.

```
template <typename T> NoeudArbre<T>* ArbreBinRech<T>::SupprimerNoeud(
                                 NoeudArbre<T>* arbre, const T & element)
{ // Supprimer un élément dans un arbre binaire de recherche
   NoeudArbre<T>* papa = arbre->parent;
   if((element < arbre->valeur)&&(arbre->gauche != NULL))
     arbre->gauche = SupprimerNoeud(arbre->gauche, element);
   else if((arbre->valeur < element)&&(arbre->droite != NULL))
     arbre->droite = SupprimerNoeud(arbre->droite, element);
   else if(element == arbre->valeur) {
     NoeudArbre<T>* resultat;
     if(arbre->droite != NULL)
       resultat = Fusion(arbre->gauche, arbre->droite);
```

---

[2]   On rapporte que Jan Hus (1369-1415), un réformateur religieux, aurait dit : « *O sancta simplicitas !* », sur le bûcher où il fut brûlé vif à Constance (Suisse).

```
      else
        resultat = arbre->gauche;
      delete arbre; // mémoire donnée par new dans "heap" système
      resultat->parent = papa;
      return resultat;
    }
  return arbre;
}// SupprimerNoeud
```

```
template <typename T> void ArbreBinRech<T>::Supprimer(const T & element)
{
  if(racine != NULL)
    racine = SupprimerNoeud(racine, element);
}
```

La procédure Supprimer est nécessaire pour faire le premier appel à la fonction récursive SupprimerNoeud. Dans la fonction SupprimerNoeud, on recherche le nœud à détruire de façon récursive; une fois le nœud trouvé, s'il a un descendant à droite, on fusionne son sous-arbre gauche et son sous-arbre droit en un arbre ayant pour racine la racine du sous-arbre droit. S'il n'a pas de descendant à droite, on relie son parent à son descendant unique (qui serait NULL dans le cas d'une feuille). Notez à nouveau l'utilisation de la récursivité et du résultat de la fonction pour changer la valeur du pointeur dans le nœud parent du nœud à détruire. Pour illustrer ceci, supposons que nous voulions supprimer la valeur « G » dans l'arbre binaire de recherche de la figure 8.5. L'appel original à la procédure Supprimer serait alors Supprimer(element) qui aurait produit l'appel suivant :

```
      racine = SupprimerNoeud(racine, element);
```

où racine serait un pointeur à la racine de valeur « M » ; ce pointeur n'étant pas nul, on effectuerait la comparaison des clefs et l'on aurait un premier appel récursif :

```
      racine->gauche = SupprimerNoeud(racine->gauche, element);
```

où racine->gauche représente le champ gauche de la racine, soit un pointeur au nœud de valeur « E » ; ce pointeur n'étant pas nul, on effectuerait la comparaison des clefs et l'on aurait un second appel récursif :

```
      racine->gauche->droite = SupprimerNoeud(racine->gauche->droite, element);
```

où racine->gauche->droite représente le champ droite du dernier nœud, soit un pointeur au nœud de valeur « G » ; ce pointeur n'étant pas nul, on effectuerait la comparaison des clefs et l'on trouverait l'élément cherché. Son pointeur droite étant nul, on exécuterait les instructions :

```
      resultat = racine->gauche->droite->gauche;
      delete racine->gauche->droite; // mémoire donnée par new sur heap
      resultat->parent = papa;
      return resultat;
```

Au retour du dernier appel récursif, on affecte le résultat au champ dont on est parti

```
      racine->gauche->droite = racine->gauche->droite->gauche;
```

ce qui rattache bien le nœud de valeur « F » au nœud de valeur « E », tandis que le nœud de valeur « G » est libéré. Au retour des appels récursifs précédents, la valeur des champs est remplacée par la valeur initiale, ce qui ne cause aucun changement.

```
template <typename T> NoeudArbre<T>*
ArbreBinRech<T>::Fusion(NoeudArbre<T>* laGauche, NoeudArbre<T>* laDroite)
// Fusionner deux sous-arbres en un seul. Le sous-arbre gauche possède des
// éléments qui sont tous inférieurs ou égaux aux éléments du sous-arbre droit
// Le sous-arbre gauche devient le descendant gauche du noeud le plus à gauche
// du sous-arbre droit.
{
  if(laGauche == NULL)  // cas simple
    return laDroite;
  if(laDroite == NULL)  // cas simple
    return laGauche;
  NoeudArbre<T>* rejeton = Fusion(laGauche, laDroite->gauche);
  rejeton->parent = laDroite; // nouvelle racine
  laDroite->gauche = rejeton;
  return laDroite;
}// Fusion
```

```
template <typename T> NoeudArbre<T>* ArbreBinRech<T>::CopieNoeud(
                          NoeudArbre<T>* aCopier, NoeudArbre<T>* ancetre)
// Retourne une copie de l'arbre dont la racine est aCopier
{ NoeudArbre<T>* nouveau = NULL;
  if(aCopier != NULL) {
    nouveau = nouveauNoeud(aCopier->valeur, ancetre, NULL, NULL);
    if(aCopier->gauche != NULL)
      nouveau->gauche = CopieNoeud(aCopier->gauche, nouveau);
    if(aCopier->droite != NULL)
      nouveau->droite = CopieNoeud(aCopier->droite, nouveau);
  }
  return nouveau;
}// CopieNoeud
```

```
template <typename T> void ArbreBinRech<T>::LibererNoeud(NoeudArbre<T>* & noeud)
{// Relâcher la mémoire associée aux éléments du noeud et de ses descendants
  if(noeud->gauche != NULL)  // libérer le descendant gauche
    LibererNoeud(noeud->gauche);
  if(noeud->droite != NULL)  // libérer le descendant droit
    LibererNoeud(noeud->droite);
  delete noeud;
  noeud = NULL;
}// LibererNoeud
```

```
template <typename T> void ArbreBinRech<T>::Liberer()
// Libérer la mémoire occupée par l'arbre
{
  if(racine != NULL)
    LibererNoeud(racine);
}
```

La procédure `Liberer` appelle la procédure `LibererNoeud` si l'arbre n'est pas vide. La procédure `LibererNoeud` est récursive : elle détruit d'abord le sous-arbre gauche de la racine, s'il existe, puis elle détruit le sous-arbre droit de la racine, s'il existe, et enfin libère la racine. Le cas de base de la récursivité est un sous-arbre vide, qui est rencontré dans les feuilles de l'arbre ; une fois arrivé à une feuille, on ne va pas dans le sous-arbre gauche, qui n'existe pas, ni dans le sous-arbre droit, qui n'existe pas non plus, et on libère le nœud de la feuille.

```cpp
template <typename T>
ArbreBinRech<T>& ArbreBinRech<T>::operator=(ArbreBinRech<T>& aCopier)
{ // Fabrique une copie du paramètre
  if(this == &aCopier)
    return *this; // pas de copie de soi-même
  Liberer();   // relâcher espace occupé par valeur actuelle
  racine = CopieNoeud(aCopier.racine, NULL);
  return *this;
}
template <typename T>
void ArbreBinRech<T>::PrefixeNoeud(NoeudArbre<T>* nœud, void (*traiter)(T)) const
{ // Traversée de l'arbre en ordre préfixe
    traiter(noeud->valeur);
    if(noeud->gauche != NULL)
      PrefixeNoeud(noeud->gauche,traiter);
    if(noeud->droite != NULL)
      PrefixeNoeud(noeud->droite,traiter);
}// PrefixeNoeud


template <typename T> void ArbreBinRech<T>::InfixeNoeud(NoeudArbre<T>* noeud,
                                                   void (*traiter)(T)) const
{ // Traversée de l'arbre en ordre infixe
    if(noeud->gauche != NULL)
      InfixeNoeud(noeud->gauche, traiter);
    traiter(noeud->valeur);
    if(noeud->droite != NULL)
      InfixeNoeud(noeud->droite, traiter);
}// InfixeNoeud


template <typename T> void ArbreBinRech<T>::SuffixeNoeud(NoeudArbre<T>* noeud,
                                                   void (*traiter)(T)) const
{ // Traversée de l'arbre en ordre suffixe
    if(noeud->gauche != NULL)
      SuffixeNoeud(noeud->gauche,traiter);
    if(noeud->droite != NULL)
      SuffixeNoeud(noeud->droite,traiter);
    traiter(noeud->valeur);
}// SuffixeNoeud


template <typename T> void ArbreBinRech<T>::Prefixe(void (*Traiter)(T)) const
{ // Traversée en ordre préfixe
  PrefixeNoeud(racine, Traiter);
}
```

```
template <typename T> void ArbreBinRech<T>::Infixe(void (*Traiter)(T)) const
{ // Traversée en ordre infixe
  InfixeNoeud(racine, Traiter);
}
```

```
template <typename T> void ArbreBinRech<T>::Suffixe(void (*Traiter)(T)) const
{ // Traversée en ordre suffixe
  SuffixeNoeud(racine, Traiter);
}
```

Les procédures Prefixe, Infixe et Suffixe sont des procédures de traversée de l'arbre en ordre préfixe, infixe et suffixe qui appellent une procédure récursive (PrefixeNoeud, InfixeNoeud, SuffixeNoeud) sur la racine de l'arborescence. Ces procédures traitent la racine, le sous-arbre gauche et le sous-arbre droit dans l'ordre requis, en appliquant la procédure paramètre au nœud racine du sous-arbre. Notez que dans l'application de la production de l'index d'un texte, on a utilisé la procédure infixe pour afficher l'index résultat.

```
template <typename T>
void ArbreBinRech<T>::AfficherNoeud(ostream & fichier, NoeudArbre<T>* noeud,
                                    int niveau) const
{ // Affichage du sous-arbre couché en ordre infixe
    if(noeud->droite != NULL)
      AfficherNoeud(fichier, noeud->droite, niveau+1);
    for(int idx=0; idx<niveau*4; idx++)
      fichier << ' ';
    fichier << noeud->valeur; // << doit exister pour le type dans les noeuds
    fichier << endl;
    if(noeud->gauche != NULL)
      AfficherNoeud(fichier, noeud->gauche, niveau+1);
} // AfficherNoeud
```

```
template <typename T>
void ArbreBinRech<T>::AfficherArbre(ostream & fichier, int niveau) const
// Affichage de l'arbre couché en ordre infixe
{
  if(racine != NULL)
    AfficherNoeud(fichier, racine, niveau);
} // AfficherArbre
```

La procédure afficherArbre affiche les nœuds verticalement en ordre infixe, en utilisant les décalages pour faire ressortir la structure de l'arbre. L'arbre ainsi affiché est couché sur le côté après rotation de 90 degrés. Par exemple, un arbre serait affiché tel que sur la partie gauche de la figure 8.6. Si l'on trace des segments de droite entre les nœuds, comme on l'a fait dans la partie droite de la figure 8.6, cet arbre couché devient intelligible (voir le dictionnaire des mots triviaux de la section 8.2).

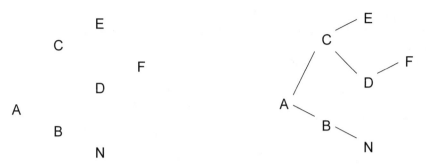

Figure 8.6 Affichage d'un arbre

Les itérateurs pour les arborescences demandent quelque réflexion. En effet, on va vouloir avoir les mêmes opérations que pour les itérateurs des classes conteneurs de la STL. Comme on l'a vu dans la définition de la classe `IterateurInfixe`, un itérateur aura deux champs de données : `arbre`, qui sera la racine de l'arbre auquel l'itérateur est attaché, et `actuel`, qui sera un pointeur au nœud courant. Nous aurons bien sûr les opérations `begin` et `end`, et les opérateurs d'avance et de recul de l'itérateur. Pour pouvoir faire avancer un itérateur au nœud suivant ou reculer au nœud précédent, il nous faut avoir choisi un ordre de parcours de l'arborescence ; c'est pourquoi nous avons qualifié le nom de l'itérateur et choisi l'ordre infixe. Pourquoi avoir choisi cet ordre ? Avec les arbres binaires de recherche, l'ordre infixe permet de rendre visite aux nœuds dans l'ordre des éléments (c'est l'ordre infixe qui nous a permis de sortir l'index du texte en ordre alphabétique).

```
template <typename T>
ArbreBinRech<T>::IterateurInfixe::IterateurInfixe()
{ // constructeur
  actuel = NULL;
  arbre = NULL;
}


template <typename T>
ArbreBinRech<T>::IterateurInfixe::IterateurInfixe(ArbreBinRech<T>& depart)
{ // positionne au premier des noeuds
  actuel = depart.racine; // aller au plus à gauche
  while((actuel != NULL)&&(actuel->gauche != NULL))
    actuel = actuel->gauche;
  arbre = depart.racine;
}
```

Ce constructeur positionne l'itérateur sur l'arbre et place le nœud courant sur le premier nœud en ordre infixe, c'est-à-dire le nœud le plus à gauche du sous-arbre gauche. Les opérations `begin` et `end` des arbres binaires de recherche sont semblables.

```
template <typename T>
typename ArbreBinRech<T>::IterateurInfixe ArbreBinRech<T>::begin()
{ // premier noeud
  ArbreBinRech<T>::IterateurInfixe iter;
  iter.arbre = racine;
  iter.actuel = racine; // aller à extrémité gauche
  while((iter.actuel != NULL)&&(iter.actuel->gauche != NULL))
    iter.actuel = iter.actuel->gauche;
  return iter;
}
template <typename T>
typename ArbreBinRech<T>::IterateurInfixe ArbreBinRech<T>::end()
{ // au-delà du dernier
  ArbreBinRech<T>::IterateurInfixe iter;
  iter.actuel = NULL;
  iter.arbre = racine;
  return iter;
}


template <typename T> typename ArbreBinRech<T>::IterateurInfixe
ArbreBinRech<T>::IterateurInfixe::operator ++(int dummy)
{ // post-incrément
  IterateurInfixe clone(*this);  // copie
  operator ++();
  return clone; // retourne ancienne valeur
}
```

L'opérateur d'avancement de l'itérateur au nœud suivant en post-incrément doit retourner la valeur de l'itérateur avant l'avance, ce qui nous oblige à faire une copie que nous appelons `clone` et à retourner cette copie après avoir appliqué l'opération au moyen de la version pré-incrément. Le type de la valeur retournée par la fonction est le type `IterateurInfixe` de la classe `ArbreBinRech<T>` ; il faut le préfixer du mot réservé `typename`.

> Notez bien que la syntaxe de C++ exige que l'on fasse précéder le type du résultat d'une fonction générique qui n'est ni un type de base ni la classe en question, du mot réservé `typename`, faute de quoi le compilateur nous donne un avertissement ; c'est ce que nous avons fait pour `begin`, `end`, `++` et `--`. Il en est de même pour les paramètres des fonctions qui ont des types autres que des types de base.

```
template <typename T> typename ArbreBinRech<T>::IterateurInfixe
          ArbreBinRech<T>::IterateurInfixe::operator ++() throw(runtime_error)
{ // pré-incrément
  if(actuel == NULL)
    throw runtime_error("Un itérateur nul ne peut avancer");
  if(actuel->droite != NULL) {//le plus à gauche du sous-arbre droit
    actuel = actuel->droite;
    while(actuel->gauche != NULL)
      actuel = actuel->gauche;
  }
```

```
else {
  NoeudArbre<T>* rejeton = actuel;
  actuel = actuel->parent;
  while((actuel != NULL)&&(actuel->droite == rejeton)) {
    rejeton = actuel;              // remonter par la droite
    actuel = actuel->parent;
    if((actuel == arbre)&&(actuel->droite == rejeton)) actuel = NULL;
  } // on ne remonte pas plus haut que la racine
}
return *this;
}
```

Dans la version pré-incrément de l'opération d'avance de l'itérateur, nous allons, si cela est possible, au nœud le plus à gauche du sous-arbre droit. Sinon, il n'y a pas de sous-arbre droit, et nous devons remonter au parent si nous venons d'une branche gauche ; si nous venons de droite, il nous faut remonter les branches droites en nous assurant de ne pas remonter au-delà de la racine.

```
template <typename T> typename ArbreBinRech<T>::IterateurInfixe
ArbreBinRech<T>::IterateurInfixe::operator --(int dummy)
{ // post-incrément
  IterateurInfixe clone(*this); // copie
  operator --();
  return clone; // ancienne valeur
}
```

Pour l'opérateur de recul en post-incrément, nous utilisons la même technique que pour l'opérateur d'avance et nous retournons une copie de l'élément.

```
template <typename T> typename ArbreBinRech<T>::IterateurInfixe
ArbreBinRech<T>::IterateurInfixe::operator --()
{ // pré-incrément
  if(actuel == NULL) { // on était positionné à end()
    actuel = arbre;    // aller au plus à droite de l'arbre
    while((actuel != NULL)&&(actuel->droite != NULL))
      actuel = actuel->droite;
  }
  else {
    if(actuel->gauche != NULL) {// le plus à droite du sous-arbre gauche
      actuel = actuel->gauche;
      while(actuel->droite != NULL)
        actuel = actuel->droite;
    }
    else {
      NoeudArbre<T>* rejeton = actuel;
      actuel = actuel->parent;
      while((actuel != NULL)&&(actuel->gauche == rejeton)) {
        rejeton = actuel;              // remonter par la gauche
        actuel = actuel->parent;
        if((actuel == arbre)&&(actuel->gauche == rejeton)) actuel = NULL;
        // on ne remonte pas plus haut que la racine
      }
```

```
    }
  }
  return *this;
}
#endif
```

Pour l'opérateur de recul en pré-incrément, nous distinguons trois cas. Le premier est le cas où nous sommes positionnés au-delà du dernier élément de l'arbre (`actuel` nul) ; dans ce cas, nous partons de la racine de l'arbre pour nous positionner au nœud le plus à droite du sous-arbre droit qui est le dernier nœud en ordre infixe. Le second cas est celui où il existe un sous-arbre gauche au nœud dont on part ; dans ce cas, on se positionne sur le nœud le plus à droite du sous-arbre gauche. Le troisième cas est celui où le nœud courant n'a pas de sous-arbre gauche, et il nous faut remonter au parent : si c'est par la droite, nous avons terminé, sinon nous remontons par la gauche sans dépasser la racine.

Du point de vue de la complexité temporelle, les procédures `liberer`, `taille`, `prefixe`, `infixe`, `suffixe` et `afficherArbre` qui doivent examiner tous les nœuds de l'arbre, sont évidemment $O(n)$. La complexité temporelle des procédures `inserer`, `supprimer` et `chercher` n'est pas aussi facile à déterminer. Elle va dépendre de la forme de l'arbre : dans le pire des cas, l'arbre est un arbre binaire *dégénéré*, c'est-à-dire un arbre dans lequel chaque nœud interne a exactement un descendant. Dans ce cas, l'arbre est semblable à une liste linéaire, et la complexité des trois procédures sera $O(n)$, comme pour une liste linéaire ; ceci se produira, par exemple, si l'on construit un arbre binaire de recherche en insérant un ensemble de valeurs déjà ordonnées. Dans le meilleur cas, l'arbre est un arbre plein (où chaque nœud est de degré 0 ou 2) totalement équilibré, c'est-à-dire un arbre plein dans lequel toutes les feuilles se trouvent au même niveau, comme le montre la figure 8.7.

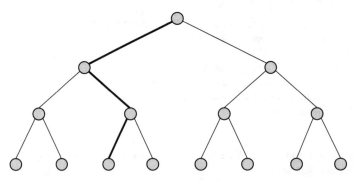

Figure 8.7 Un arbre binaire plein totalement équilibré et un chemin de recherche

En appliquant les procédures `inserer`, `supprimer` et `chercher` à un tel arbre, on voit que chaque comparaison de l'élément d'un nœud élimine la moitié de l'arbre restant. En fait, le chemin de recherche le plus long est égal à la hauteur de l'arbre (pour l'arbre de la figure 8.7, h=4 et n=15). Un arbre binaire plein totalement équilibré de n nœuds a une hauteur telle que :

$$n = 2^{h+1} - 1$$

ce qui donne :

$$h = \log_2(n + 1) - 1$$

Donc, dans le meilleur des cas, la complexité des procédures `inserer`, `supprimer` et `chercher` est *O(log n)*. Le cas moyen devrait être basé sur des arbres binaires de recherche aléatoires. Knuth a ainsi montré[3] que la longueur de recherche était de *1.38 log n*, ce qui n'est qu'à peu près 40% pire que le meilleur des cas, et encore *O(log n)*.

La complexité spatiale de toutes les opérations reste faible, car c'est l'espace requis pour ranger les paramètres qui sont, soit des pointeurs, soit des adresses, soit des entiers, et quelques variables locales occasionnelles. Il faut ajouter à cela le coût caché de la récursivité, qui exige de l'espace sur la pile du système, proportionnellement à la profondeur des appels récursifs, cette dernière étant bornée par log n, pour autant que les arbres ne soient pas dégénérés.

8.6   Exercices et problèmes

Exercices

8.1   Étant donné l'arbre ci-dessous :

a)   Donner une liste de ses feuilles ;

b)   Indiquer quel nœud est la racine de l'arbre ;

c)   Indiquer quel nœud est le parent du nœud H ;

d)   Indiquer quels nœuds sont les descendants du nœud D ;

e)   Indiquer quels nœuds sont les frères du nœud C ;

f)   Donner la hauteur de l'arbre ;

g)   Donner la profondeur du nœud F ;

h)   Indiquer tous les chemins de longueur 3.

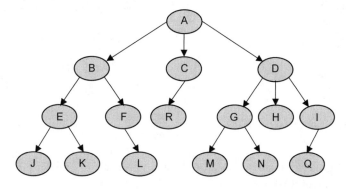

---

[3]   KNUTH, D. E. *The art of computer programming* : *Vol. 3 Sorting and searching*, Addison-Wesley, 1973.

8.2   Lister les nœuds de la figure ci-dessous en ordre préfixe, infixe et suffixe :

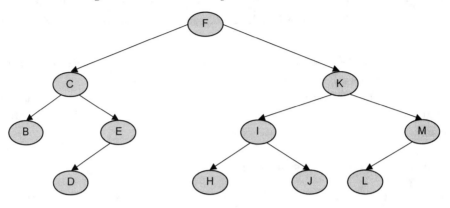

8.3   Dessiner la représentation arborescente des expressions suivantes :

a) 5(x+yz) ;

b) x–y+2/z .

8.4   Dessiner tous les arbres binaires ayant quatre nœuds (On vous donne un indice : il y en a 14).

8.5   Montrer qu'un arbre binaire est défini de façon unique par les listes préfixe et infixe de ses nœuds.

8.6   Les listes infixe et suffixe des nœuds d'un arbre binaire le définissent-elles de façon unique ? Expliquer.

8.7   Les listes préfixe et suffixe des nœuds d'un arbre binaire le définissent-elles de façon unique ? Expliquer.

8.8   Trouver tous les arbres binaires dont les nœuds apparaissent exactement dans le même ordre à la fois :

•   En préfixe et en infixe ;

•   En préfixe et en suffixe ;

•   En infixe et en suffixe.

8.9   Est-il vrai que C est un descendant de D si et seulement si C précède D en préfixe et D précède C en suffixe ?

8.10   Est-il vrai que les nœuds feuilles d'un arbre binaire apparaissent dans le même ordre relatif en préfixe, en infixe et en suffixe ?

8.11   Si l'on définit deux nouveaux ordres de traversée de la façon suivante :

•   Sous-arbre droit, racine, sous-arbre gauche ;

•   Racine, sous-arbre droit, sous-arbre gauche.

Existe-t-il une relation simple entre les ordres des nœuds produits par ces deux méthodes et les trois méthodes « classiques » : préfixe, infixe et suffixe ?

8.12 Prouver que, dans un arbre binaire plein (un arbre binaire dans lequel les nœuds ont soit zéro, soit deux descendants), le nombre de feuilles est égal au nombre de nœuds internes plus 1.

8.13 Utiliser l'induction pour prouver que le nombre maximum de nœuds dans un arbre binaire de hauteur h est $2^{h+1}-1$.

8.14 En utilisant la réalisation des arbres de ce chapitre, écrire une fonction qui calcule la hauteur d'un arbre.

8.15 Donner un algorithme pour construire un arbre binaire plein à partir de la liste préfixe de ses nœuds, où chaque nœud est marqué soit interne, soit feuille.

8.16 Définir un algorithme de traversée suffixe pour un arbre binaire, qui utilise une pile au lieu de la récursivité.

8.17 Écrire deux fonctions : une qui compte les nœuds et l'autre qui compte les feuilles d'un arbre binaire.

8.18 Écrire un algorithme qui construira un arbre binaire à partir des énumérations préfixe et infixe de ses nœuds. Écrire un autre algorithme qui construira un arbre binaire à partir des énumérations suffixe et infixe de ses nœuds.

Problèmes

8.19 Écrire et vérifier les deux fonctions de l'exercice 17.

8.20 Écrire et vérifier une procédure *itérative* qui réalise une copie d'un arbre binaire.

8.21 Écrire et vérifier une procédure `TriSélectionArborescent` qui trie *m* valeurs distinctes en suivant l'algorithme ci-dessous (aussi appelé *tri du tournoi*) :

> ranger les valeurs à trier dans les feuilles d'un arbre binaire
> tant que la valeur de la racine ≠ -∞
>> en partant des feuilles et en remontant dans l'arbre, placer les éléments les plus grands dans les nœuds parents
>> écrire la valeur de la racine et la remplacer dans sa feuille par -∞

8.22 Écrire et vérifier une fonction booléenne `MemeArbre` qui retourne `true` si ses deux paramètres arbres sont identiques, et `false`, autrement. Deux arbres sont considérés comme identiques s'ils ont la même structure et les mêmes valeurs dans les nœuds correspondants.

8.23 Écrire et vérifier une procédure `Predecesseur` qui, étant donné un nœud d'arbre, retourne son prédécesseur suffixe.

8.24   Un arbre de Fibonacci est défini de la façon suivante :

- L'arbre vide est un arbre de Fibonacci d'ordre 0 ;

- Un nœud simple est un arbre de Fibonacci d'ordre 1 ;

- Un arbre de Fibonacci d'ordre n comprend une racine avec un arbre de Fibonacci d'ordre $n-1$ comme sous-arbre gauche et un arbre de Fibonacci d'ordre $n-2$ comme sous-arbre droit.

Écrire et vérifier une procédure pour construire un arbre de Fibonacci d'ordre n.

8.25   Le jeu de Nim commence avec N rangées de bâtons. Deux joueurs retirent alternativement un ou plusieurs bâtons d'une rangée donnée. Le joueur retirant le dernier bâton est le perdant.

```
      I
    I I I
  I I I I I
I I I I I I I
```

Écrire et vérifier une procédure qui détermine le meilleur coup pour ce jeu. Écrire et vérifier un programme complet qui permette de jouer au jeu de Nim contre l'ordinateur.

8.26   Un arbre généalogique est une figure représentant un groupe de personnes et leurs relations de l'une à l'autre. Il y a deux sortes de relations : une relation de mariage et une relation de descendance.

a)   Définir une structure permettant de représenter un arbre généalogique (en supposant qu'il n'y a qu'un mariage par personne et qu'il n'y a pas de mariage incestueux).

b)   Modifier la structure pour permettre les mariages multiples. Les cas exceptionnels, comme les mariages entre cousins germains doivent être possibles.

c)   Écrire et vérifier une procédure pour construire un arbre généalogique à partir de données comme « Jean Pâris marié à Hélène Detroie » ou tout autre forme compréhensible.

Chapitre 9

Arborescences spécialisées

Qui peut le plus peut le moins.
Proverbe

Ce chapitre présente quelques arbres spécialisés dont la forme est soit liée à l'application, soit conçue en vue de garantir un certain équilibre de la structure. On y présente d'abord les arbres d'expression qui sont conçus pour des applications particulières liées à la compilation, puis des arbres de Huffman qui sont conçus essentiellement pour la compression de messages de télécommunications, et enfin les arbres équilibrés AVL et les arbres Rouge-Noir. Ces deux derniers sont plus généraux que les deux premiers et sont une sorte d'arbres qui, contrairement aux arbres binaires de recherche vus dans le chapitre précédent, ne peut dégénérer et garantit toujours une bonne performance de ses opérations.

9.1   Arbres d'expression

Comme nous l'avons vu au chapitre précédent, les trois manières de traverser un arbre binaire sont appelées préfixe, infixe et suffixe, et le choix de ces noms n'est pas fortuit. Ce choix est basé sur une sorte d'arbre spécialisé, que l'on nomme arbres d'expression. Les arbres d'expression sont essentiellement utilisés pour représenter des expressions algébriques. Ce sont des arbres binaires formés d'opérateurs et d'opérandes, où les opérandes sont les feuilles de l'arbre d'expression et où les opérateurs en sont les nœuds internes. La figure 9.1 illustre l'arbre d'expression correspondant à l'expression a * b + c / d.

Les trois méthodes de traversée appliquées à l'arbre d'expression de la figure 9.1 donnent les listes de nœuds suivantes :

> *Préfixe* : `+*ab/cd`
>
> *Infixe* : `a*b+c/d`
>
> *Suffixe* : `ab*cd/+`

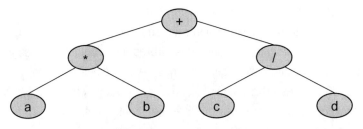

Figure 9.1 Arbre d'expression pour `a*b+c/d`

Il devrait être assez évident que les trois sortes de traversée correspondent aux trois formes préfixe, infixe et suffixe de l'expression algébrique représentée. Lorsqu'une expression comprend un opérateur unaire, l'un des sous-arbres de l'opérateur unaire sera vide. La figure 9.2 donne un exemple d'un arbre d'expression plus fourni, utilisé pour représenter une instruction complète.

Il est donc facile d'obtenir les formes préfixe ou suffixe d'une expression, une fois l'arbre d'expression correspondant construit. Comme un arbre d'expression est une représentation non ambiguë d'une expression, on peut utiliser cet arbre d'expression soit pour évaluer l'expression, soit pour engendrer le code qui en fera l'évaluation.

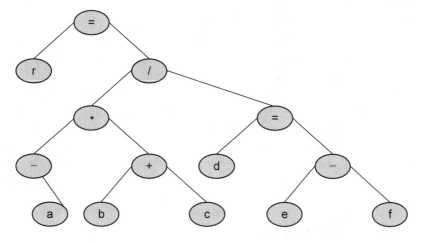

Figure 9.2 Arbre d'expression pour `r = (-a*(b+c))/(d/(e-f))`

Afin de construire un arbre d'expression, il nous faut analyser l'expression algébrique visée. Il y a plusieurs façons de faire cela, la plus simple étant d'utiliser la méthode de la descente récursive. Cette façon de faire est basée sur la définition de la forme d'une expression au moyen de la notation EBNF (*Extended Backus Naur Form* - utilisée pour définir la plupart des syntaxes des langages de programmation évolués).

```
Expression ::= ExpressionSimple [Relation ExpressionSimple]

ExpressionSimple  ::= ["+" | "-"] Terme {OpérateurAdd Terme}

Terme ::= Facteur {OpérateurMul Facteur}

Facteur ::= Nombre | Identificateur | "(" Expression ")" | ! Facteur

Relation ::= "=" | "/=" | "<" | ">" | "<=" | ">="

OpérateurAdd ::= "+" | "-" | "||"

OpérateurMul ::= "*" | "/" | "%" | "&&"
```

Nous pouvons concevoir notre analyseur à descente récursive sur ce modèle, avec les procédures `Expression`, `ExpressionSimple`, `Terme` et `Facteur`, tandis que `Relation`, `OpérateurAdd` et `OpérateurMul` peuvent être représentées par des types énumératifs. Par exemple, la procédure `Terme` serait simplement :

```
void Terme(Arbre & ArbreExpression)
{
  Facteur(ArbreExpression);
  while(Symbole IN OpérateurMul){
    ArbreExpression.AjouterNoeud(Symbole);
    Symbole = ProchainSymbole();
    Facteur(ArbreExpression->Droite);
  }
}// Terme
```

Vous pourrez terminer un tel analyseur, en faisant le problème 9.26.

Comme on l'a dit plus haut, dans l'interpréteur d'un langage particulier, on peut utiliser les arbres d'expression pour évaluer les expressions. On peut aussi utiliser les arbres d'expression dans la phase d'optimisation des compilateurs : un arbre d'expression est alors analysé pour y détecter les sous-expressions identiques. Ces sous-expressions identiques sont représentées par des sous-arbres ayant la même structure et les mêmes contenus de nœuds (voir problème 8.22). Une fois deux sous-expressions identiques détectées, on réécrira l'expression globale pour que la sous-expression ne soit évaluée qu'une seule fois et que le résultat de l'évaluation soit utilisé plusieurs fois. Notez cependant que cette réécriture n'est pas toujours facile. Une application simple de cette méthode est illustrée dans le problème 9.27. Notez cependant qu'il existe d'autres méthodes d'optimisation des expressions qui ne sont pas nécessairement basées sur des arbres d'expression.

9.2   Codes de Huffman

En informatique, les caractères sont représentés par des codes numériques qui sont généralement de longueur fixe, par exemple 7 bits pour le code ASCII, et 8 bits pour le code ASCII étendu de la norme ISO 8859-1, ou, en remontant dans le temps, 6 bits pour le code de la compagnie Control Data ou même 5 bits pour le code de Baudot[1] développé pour la télégraphie en 1880. En télécommunications, lorsque l'on transmet des messages et quel que soit le mode de transmission, il vaut toujours mieux essayer de raccourcir les messages au maximum, ceci évidemment pour des raisons d'efficacité. Lorsque l'on utilise des codes de caractères de longueur fixe, la longueur des messages est elle aussi toujours fixe. Étant donné un message, il est cependant possible de définir des codes de caractères spéciaux qui en réduiront la longueur. C'est l'objectif de la méthode de Huffman, laquelle améliore bien la méthode des codes de Shannon[2]-Fano, qui est plus ancienne.

Prenons un exemple : si nous disposons de cinq caractères et d'un code de caractères de trois bits comme :

A   000

B   001

C   010

D   011

E   100

alors le message « ADADEBADECADE » sera codé : 000011000011100001000011100010000011100 qui a une longueur de 39 bits. Pour réduire la longueur des messages à envoyer, on peut définir un *code de Huffman*[3]. Dans notre message, la lettre A apparaît quatre fois, D apparaît aussi quatre fois, E apparaît trois fois, et B et C apparaissent une seule fois. En conséquence, si nous choisissons un code court pour

---

[1]   Émile Baudot (1845-1903), ingénieur français inventeur du télégraphe à imprimante qui porte son nom (1874).

[2]   Claude E. Shannon (1916-2001), mathématicien américain ayant développé la théorie de l'information (1949) alors qu'il travaillait aux fameux Laboratoires de recherche Bell de ATT avant de devenir professeur au MIT en 1957. Shannon est reconnu pour avoir constaté que le bit était l'élément fondamental de la communication. Pour la petite histoire, Shannon était aussi connu pour la peur qu'il faisait à ses collègues en pédalant dans les couloirs sur son monocycle tout en jonglant…

[3]   HUFFMAN, D. A. *A method for the construction of minimum redundancy codes*, Proc. IRE 40, 1952.

les lettres A et D, et un code plus long pour les autres lettres, le message en sera écourté. On pourrait choisir les codes suivants :

A	10
B	000
C	001
D	11
E	01

qui donnent un message de 28 bits, 1011101101000101101001101101. Pour ce message, les économies ne sont pas spectaculaires, mais, pour des messages plus longs, elles peuvent être substantielles. Notez qu'un code ne peut être le préfixe d'un autre code, ce qui est nécessaire afin de pouvoir décoder le message en le lisant de gauche à droite. Dans le message, on rencontre 10 d'abord (A), puis 11 (D), puis 10 (A), puis 11 (D), puis 01 (E), puis 000 (B), etc. Il n'y a pas d'ambiguïté. Comme les codes des caractères ont des longueurs différentes, on ne peut diviser le message en tranches d'égale largeur ; il faut plutôt l'examiner bit à bit.

Afin d'obtenir le code d'un caractère particulier, on doit connaître la probabilité d'apparition de chaque caractère dans le message, mais on peut aussi bien utiliser la fréquence des apparitions des caractères dans le message à transmettre. À partir de ces données, l'algorithme de Huffman permet d'obtenir des codes pour les caractères qui composent le message. Cet algorithme fonctionne de la manière suivante : on choisit d'abord les deux symboles ayant les fréquences (ou les probabilités d'apparition) les plus basses, x et y, et on les remplace par un pseudo-symbole z, lequel aura une fréquence égale à la somme des deux fréquences. On applique ce processus de façon répétée jusqu'à ce que tous les symboles aient été remplacés. Le code optimal pour les symboles d'origine est le code du pseudo-symbole qui les a remplacés, avec un 0 supplémentaire dans le cas de x, et un 1 supplémentaire dans le cas de y.

Les divers codes sont représentés par des chemins dans un arbre binaire : le chemin d'un nœud à son descendant gauche ajoute un 0 au code, tandis que le chemin d'un nœud à son descendant droit, ajoute un 1 au code. La figure 9.3 montre l'arbre binaire correspondant à l'exemple précédent, où les feuilles représentent les symboles originaux, ce qui nous garantit qu'aucun nœud interne ne correspond à un code.

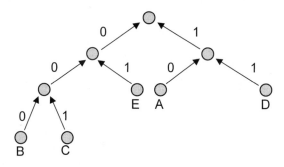

Figure 9.3 Arbre binaire des codes de Huffman

Il est effectivement possible de construire un tel arbre à partir des symboles originaux. Une fois l'arbre construit, il n'y a qu'à partir d'une feuille et à remonter jusqu'à la racine pour obtenir le code correspondant au symbole de la feuille. On fait ce chemin pour chaque feuille : chaque fois que l'on remonte une branche gauche, on ajoute un 0 en avant du code, tandis que, chaque fois que l'on remonte une branche droite, on ajoute un 1 en avant du code. La figure 9.3 nous montre que le code pour A est 10, le code pour E est 01, le code pour C est 001, etc.

Notons cependant que l'arbre obtenu à la figure 9.3 n'est pas unique. En effet, on peut facilement inverser les positions des symboles entre la gauche et la droite puisque l'algorithme ne précise pas lequel des éléments considérés placer à gauche ou à droite. Avec l'exemple de la figure 9.3, on peut obtenir les codes suivants :

A	11
B	011
C	010
D	10
E	00

Ces codes sont différents de ceux que nous avions obtenus, mais leur longueur est la même ; on voit que l'on peut facilement obtenir d'autres combinaisons en n'inversant que certains symboles. Il peut cependant arriver que l'on obtienne des codes non seulement différents, mais aussi de longueurs différentes, en particulier si plusieurs symboles partagent la même fréquence. Prenons un exemple avec des fréquences différentes :

A	12
B	3
C	3
D	6
E	6

On commence toujours par choisir B et C, mais ensuite on a trois fois la fréquence 6, ce qui permet un choix, et ainsi de suite. On obtient ainsi les deux arbres de la figure 9.4.

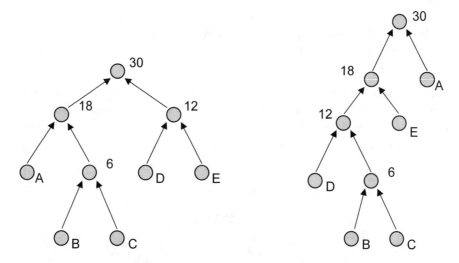

Figure 9.4 Arbres binaires différents des codes de Huffman

On peut alors déduire les codes ci-dessous :

Solution 1		Solution 2	
A	00	A	1
B	010	B	0010
C	011	C	0011
D	10	D	000
E	11	E	01

Comme les longueurs des codes sont différentes, il n'est pas évident que les deux solutions sont équivalentes. Afin de déterminer si une des deux solutions est meilleure, on calcule la longueur moyenne du code en multipliant la probabilité d'un symbole (fréquence/somme des fréquences) par la longueur de son code et en faisant la somme de ces produits pour tous les symboles. Ainsi, avec notre exemple :

Solution 1 : $0,4*2+0,1*3+0,1*3+0,2*2+0,2*2 = 2,2$

Solution 2 : $0,4*1+0,1*4+0,1*4+0,2*3+0,2*2 = 2,2$

Les longueurs moyennes sont égales, ce qui ne nous permet pas de départager les solutions. Pour trouver la meilleure solution, il nous faut calculer la variance de chaque solution et choisir la solution ayant la plus petite variance. Ainsi :

Solution 1 : variance

$$0,4*(2-2,2)^2+0,1*(3-2,2)^2+0,1*(3-2,2)^2+0,2*(2-2,2)^2+0,2*(2-2,2)^2 = 0,16$$

Solution 2 : variance

$$0,4*(1-2,2)^2+0,1*(4-2,2)^2+0,1*(4-2,2)^2+0,2*(3-2,2)^2+0,2*(2-2,2)^2 = 1,36$$

La première solution est donc préférable. Il faut cependant noter que ceci n'affectera que les messages transmis sur des lignes de communication, car une variance élevée fera produire les bits à une vitesse variable, alors qu'ils doivent être transmis à vitesse constante ; il faudra donc utiliser un tampon dont la taille variera avec la variance.

En revenant à la méthode de Huffman, notez qu'avec cette méthode il n'est nécessaire de conserver un lien qu'entre un nœud et son parent, et que les liens entre un nœud et ses descendants ne sont pas requis. Ici, nous ne pourrons pas utiliser le type de données abstrait Arbre binaire de recherche, car nos besoins sont spécifiques à notre application particulière. À la place, nous allons concevoir notre propre structure pour l'arbre.

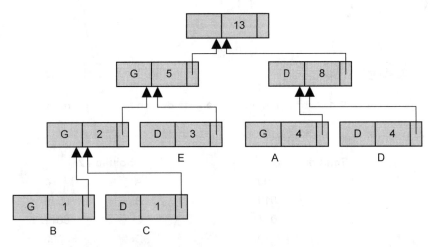

Figure 9.5 Arbre binaire des codes de Huffman équivalent à la figure 9.3

Chaque nœud comprendra trois champs : la fréquence des apparitions (du symbole pour les feuilles ou la somme des fréquences des descendants pour les nœuds internes), un pointeur à son parent (afin de pouvoir remonter dans l'arbre à partir des feuilles) et un indicateur pour indiquer si le nœud est un descendant gauche ou droit (pour la création du code). En utilisant cette structure, l'arbre de la figure 9.3 peut être représenté de la façon illustrée par la figure 9.5. Les symboles peuvent être inclus dans les feuilles, mais peuvent aussi être conservés dans une table séparée. Pour ces nœuds, nous définirons un type avec trois champs : Fréquence, Parent, Descendant. Les tableaux de la figure 9.6 sont une autre représentation de l'arbre de la figure 9.3.

nœuds

0	G	4	7
1	G	1	5
2	D	1	5
3	D	4	7
4	D	3	6
5	G	2	6
6	G	5	8
7	D	8	8
8		13	0

alphabet

A
B
C
D
E

Figure 9.6 Arbre du code dans un tableau

Dans le programme qui construit un tel arbre à partir d'un ensemble de données et qui produit les codes de Huffman correspondants, les tableaux `noeuds` et `alphabet` correspondent aux tableaux de la figure 9.6. Un troisième tableau `codes` comprendra les codes de chacun des caractères. Le même indice dans les tableaux `alphabet`, `noeuds` et `codes` correspond à un caractère donné. Les trois tableaux sont des tableaux parallèles : `codes[i]` représente le code associé au caractère `alphabet[i]`, lui-même associé au `noeud[i]` de l'arbre. Le programme suit.

```
int main()  // P. Gabrini ; mai 2005
{
  const int MAXBITS = 20;             // nombre maximum de bits dans les codes
  const int MAXSYMBOLES = 26;         // nombre maximum de codes différents (feuilles)
  const int MAXNOEUDS = MAXSYMBOLES*2-1; // nombre maximum de noeuds possibles
  enum TypeDescendant {Gauche, Droite};
  typedef struct {int Frequence;      // noeuds de l'arborescence
                  int Parent;
                  TypeDescendant Descendant;
                  } TypeNoeud;
  char alphabet[MAXSYMBOLES];         // table des symboles
  string codes[MAXSYMBOLES];          // table des codes
  TypeNoeud noeuds[MAXNOEUDS];        // table des noeuds de l'arbre
  int n;                              // indices des symboles
  int index1, index2;                 // indices de l'arbre
  int petit1, petit2;                 // plus petites fréquences
  ifstream entree;
  string nom;

  // Initialisation
  for(int noeud = 0; noeud < MAXNOEUDS; noeud++){    // vider arbre
    noeuds[noeud].Frequence = 0;
    noeuds[noeud].Parent = 0;
  } // for
```

```
for(int index = 0; index < MAXSYMBOLES; index++){  // vider alphabet
  alphabet[index] = ' ';
}
cout << "Donnez le nom du fichier de données" << endl;
cin >> nom;
entree.open(nom.c_str());
entree >> n;
for(int index = 0; index < n; index++){ // lire alphabet et fréquences
  entree >> noeuds[index].Frequence;
  entree >> alphabet[index];
} // for
entree.close();
```

```
// Construction de l'arbre qui possède 2n-1 noeuds
for(int libre = n; libre < 2*n-1; libre++){// libre -> prochain noeud libre
  // chercher deux symboles non utilisés ayant les plus petites fréquences
  index1 = -1; index2 = -1;
  petit1 = 9999999;
  petit2 = 9999999;
  for(int noeud = 0; noeud < libre; noeud++){
    if(noeuds[noeud].Parent == 0)                // noeud non encore utilisé
      if(noeuds[noeud].Frequence < petit1){    // nouveau plus petit
        petit2 = petit1;
        petit1 = noeuds[noeud].Frequence;
        index2 = index1;
        index1 = noeud;
      }
      else if(noeuds[noeud].Frequence < petit2){ // second plus petit
        petit2 = noeuds[noeud].Frequence;
        index2 = noeud;
      } // if
  } // for
  // nouveau noeud à index1 comme fils gauche et index2 comme fils droit
  noeuds[index1].Parent = libre;
  noeuds[index1].Descendant = Gauche;
  noeuds[index2].Parent = libre;
  noeuds[index2].Descendant = Droite;
  noeuds[libre].Frequence =
               noeuds[index1].Frequence + noeuds[index2].Frequence;
} // for
```

```
// Extraction des codes de l'arbre à reculons
for(int index = 0; index < n; index++){
  int noeud = index;
  while(noeuds[noeud].Parent != 0){          // monter dans l'arbre
    if(noeuds[noeud].Descendant == Gauche){  // descendant gauche: 0
      codes[index].insert(0, "0");
    }
```

```
      else{                              // descendant droit: 1
        codes[index].insert(0, "1");
      } // if
      noeud = noeuds[noeud].Parent;
    } // while
  } // for
  // afficher résultats
  for(int index = 0; index < n; index++)
    cout << alphabet[index] << ' ' << setw(3) << noeuds[index].Frequence
         << ' ' << setw(20) << right << codes[index] << endl;
}
```

L'exécution de ce programme sur un petit échantillon de symboles produit la sortie ci-dessous :

```
A   16                 111
B    8                1101
C   24                  01
D    6                1010
F   12                 100
G    4               11001
H   16                  00
I    2               11000
J    6                1011
```

La méthode de Huffman suppose que les fréquences d'apparition de tous les symboles de l'alphabet sont connues par le programme de compression. En pratique, on connaît rarement les fréquences à l'avance. Il est alors possible de lire les données deux fois ; la première fois pour calculer les fréquences et la seconde pour effectuer la compression, l'arbre de Huffman ayant été construit après la première passe. Ceci n'est cependant pas très efficace et est généralement remplacé par une méthode dite *adaptative* ou dynamique. Une telle méthode est en fait la base du programme de compression compact du système Unix.

Dans les méthodes de compression actuelles, certaines utilisent les statistiques, comme la méthode de Huffman, mais d'autres sont basées sur l'utilisation de dictionnaires. Comme les dictionnaires habituels sont statiques et encombrants, et pas toujours adaptés aux textes que l'on désire comprimer, on utilise plutôt une méthode adaptative qui débute avec un dictionnaire vide et le construit au fur et à mesure. C'est ce qui est à la base des algorithmes originaux de compression de Lempel et de Ziv qui ont été adaptés un grand nombre de fois et possèdent un grand nombre de variantes. Il est intéressant de noter que les logiciels Zip et Gzip sont basés sur des dictionnaires, mais aussi sur des arbres de Huffman.

9.3   Arbres équilibrés

Dans un arbre binaire de recherche, la complexité de l'opération de recherche d'une clef est en général $O(\log n)$, mais le pire des cas est un *arbre dégénéré*, semblable à une liste linéaire et donnant une complexité de $O(n)$. En pratique, si nous construisons un arbre binaire de recherche au moyen d'une suite d'appels successifs à Inserer, et si les éléments donnés sont déjà en ordre, nous obtenons un arbre binaire dégénéré, ce qui nous fait perdre tous les bénéfices de l'arbre binaire de recherche, puisque la complexité de l'opération de recherche se détériore à *O(n)* au lieu d'être *O(log n)*. De telles situations ont conduit à la notion d'équilibre dans les arbres.

Historiquement, la première définition d'équilibre a été celle d'un *arbre parfaitement équilibré*. Ce dernier est un arbre dans lequel, pour chacun des nœuds, les nombres de nœuds dans les sous-arbres droit et gauche diffèrent au plus de 1. L'expérience a montré qu'il était possible de construire un arbre parfaitement équilibré à partir d'un ensemble de données quelconque, mais qu'il était assez difficile de restaurer l'équilibre parfait après insertion ou suppression dans un tel arbre. La réalisation d'arbres parfaitement équilibrés n'est donc pas pratique et, en conséquence, il a fallu trouver une définition d'équilibre qui soit moins stricte et qui puisse conduire à des réalisations pratiques, tout en conservant le plus possible les qualités des arbres parfaitement équilibrés.

Nous utiliserons la définition d'équilibre donnée par Adelson-Velskii et Landis[4] : un arbre binaire est dit équilibré si et seulement si, pour chacun de ses nœuds, la différence de hauteur des deux sous-arbres est au maximum de 1. Les arbres qui satisfont cette condition sont appelés *arbres AVL*, et la figure 9.7 en donne un exemple. On peut utiliser les arbres AVL comme arbres binaires simples ou comme arbres binaires de recherche, et l'on supposera dans cette section que l'on travaille avec des arbres binaires de recherche.

On peut donc réaliser les arbres binaires et les arbres binaires de recherche, que nous avons vus au chapitre précédent, au moyen d'arbres AVL. La représentation des arbres AVL est en fait fort semblable à la représentation des arbres binaires de recherche, et les opérations sont identiques, à l'exception de l'insertion et de la suppression, qui sont plus complexes pour les arbres AVL. Pour réaliser ces opérations, on associe à chaque nœud un *facteur d'équilibre* indiquant si le nœud a deux sous-arbres de même hauteur ou si un des sous-arbres est plus haut que l'autre. Dans notre réalisation, le facteur d'équilibre représentera $h_D - h_G$ pour un nœud donné (hauteur du sous-arbre droit diminuée de la hauteur du sous-arbre gauche).

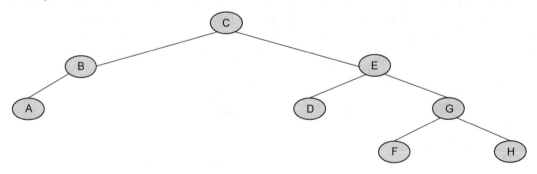

Figure 9.7 Un arbre AVL

Prenons le cas de l'insertion d'un nouveau nœud au sous-arbre droit d'un nœud donné N, lequel possède un sous-arbre gauche G et un sous-arbre droit D. Si cette addition augmente la hauteur du sous-arbre droit de 1, il faut considérer trois cas basés sur les valeurs de h_G et de h_D, hauteurs des sous-arbres *avant* l'ajout d'un nœud :

> a. $h_G > h_D$ Les deux sous-arbres deviennent de hauteurs égales, et l'équilibre du nœud est amélioré.

---

4   ADELSON-VELSKII, G. M. et E. M. LANDIS *An algorithm for the organization of information*, Doklady Akademia Nauk SSSR, 146, 1962.

b. $h_G = h_D$ Le sous-arbre droit devient plus haut que le sous-arbre gauche, et l'équilibre du nœud est modifié.

c. $h_G < h_D$ Le sous-arbre droit est maintenant deux niveaux plus profond que le sous-arbre gauche, et il faut restructurer l'arbre.

Dans le cas du constat d'un déséquilibre, il faut ajuster la structure de l'arbre, et une étude détaillée des diverses possibilités a montré qu'il n'y avait que deux cas généraux à considérer : la rotation simple et la rotation double. Dans les figures qui suivent, on a étiqueté les nœuds A, B et C, mais ces étiquettes n'ont rien à voir avec la valeur des nœuds et l'ordre de la recherche ; seule la structure de l'arbre est importante et reflète l'ordre de la recherche.

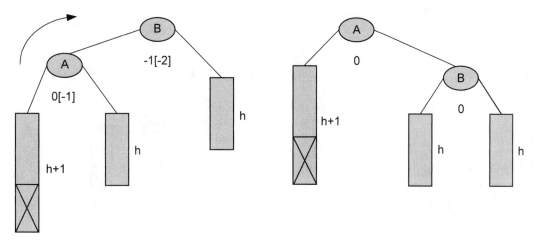

Figure 9.8 Rotation simple droite

La figure 9.8 illustre la rotation simple : le sous-arbre de racine B devient déséquilibré après une insertion à gauche, et est restructuré en un sous-arbre de racine A. Dans les figures 9.8 et 9.9, les sous-arbres sont représentés par des rectangles pouvant contenir n'importe quel nombre d'éléments, et *h* représente leur hauteur ; l'élément ajouté est représenté par un rectangle avec une croix, et les chiffres représentent le facteur d'équilibre du nœud correspondant. Après l'insertion, le facteur d'équilibre de A, qui était 0, devient -1 (indiqué entre crochets) ; on découvre alors que le facteur d'équilibre de B était déjà -1, ce qui indique que le côté gauche était déjà plus haut que le droit, et que le sous-arbre doit être restructuré. Le sous-arbre droit de A comprend des valeurs qui sont supérieures à A et inférieures à B : il peut donc devenir le sous-arbre gauche de B sans rien changer à l'ordre des éléments du sous-arbre. De façon semblable, comme A est le descendant gauche de B, la valeur de B est supérieure à la valeur de A, et B peut devenir le descendant droit de A sans déranger l'ordre des éléments dans les sous-arbres.

La figure 9.8 ne montre pas le reste de l'arbre, car il n'est pas affecté par cette restructuration, la hauteur du sous-arbre n'ayant pas changé. Cette restructuration est appelée une rotation simple droite. L'image symétrique de la figure 9.8 illustrerait une rotation simple gauche. Notons en passant que, si, dans cette même figure, nous faisions l'insertion dans le sous-arbre droit de A (au lieu du sous-arbre gauche illustré dans la figure), nous aurions un cas plus complexe, appelé rotation double gauche droite, et qui correspondrait plutôt à la figure 9.9. Nous pouvons différencier les rotations simples des rotations doubles en notant que si l'insertion considérée implique de cheminer dans une direction donnée, puis de changer de direction nous avons une rotation double, tandis que s'il n'y a pas changement de direction nous avons une rotation simple.

Comme on peut s'y attendre, une rotation double sera un peu plus complexe, et la figure 9.9 en illustre une. En appliquant notre observation précédente, notez la direction allant de A vers B, puis le changement de direction de B vers C. Un nouveau nœud a été ajouté à la droite du nœud A, mais pourrait avoir été ajouté à sa gauche sans changer la structure résultante. Nous pourrions même réduire la figure aux trois seuls nœuds C, B et A où A serait le nœud inséré, sans que cela ne change la rotation.

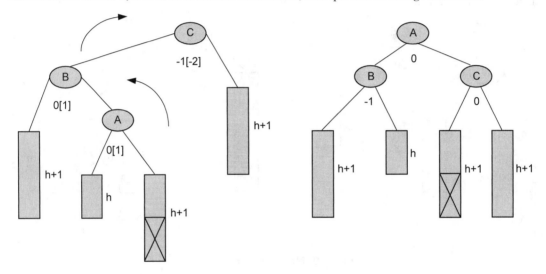

Figure 9.9 Rotation double gauche droite

Après l'insertion, le facteur d'équilibre de A est passé de 0 à 1. Puis le facteur d'équilibre de B est passé de 0 à 1, puis on découvre que le facteur d'équilibre de C est déjà -1, ce qui indique que le sous-arbre était déjà plus grand à gauche et requiert une restructuration. Dans la figure 9.9, la valeur de A est plus petite que la valeur de C et plus grande que la valeur de B : A peut donc devenir le parent du descendant droit C et du descendant gauche B. De même, le sous-arbre droit de A comprend des valeurs qui sont plus petites que celle de C, et supérieures à la valeur de A et à la valeur de B : il peut devenir le descendant gauche de C. Le sous-arbre gauche de A comprend des valeurs qui sont plus petites que celle de C et que celle de A, et supérieures à la valeur de B : il peut devenir le descendant droit de B. On ajuste ensuite les facteurs d'équilibre. Notons que la rotation double gauche droite est la composition de deux rotations simples : une rotation simple gauche autour de B suivie d'une rotation simple droite autour de C.

Comme avec la rotation simple, le reste de l'arbre n'est pas affecté par la réorganisation de la rotation double, car la hauteur du sous-arbre n'est pas modifiée. La figure symétrique de la figure 9.9 illustrerait une rotation double droite gauche.

Notre réalisation des arbres binaires de recherche AVL suivra de près la réalisation des arbres binaires de recherche vue au chapitre 8. Les arbres binaires de recherche AVL seront, comme les arbres binaires de recherche, basés sur une classe de nœuds binaires. La classe `NoeudArbreAVL` sera elle-même dérivée de la classe `NoeudArbre` vue précédemment, avec addition d'un seul champ `equilibre`. De même, la classe `ArbreAVL` sera dérivée de la classe `ArbreBinRech` avec redéfinition de quelques opérations. Les définitions de classe suivantes reflètent ces dérivations :

```cpp
#ifndef NOEUDARBREAVL_HPP
#define NOEUDARBREAVL_HPP
// P. Gabrini; mai 2005
#include "NoeudArbre.hpp"

// Les arbres binaires AVL sont construits avec ces noeuds
template <class T> class ArbreAVL;
```

```cpp
template <typename T> class NoeudArbreAVL : public NoeudArbre<T>
{
   public:
      // constructeur
      NoeudArbreAVL(const T& val, NoeudArbreAVL<T>* par,
        NoeudArbreAVL<T>* gau,  NoeudArbreAVL<T>* dro, int equil)
     :NoeudArbre<T>(val,par,gau,dro), equilibre(equil) {}
      // destructeur virtuel (pour les noeuds dérivés)
      virtual ~NoeudArbreAVL(){};     // destructeur virtuel (noeuds dérivés)

   protected: // pour les noeuds dérivés
      // un noeud binaire possède déjà une valeur et trois pointeurs
      int equilibre;
      friend class ArbreAVL<T>;
};
#endif // NOEUDARBREAVL_HPP
```

Dans la classe `NoeudArbreAVL`, le type `NoeudArbre` a été étendu par l'addition d'un champ ; le facteur d'équilibre, `equilibre`, représentera $h_D - h_G$ pour un nœud donné, c'est-à-dire la différence entre les hauteurs de ses sous-arbres droit et gauche. La déclaration de la classe `ArbreAVL`, basée sur ces nœuds suit.

```cpp
#ifndef ARBREAVL_HPP
#define ARBREAVL_HPP

#include <stdexcept>
#include "ArbreBinRechN.hpp"
#include "NoeudArbreAVL.hpp"

template<typename T> class ArbreAVL:public ArbreBinRech<T> {
public:
    // constructeur inline
    ArbreAVL(T& val, ArbreAVL<T>* par, ArbreAVL<T>* gau,
            ArbreAVL<T>* dro, int equil)
    :ArbreBinRech<T>(val,par,gau,dro), equilibre(equil) {}
```

```
    // constructeur Arbre par défaut
    ArbreAVL();
    ~ArbreAVL(){};
    // insérer un élément dans l'arbre AVL
    virtual void Inserer(const T&) throw(runtime_error);
    virtual void Supprimer(const T&);// supprimer un élément de l'arbre AVL
    void AfficherAVL(ostream & = cout, int = 0) const;
    ArbreAVL<T>& operator =(ArbreAVL<T>&);// copie du paramètre
private:
  void PivoterDroite(NoeudArbre<T>* &);
  void PivoterGauche(NoeudArbre<T>* &);
  void PivoterGaucheDroite(NoeudArbre<T>* &);
  void PivoterDroiteGauche(NoeudArbre<T>* &);
  void InsertionNoeud(NoeudArbre<T>* &, NoeudArbre<T>*, const T&, bool&)
                      throw(runtime_error);
  void EquilibrerDroite(NoeudArbre<T>*&, bool&);
  void EquilibrerGauche(NoeudArbre<T>*&, bool&);
  void EchangerEtSupprimer(NoeudArbre<T>*&, NoeudArbre<T>*&, bool&);
  void ChercherEtDetruire(NoeudArbre<T>* &, const T&, bool& );
  void AfficherNoeudAVL(ostream &, NoeudArbreAVL<T>*,int) const;
  NoeudArbreAVL<T>* CopieNoeud(NoeudArbreAVL<T>*, NoeudArbreAVL<T>*)
                      throw(runtime_error);
};
#endif //ARBREAVL_HPP
```

Dans la classe `ArbreAVL` dérivée de la classe `ArbreBinRech`, nous n'avons redéfini que le constructeur, le destructeur (pour assurer que les nœuds étendus soient bien libérés), les procédures `Inserer` et `Supprimer`, ainsi que l'opération d'affectation. Il était évident que nous devions redéfinir les opérations d'insertion et de suppression ; l'opération d'affectation définie pour les arbres binaires de recherche ne fonctionnera pas correctement pour les arbres AVL : en effet, le nouveau champ `equilibre` ne sera pas copié. Il nous faut donc la redéfinir. La classe `IterateurInfixe` définie pour les arbres binaires de recherche n'a pas besoin d'être modifiée et fonctionnera correctement avec les arbres AVL.

Vous avez peut-être noté que seuls le constructeur et l'opérateur d'affectation sont liés à `ArbreAVL<T>`, et que tous les autres sous-programmes ont des paramètres qui sont liés au type `NoeudArbre<T>` de base (sauf `CopieNoeud` qui est utilisé par l'affectation). Il faut comprendre ici que `ArbreAVL<T>` est dérivé de `ArbreBinRech<T>` et qu'en conséquence les attributs `parent`, `gauche` et `droite` sont des pointeurs à `NoeudArbre<T>` (lequel a été étendu en `NoeudArbreAVL<T>`). Ceci veut dire qu'avec des paramètres de type `NoeudArbreAVL<T>*`, il nous faudrait convertir nos pointeurs chaque fois que nous aurions à manipuler nos attributs de base. Par contre, en choisissant de nous baser sur le type `NoeudArbre<T>*` qui nous donne accès aux attributs, le champ `equilibre` est inconnu, et il nous faut convertir nos pointeurs au type `NoeudArbreAVL<T>*` pour pouvoir y accéder. D'un côté comme de l'autre, nous devons faire des conversions ; comment avons-nous pu choisir ?

En ne considérant que ce que nous venons de dire, le choix est totalement arbitraire. Cependant, en nous souvenant du code déjà écrit pour les arbres binaires de recherche, nous avons eu parfois des paramètres qui sont des pointeurs et dont nous voulons passer la référence (`NoeudArbre<T>*&`). Une conversion appliquée à un tel paramètre va créer une copie, ce qui causerait quelques problèmes. C'est pour éviter cela que nous avons choisi de baser nos paramètres sur le type nœud de base `NoeudArbre<T>`.

On réalisera les rotations simples et doubles qui caractérisent les arbres AVL au moyen de quatre sous-programmes, qui réalisent les transformations que nous avons décrites précédemment. Pour vous assurer de bien comprendre, vous devriez suivre pas à pas `PivoterDroite` avec l'arbre de la figure 9.8, et `PivoterGaucheDroite` avec l'arbre de la figure 9.9.

```
#include "NoeudArbreAVL.hpp"
#include "ArbreAVL.hpp"

template<typename T> ArbreAVL<T>::ArbreAVL()
:ArbreBinRech<T>(){} // Constructeur
```

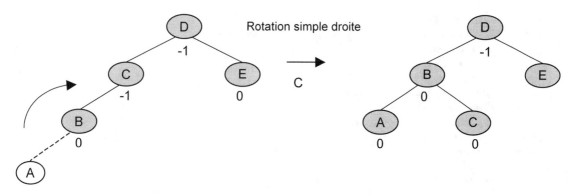

Figure 9.10 Insertion avec rotation simple droite

```
template<typename T>
void ArbreAVL<T>::PivoterDroite(NoeudArbre<T>* &racine)
{ // notez la conversion nécessaire
  NoeudArbre<T>* nouveau,*temp;
  nouveau = racine->gauche;
  racine->gauche = nouveau->droite;
  nouveau->droite = racine;
  nouveau->parent = racine->parent;
  racine->parent = nouveau;
  temp = racine->gauche;
  if(temp != NULL)
    temp->parent = racine;
  static_cast<NoeudArbreAVL<T>*>(nouveau->droite)->equilibre = 0;
  racine = nouveau;
} // PivoterDroite;
```

Le code de `PivoterDroite` ne fait que réaliser les opérations que nous avons décrites plus tôt, et la figure 9.10 ne fait qu'illustrer plus en détail le cas de la figure 9.8. Avec le choix que nous avons fait, dans tous les cas où nous devons accéder au facteur d'équilibre du nœud, il nous faut absolument utiliser une conversion du pointeur au type nœud de base à un pointeur au type de nœud étendu, comme ci-dessus.

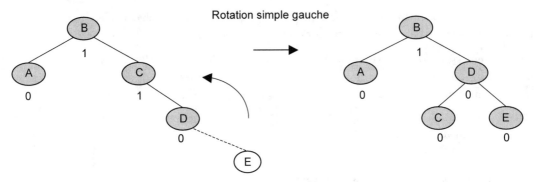

Figure 9.11 Insertion avec rotation simple gauche

```
template<typename T>
void ArbreAVL<T>::PivoterGauche(NoeudArbre<T>* &racine)
{ // notez la conversion nécessaire
  NoeudArbre<T>* nouveau,*temp;
  nouveau = racine->droite;
  racine->droite = nouveau->gauche;
  nouveau->gauche = racine;
  nouveau->parent = racine->parent;
  racine->parent = nouveau;
  temp = racine->droite;
  if(temp != NULL)
    temp->parent = racine;
  static_cast<NoeudArbreAVL<T>*>(nouveau->gauche)->equilibre = 0;
  racine = nouveau;
} // PivoterGauche;
```

Le code de `PivoterGauche` ne fait que réaliser les opérations symétriques de ce que nous avons décrit plus tôt. La figure 9.11 ne fait qu'illustrer plus en détail le cas symétrique de la figure 9.8.

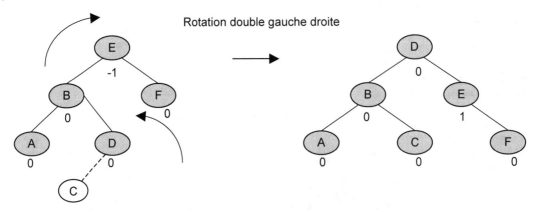

Figure 9.12 Insertion avec rotation double gauche droite

```
template<typename T>
void ArbreAVL<T>::PivoterGaucheDroite(NoeudArbre<T>* &racine)
{ // rotation double, notez les conversions nécessaires
  NoeudArbre<T>* nouveau, *gauche, *temp;
  gauche = racine->gauche;
  nouveau =gauche->droite;
  gauche->droite = nouveau->gauche;
  temp = gauche->droite;
  if(temp != NULL)
    temp->parent = gauche;
  racine->gauche = nouveau->droite;
  temp = racine->gauche;
  if(temp != NULL)
    temp->parent = racine;
  nouveau->gauche = gauche;
  gauche->parent = nouveau;
  nouveau->droite = racine;
  nouveau->parent = racine->parent;
  racine->parent = nouveau;
  if(static_cast<NoeudArbreAVL<T> *>(nouveau)->equilibre == -1)
    static_cast<NoeudArbreAVL<T> *>(racine)->equilibre = +1;
  else
    static_cast<NoeudArbreAVL<T> *>(racine)->equilibre = 0;
  if(static_cast<NoeudArbreAVL<T> *>(nouveau)->equilibre == +1)
    static_cast<NoeudArbreAVL<T> *>(gauche)->equilibre = -1;
  else
    static_cast<NoeudArbreAVL<T> *>(gauche)->equilibre = 0;
  static_cast<NoeudArbreAVL<T> *>(nouveau)->equilibre = 0;
  racine = nouveau;
} // PivoterGaucheDroite;
```

Le code de `PivoterGaucheDroite` ne fait que réaliser les opérations que nous avons décrites plus tôt. La figure 9.12 ne fait qu'illustrer plus en détail un cas semblable à la figure 9.9. Notez ici que le nombre de conversions est plus élevé puisque nous avons dû accéder plusieurs fois au facteur d'équilibre des nœuds.

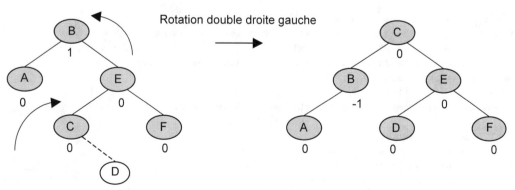

Figure 9.13 Insertion avec rotation double droite gauche

```
template<typename T>
void ArbreAVL<T>::PivoterDroiteGauche(NoeudArbre<T>* &racine)
{ // rotation double, notez les conversions nécessaires
  NoeudArbre<T>* nouveau, *droite, *temp;
  droite = racine->droite;
  nouveau = droite->gauche;
  droite->gauche = nouveau->droite;
  temp = droite->gauche;
  if(temp != NULL)
    temp->parent = droite;
  racine->droite = nouveau->gauche;
  temp = racine->droite;
  if(temp != NULL)
    temp->parent = racine;
  nouveau->droite = droite;
  droite->parent = nouveau;
  nouveau->gauche = racine;
  nouveau->parent = racine->parent;
  racine->parent = nouveau;
  if(static_cast<NoeudArbreAVL<T> *>(nouveau)->equilibre == +1)
    static_cast<NoeudArbreAVL<T> *>(racine)->equilibre = -1;
  else
    static_cast<NoeudArbreAVL<T> *>(racine)->equilibre = 0;
  if(static_cast<NoeudArbreAVL<T> *>(nouveau)->equilibre == -1)
    static_cast<NoeudArbreAVL<T> *>(droite)->equilibre = +1;
  else
    static_cast<NoeudArbreAVL<T> *>(droite)->equilibre = 0;
  static_cast<NoeudArbreAVL<T> *>(nouveau)->equilibre = 0;
  racine = nouveau;
} // PivoterDroiteGauche;
```

Le code de `PivoterDroiteGauche` ne fait que réaliser les opérations symétriques dont nous avons parlé plus tôt. La figure 9.13 ne fait qu'illustrer plus en détail un cas symétrique à la figure 9.9. Notez ici aussi que le nombre de conversions est plus élevé puisque nous avons dû accéder plusieurs fois au facteur d'équilibre des nœuds.

```
template<typename T> NoeudArbreAVL<T>*
ArbreAVL<T>::CopieNoeud(NoeudArbreAVL<T>* aCopier, NoeudArbreAVL<T>* ancetre)
                throw(runtime_error)
// Retourne une copie de l'arbre AVL dont la racine est aCopier
{ NoeudArbreAVL<T>* nouveau = NULL;
  if(aCopier != NULL) {
    nouveau = new NoeudArbreAVL<T>(aCopier->valeur, ancetre, NULL, NULL,
                                   aCopier->equilibre);
    if(nouveau == NULL)
      throw runtime_error("Échec allocation mémoire!\n");
    if(aCopier->gauche != NULL)
      nouveau->gauche = CopieNoeud(
                static_cast<NoeudArbreAVL<T>*>(aCopier->gauche), nouveau);
```

```
      if(aCopier->droite != NULL)
        nouveau->droite = CopieNoeud(
                   static_cast<NoeudArbreAVL<T>*>(aCopier->droite), nouveau);
    }
    return nouveau;
}// CopieNoeud

template<typename T> ArbreAVL<T>& ArbreAVL<T>::operator =(ArbreAVL<T>& aCopier)
{// fabrique une copie du paramètre
    if(this == &aCopier)
       return *this; // pas de copie de soi-même
    liberer();
    racine = CopieNoeud(static_cast<NoeudArbreAVL<T>*>(aCopier.racine), NULL);
    actuel = racine;
    return *this;
}
```

Nous avons dû redéfinir l'opérateur d'affectation des arbres ; en effet, cette opération effectue une copie des arbres, mais ceci ne s'applique qu'aux nœuds des arbres binaires. Cette même opération appliquée aux arbres AVL, qui en héritent automatiquement, donnera une mauvaise copie, car les champs `equilibre`, qui n'existent pas dans les arbres binaires simples, **ne peuvent être copiés**. Notez que dans ce cas-ci nos paramètres sont de type pointeurs à `NoeudArbreAVL` ; par conséquent, il nous faut maintenant convertir les pointeurs des champs `racine`, `gauche` et `droite`. Dans le code de `CopieNoeud`, vous noterez donc les conversions nécessaires chaque fois que nous utilisons des champs de la classe de base, comme `gauche` ou `droite`, qui sont des pointeurs à la classe de base devant être convertis en pointeurs à la classe dérivée.

```
template<typename T>
void ArbreAVL<T>::InsertionNoeud(NoeudArbre<T>* &noeud, NoeudArbre<T>* ancetre,
                const T& element, bool& hauteurAugmentee) throw(runtime_error)
{
  if(noeud == NULL){
    noeud = new NoeudArbreAVL<T>(element,
                  static_cast<NoeudArbreAVL<T>*>(ancetre), NULL, NULL, 0);
    if(noeud == NULL)
      throw runtime_error("Échec allocation mémoire!\n");
    hauteurAugmentee = true;
  }
  else{
    if(element < noeud->valeur){
      InsertionNoeud(noeud->gauche, noeud, element, hauteurAugmentee);
      if(hauteurAugmentee)    // hauteur sous-arbre gauche augmentée
        if(static_cast<NoeudArbreAVL<T>*>(noeud)->equilibre == 1){
          static_cast<NoeudArbreAVL<T>*>(noeud)->equilibre =  0;
          hauteurAugmentee = false;
        }         // rééquilibre
        else if(static_cast<NoeudArbreAVL<T>*>(noeud)->equilibre == 0)
          static_cast<NoeudArbreAVL<T>*>(noeud)->equilibre = -1;
```

```
          else {  // equilibre = -1
            if((*static_cast<NoeudArbreAVL<T>*>(noeud->gauche)).equilibre == -1)
              PivoterDroite(noeud);              // rotation simple droite
            else
              PivoterGaucheDroite(noeud);        // rotation double droite
            static_cast<NoeudArbreAVL<T>*>(noeud)->equilibre = 0;   // racine
            hauteurAugmentee = false;
          } // if;
        }
      else if(noeud->valeur < element){
        InsertionNoeud(noeud->droite, noeud, element, hauteurAugmentee);
        if(hauteurAugmentee)    // hauteur sous-arbre droit augmentée
          if(static_cast<NoeudArbreAVL<T>*>(noeud)->equilibre == -1){
            static_cast<NoeudArbreAVL<T>*>(noeud)->equilibre =  0;
            hauteurAugmentee = false;            // rééquilibre
          }
          else if(static_cast<NoeudArbreAVL<T>*>(noeud)->equilibre ==  0)
            static_cast<NoeudArbreAVL<T>*>(noeud)->equilibre= +1;
          else{  // equilibre = +1
            if(static_cast<NoeudArbreAVL<T>*>(noeud->droite)->equilibre == 1)
              PivoterGauche(noeud);              // rotation simple gauche
            else
              PivoterDroiteGauche(noeud);        // rotation double gauche
            static_cast<NoeudArbreAVL<T>*>(noeud)->equilibre = 0;   // racine
            hauteurAugmentee = false;
          } // if;
        }
      else { //existe déjà, met à jour; on peut aussi ne rien faire...
        noeud->valeur = element;
        hauteurAugmentee = false;
      }
    } // if;
} // InsertionNoeud;
```

```
template<typename T> void ArbreAVL<T>::Inserer(const T& element)
                                        throw(runtime_error)
// Insérer élément dans Arbre.
{ bool changement = false;
  InsertionNoeud(racine, NULL, element, changement);
} // Inserer;
```

Dans chacun des cas où nous effectuons une insertion, nous vérifions si nous devons rééquilibrer et si nous mettons à jour le facteur d'équilibre du nœud. Notez toujours les conversions qui sont nécessaires chaque fois que nous voulons manipuler les champs facteur d'équilibre, ou également le paramètre `ancetre` lorsque nous créons un nouveau nœud `NoeudArbreAVL`. La procédure engendre une exception dans le cas où l'allocation de mémoire n'est plus possible.

```
template<typename T>
void ArbreAVL<T>::EquilibrerDroite(NoeudArbre<T>*& Noeud, bool& HauteurReduite)
{
  if(static_cast<NoeudArbreAVL<T>*>(Noeud)->equilibre == 1)
    static_cast<NoeudArbreAVL<T>*>(Noeud)->equilibre = 0;
  else if(static_cast<NoeudArbreAVL<T>*>(Noeud)->equilibre == 0){
    static_cast<NoeudArbreAVL<T>*>(Noeud)->equilibre = -1;
    HauteurReduite = false;
  }
  else{
    int nouvelEquil = static_cast<NoeudArbreAVL<T>*>(Noeud->gauche)->equilibre;
    if(nouvelEquil <= 0){
      PivoterDroite(Noeud);
      if(nouvelEquil == 0){
        static_cast<NoeudArbreAVL<T>*>(Noeud)->equilibre = 1;
        static_cast<NoeudArbreAVL<T>*>(Noeud->droite)->equilibre = -1;
        HauteurReduite = false;
      }
      else{
        static_cast<NoeudArbreAVL<T>*>(Noeud)->equilibre =  0;
        static_cast<NoeudArbreAVL<T>*>(Noeud->droite)->equilibre = 0;
      } // if;
    }
    else // nouvelEquil=1
      PivoterGaucheDroite(Noeud);
  } // if;
} // EquilibrerDroite;
```

La procédure `EquilibrerDroite` équilibre le sous-arbre droit dont la hauteur a augmenté.

```
template<typename T>
void ArbreAVL<T>::EquilibrerGauche(NoeudArbre<T>*& Noeud, bool& HauteurReduite)
{
  if(static_cast<NoeudArbreAVL<T>*>(Noeud)->equilibre == -1)
    static_cast<NoeudArbreAVL<T>*>(Noeud)->equilibre = 0;
  else if(static_cast<NoeudArbreAVL<T>*>(Noeud)->equilibre == 0){
    static_cast<NoeudArbreAVL<T>*>(Noeud)->equilibre = 1;
    HauteurReduite = false;
  }
  else{
    int nouvelEquil = static_cast<NoeudArbreAVL<T>*>(Noeud->droite)->equilibre;
    if(nouvelEquil >= 0){
      PivoterGauche(Noeud);
      if(nouvelEquil == 0){
        static_cast<NoeudArbreAVL<T>*>(Noeud->gauche)->equilibre = 1;
        static_cast<NoeudArbreAVL<T>*>(Noeud)->equilibre = -1;
        HauteurReduite = false;
      }
```

```
    else{
      static_cast<NoeudArbreAVL<T>*>(Noeud)->equilibre = 0;
      static_cast<NoeudArbreAVL<T>*>(Noeud->gauche)->equilibre = 0;
    } // if;
  }
  else // nouvelEquil= -1
    PivoterDroiteGauche(Noeud);
  } // if;
} // EquilibrerGauche;
```

La procédure `EquilibrerGauche` équilibre le sous-arbre gauche dont la hauteur a augmenté.

```
template<typename T>
void ArbreAVL<T>::EchangerEtSupprimer(NoeudArbre<T>*& aSupprimer,
                                      NoeudArbre<T>*& Remplace,
                                      bool& HauteurReduite)
{ // Remplacer par le noeud le plus à droite du sous-arbre gauche.
  if(Remplace->droite != NULL){
    EchangerEtSupprimer(aSupprimer, Remplace->droite, HauteurReduite);
    if(HauteurReduite && Remplace != NULL)
      EquilibrerDroite(Remplace, HauteurReduite);
  }
  else{
    NoeudArbre<T>* papa;
    aSupprimer->valeur = Remplace->valeur;
    aSupprimer = Remplace;
    papa = Remplace->parent;
    Remplace = Remplace->gauche;
    if(Remplace != NULL)
      Remplace->parent = papa;
    HauteurReduite = true;
  } // if;
} // EchangerEtSupprimer;
```

```
template<typename T>
void ArbreAVL<T>::ChercherEtDetruire(NoeudArbre<T>* &Noeud, const T& element,
                                     bool& HauteurReduite)
{
  if(Noeud == NULL){
    HauteurReduite=false;
    return;
  };     // clef non trouvée
  if(element < Noeud->valeur){
    ChercherEtDetruire(Noeud->gauche, element, HauteurReduite);
    if(HauteurReduite && Noeud != NULL)
      EquilibrerGauche(Noeud, HauteurReduite);
  }
```

```
    else if(element > Noeud->valeur){
      ChercherEtDetruire(Noeud->droite, element, HauteurReduite);
      if(HauteurReduite && Noeud != NULL)
        EquilibrerDroite(Noeud, HauteurReduite);
    }
    else{              // clef trouvée
      NoeudArbre<T>* aSupprimer = Noeud;
      NoeudArbre<T>* papa;
      if(Noeud->gauche == NULL){        // cas simple
        papa = Noeud->parent;
        Noeud = Noeud->droite;
        if(Noeud != NULL)
          Noeud->parent = papa;
        HauteurReduite = true;
      }
      else if(Noeud->droite == NULL){ // cas simple
        papa = Noeud->parent;
        Noeud = Noeud->gauche;
        if(Noeud != NULL)
          Noeud->parent = papa;
        HauteurReduite=true;
      }
      else{ // sous-arbres droite et gauche non vides
        EchangerEtSupprimer(aSupprimer, Noeud->gauche, HauteurReduite);
        if(HauteurReduite && Noeud != NULL)
          EquilibrerGauche(Noeud, HauteurReduite);
      } // if;
      delete(static_cast<NoeudArbreAVL<T>*>(aSupprimer));// le bon noeud
    } // if;
} // ChercherEtDetruire;
```

```
template<typename T>
void ArbreAVL<T>::Supprimer(const T& element)
{ // Trouver l'élément de l'Arbre qui possède la clef du paramètre et le supprimer.
  bool changement = false;
  ChercherEtDetruire(racine, element, changement);
}//supprimer;
```

L'opération de suppression est réalisée par la procédure `Supprimer`. Comme les opérations de suppression pour les réalisations d'arbre plus simples, cette opération est plus compliquée que l'opération d'insertion.

La procédure `ChercherEtDetruire` effectue une recherche dans l'arbre en suivant un chemin à travers les sous-arbres gauche ou droit du nœud considéré. Une fois le nœud à supprimer découvert, on le supprime s'il possède un sous-arbre vide et l'on retourne une indication que la hauteur de l'arbre a été réduite. Si le nœud à supprimer possède deux sous-arbres non vides, on appelle la procédure `EchangerEtSupprimer` qui remplace le nœud à supprimer par le nœud le plus à droite de son sous-arbre gauche (son prédécesseur infixe). Une fois le nœud supprimé et la hauteur de l'arbre réduite, on appelle soit `EquilibrerGauche`, soit `EquilibrerDroite` pour rééquilibrer l'arbre. Les deux procédures de rééquilibrage sont symétriques et appellent les mêmes procédures de rotation simple ou double utilisées par `Inserer`. Notez encore le besoin de conversion explicite du nœud à supprimer à la classe pointeur à `NoeudArbreAVL` pour que la totalité du nœud soit libérée.

La figure 9.14 montre un exemple d'arbre qui sera utilisé dans les trois figures suivantes, pour illustrer une suite de plusieurs opérations de suppression.

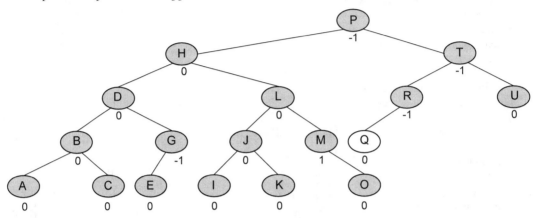

Figure 9.14 Arbre original avant suppression

La figure 9.15 montre l'arbre exemple après la suppression du nœud Q et la réorganisation par une rotation simple droite des nœuds P et H. Pour supprimer le nœud Q, on a appelé `ChercherEtDetruire` quatre fois comme le montre la trace ci-dessous :

```
ChercherEtDetruire appel no 1: Noeud = P, aller à droite
    ChercherEtDetruire appel no 2: Noeud = T, aller à gauche
        ChercherEtDétruire appel no 3: Noeud = R, aller à gauche
            ChercherEtDetruire appel no 4: Noeud = Q
                Noeud Q est supprimé, HauteurReduite est vraie
            Appeler EquilibrerGauche sur noeud R
                Remettre facteur d'équilibre du noeud à zéro
        Appeler EquilibrerGauche sur noeud T
            Remettre facteur d'équilibre du noeud à zéro
    Appeler EquilibrerDroite sur noeud P
        NouvelEquil est zéro
        Appeler PivoterDroite sur noeud P et ajuster facteurs d'équilibre
```

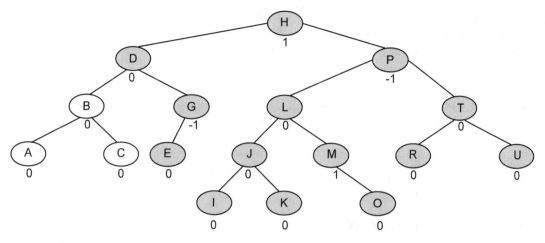

Figure 9.15 Arbre après suppression du nœud Q

La figure 9.16 montre l'arbre exemple après trois suppressions supplémentaires : suppression du nœud A, qui n'a causé aucune réorganisation, puis suppression du nœud C, qui n'a causé aucune réorganisation, et enfin suppression du nœud B par une rotation double droite gauche des nœuds D, E et G, et une réorganisation à la racine de l'arbre. Avec l'arbre de la figure 9.15, où les nœuds A et C ont déjà été détruits, `ChercherEtDetruire` a été appelée trois fois comme on le voit ci-dessous :

```
ChercherEtDetruire appel no 1: Noeud = H, aller à gauche
    ChercherEtDetruire appel no 2: Noeud = D, aller à gauche
        ChercherEtDetruire appel no 3: Noeud = B
            Le noeud B est supprimé, HauteurReduite est vraie
        Appeler EquilibrerGauche sur le noeud D (facteur d'équilibre = 1)
            NouvelEquil est -1
            Appeler PivoterDroiteGauche sur le noeud D, ajuster facteurs
    Appeler EquilibrerGauche sur le noeud H (facteur d'équilibre = 1)
        NouvelEquil est -1
        Appeler PivoterDroiteGauche sur le noeud H, ajuster facteurs
```

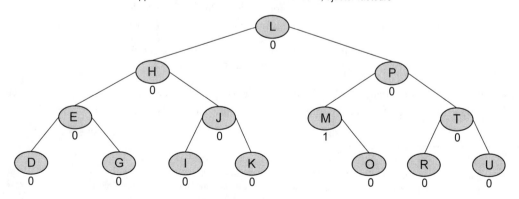

Figure 9.16 Arbre après suppression des nœuds A,C et B

Les autres opérations de la classe de base sont utilisables sur la classe dérivée `ArbreAVL`. L'analyse mathématique des deux algorithmes d'insertion et de suppression est complexe[5], et reste à faire, mais les mesures empiriques indiquent que la hauteur de l'arbre AVL construit par `Inserer` est effectivement égale à *log n* plus une petite constante, et que le rééquilibrage est fait approximativement une fois toutes les deux insertions. Ainsi, le comportement des arbres AVL est presque aussi bon que celui des arbres parfaitement équilibrés. Notez que le rééquilibrage dans `Inserer` requiert au plus une rotation de deux ou trois nœuds. Bien que `Supprimer` soit plus complexe que `Inserer`, les tests empiriques ont montré que sa complexité est aussi *O(log n)*. Le rééquilibrage d'un arbre AVL après suppression d'un nœud pourrait exiger une rotation à chacun des nœuds du chemin de recherche, mais il est surprenant de constater, comme les tests empiriques l'ont montré, que le rééquilibrage n'est nécessaire qu'une fois toutes les cinq suppressions.

9.4   Arbres Rouge-Noir

Comme nous l'avons mentionné au chapitre précédent, les conteneurs associatifs de la STL (`set`, `multiset`, `map`, `multimap`) sont réalisés au moyen d'arborescences. Et comme la performance est un des objectifs principaux de la STL, il a été nécessaire d'utiliser une forme d'arbres équilibrés : la structure retenue a été celle des arbres Rouge-Noir[6]. Comme les arbres AVL, ces arbres conservent avec chaque nœud une information supplémentaire qui, cette fois, en représente la couleur (et qui, dans ce cas de deux couleurs, peut n'utiliser qu'un seul bit). Bien qu'ils soient ainsi semblables aux arbres AVL, les arbres Rouge-Noir ne sont pas dérivés des arbres AVL, mais sont plutôt issus des arbres B[7], utilisés pour la représentation de grandes quantités d'informations ne pouvant toutes tenir en mémoire centrale, et en représentent une variation[8-9].

Les propriétés satisfaites par un arbre Rouge-Noir sont les suivantes :

- Chaque nœud est soit rouge, soit noir ;
- La racine est noire ;
- Chaque feuille est noire ;
- Si un nœud est rouge, ses deux descendants sont noirs ;
- Pour chaque nœud, tous les chemins allant du nœud aux feuilles qui en descendent contiennent le même nombre de nœuds noirs.

La contrainte de couleur imposée aux chemins allant de la racine aux feuilles assure qu'aucun de ces chemins ne sera deux fois plus long qu'aucun autre ; il s'ensuit donc un certain équilibre.

Dans la réalisation, chaque nœud d'un arbre Rouge-Noir comprend les éléments suivants : trois pointeurs `parent`, `gauche`, `droite` ; un champ `couleur`; un champ `element` (qui contient la valeur

5   KNUTH, D. E. *The art of computer programming* : *Vol. 3 Sorting and searching*, Addison-Wesley, 1973.

6   Rien à voir avec *Le Rouge et le Noir*, roman de Stendhal (1783-1842), de son vrai nom Henri Beyle.

7   BAYER, R. et E. M. MCCREIGHT *Organization and maintenance of large ordered indexes*, Acta Informatica, 1(3):173-189, 1972.

8   BAYER, R. *Symmetric binary B-trees* : *Data structures and maintenance algorithms*, Acta Informatica, 1:290-306, 1972.

9   GUIBAS, L. J. et R. SEDGEWICK. *A dichromatic framework for balanced trees*, Proceedings of the 19th Annual Symposium on Foundations of Computer Science, IEEE Computer Society, 1978, p. 8-21.

attachée au nœud) et un champ `clef`. On utilise aussi habituellement deux sentinelles pour faciliter la programmation :

- Une sentinelle `nul` qui sert à représenter les feuilles de l'arbre (qui ne contiennent alors pas de valeur) et dont les champs `parent`, `gauche`, `droite` pointent à elle-même, sans élément, de couleur noire et avec une clef de valeur minimum ;

- Une sentinelle `racine` dont les champs `parent` et `droite` pointent à la sentinelle `nul`, sans élément, de couleur noire et avec une clef de valeur maximum, et dont le champ `gauche` indique le vrai nœud racine.

La figure 9.18 montre un arbre Rouge-Noir dont les nœuds comprennent des chaînes de caractères dont on ne montre que les trois premiers ; cette figure montre la sentinelle `nul` partagée par tous les nœuds pouvant passer pour des feuilles, ainsi que la sentinelle `racine`, mais ne montre pas les pointeurs aux parents.

Les arbres Rouge-Noir sont de bons arbres binaires de recherche, car on peut prouver qu'un arbre Rouge-Noir de n nœuds possède une hauteur d'au plus 2 log(n+1) [10], résultat qui correspond au fait que la hauteur d'un arbre B est O(log n).

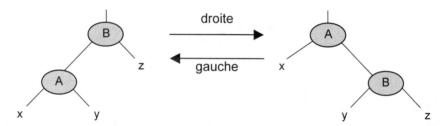

Figure 9.17 Rotations droite et gauche

Les opérations de recherche, d'insertion et de suppression seront donc toutes O(log n) puisqu'elles suivent toutes un chemin unique. Comme l'insertion et la suppression modifient la structure de l'arbre, il se peut que les propriétés à respecter pour les arbres Rouge-Noir doivent être restaurées. Ceci peut être fait relativement simplement au moyen des deux opérations de rotation vers la gauche ou vers la droite illustrées par la figure 9.17.

Insertion

Lors d'une *insertion*, on utilise un algorithme semblable à ce qui a déjà été vu pour les arbres binaires de recherche : on commence par rechercher l'endroit de l'arbre où effectuer l'insertion (une feuille), et l'on effectue alors l'insertion par création d'un nouveau nœud et par rattachement de ce nœud à la feuille. On doit ensuite, comme c'était le cas pour les arbres AVL, vérifier les conditions d'équilibre exprimées par les propriétés des arbres Rouge-Noir, ce qui est alors fait par une procédure qui doit prendre en considération trois cas différents qui sont illustrés par les figures 9.19 à 9.22.

[10] CORMEN, T. H. *et al. Introduction to Algorithms*, seconde édition, McGraw-Hill, 2001, p. 274.

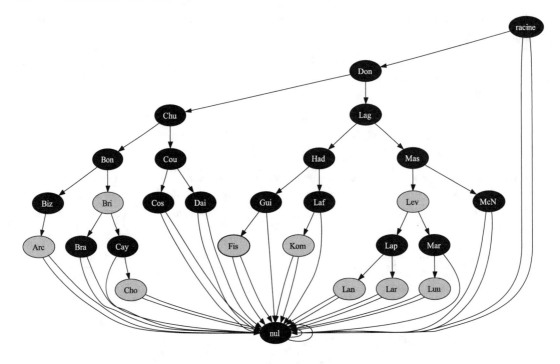

Figure 9.18 Arbre Rouge-Noir

Les cas de réorganisation sont au nombre de trois pour l'insertion (on verra que pour la suppression il y en a quatre, mais on sait déjà que la suppression est toujours plus compliquée que l'insertion).

- Cas 1 : l'oncle du nœud inséré est rouge ;
- Cas 2 : l'oncle du nœud inséré est noir, et le nœud inséré est un descendant gauche ;
- Cas 3 : l'oncle du nœud inséré est noir, et le nœud inséré est un descendant droit.

Les figures 9.19 à 9.22 illustrent ces cas sur une arbre dont les nœuds contiennent des caractères ; notez que les sentinelles ne sont pas montrées dans les figures qui suivent.

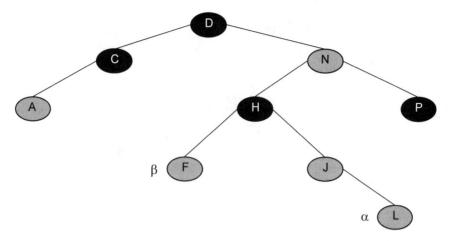

Figure 9.19 Cas 1 de réorganisation

La figure 9.19 présente un arbre Rouge-Noir dans lequel α repère le nœud qui vient d'être ajouté, et β indique son oncle qui est rouge comme dans le cas numéro 1.

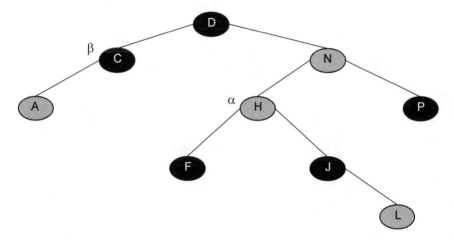

Figure 9.20 Cas 3 de réorganisation

La figure 9.20 présente le résultat de la réorganisation selon le cas 1 et aboutit au cas 2 : l'oncle β est noir, et le nœud α est un descendant gauche.

La figure 9.21 présente le résultat de la résolution du cas 2 et un schéma qui correspond au cas 3 : l'oncle β est noir, et le nœud α est un descendant droit.

La figure 9.22 présente l'arbre obtenu après la réorganisation due au cas 3.

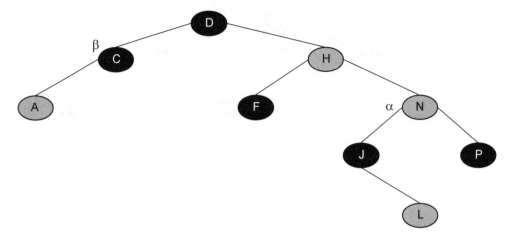

Figure 9.21 Cas 2 de réorganisation

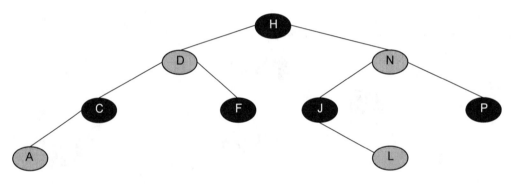

Figure 9.22 Réorganisation finale

Le pseudo-code suivant illustre le processus complet d'insertion :

```
Insertion(Z)
    Y = racine
    X = racine.gauche
    Tant que X != nul
        Y = X
        If X.clef > Z.clef
            X = X.gauche
        Else
            X = X.droite
    Z.parent = Y
    If Y = racine OU Y.clef > Z.clef
        Y.gauche = Z
    Else
        Y.droite = Z
```

```
Z.gauche = nul
Z.droite = nul
Z.couleur = Rouge
AjusterInsertion(Z)
```

```
AjusterInsertion (Z)
    Tant que Couleur Z.parent = Rouge
        If Z.parent = Z.parent.parent.droite      (parent descendant droit)
            Y = Z.parent.parent.gauche
            If Couleur Y = Rouge
                Couleur Z.parent = Noir            (cas 1)
                Couleur Y = Noir
                Couleur Z.parent.parent = Rouge
                Z = Z.parent.parent
            Else
                If Z = Z.parent.gauche
                    Z = Z.parent                   (cas 2)
                    Rotation droite Z
                Couleur Z.parent = Noir            (cas 3)
                Couleur Z.parent.parent = Rouge
                Rotation gauche Z.parent.parent
        Else                                       (parent descendant gauche)
            (Code symétrique droite <-> gauche)
    Couleur Racine.gauche = Noir
```

La complexité temporelle de `Insertion` sans l'appel à `AjusterInsertion` est O(log n) puisque la hauteur d'un arbre Rouge-Noir est O(log n). Dans `AjusterInsertion`, la boucle n'est répétée que si le cas 1 se produit, et le pointeur Z remonte de deux niveaux dans l'arbre. Le nombre total de fois où la boucle peut être exécutée est donc O(log n). `Insertion` a donc une complexité temporelle totale de O(log n). Il est intéressant de noter que la procédure `AjusterInsertion` n'effectue jamais plus de deux rotations puisque la boucle se termine si le cas 3 ou le cas 2 suivi du cas 3 sont traités.

Suppression

Lors d'une *suppression*, il nous faut d'abord déterminer où se trouve le nœud à supprimer. Ceci se fait de façon relativement simple comme pour les arbres binaires de recherche. Nous visons ensuite à remplacer le nœud supprimé par son successeur en ordre infixe. Il faut alors examiner la structure obtenue et appliquer une réorganisation selon le cas dans lequel on se trouve. Il y a quatre cas de réorganisation qui ne sont pas mutuellement exclusifs (seuls les cas 2 et 3 le sont) illustrés plus bas :

- Cas 1 : le frère du nœud descendant du successeur est rouge ;
- Cas 2, 3 et 4 : le frère du nœud descendant du successeur est noir et :
  - cas 2 : ses deux descendants sont noirs,
  - cas 3 : ses descendants sont de couleurs différentes,
  - cas 4 : un de ses descendants est rouge.

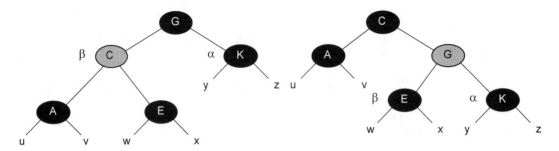

Figure 9.23 Cas 1 de réorganisation après suppression

Ces cas illustrent des figures qui peuvent être symétriques par rapport à la droite et à la gauche. Le code correspondant sera donc lui aussi symétrique selon que le frère du nœud descendant du successeur est à gauche ou à droite. Les figures 9.23 à 9.26 illustrent ces cas lorsque le frère du nœud descendant du successeur est situé à gauche. On vous suggère de composer les figures symétriques correspondantes pour vous aider à bien comprendre tous les cas.

Notez que dans ces figures un nœud laissé blanc peut être soit rouge, soit noir, sa couleur n'ayant pas d'influence sur la réorganisation.

La figure 9.23 illustre le cas 1 qui sera transformé en cas 2 par la rotation droite sur G et le changement de couleur de deux nœuds.

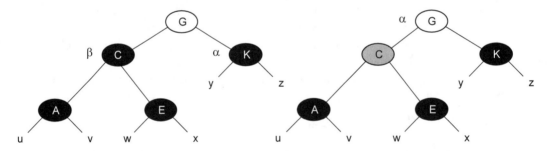

Figure 9.24 Cas 2 de réorganisation après suppression

La figure 9.24 illustre le cas 2 où α monte dans l'arbre et la couleur du nœud C passe à rouge.

La figure 9.25 illustre la transformation du cas 3 en cas 4 en échangeant les couleurs des nœuds C et E, et en effectuant une rotation gauche sur C.

La figure 9.26 illustre le cas 4 où l'on atteint la solution en changeant quelques couleurs et en effectuant une rotation droite de G.

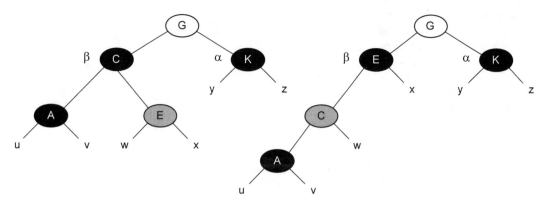

Figure 9.25 Cas 3 de réorganisation gauche après suppression

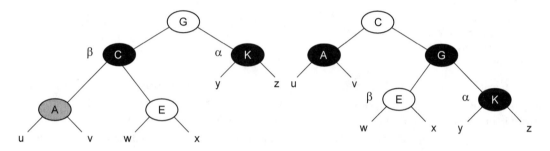

Figure 9.26 Cas 4 de réorganisation après suppression

Le pseudo-code suivant illustre le processus complet de suppression :

```
Suppression(Z)
    Valeur = Z.élément
    If Z.gauche = nul OU Z.droite = nul
        Y = Z
    Else
        Y = Successeur Z
    If Y.gauche = nul
        X = Y.droite
    Else
        X = Y.gauche
    X.parent = Y.parent
    If Racine = X.parent
        Racine.gauche = X
    Else
        If Y = Y.parent.gauche
            Y.parent.gauche = X
    Else
            Y.parent.droite = X
```

```
If Y != Z
    Y.gauche = Z.gauche
    Y.droite = Z.droite
    Y.parent = Z.parent
    Z.gauche.parent = Z.droite.parent = Y
    If Z = Z.parent.gauche
        Z.parent.gauche = Y
    Else
        Z.parent.droite = Y
    If Couleur Y = Noir
        Couleur Y = Couleur Z
        AjusterSuppression(X)
    Else
        Couleur Y = Couleur Z
    Libérer Z
Else
    If Couleur Y = Noir
        AjusterSuppression(X)
    Libérer Y
Retourner Valeur
```

La complexité temporelle de `Suppression` sans l'appel à `AjusterSuppression` est O(log n) puisque la hauteur d'un arbre Rouge-Noir est O(log n). Dans `AjusterSuppression`, les cas, 1, 3 et 4 se terminent après un nombre fixe de changements de couleur et au plus trois rotations. Le cas 2 est le seul cas qui conduise à une répétition de la réorganisation et fasse remonter le pointeur dans l'arbre au plus O(log n) fois sans rotation. La procédure `AjusterSuppression` a une complexité temporelle de O(log n) et effectue au plus trois rotations. La complexité temporelle de `Suppression` est donc O(log n).

```
AjusterSuppression (Z)
    Tant que Couleur Z = Noir ET Z != Racine
        If Z = Z.parent.droite                    (descendant droit)
            W = Z.parent.gauche
            If Couleur W = Rouge                   (Cas 1)
                Couleur W = Noir
                Couleur Z.parent = Rouge
                Rotation droite Z.parent
                W = Z.parent.gauche
            If Couleur W.droite ET W.gauche = Noir (Cas 2)
                Couleur W = Rouge
                Z = Z.parent
            Else
                If Couleur W.gauche = Noir         (Cas 3)
                    Couleur W.droite = Noir
                    Couleur W = Rouge
                    Rotation gauche W
                    W = Z.parent.gauche
```

```
           Couleur W = Couleur Z.parent        (Cas 4)
           Couleur Z.parent = Noir
           Couleur W.gauche = Noir
           Rotation droite Z.parent
              Z = Racine                        (pour sortir de boucle)
    Else                                        (descendant gauche)
        (Code symétrique droite <-> gauche)
  Couleur Z = Noir
```

9.5 Exercices et problèmes

Exercices

9.1 Dans l'application `ConstruireIndex`, suggérer une autre façon de conserver les numéros de page associés à un mot. Modifier l'application et tester votre idée.

9.2 Dans ce chapitre, nous avons décrit le successeur infixe d'un nœud selon que le nœud est un descendant gauche ou droit. Est-il possible de décrire de façon semblable la position :

- D'un successeur préfixe d'un nœud donné ?

- D'un successeur suffixe d'un nœud donné ?

9.3 Écrire un algorithme de traversée infixe pour un arbre binaire de recherche, qui utilise une pile au lieu de la récursivité.

9.4 Trouver l'arbre et les codes de Huffman pour les caractères suivants dont les fréquences sont données entre parenthèses : u(25), v(17), w(15), x(11), y(8), z(5).

9.5 Lesquels de ces arbres binaires de recherche sont des arbres AVL ?

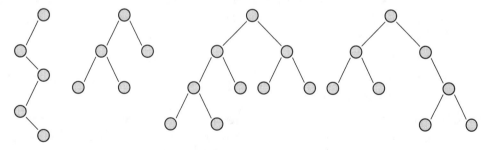

9.6 Montrer un arbre AVL après insertion des éléments A, B, C, D, E, F, G, H, I, J, un par un, dans cet ordre, puis après insertion des éléments K, L, M, N, O, P, Q, R, S, T, un par un, dans cet ordre.

9.7 Pour n = 1, 2, 3, et ainsi de suite, dessiner un arbre AVL avec hauteur maximum (ces derniers types d'arbres sont connus sous le nom d'arbres de Fibonacci, voir le problème 24 du chapitre 8). On a montré que la hauteur d'un arbre AVL ne dépasse jamais 1,45 log n. Calculer cette valeur pour tous vos arbres et la comparer à la hauteur de l'arbre.

9.8   Montrer, autant que possible, que le nombre de rotations simples ou doubles, effectuées en supprimant un élément d'un arbre AVL, ne peut excéder la moitié de la hauteur de l'arbre.

9.9   Dessiner l'arbre Rouge-Noir de hauteur 3 sur les clefs allant de 1 à 15. Essayer de colorier les nœuds de trois façons différentes pour que les hauteurs noires (nombre de nœuds noirs sur un chemin allant de la racine aux feuilles) des arbres résultants soient 2, 3 et 4.

9.10   Montrer que la longueur d'un chemin allant d'un nœud N d'un arbre Rouge-Noir à une feuille qui en descend est au plus deux fois celle du chemin le plus court allant du nœud N à une de ses feuilles descendantes.

9.11   Quel est le nombre maximum de nœuds internes dans un arbre Rouge-Noir de hauteur noire H (la hauteur noire d'un nœud N est le nombre de nœuds noirs dans le chemin allant du nœud à une feuille) ? Quel en est le nombre minimum ?

9.12   Dans la partie droite de la figure 9.17, si j, k, et l sont des nœuds arbitraires dans les sous-arbres x, y et z, indiquer ce qui arrive à leur profondeur après une rotation gauche.

9.13   Dans l'avant-dernière ligne de la procédure `Insertion`, on donne rouge comme couleur au nœud nouvellement inséré. Il faut noter que, si nous avions choisi de lui donner la couleur noire, la propriété numéro 4 n'aurait pas été violée. Pourquoi n'a-t-on pas choisi la couleur noire ?

9.14   Dans `AjusterInsertion`, on peut vouloir vérifier que l'on ne met pas la couleur de `nul` à rouge ; en effet, dans ce cas le test de la première ligne ne permettrait pas d'arrêter la boucle quand Z est la racine. Montrer que `AjusterInsertion` ne met jamais la couleur de `nul` à rouge.

9.15   Soit un arbre Rouge-Noir dans lequel on insère n nœuds au moyen de `Insertion`. Montrer que du moment que `n > 1` l'arbre a au moins un nœud rouge.

9.16   Construire un arbre Rouge-Noir en y insérant successivement, au moyen de `Insertion`, les valeurs 50, 46, 38, 18, 24, 12. Montrer ensuite l'arbre qui résulte des suppressions successives des clefs 12, 24, 18, 38, 46, 50.

9.17   Dans la procédure `AjusterSuppression`, on peut se demander s'il est possible que le nœud `Z.parent` ne soit pas noir. Dans ce cas, les deux premières instructions du cas 1 seraient fausses. Montrer que ce n'est pas le cas.

9.18   Si un nœud N est inséré dans un arbre Rouge-Noir au moyen de `Insertion`, puis immédiatement supprimé au moyen de `Suppression`, l'arbre résultant est-il le même que l'arbre initial ? Expliquer.

Problèmes

9.19   Écrire et vérifier une fonction booléenne qui examine un arbre binaire pour déterminer s'il s'agit d'un arbre binaire de recherche.

9.20   Écrire et vérifier une procédure qui convertisse un arbre binaire en un arbre binaire de recherche avec les mêmes éléments.

9.21 Écrire et vérifier une procédure de tri par sélection arborescent, qui trie *m* valeurs distinctes en les insérant dans un arbre binaire de recherche, puis en affichant l'arbre en ordre infixe. Analyser le temps d'exécution de votre procédure.

9.22 Modifier la procédure `AfficherArbre` pour qu'elle fasse mieux ressortir la structure de l'arbre en traçant les branches de l'arbre selon le modèle suivant :

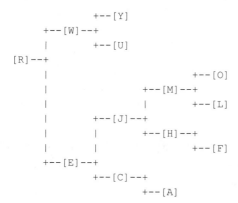

```
                        +--[Y]
              +--[W]--+
              |         +--[U]
     [R]--+
              |                         +--[O]
              |               +--[M]--+
              |               |         +--[L]
              |     +--[J]--+
              |     |         +--[H]--+
              |     |                   +--[F]
     +--[E]--+
              +--[C]--+
                        +--[A]
```

9.23 Si le texte lu par `ConstruireIndex` est balayé du début à la fin, les références de page seront triées. Cependant, si on lit des sections de texte en ordre quelconque, il faudrait remplacer la structure de file d'attente utilisée pour conserver les numéros de page par un arbre binaire de recherche. Effectuer ce changement et le vérifier en lisant votre texte en ordre « aléatoire » des pages pour voir si les numéros de page sont les mêmes qu'en lisant le texte du début à la fin. Le numéro de page devra maintenant faire partie des données lues. Il faut noter que ce changement fait que nous avons une structure d'arbre binaire de recherche comprise dans un arbre binaire de recherche ! Ceci peut être surprenant, mais correspond à une structure naturelle pour ce problème.

9.24 Écrire et vérifier une procédure qui, étant donné un arbre d'expression, produise l'expression correspondante avec toutes les parenthèses possibles.

9.25 Écrire et vérifier une procédure qui, étant donné un arbre d'expression, produise l'expression correspondante correctement et avec un minimum de parenthèses.

9.26 On utilise un arbre d'expression pour représenter des expressions algébriques. C'est un arbre binaire composé d'opérandes et d'opérateurs simples, où les opérandes sont les feuilles de l'arbre et où les opérateurs sont les nœuds internes. Compléter un analyseur d'expressions arithmétiques, en utilisant les définitions EBNF relatives à une expression données dans le chapitre. L'analyseur devra produire un arbre d'expression.

9.27 Écrire et vérifier une procédure `Optimiser` qui détecte les sous-arbres identiques dans un arbre d'expression et qui modifie la structure de l'arbre pour les remplacer, respectivement, par 2 * Sous-arbre, ou 0, ou 1, selon que l'opérateur séparant les sous-arbres est +, - ou /.

9.28 Écrire et utiliser un programme qui effectue la traversée d'un arbre binaire de recherche de façon itérative en utilisant une pile, pour le comparer au programme de traversée récursif. La comparaison doit porter sur la performance des divers programmes ainsi que sur leur difficulté de programmation.

9.29   Écrire et tester un programme principal, et modifier l'opération d'insertion pour les arbres AVL, afin de calculer le nombre de rotations de chaque sorte requises pour l'insertion d'un élément dans un arbre AVL. Utiliser le programme pour produire des statistiques sur le nombre moyen de rotations pour cette opération des arbres AVL. Les résultats concordent-ils avec les conclusions du chapitre ?

9.30   Écrire et tester un programme principal, et modifier l'opération de suppression pour les arbres AVL, afin de calculer le nombre de rotations de chaque sorte requises pour la suppression d'un élément dans un arbre AVL. Utiliser ce programme pour produire des statistiques sur le nombre moyen de rotations pour cette opération des arbres AVL. Les résultats concordent-ils avec les conclusions du chapitre ?

9.31   Réécrire les procédures push et pop pour la réalisation des files avec priorités au moyen de listes linéaires. Puis écrire un programme qui compare l'efficacité de ces deux procédures avec celle de ces mêmes procédures basées sur un monceau.

9.32   Écrire et tester une procédure qui permette de mesurer la hauteur d'un arbre donné.

Chapitre 10

Graphes

Tout vient à point à qui sait attendre.
Proverbe

Depuis que Euler a résolu un problème pratique au moyen d'un graphe, comme on le verra ci-dessous, la théorie des graphes est devenue un domaine important des mathématiques* et est utilisée pour analyser de plus en plus de problèmes en informatique. Dans ce chapitre, après avoir donné un certain nombre de définitions liées aux graphes, nous élaborerons un type de données abstrait Graphe. Nous présenterons alors quelques-uns des algorithmes sur les graphes les plus connus, y compris les algorithmes de Warshall, de Prim, de Floyd, de Dijkstra, de Sharir et de Kruskal.

---

*   Berge, C. *Théorie des graphes et ses applications*, Seconde édition, Dunod, 1963.

10.1 Définitions et abstraction

L'un des premiers développements de la théorie des graphes remonte à 1736, lorsque Leonhard Euler[1] (1707-1783), un mathématicien suisse, résolut le problème des ponts de Königsberg. En guise d'introduction, nous décrirons ce problème et la solution élaborée par Euler. La ville de Königsberg, en Prusse orientale, était traversée par la rivière Pregel, qui contournait l'île de Kneiphof, puis se divisait en deux branches, comme le montre la figure 10.1. Sept ponts traversaient la rivière. Le problème était de décider s'il était possible, en partant d'un point donné, de traverser les sept ponts exactement une fois avant de revenir au point de départ.

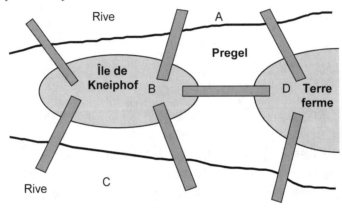

Figure 10.1 Les ponts de Königsberg[2]

Euler a résolu le problème en représentant les quatre zones de terre par les sommets d'un graphe et les sept ponts par les arêtes du graphe, comme le montre la figure 10.2.

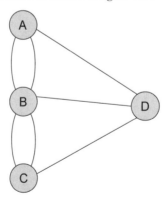

Figure 10.2 Représentation des ponts par un graphe non orienté

---

[1]   Euler perdit un œil en 1735 à la suite d'une congestion cérébrale, puis devint aveugle en 1766, ce qui n'arrêta pas ses travaux.

[2]   La ville de Königsberg, fondée en 1255 par Ottokar II, roi de Bohème, fait maintenant partie d'une enclave russe sur la mer baltique non reliée à la Russie depuis l'indépendance de la Lituanie, et depuis 1946 s'appelle Kaliningrad, la rivière étant devenue la Pregolya. Königsberg est la patrie d'un grand nombre de gens connus : Frédéric Ier, roi de Prusse ; David Hilbert, mathématicien ; Ernst Hoffmann, auteur des contes ; Emmanuel Kant, philosophe ; Gustav Kirchhoff, physicien ; Arnold Sommerfeld, physicien.

Il prouva qu'il existe un chemin partant de tout sommet en passant par toutes les arêtes exactement une fois avant de revenir au sommet de départ si et seulement si le nombre de sommets de degré impair est 0 ou 2 ; ce qui veut dire qu'aucun chemin de ce genre n'existe pour les ponts de Königsberg.

Définitions

Un graphe G est composé d'un ensemble non vide de *sommets* (ou *points*, ou *nœuds*) et d'un ensemble d'*arcs*. Les arcs sont représentés par des paires de sommets ; comme ces paires sont ordonnées, on dit que le graphe est un *graphe orienté*. La figure 10.3 représente un graphe orienté avec l'ensemble de sommets {A, B, C, D, E} et l'ensemble d'arcs {(A, B), (B, C), (C, D), (D, E), (E, D), (A, E), (E, C), (D, D)}.

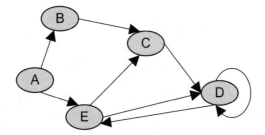

Figure 10.3 Un graphe orienté

On dit que deux sommets sont *adjacents* s'ils sont distincts et s'il existe un arc les reliant. Les *voisins* d'un sommet sont tous les sommets qui lui sont adjacents. On dit que deux arcs sont adjacents s'ils partagent un sommet commun.

Un *chemin* est une suite d'arcs, a_1, a_2, a_3, ..., a_n, tel que l'extrémité terminale de chaque arc coïncide avec l'extrémité initiale de l'arc suivant. La *longueur* d'un chemin est le nombre d'arcs qu'il comprend. Un chemin est un *chemin simple* s'il n'utilise pas deux fois le même arc ; dans le cas contraire, c'est un chemin *composé*. Un *circuit* est un chemin simple où les premier et dernier sommets sont identiques. Un graphe est dit *complet* si tout couple de sommets est relié dans au moins une des deux directions. Un graphe est *fortement connexe* si, quels que soient deux sommets x et y distincts, il existe un chemin allant de x à y. Par exemple, dans la figure 10.3, les sommets A et B sont adjacents, tandis que A et D ne le sont pas. L'arc CD est *incident* à D. Le chemin E, C, D, E est un circuit. Dans un graphe *symétrique*, deux sommets adjacents sont toujours reliés par deux arcs d'orientation opposée.

Une *arête* est un ensemble de deux sommets reliés par au moins un arc ; la notion d'orientation n'est alors plus présente. Une *chaîne* est une séquence d'arêtes, où chaque arête est rattachée à deux autres arêtes par ses extrémités. Un *cycle* est une chaîne finie partant d'un sommet et s'y terminant. Un graphe est dit *connexe* si pour tout couple de sommets distincts il existe une chaîne allant de l'un à l'autre. Ce vocabulaire est essentiellement utilisé dans le cas des graphes *non orientés*, dont la figure 10.2 a présenté un exemple.

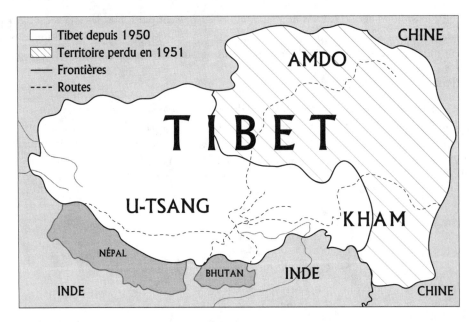

Figure 10.4 Carte du Tibet montrant les frontières historiques et actuelles[3]

Les graphes servent souvent à représenter des réseaux routiers ; au lieu de prendre les routes du voisinage, nous prendrons comme exemple un réseau routier qui sort de l'ordinaire. Ses routes, pompeusement appelées autoroutes, sont en fait des chemins de terre qui couvrent cependant beaucoup de terrain. Notre exemple sera le réseau routier du Tibet actuel dont la carte de la figure 10.4 donne une idée du rétrécissement subi depuis l'invasion de 1951 par les Chinois[4]. Contrairement au chinois, le tibétain s'écrit au moyen de lettres (voir figure 10.5), et les Tibétains sont, en presque totalité, bouddhistes.

Figure 10.5 Le mantra traditionnel des Tibétains : Om Mani Padme Hum[5]

---

3   http://www.friends-of-tibet.org.nz/tibet.html

4   En 1959, le dalaï-lama s'est réfugié en Inde après l'écrasement de la révolte des Tibétains.

5   Ce mantra signifie : « Le joyau dans le lotus ».

On peut noter ici qu'un arbre est, en fait, un cas spécial d'un graphe qui est connexe et n'a pas de cycle. En fait, si un graphe connexe possède n sommets et (n-1) arêtes, il ne peut avoir de cycle et est donc un arbre. Un *graphe pondéré* est un graphe dans lequel chaque arête possède une valeur associée. Étant donné un graphe connexe, pondéré ou non, il est possible d'en enlever des arêtes afin d'y éliminer les cycles jusqu'à ce que l'on obtienne un arbre. On appelle un tel arbre un *arbre de recouvrement* pour le graphe original. La figure 10.6 donne un exemple d'un graphe pondéré et d'un de ses arbres de recouvrement associés.

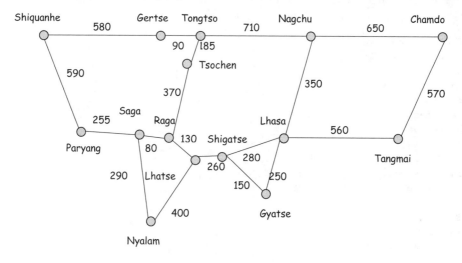

a) un graphe pondéré

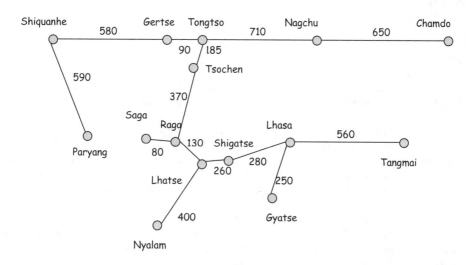

b) un arbre de recouvrement associé

Figure 10.6 Graphe pondéré et arbre de recouvrement

Abstraction

Notre TDA Graphe sera générique et comprendra le type Graphe ainsi que le type des sommets qui sera le paramètre générique, et le nombre maximum de sommets dans le graphe. Les opérations nécessaires comprendront l'initialisation d'un graphe, l'addition ou la suppression d'un sommet ou d'un arc (une arête correspond alors à deux arcs) à un graphe donné, la recherche d'un sommet, la recherche du poids d'un arc et la recherche des sommets adjacents à un sommet donné. On a ajouté quelques utilitaires, comme la lecture et l'affichage d'un graphe et les algorithmes classiques.

```cpp
#ifndef CLASSE_GRAPHE
#define CLASSE_GRAPHE
// P. Gabrini   juin 2005
#include <iostream>
#include <fstream>
#include <stack>
#include <queue>
#include <list>
#include <set>
#include <stdexcept>
using namespace std;

const int TAILLEGRAPHEMAX = 30;
const int INFINI = 9999999;
const int VIDE = INFINI-1;


template <typename T> class Graphe
{
public:
  // constructeur
  Graphe();
  // vérification
  bool GrapheVide() const; // vérifie si le graphe est vide
  bool GraphePlein() const;// vérifie si le graphe est plein
  // accès
  int NombreSommets() const;// nombre de sommets
  int Poids(const T&, const T&) const throw(runtime_error);// poids de l'arc
  list<T>& ChercherVoisins(const T&) const throw(runtime_error);// tous les voisins
  T Sommet(int) const throw(runtime_error); // sommet correspondant au numéro
  int PositionSommet(const T&) const; // retourne le numéro du sommet
  // modification
  void InsererSommet(const T&) throw(runtime_error);// insère un sommet
  void InsererArc(const T&, const T&, int) throw(runtime_error); // insère un arc
  void SupprimerSommet(const T&) throw(runtime_error); // supprime un sommet
  void SupprimerArc(const T&, const T&) throw(runtime_error); // supprime un arc
  // utilitaires
  void LireGraphe(char *);      // lecture des données d'un fichier
  void AfficherGraphe() const; // affichage des données d'un graphe
  list<T>& RechercherProfondeur(const T&) const; // visite en profondeur
  list<T>& RechercherLargeur(const T&) const;     // visite en largeur
```

```
    void Warshall(bool [][TAILLEGRAPHEMAX]) const; // fermeture transitive
    void Dijkstra(const T&, int [], int []) const;
        // chemins à coût minimum d'un sommet
    list<pair<T, T> > Prim() const; // arbre de recouvrement à coût minimum
    void Floyd(int [][TAILLEGRAPHEMAX], int [][TAILLEGRAPHEMAX]) const;
        // toutes paires à coût minimum
    void AfficherChemin(int [][TAILLEGRAPHEMAX], int, int, bool&) const;
        // afficher chemin Floyd
    typedef list<T>::iterator iterateur;
    iterateur begin();
    iterateur end();
private:
    // Liste des sommets, matrice d'adjacence, taille du graphe
    list<T> listeSommets;
    int arcs [TAILLEGRAPHEMAX][TAILLEGRAPHEMAX];
    int tailleGraphe;

    bool SommetPresent(const list<T> &, const T&) const; // indique si sommet existe
    int SommetMini(const int [], const set<int> &, int) const;
        // sommet minimum (Dijkstra)
};//Graphe
```

Les opérations sur les graphes peuvent être divisées en opérations de base (Graphe, GrapheVide, GraphePlein, NombreSommets, InsererSommet, Sommet, InsererArc, SupprimerSommet, SupprimerArc, LireGraphe, AfficherGraphe), en opérations de sélection (PositionSommet, Poids, ChercherVoisins), et en algorithmes (RechercherProfondeur, RechercherLargeur, Warshall, Dijkstra, Prim, Floyd). Nous avons inclus un type itérateur sur les sommets et les deux opérations begin et end sur ces itérateurs. Notre type de données abstrait fournit les opérations pour des graphes pondérés, mais il faut noter que l'on peut l'utiliser pour des graphes non pondérés en utilisant des poids nuls (pour absence de poids) dans les appels à InsererArc et ne jamais utiliser la fonction Poids.

Bien qu'il soit un peu tôt pour parler de représentation, le code ci-dessus montre qu'un graphe sera représenté par une liste des sommets (classe list de la STL), une matrice représentant les poids des arcs et une taille.

On peut noter que les opérations ne modifiant pas l'objet ont toutes été suffixées de const, comme il se doit. De même, les opérations pouvant détecter des erreurs ont été suffixées de l'indication throw(runtime_error) qui, en termes de C++, indique la seule exception que peut engendrer l'opération, et qui, de notre point de vue, sert surtout de documentation.

10.2 Applications

Les applications des graphes sont fort nombreuses. Nous en choisirons quelques-unes pour illustrer les utilisations les plus communes des graphes.

Traversée des graphes

La recherche dans un graphe ou l'examen de tous les sommets d'un graphe donné sont des opérations utilisées dans bon nombre d'applications. Les algorithmes de traversée des graphes sont donc très utiles. On utilise deux techniques pour la traversée d'un graphe : la traversée en profondeur ou la traversée en largeur. Les deux techniques commencent à un sommet donné et atteignent tous les autres sommets en suivant les arêtes qui sortent de ce sommet.

Traversée en profondeur

La recherche (ou la traversée) en profondeur est une généralisation de la traversée préfixe d'un arbre : on marque le sommet de départ comme étant visité, puis on répète le processus sur tous les sommets adjacents non visités au sommet de départ, tour à tour. On appelle cette technique « en profondeur » parce qu'elle continue dans la direction avant (ou plus profonde) autant qu'elle le peut.

```cpp
template <typename T>
list<T> & Graphe<T>::RechercherProfondeur(const T& sommetDepart) const
{// À partir d'un sommet, retourner la liste de recherche en profondeur.
  stack<T> pile;    // pour conserver les sommets en attente
  // L liste des noeuds visités; adjL contient les voisins du sommet courant.
  // L est créée en mémoire dynamique pour pouvoir retourner une référence.
  list<T> * L = new list<T>;  // liste qui sera retournée
  list<T> adjL;
  list<T>::reverse_iterator iteradjL; // listes de voisins
  // initialiser liste résultat; empiler sommet départ.
  T sommet;
  pile.push(sommetDepart);
  while(!pile.empty()) {
    sommet = pile.top();
    pile.pop();                       // désempile
    // vérifier si déjà dans L
    if(!SommetPresent(*L,sommet)) {   // si pas déjà choisi
      (*L).push_back(sommet);         // conserver
      adjL = ChercherVoisins(sommet); // chercher ses voisins
      // en reculant empiler voisin si pas dans L
      iteradjL = adjL.rbegin();       // dernier élément
      while(iteradjL != adjL.rend()) {
        if(!SommetPresent(*L,*iteradjL))
          pile.push(*iteradjL);       // empiler voisins non traités
        iteradjL++;
      }//while
    }//if
  }//while
  return *L; // retourner liste
}//RechercherProfondeur
```

La fonction `RechercherProfondeur` retourne une liste des sommets rencontrés au cours de la traversée. Elle prend un paramètre qui est le sommet de départ de la traversée et utilise une pile dans laquelle on empile ce sommet, et tant que la pile n'est pas vide on désempile un sommet, et, s'il n'a pas déjà été visité, on le place dans la liste résultat. Cette liste est repérée par un pointeur, et nous la créons pour pouvoir la retourner au programme appelant. On cherche ensuite les voisins du sommet désempilé, qui sont placés dans une liste, et pour chacun d'entre eux qui n'a pas été visité on l'empile. Notez ici que, comme on veut considérer les voisins dans l'ordre naturel qu'ils ont dans le graphe, on balaye la liste des voisins à l'envers de façon à avoir le premier voisin au sommet de la pile.

Cet algorithme appliqué au graphe de la figure 10.7 (semblable à celui de la figure 10.6a) avec le sommet de départ 1 a produit les résultats suivants :

```
1 2 3 10 9 8 7 6 5 4 15 14 13 12 11
```

Dans ce graphe connexe, il était bien entendu possible d'atteindre tous les sommets à partir du sommet 1 (les sommets sont numérotés dans l'ordre de leur insertion dans le graphe). La sortie est en fait une trace des nœuds rencontrés.

Si nous enlevons les arêtes entre les nœuds 1 et 2, 6 et 1, 6 et 7, 8 et 9, 9 et 12, 10 et 11, et 13 et 14 de ce graphe, nous obtenons le graphe de la figure 10.8. Si nous lui appliquons `RechercherProfondeur`, toujours à partir du sommet 1, nous obtenons les résultats suivants :

```
1 3 2 10 9 4 5 6
```

Les nœuds restants ne peuvent être atteints du sommet 1, car le graphe n'est pas connexe. Cette fonction n'est pas très difficile à écrire ; elle utilise une pile, ce qui aurait pu être évité si nous avions utilisé la récursivité, mais rappelez-vous que la récursivité utilise de toute façon implicitement une pile. Bien que nous ayons pris la précaution de vérifier si un sommet était déjà visité avant de lui appliquer l'algorithme, nous ne pouvons déterminer la complexité de l'algorithme sans connaître la représentation utilisée pour le graphe.

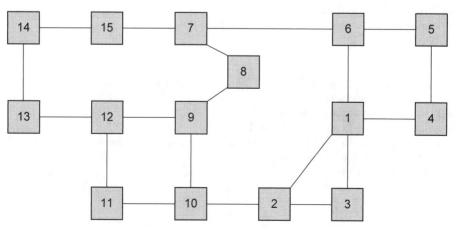

Figure 10.7 Un graphe connexe

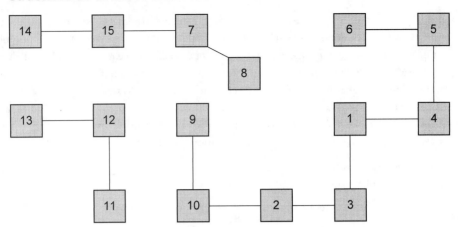

Figure 10.8 Un graphe non connexe

Traversée en largeur

On appelle l'autre façon systématique de visiter tous les sommets d'un graphe la traversée en largeur, parce que, pour chaque sommet, rencontré, on traverse aussi largement que possible en visitant ensuite tous les sommets qui lui sont adjacents. La procédure de traversée ci-dessous utilise une file d'attente pour conserver les choses à faire par la suite :

```
template <typename T>
list<T>& Graphe<T>::RechercherLargeur(const T& sommetDepart) const
{// À partir d'un sommet, retourner la liste de recherche en largeur.
  queue<T> Q;
  list<T> *L, adjL;
  list<T>::iterator iteradjL;
  T sommet;
  L = new list<T>;
  Q.push(sommetDepart);   // initialiser la file
  while(!Q.empty()) {
    sommet = Q.front();
    Q.pop();
    if(!SommetPresent(*L, sommet)) {    // si sommet pas dans L, l'ajouter
      (*L).push_back(sommet);
      adjL = ChercherVoisins(sommet);
      // mettre tous voisins dans file d'attente
      for(iteradjL = adjL.begin(); iteradjL != adjL.end(); iteradjL++) {
        if(!SommetPresent(*L,*iteradjL))
            Q.push(*iteradjL);
      }// for
    }// if
  }// while
  return *L;
}//RechercherLargeur
```

Comme la fonction précédente, la fonction `RechercherLargeur` prend un paramètre qui est le sommet de départ et retourne une liste des sommets atteints. La fonction utilise une file d'attente, ainsi que deux listes dont une, la liste résultat, est repérée par un pointeur et créée pour pouvoir être retournée. Le sommet de départ est mis dans la file, et, tant que cette dernière n'est pas vide, on en sort un sommet qui, s'il n'a pas déjà été vu, est placé dans la liste résultat. On recherche ses voisins, dont ceux qui n'ont pas encore été vus sont mis dans la file, afin de les traiter plus tard. Cet algorithme, appliqué au graphe connexe de la figure 10.7, produit les résultats suivants :

```
1 2 3 4 6 10 5 7 9 11 8 15 12 14 13
```

Comme on peut atteindre les nœuds 2, 3, 4, et 6 à partir du nœud 1, ils apparaissent en premier. Puis les nœuds restants que l'on peut atteindre à partir de ceux-là sont listés. Si l'on applique `RechercherLargeur` à partir du nœud 1 au graphe de la figure 10.8, on obtient :

```
1 3 4 2 5 10 6 9.
```

La complexité temporelle de la traversée en largeur est semblable à la complexité temporelle de la méthode en profondeur, et dépend également de la représentation choisie pour les graphes.

On peut aussi noter la différence existant au titre de la complexité spatiale entre les traversées en profondeur et en largeur : la file pour un graphe « large » (un graphe où chaque sommet a de nombreux sommets adjacents) peut être très grande, tandis que la pile utilisée dans une recherche en profondeur n'est jamais très grande. Pour une largeur moyenne de L et un nombre de niveaux de N, le pire des cas peut être une taille de L^N pour la recherche en largeur et seulement L×N pour la recherche en profondeur.

Arbre de recouvrement à coût minimum

Rappelez-vous les définitions qui indiquent qu'un arbre de recouvrement d'un graphe connexe comprend tous les sommets du graphe et n'a pas de cycles. Étant donné un graphe pondéré, le coût d'un arbre de recouvrement correspondant est la somme des coûts des arêtes dans cet arbre. Un arbre de recouvrement à coût minimum possède un total inférieur ou égal à tous les arbres de recouvrement, mais n'est *pas nécessairement unique*. On utilise les arbres de recouvrement à coût minimum pour concevoir des réseaux de communication dans lesquels on représente les villes par des sommets et les liens de communication par des arêtes, comme le montre la figure 10.6. Un arbre de recouvrement à coût minimum pour un tel graphe représentera alors un réseau de communication reliant toutes les villes à un coût minimum.

La méthode la plus simple pour construire un arbre de recouvrement à coût minimum, est celle de l'algorithme de Prim[6]. Si les sommets du graphe appartiennent à l'ensemble {1, 2, ... , n}, on peut décrire l'algorithme par le pseudo-code suivant.

```
Prim
    Mettre arbre de recouvrement à coût minimum à {} et Utilisés à {1}
    Tant que Utilisés ≠ Sommets
        Mettre (s₁, s₂) à l'arête de coût minimum telle que s₁ dans Utilisés et s₂ dans (Sommets - Utilisés)
        Inclure (s₁, s₂) dans arbre de recouvrement à coût minimum
        Inclure s₂ dans Utilisés
```

[6]   PRIM, R. C. « Shortest connection networks and some generalizations », *Bell System Technical J.*, n⁰ 36, 1957.

L'ensemble arbre de recouvrement à coût minimum comprendra toutes les arêtes de l'arbre et sera représenté par une liste de paires de sommets. L'algorithme de Prim est un exemple d'algorithme « glouton », où les conditions locales déterminent le chemin vers la solution. La procédure Prim ci-dessous réalise cet algorithme en utilisant deux vecteurs d'entiers : Proche, qui donne le sommet dans Utilisés couramment plus près d'un sommet de (Sommets-Utilisés), et CoutBas, qui donne le coût de l'arête entre un sommet et le sommet le plus proche.

```cpp
template <typename T>
list<pair<T, T> > Graphe<T>::Prim() const
// Donne les arcs d'un arbre de recouvrement à coût minimum pour le graphe.
// L'arbre commence au premier sommet et croît à partir de là.
{ int bas;                      // indices
  int mini;                     // coût le plus bas trouvé
  int poidsBas;
  list<pair<T, T> > lesArcs;
  int n = NombreSommets();
  int CoutBas[25];
  T Proche[25];
  pair<T, T > unArc;
  list<T>::const_iterator si = listeSommets.begin();
  T basSommet, unSommet = *si;
  CoutBas[0] = INFINI;          // marqueur pas de traitement
  si++;                         // deuxième
  for(int i=1;si != listeSommets.end();si++,i++){   // initialiser
    CoutBas[i] = Poids(unSommet, *si);
    if(CoutBas[i] == 0)
      CoutBas[i] = VIDE;        // marqueur pas de connexion
    Proche[i] = unSommet;
  }
  for(int sommet = 1; sommet < n; sommet++){
    // trouver sommet bas le plus proche du premier sommet
    mini = CoutBas[1];
    bas = 1;
    si = listeSommets.begin();
    si++;
    basSommet = *si;            // numéro 2
    si++; // troisième
    for(int Voisin = 2; Voisin < n; si++,Voisin++)
      if(CoutBas[Voisin] < mini){ // plus petit coût
        mini = CoutBas[Voisin];
        bas = Voisin;
        basSommet = *si;
      }// if
    unArc = pair<T, T>(basSommet, Proche[bas]);
    lesArcs.push_back(unArc); // garder arc
    CoutBas[bas] = INFINI;      // bas est ajouté à l'arbre
    si = listeSommets.begin();
    si++;
```

```
for(int Voisin = 1; Voisin < n; si++, Voisin++){ // ajuster coûts
  poidsBas = Poids(basSommet, *si);
  if(poidsBas == 0)
    poidsBas = VIDE;
  if((poidsBas < CoutBas[Voisin])&& (CoutBas[Voisin] < INFINI)){
    CoutBas[Voisin] = poidsBas;
    Proche[Voisin] = basSommet;
  }//if
  }//for
}//for
return lesArcs;
}// Prim;
```

À chaque étape, on fouille `CoutBas` pour trouver le sommet de (`Sommets-Utilisés`) qui soit le plus proche de `Bas`. Nous utilisons ce sommet, `basSommet`, pour composer avec le sommet `Proche[bas]` une paire de sommets représentant l'arc correspondant. Cette paire est alors ajoutée à la liste des arcs sélectionnés. On met ensuite à jour les vecteurs `CoutBas` et `Proche` pour refléter le fait qu'un sommet a été ajouté à `Utilisés`. On utilise la constante `INFINI` pour représenter une valeur plus grande que tout coût réel. Cette valeur permet de marquer un sommet comme membre de `Utilisés`. La figure 10.9 montre l'arbre de recouvrement à coût minimum obtenu en appliquant cette procédure `Prim` au graphe de la figure 10.6a qui pourrait aussi représenter un réseau de télécommunications. L'arbre obtenu a l'avantage de ne pas comporter de boucles et de minimiser le coût (ou la distance) total.

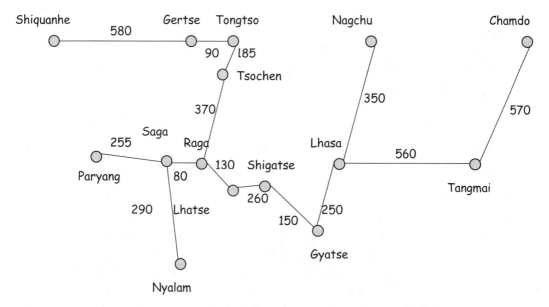

Figure 10.9 Arbre de recouvrement à coût minimum

Le segment de code qui suit donne un exemple d'utilisation de cet algorithme appliqué au réseau de communications de la figure 10.6a.

```
list<pair<string, string> > arcsP;
list<pair<string, string> >::iterator iteratP;
Graphe<string> GT;
try{
  GT.LireGraphe("Tibet.dat");
  cout << "Prim:" << endl;
  arcsP = GT.Prim();
  n = GT.NombreSommets();
  cout << endl;
  for(iteratP = arcsP.begin();iteratP != arcsP.end();iteratP ++)
    cout << (*iteratP).first << "-" << (*iteratP).second
         << ' ' << GT.Poids((*iteratP).first, (*iteratP).second) << endl;
}
catch(runtime_error& x){cout << x.what() << endl;}
```

Il produit la liste de résultats suivante :

```
Gyatse-Lhasa 250
Shigatse-Gyatse 150
Lhatse-Shigatse 260
Raga-Lhatse 130
Saga-Raga 80
Paryang-Saga 255
Nyalam-Saga 290
Nagchu-Lhasa 350
Tsochen-Raga 370
Tongtso-Tsochen 185
Gertse-Tongtso 90
Tangmai-Lhasa 560
Chamdo-Tangmai 570
Shiquanhe-Gertse 580
```

La complexité temporelle de l'algorithme de Prim est $O(n^2)$ puisque l'on fait $n-1$ itérations de la boucle extérieure, et chaque itération est elle-même $O(n)$ à cause des deux boucles internes faites en parallèle.

Tri topologique

Les graphes orientés sans circuits sont parfois appelés *dags* (de leur nom anglais *directed acyclic graphs*) et sont souvent utilisés pour représenter un ordre quelconque entre les sommets des graphes. Un graphe orienté sans circuits peut ainsi représenter, par exemple, l'ordre des tâches dans un projet, si les sommets représentent les tâches à exécuter, et les arcs indiquent le fait qu'une tâche doit être terminée avant qu'une autre ne puisse commencer. On peut aussi utiliser un graphe orienté sans circuits pour représenter les divers cours d'un programme d'études et les cours qui doivent nécessairement avoir été suivis avant d'autres cours (« cours préalables »). L'ordre topologique des tâches ou des cours est une relation linéaire entre les sommets du graphe associé de sorte que, s'il existe un arc entre le sommet i et le sommet j, i apparaîtra avant j dans l'ordre linéaire. Il existe toujours au moins un tel ordre topologique et *il y en a habituellement plusieurs*. La figure 10.10 montre un graphe orienté sans circuits représentant les cours d'un programme et les cours qui sont préalables à d'autres. À partir de ce graphe, il devrait être évident que INF1120 doit précéder tous les autres nœuds, que INF2170 doit toujours précéder INF3172, et que INF3135 doit aussi précéder INF3172, etc.

Pour tracer le graphe de la figure 10.10, graphe un peu plus compliqué, nous avons utilisé un logiciel libre, `graphviz`, composé de divers modules développés par les chercheurs de ATT (http://www.graphviz.org/). Ce logiciel permet de préciser un grand nombre de choses, comme la forme des nœuds du graphe, et fait un très bon travail de positionnement pour les graphes complexes.

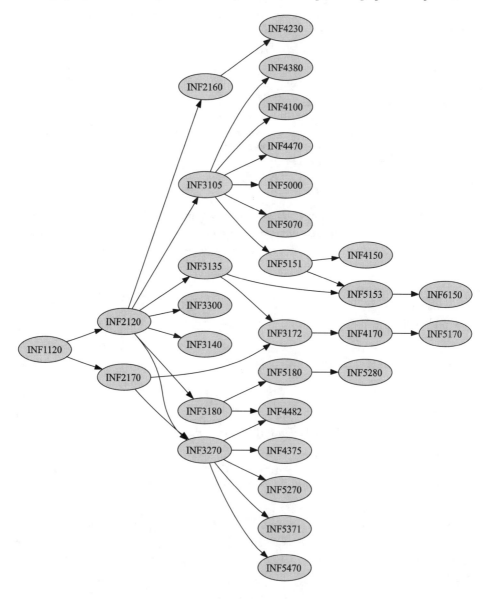

Figure 10.10 Ordres topologiques

Un algorithme de tri topologique produit un ordre topologique des sommets d'un graphe donné. On réalise l'algorithme de tri topologique de façon à ce qu'il soit générique. Le premier paramètre est une instanciation de nos graphes, le second paramètre est le sommet de départ dans le graphe, et le troisième paramètre est un ensemble de la STL (`set`) instancié pour les sommets du graphe.

```
template <typename T>
void TriTopo(const Graphe<T> & G, T Sommet, set<T> & Visite)
// Tri topologique d'un graphe orienté acyclique.  Cette procédure
// produit une liste des sommets du graphe en ordre inverse de
// l'ordre topologique. Sommet est un numéro de sommet, et Visité
// un ensemble de tous les sommets visités.
{
  list<T> voisins;
  list<T>::iterator iterVoisins;
  Visite.insert(Sommet);
  voisins = G.ChercherVoisins(Sommet);
  // appliquer TriTopo à tous les sommets adjacents à Sommet
  for(iterVoisins = voisins.begin(); iterVoisins != voisins.end(); iterVoisins++)
    if(Visite.find(*iterVoisins) == Visite.end())
      TriTopo(G, *iterVoisins, Visite);
  cout << Sommet << ' ';
}
```

On marque le sommet de départ comme étant visité en l'insérant dans l'ensemble de sommets `Visite`, puis on applique récursivement le processus à tous les sommets adjacents au sommet de départ. Une fois cette opération accomplie, on affiche le sommet (ce qui explique pourquoi l'ordre affiché est l'inverse de l'ordre topologique). Voici un exemple d'appel :

```
Graphe<string> GTopo;
set<string> laVisite;
const string leSigle = "INF1120";
cout << "tri topologique générique:" << endl;
try{
  GTopo.LireGraphe("Sigles.dat");
  TriTopo(GTopo, leSigle, laVisite);
}
catch(runtime_error& x){cout << x.what() << endl;}
```

Si l'on applique `TriTopo` au graphe de la figure 10.10, on obtient l'ordre inverse suivant :

```
INF4230 INF2160 INF4100 INF4380 INF4470 INF5000 INF5070 INF4150 INF6150
INF5153 INF5151 INF3105 INF5170 INF4170 INF3172 INF3135 INF3140 INF4482
INF5280 INF5180 INF3180 INF4375 INF5270 INF5371 INF5470 INF3270 INF3300
INF2120 INF2170 INF1120
```

Avec un tel graphe, il y a évidemment un grand nombre de solutions possibles puisque l'on peut décider de prendre les voisins d'un nœud dans un ordre ou dans un autre. Vous pouvez vérifier que, si les cours sont suivis dans l'ordre inverse de cette liste, les préalables sont respectés. Reste à voir s'il serait logique de faire comme cela !

Pour un graphe avec *n* sommets et *a* arcs, on serait tenté de penser que la complexité temporelle de l'algorithme du tri topologique est $O(n + a)$. En effet, `TriTopo` est appelé pour chaque sommet, puisque la première étape est de marquer le sommet et puisque l'on n'appelle jamais `TriTopo` pour un sommet qui a déjà été visité. Le temps total passé dans la boucle `for` est proportionnel au nombre de sommets adjacents au sommet *K*, c'est-à-dire au nombre d'arcs reliés à *K*. Donc, le temps total passé semble être $O(n + a)$. Cependant, nous sommes à la merci de la complexité temporelle de `ChercherVoisins`, et cette dernière dépend de la représentation choisie pour le graphe. Il nous faut donc attendre de connaître cette représentation pour être certains de la complexité temporelle de `TriTopo`.

Graphes d'activités

Dans le domaine de la planification de projets, certaines applications consistent à résoudre des problèmes de flux dans un réseau, et l'on veut trouver dans ce dernier un chemin qui satisfasse certaines conditions. Nous allons considérer des ordonnancements produits par l'une de deux méthodes classiques bien connues : celle du chemin critique (CPM pour *critical path method*) ou de la technique de revue d'évaluation de programme (PERT pour *program evaluation review technique*) ; ces deux méthodes utilisent des données sous forme de graphes sans circuits.

Nous prenons un réseau d'activités comme données, que nous représentons par un graphe comme le montre la figure 10.11 où les nœuds sont identifiés par les lettres de l'alphabet grec. Les sommets représentent des événements, et les arcs des activités et leur durée. Pour que la méthode réussisse, le réseau doit être ordonné topologiquement ; comme notre graphe exemple de la figure 10.11 est déjà ordonné, nous ne devons pas effectuer un tri topologique avant de commencer.

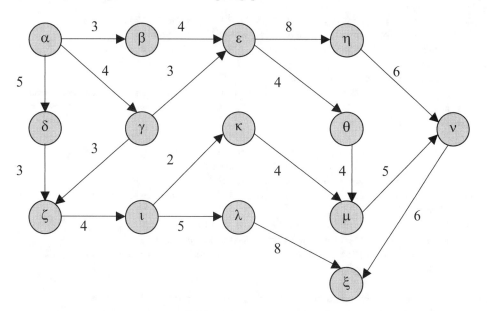

Figure 10.11 Un réseau événement-sommet

Afin de trouver le chemin critique de notre réseau (c'est-à-dire déterminer les points névralgiques du réseau), il nous faut calculer deux valeurs pour chaque événement : le temps le plus tôt où l'événement peut commencer, et le temps le plus tard où l'événement peut se terminer. Pour un événement sans prédécesseurs, le temps le plus tôt est toujours nul ; mais, pour un événement avec prédécesseurs, c'est le maximum de toutes les sommes des temps les plus tôt de ses prédécesseurs et de la durée de l'activité entre eux. Dans l'exemple de la figure 10.11, le temps le plus tôt (tôt) de l'événement ζ (dzeta) est le maximum de (tôt$_\delta$+3) et de (tôt$_\gamma$+3), c'est-à-dire le maximum de (5+3) et de (4+3), soit 8. Le temps le plus court pour un projet est donné par tôt$_m$, si m est l'indice du dernier événement.

Le temps le plus tard (tard) d'un événement est calculé en reculant à partir du dernier événement pour lequel tôt$_m$ = tard$_m$, et il est le minimum des différences entre le temps le plus tard de ses successeurs et la durée des activités qui y mènent. Pour pouvoir calculer les temps les plus tard, on considère que le temps le plus tard du dernier événement est égal à son temps le plus tôt. Par exemple, dans la figure 10.11, le temps le plus tard pour l'événement ε est le minimum de (tard$_\eta$-8) et de (tard$_\theta$-4), c'est-à-dire le minimum de (17-8) et de (14-4), soit 9.

Une fois ces temps calculés pour chaque événement, le chemin critique est trouvé en notant les événements pour lesquels les temps les plus tôt et les temps les plus tard sont identiques (ceci indique bien évidemment que ces événements ne peuvent être retardés sans retarder tout le projet). Le chemin critique pour l'exemple de la figure 10.11 est ainsi α δ ζ ι κ μ ν ξ. La procédure générique `TrouverCheminCritique` ci-dessous applique le processus en utilisant un tableau pour les temps des événements et affiche le chemin critique.

```
template <typename T>
void TrouverCheminCritique(const Graphe<T> & G, int Temps[][2])
// À partir d'un graphe donné, trouver les sommets critiques.
{ int destination;
  list<T> voisins;
  list<T>::const_iterator iterVoisins;
  for(int som = 0; som < G.NombreSommets(); som++){ // initialiser table temps
    Temps[som][Tot] = 0;
    Temps[som][Tard] = 99999999;
  }
  // Calculer les valeurs tôt pour chaque sommet
  for(int som = 0; som < G.NombreSommets(); som++){
    voisins = G.ChercherVoisins(G.Sommet(som));
    for(iterVoisins = voisins.begin(); iterVoisins != voisins.end();
        iterVoisins++){
      destination = G.PositionSommet(*iterVoisins);
      Temps[destination][Tot] = max(Temps[destination][Tot],
            Temps[som][Tot] + G.Poids(G.Sommet(som), *iterVoisins));
    }
  } // for
  // Calculer les valeurs tard pour chaque sommet à partir du dernier
  Temps[G.NombreSommets()-1][Tard] = Temps[G.NombreSommets()-1][Tot];
```

```
for(int som = G.NombreSommets()-1; som >= 0; som--){
  voisins = G.ChercherVoisins(G.Sommet(som));
  for(iterVoisins = voisins.begin(); iterVoisins != voisins.end();
      iterVoisins++){
    destination = G.PositionSommet(*iterVoisins);
    Temps[som][Tard] = min(Temps[som][Tard],
           Temps[destination][Tard]
                    - G.Poids(G.Sommet(som), *iterVoisins));
  }
} // for
// Sortir sommets critiques
for(int som = 0; som < G.NombreSommets(); som++)
  cout << som+1 << ": " << Temps[som][0] << "-" << Temps[som][1] << endl;
cout << "Chemin critique: ";
for(int som = 0; som < G.NombreSommets(); som++)
  if(Temps[som][Tot] == Temps[som][Tard])
    cout << "-" << G.Sommet(som) << "-";
cout << endl;
} // TrouverCheminCritique;
```

L'algorithme fonctionne de la façon suivante : on calcule le temps le plus tôt pour chaque événement, puis on calcule tous les temps les plus tard, et, finalement, en comparant les temps les plus tôt et les temps les plus tard, on détermine le chemin critique et on l'affiche. Dans le cas de la figure 10.11, la table des temps est la suivante (événement, temps le plus tôt, temps le plus tard) :

```
alpha:    0-0
beta:     3-5
gamma:    4-5
delta:    5-5
epsilon:  7-9
dzeta:    8-8
eta:      15-17
theta:    11-14
iota:     12-12
kappa:    14-14
lambda:   17-21
mu:       18-18
nu:       23-23
ksi:      29-29
```

et le chemin critique affiché est :

```
-alpha--delta--dzeta--iota--kappa--mu--nu--ksi-
```

Il existe un nombre considérable d'applications intéressantes des graphes, et nous ne pouvons certainement pas les présenter toutes ; les applications les plus connues comprennent en particulier la correspondance de graphes, les problèmes de réseau et le problème bien connu du commis voyageur. Ce dernier problème consiste à trouver dans un graphe non orienté pondéré un tour (cycle comprenant tous les sommets) dont la somme des poids des arêtes est minimum ; les seules solutions connues doivent essayer toutes les possibilités et sont d'une telle complexité qu'il est impensable de pouvoir résoudre le problème pour un graphe de 1000 sommets.

Certaines applications dépendent fortement de la représentation choisie pour les graphes, que nous allons voir maintenant. Basés sur ces représentations, nous verrons encore cinq autres applications.

10.3 Réalisation

Il y a essentiellement deux façons de représenter des graphes : en utilisant des matrices associées ou en utilisant des listes d'incidence. En fonction des applications, on utilise l'une ou l'autre de ces représentations, mais il peut arriver qu'il soit nécessaire d'utiliser les deux représentations en parallèle pour améliorer la performance des opérations mieux servies par une représentation différente. Ici, nous nous concentrerons sur les représentations de base, bien qu'il existe bien d'autres façons de représenter des graphes mettant généralement en jeu des combinaisons de ces représentations de base.

Matrice associée

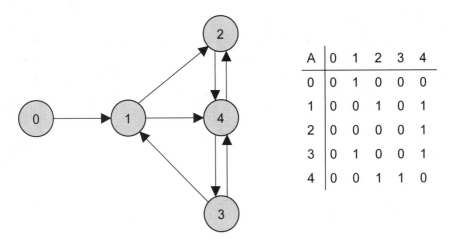

Figure 10.12 Graphe et sa matrice associée

La *matrice associée* au graphe G, lequel possède les sommets {1, 2, 3, ... n}, est une matrice n × n (appelons-la A) de valeurs numériques égales à zéro ou à un, qui peut aussi être une matrice de valeurs booléennes, où A[i, j] vaut 1 (ou Vrai) s'il existe un arc allant du sommet i au sommet j (voir figure 10.12). Cette représentation est très utile dans des applications où nous avons souvent besoin de savoir si un arc donné existe, puisque le temps nécessaire à l'accès d'un élément est alors indépendant du nombre de sommets ou d'arcs. De plus, on peut utiliser cette représentation aussi bien pour les graphes orientés que pour les graphes non orientés. Dans ce dernier cas, la matrice sera symétrique puisque l'on peut considérer qu'une arête entre deux sommets va dans les deux directions. Un graphe donné possède aussi une *matrice d'incidence aux arcs* où les valeurs sont +1 si le sommet est l'extrémité initiale d'un arc, -1 si le sommet est l'extrémité terminale d'un arc, et zéro s'il n'y a pas d'arc. La matrice d'incidence aux arêtes d'un graphe est identique à la matrice associée décrite plus haut.

Une variation de la représentation par matrice associée, appelée matrice associée étiquetée ou matrice associée pondérée, comprend des valeurs qui sont les poids associés aux divers arcs ou arêtes. Il faut alors utiliser une valeur spéciale pour indiquer l'absence d'un arc ou d'une arête.

L'inconvénient principal de la représentation par matrice associée est le fait qu'une telle matrice requiert un espace mémoire proportionnel à n^2, n étant le nombre de sommets du graphe, même si le graphe a bien moins d'arêtes que n^2. Les algorithmes qui doivent inspecter la matrice seront alors $O(n^2)$, même si le graphe n'a que n arêtes.

Nous présentons maintenant une définition des opérations déclarées dans la spécification de la classe Graphe vue précédemment, qui est basée sur cette représentation.

Comme nous l'avons déjà dit, notre spécification de classe définit un graphe comme ayant trois champs : un entier `tailleGraphe` indiquant le nombre de sommets ; une matrice associée, `aretes`, où les éléments représentent les poids associés aux arêtes (ou aux arcs), la valeur zéro indiquant l'absence d'une arête ; et une liste des sommets, `listeSommets`. Les diverses opérations sont extrêmement simples, puisqu'il ne s'agit que d'accéder aux éléments d'une matrice. Nos applications précédentes ont toutes été testées avec cette réalisation.

Avec cette représentation, les opérations `NombreSommets`, `InsererSommet`, `SupprimerArc`, `GrapheVide`, `begin`, et `end` sont excessivement simples et ont une complexité de $O(1)$. D'un autre côté, les opérations `PositionSommet`, `InsererArc`, `SommetPresent`, `Poids`, et `ChercherVoisins` mettent en jeu une boucle et ont une complexité de $O(n)$. L'opération `LireGraphe` a une complexité de $O(n+a)$. Seules les opérations `AfficherGraphe`, `SupprimerSommet`, `Graphe` ont une complexité de $O(n^2)$. Avec cette représentation, la complexité de `RechercherProfondeur`, de `RechercherLargeur` et de `TriTopo` est de $O(n^2)$ puisque ces procédures font appel à `ChercherVoisins` qui est $O(n)$.

```
template <typename T> Graphe<T>::Graphe()
{// Constructeur: initialise la matrice d'adjacence et la taille à 0
  for(int i = 0; i < TAILLEGRAPHEMAX; i++)
    for(int j = 0; j < TAILLEGRAPHEMAX; j++)
      arcs[i][j] = 0;
  tailleGraphe = 0;
}//Graphe
```

```
template <typename T> int Graphe<T>::NombreSommets() const
{
  return tailleGraphe;
}//NombreSommets
```

```
template <typename T> bool Graphe<T>::GrapheVide() const
{
  return tailleGraphe == 0;
}//GrapheVide
```

```cpp
template <typename T> T Graphe<T>::Sommet(int numero) const throw(runtime_error)
{
  list<T>::const_iterator liter = listeSommets.begin();
  int pos = 0;
  while(pos != numero && liter != listeSommets.end()){
    pos++;
    liter++;
  }
  if (liter == listeSommets.end())
    throw runtime_error("Sommet: inexistant.\n");
  return *liter;
}// Sommet
```

```cpp
template <typename T> int Graphe<T>::PositionSommet(const T& sommet) const
{
  list<T>::const_iterator liter = listeSommets.begin();
  int pos = 0;
  while(liter!=listeSommets.end() && (*liter) != sommet){
    pos++;
    liter++;
  }
  if (liter==listeSommets.end()) {
    cerr << "PositionSommet: sommet en dehors du graphe." << endl;
    pos = -1;
  }
  return pos;
}// PositionSommet
```

```cpp
template <typename T>
int Graphe<T>::Poids(const T& sommet1, const T& sommet2) const throw(runtime_error)
{
  int pos1=PositionSommet(sommet1), pos2=PositionSommet(sommet2);
  if(pos1 == -1 || pos2 == -1)
    throw runtime_error("Poids: un sommet en dehors du graphe.\n");
  return arcs[pos1][pos2];
}//Poids
```

```cpp
template <typename T>
list<T>& Graphe<T>::ChercherVoisins(const T& sommet) const throw(runtime_error)
{// retourne la liste des sommets adjacents
  list<T> *voisins;
  list<T>::const_iterator siter;
  voisins = new list<T>;
  // identifier rangée de la matrice d'adjacence
  int pos = PositionSommet(sommet);
  // si sommet pas dans la liste de sommets, terminer
  if(pos == -1)
    throw runtime_error("ChercherVoisins: le sommet n'est pas dans le graphe.\n");
```

```
    // vérifier rangée de la matrice d'adjacence avec arc de poids non nul.
    siter = listeSommets.begin();
    for(int i = 0; i < tailleGraphe; i++) {
      if(arcs[pos][i] > 0)
        (*voisins).push_back(*siter);
      siter++;
    }
    return *voisins;
}//ChercherVoisins
```

La fonction `ChercherVoisins` retourne une liste des sommets adjacents à un sommet donné. Elle détermine la position du sommet dans la liste des sommets et, basée sur cette valeur, inspecte la rangée correspondante de la matrice.

```
template <typename T>
void Graphe<T>::InsererSommet(const T& sommet) throw(runtime_error)
{
  if(tailleGraphe+1 > TAILLEGRAPHEMAX)
    throw runtime_error("Graphe plein.\n");
  listeSommets.push_back(sommet);
  tailleGraphe++;
}//InsererSommet
```

```
template <typename T>
void Graphe<T>::InsererArc(const T& sommet1,
                           const T& sommet2, int poids) throw(runtime_error)
{
  int pos1 = PositionSommet(sommet1), pos2 = PositionSommet(sommet2);
  if(pos1 == -1 || pos2 == -1)
    throw runtime_error("InsererArc: un sommet n'est pas dans le graphe.\n");
  arcs[pos1][pos2] = poids;
}//InsererArc
```

```
template <typename T>
void Graphe<T>::SupprimerSommet(const T& sommet) throw(runtime_error)
{ // Supprimer un sommet de la liste des sommets et mettre à jour
  // la matrice en enlevant tous les arcs attachés au sommet.
  int pos = PositionSommet(sommet);// position dans la liste des sommets
  int row, col;
  // sommet absent, terminer
  if(pos == -1)
    throw runtime_error("SupprimerSommet: un sommet n'est pas dans le graphe.\n");
  // supprimer le sommet et diminuer tailleGraphe
  listeSommets.remove(sommet);
  // on enlève une rangée et une colonne
  for(row = 0; row < pos; row++)               // tasser rectangle à droite
    for(col = pos + 1;col < tailleGraphe;col++)
      arcs[row][col-1] = arcs[row][col];
```

```
  for(row = pos+1;row < tailleGraphe;row++)   // tasser rectangle diagonal haut gauche
    for(col = pos + 1; col < tailleGraphe; col++)
      arcs[row-1][col-1] = arcs[row][col];
  for(row = pos+1;row < tailleGraphe;row++)   // tasser rectangle vers haut
    for(col = 0; col < pos; col++)
      arcs[row-1][col] = arcs[row][col];
  tailleGraphe--;
}//SupprimerSommet
```

La procédure `SupprimerSommet` obtient la position du sommet dans la liste des sommets puis procède à l'enlèvement d'une rangée et d'une colonne de la matrice. Ceci requiert un déplacement de trois sous-matrices :

- La sous-matrice immédiatement à droite de la colonne à enlever et au-dessus de la rangée à enlever, à déplacer d'un cran à gauche ;

- La sous-matrice immédiatement à droite de la colonne à enlever et en dessous de la rangée à enlever, à déplacer d'un cran à gauche et d'un cran vers le haut ;

- La sous-matrice immédiatement à gauche de la colonne à enlever et au-dessus de la rangée à enlever, à déplacer d'un cran vers le haut.

```
template <typename T>
void Graphe<T>::SupprimerArc(const T& sommet1, const T& sommet2)
                            throw(runtime_error)
{
  int pos1=PositionSommet(sommet1), pos2=PositionSommet(sommet2);
  if(pos1 == -1 || pos2 == -1)
    throw runtime_error("SupprimerArc: un sommet pas dans le graphe.\n");
  arcs[pos1][pos2] = 0;
}//SupprimerArc
```

```
template <typename T>
bool Graphe<T>::SommetPresent(const list<T> &L, const T& sommet) const
{
  list<T>::const_iterator iter = L.begin();
  bool res = false;
  while(iter != L.end()) {
    if((*iter) == sommet)
      return true;
    iter++;
  }
  return res;
}//SommetPresent
```

```
template <typename T> Graphe<T>::iterateur Graphe<T>::begin()
{
  return listeSommets.begin();
}
```

```cpp
template <typename T> Graphe<T>::iterateur Graphe<T>::end()
{
  return listeSommets.end();
}


template <typename T> void Graphe<T>::LireGraphe(char *nomFichier)
{ // lire les données d'un graphe à partir d'un fichier.
  int i, nsommets, nbArcs;
  T s1, s2;
  int poids;
  ifstream f;
  f.open(nomFichier, ios::in);
  if(!f){
    cerr << "Impossible d'ouvrir le fichier " << nomFichier << endl;
    exit(1);
  }
  f >> nsommets; // nombre de sommets
  for(i = 0; i < nsommets; i++) {
    f >> s1;
    InsererSommet(s1);
  }
  f >> nbArcs;    // nombre d'arcs
  for (i = 0; i < nbArcs; i++){
    f >> s1;
    f >> s2;
    f >> poids;
    InsererArc(s1,s2, poids);
  }
  f.close();
}//LireGraphe


template <typename T> void Graphe<T>::AfficherGraphe() const
{ // afficher les données d'un graphe.
  list<T>::const_iterator iter;
  T sommet;
  int pos, noSom = 0;
  T noms[TAILLEGRAPHEMAX];
  for(iter = listeSommets.begin(); iter != listeSommets.end(); iter++) {
    sommet = *iter;
    noms[noSom] = sommet;
    noSom++;
  }//for
  for(int som = 0; som < noSom; som++){
    cout << "Sommet " << noms[som] << ':';
    pos = PositionSommet(noms[som]);
    for (int i = 0; i < tailleGraphe; i++)
      if (arcs[pos][i] > 0)
        cout << noms[pos] << ' ' << noms[i] << ' ' << arcs[pos][i] << ' ' ;
    cout << endl;
  }//for
}//AfficherGraphe
```

Notez que, dans les opérations suffixées par `const`, qui ne modifient donc pas l'objet courant, nous avons l'obligation d'utiliser des itérateurs constants `const_iterator` au lieu des itérateurs habituels `iterator`. En effet, un itérateur constant ne peut modifier l'élément qu'il repère et offre donc la sécurité recherchée.

Avec la représentation de la matrice associée, nous pouvons aussi introduire deux nouveaux algorithmes relatifs aux graphes, l'algorithme de Warshall et l'algorithme de Floyd, tous deux conçus pour fonctionner spécifiquement avec cette représentation.

Fermeture transitive

Dans certaines applications, il faut déterminer s'il existe un chemin de longueur 1 ou plus allant d'un sommet donné à un autre. En commençant avec la matrice associée A d'un graphe donné, nous savons que A[i, j] est vrai s'il existe un arc du sommet i au sommet j. La matrice associée nous donne donc tous les chemins de longueur 1 dans le graphe. Si les valeurs dans la matrice ne sont pas booléennes, mais plutôt 0 et 1, nous pouvons noter que, si A[i, k] et A[k, j] possèdent tous deux la valeur 1, alors il existe un chemin de longueur 2 entre les sommets i et j, qui passe par le sommet k. De plus, A[i, 0] × A[0, j] + A[i, 1] × A[1, j] + ... + A[i, n-1] × A[n-1, j] donnera le nombre de chemins de longueur 2 entre les sommets i et j. Mais cette expression calcule en fait la valeur d'un élément du carré de la matrice A ! Afin de connaître le nombre de chemins de longueur 2 dans un graphe, il suffit donc de calculer le carré de la matrice associée. Par exemple, le carré de la matrice associée au graphe de la figure 10.12 est :

```
0   0   1   0   1
0   0   1   1   1
0   0   1   1   0
0   0   2   1   1
0   1   0   0   2
```

ce qui indique, par exemple, qu'il existe deux chemins de longueur 2 entre les sommets 3 et 2 (3-1-2 et 3-4-2). Le cube de la matrice associée donnera le nombre de chemins de longueur 3, et ainsi de suite.

Cependant, nous ne voulons savoir, en général, que si un chemin existe ou non, et nous n'avons pas besoin de l'information sur les chemins de diverses longueurs. Nous voulons souvent calculer une matrice F où F[i, j] est vrai s'il existe un chemin de longueur 1 *ou plus* entre le sommet i et le sommet j. On appelle la matrice F la *fermeture transitive* de la matrice associée A. La procédure `Warshall` ci-dessous définit un algorithme qui produit la fermeture transitive de la matrice associée A et porte le nom de l'auteur de l'algorithme, S. Warshall[7].

```
template <typename T>
void Graphe<T>::Warshall(bool Fermeture[][TAILLEGRAPHEMAX]) const
{ // algorithme de Warshall donnant la fermeture transitive.
  list<T>::const_iterator si, sj;
  int i, j, k;
  int n = NombreSommets();
  // Initialement Fermeture[i][i] == false. Fermeture[i][j] == true
  // si i != j et si arc de Si à Sj; autrement Fermeture[i][j] == false.
```

---

[7]   WARSHALL, S. « A theorem on Boolean matrices », *J. ACM*, vol. 9, nᵒ 1, 1962.

```
for(si = listeSommets.begin(),i=0;si != listeSommets.end();si++,i++)
  for(sj = listeSommets.begin(),j= 0;sj != listeSommets.end();sj++, j++)
      Fermeture[i][j] = Poids(*si, *sj) != 0 ? true : false;
// Regarder tous les triplets et affecter true à Fermeture quand triplet
// si - sk - sj connecte si et sj.
for(i = 0; i < n; i++)
  for(j = 0; j < n; j++)
    if(Fermeture[j][i])
      for(k = 0; k < n; k++)
        if(Fermeture[i][k])
          Fermeture[j][k] = true;
}//Warshall
```

Voici l'idée de base de l'algorithme de Warshall : s'il existe un chemin allant du sommet j au sommet i, et un autre chemin allant du sommet i au sommet k, alors il y a un chemin allant du sommet j au sommet k. La procédure `Warshall` ci-dessus applique cette idée en effectuant une passe sur tous les éléments de la matrice associée. Néanmoins, la complexité de l'algorithme de Warshall est $O(n^3)$. En fait, ceci est plutôt bon, étant donné qu'une autre méthode pour déterminer la fermeture transitive exigerait d'élever la matrice à une puissance allant de 1 à n. Comme la complexité temporelle attachée au produit d'une matrice est $O(n^3)$, cette autre méthode produirait une complexité globale de $O(n^4)$.

Figure 10.13 Fermeture transitive

Avec la matrice associée A de la figure 10.13 (où un astérisque représente Vrai et un signe moins représente Faux), la procédure crée la fermeture transitive F de la même figure. Vous pouvez remarquer que dans la fermeture transitive on a conservé les chemins d'origine et l'on en a ajouté d'autres ; par exemple, dans A, il y a un chemin de 8 à 6, un chemin de 6 à 3, et de 3 à 1 ou de 3 à 0, et aussi un chemin de 6 à 2 et de 2 à 4 ; on a donc ajouté à F les chemins de 8 à 0, de 8 à 1, de 8 à 2, de 8 à 3 et de 8 à 4.

Chemins les plus courts pour toutes les paires de sommets

Étant donné un graphe pondéré représentant des villes et des distances entre elles, comme le graphe de la figure 10.6, on doit souvent construire des tables donnant la plus courte distance de chaque ville à toutes les autres villes. Le problème des chemins les plus courts pour toutes les paires de sommets est tout simplement de déterminer comment calculer les données d'une telle table. La procédure `Floyd` ci-dessous réalise l'algorithme de Floyd[8], qui est une solution à ce problème. Elle utilise deux matrices N × N d'entiers, l'une pour emmagasiner les longueurs des chemins les plus courts et l'autre pour enregistrer un des sommets du chemin. Dans cette matrice, tous les poids sont non négatifs, et l'absence d'arc est notée par une constante de valeur élevée. La matrice `PointChemin` est initialement mise à moins un et comprendra les indices du chemin le plus court : `PointChemin[i,j] = k`, si k fait partie du chemin le plus court allant de i à j. `PointChemin` nous permettra de reconstruire le chemin le plus court, une fois que tous les chemins les plus courts des points intermédiaires ont été trouvés.

```
template <typename T> void Graphe<T>::Floyd(int CheminCourt[][TAILLEGRAPHEMAX],
                                 int PointChemin[][TAILLEGRAPHEMAX]) const
// Résolution du problème des plus courts chemins de toutes les paires de sommets
// d'un graphe G en utilisant l'algorithme de Floyd. Le graphe G est représenté
// par une matrice où chaque élément représente une longueur de chemin entre
// les sommets correspondant à ses indices ou à une valeur nulle s'il n'y a
// pas de chemin.  PointChemin(Sommet, Voisin) montrera un point intermédiaire
// du chemin Floyd(Sommet, Voisin) et peut être utilisé pour donner le chemin complet.
{ int n = NombreSommets();
  for(int sommet = 0; sommet < n; sommet++){ // initialiser en faisant une copie
    for(int voisin = 0; voisin < n; voisin++){
      if(arcs[sommet][voisin] == 0){
        CheminCourt[sommet][voisin] = INFINI;
        PointChemin[sommet][voisin] = -1;
      }
      else {
        CheminCourt[sommet][voisin] = arcs[sommet][voisin];
        PointChemin[sommet][voisin] = sommet;
      }//if
    }//for
    CheminCourt[sommet][sommet] = INFINI; // pas de chemin à soi-même
  }//for
  for(int sommet = 0; sommet < n; sommet++)
    for(int voisin = 0; voisin < n; voisin++)
      for(int suivant = 0; suivant < n; suivant++)
        if(CheminCourt[voisin][sommet] + CheminCourt[sommet][suivant]
                            < CheminCourt[voisin][suivant]){
          // conserver chemin plus court
          CheminCourt[voisin][suivant] =
              CheminCourt[voisin][sommet] + CheminCourt[sommet][suivant];
          PointChemin[voisin][suivant] = sommet;
        }//if
}// Floyd;
```

L'algorithme de Floyd fait N itérations sur la matrice `CheminCourt`. Pour un élément `CheminCourt[voisin, suivant]`, si nous trouvons un sommet `sommet` tel que le coût de `CheminCourt[voisin, sommet]` ajouté au coût de `CheminCourt[sommet, suivant]` est inférieur au coût du plus court chemin de `voisin` à `suivant` trouvé jusqu'à maintenant, nous le conservons comme chemin le plus court.

---

8   FLOYD, R. W. « Algorithm 97 : shortest path », *CACM*, vol. 5, n° 6, 1962.

La complexité de l'algorithme de Floyd est $O(n^3)$, puisque, après les deux boucles imbriquées de l'initialisation (qui sont ensemble $O(n^2)$), la procédure est essentiellement constituée de trois boucles imbriquées, chacune d'une complexité $O(n)$. Une fois cet algorithme appliqué à un graphe donné, on peut utiliser la matrice PointChemin pour trouver le chemin le plus court au complet entre deux sommets Sommet et Voisin, en utilisant la procédure ci-dessous :

```cpp
template <typename T> void Graphe<T>::AfficherChemin(int Chemin[][TAILLEGRAPHEMAX],
                            int Sommet, int Voisin, bool & Premier) const
// Afficher le chemin le plus court entre Sommet et Voisin
{ int Suivant;
  Suivant = Chemin[Sommet][Voisin];
  if(Suivant == -1 || Sommet == Voisin || Suivant == Sommet || Suivant == Voisin)
    return;
  AfficherChemin(Chemin, Sommet, Suivant, Premier);
  if(Premier){
    cout << " par ";
    Premier = false;
  }
  else
    cout << " et ";
  cout << Suivant;
  AfficherChemin(Chemin, Suivant, Voisin, Premier);
}// AfficherChemin;
```

Le graphe non orienté de la figure 10.6a correspond à la matrice associée de la figure 10.14.

∞	280	250	560	∞	350	∞	∞	∞	∞	∞	∞	∞	∞	∞
280	∞	150	∞	∞	∞	∞	∞	∞	260	∞	∞	∞	∞	∞
250	150	∞	∞	∞	∞	∞	∞	∞	∞	∞	∞	∞	∞	∞
560	∞	∞	∞	570	∞	∞	∞	∞	∞	∞	∞	∞	∞	∞
∞	∞	∞	570	∞	650	∞	∞	∞	∞	∞	∞	∞	∞	∞
350	∞	∞	∞	650	∞	710	∞	∞	∞	∞	∞	∞	∞	∞
∞	∞	∞	∞	∞	710	∞	185	∞	∞	∞	∞	∞	∞	90
∞	∞	∞	∞	∞	∞	185	∞	370	∞	∞	∞	∞	∞	∞
∞	∞	∞	∞	∞	∞	∞	370	∞	130	∞	80	∞	∞	∞
∞	260	∞	∞	∞	∞	∞	∞	130	∞	400	∞	∞	∞	∞
∞	∞	∞	∞	∞	∞	∞	∞	∞	400	∞	290	∞	∞	∞
∞	∞	∞	∞	∞	∞	∞	∞	80	∞	290	∞	255	∞	∞
∞	∞	∞	∞	∞	∞	∞	∞	∞	∞	∞	255	∞	590	∞
∞	∞	∞	∞	∞	∞	∞	∞	∞	∞	∞	∞	590	∞	580
∞	∞	∞	∞	∞	∞	90	∞	∞	∞	∞	∞	∞	580	∞

Figure 10.14 Matrice associée

La procédure Floyd, appliquée à ce graphe, produit les chemins les plus courts ci-dessous où nous n'avons reproduit qu'une partie de la sortie en éliminant les chemins de longueur 1. Les sommets sont représentés par leur numéro (commençant à zéro) dans l'ordre de leur entrée lors de la création du graphe (voir le graphe de la figure 10.7 où chaque nombre est diminué de 1) :

```
Lhasa, Shigatse, Gyatse, Tangmai, Chamdo, Nagchu, Tongtso, Tsochen, Raga, Lhatse,
Nyalam, Saga, Paryang, Shiquanhe, Gertse.
......
Chemin de 12 à 0 par 11 et 8 et 9 et 1
Chemin de 12 à 1 par 11 et 8 et 9
Chemin de 12 à 2 par 11 et 8 et 9 et 1
Chemin de 12 à 3 par 11 et 8 et 9 et 1 et 0
Chemin de 12 à 4 par 11 et 8 et 9 et 1 et 0 et 5
Chemin de 12 à 5 par 11 et 8 et 9 et 1 et 0
Chemin de 12 à 6 par 11 et 8 et 7
Chemin de 12 à 7 par 11 et 8
Chemin de 12 à 8 par 11
Chemin de 12 à 9 par 11 et 8
Chemin de 12 à 10 par 11
Chemin de 12 à 14 par 11 et 8 et 7 et 6
Chemin de 13 à 0 par 12 et 11 et 8 et 9 et 1
Chemin de 13 à 1 par 12 et 11 et 8 et 9
Chemin de 13 à 2 par 12 et 11 et 8 et 9 et 1
Chemin de 13 à 3 par 12 et 11 et 8 et 9 et 1 et 0
Chemin de 13 à 4 par 14 et 6 et 5
Chemin de 13 à 5 par 14 et 6
Chemin de 13 à 6 par 14
Chemin de 13 à 7 par 14 et 6
Chemin de 13 à 8 par 12 et 11
Chemin de 13 à 9 par 12 et 11 et 8
Chemin de 13 à 10 par 12 et 11
Chemin de 13 à 11 par 12
Chemin de 14 à 0 par 6 et 5
Chemin de 14 à 1 par 6 et 7 et 8 et 9
Chemin de 14 à 2 par 6 et 7 et 8 et 9 et 1
Chemin de 14 à 3 par 6 et 5 et 0
Chemin de 14 à 4 par 6 et 5
Chemin de 14 à 5 par 6
Chemin de 14 à 7 par 6
Chemin de 14 à 8 par 6 et 7
Chemin de 14 à 9 par 6 et 7 et 8
Chemin de 14 à 10 par 6 et 7 et 8 et 11
Chemin de 14 à 11 par 6 et 7 et 8
Chemin de 14 à 12 par 6 et 7 et 8 et 11
```

Listes d'incidence

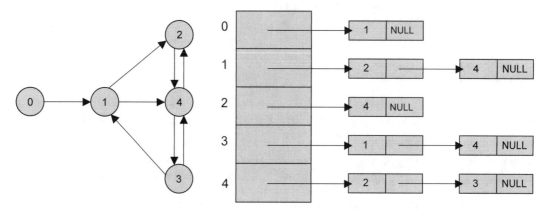

Figure 10.15 Listes d'incidence

Dans cette seconde représentation, les *n* rangées de la matrice associée sont remplacées par *n* listes linéaires. Pour chaque sommet du graphe, il existe une liste d'incidence, qui est une liste des sommets adjacents, et qui peut être vide. La figure 10.15 montre comment on peut ainsi représenter le graphe de la figure 10.12. Chaque élément de la liste comprendra deux ou trois informations : un numéro de sommet indiquant la fin d'un arc ; un poids facultatif associé à l'arc, dans le cas d'un graphe pondéré ; et un pointeur au prochain élément de la liste d'incidence. Pour les listes d'incidence, la mémoire utilisée n'est pas plus que ce qui est strictement nécessaire, avec, évidemment, un pointeur pour chaque élément de la liste. Si un graphe de *n* sommets a peu d'arcs, l'espace mémoire est alors proportionnel au nombre de sommets et au nombre d'arcs, alors qu'avec la matrice associée il serait proportionnel à n^2.

Les structures de données nécessaires pour cette représentation sont très simples puisque nous n'avons besoin que d'un vecteur de paires. Ces paires regroupent un sommet et sa liste d'incidence. Cette liste est elle-même une liste de paires comprenant un sommet adjacent et un poids. Tout ceci est exprimé par la déclaration ci-dessous.

```
private:
  // Vecteur des sommets et des pointeurs des listes d'adjacence, taille du graphe
  vector<pair<T, list<pair<T, int> > > > > leGraphe;
  int nbSommets;
```

Les opérations doivent toutes être redéfinies, mais ce n'est pas un travail colossal, comme le montrent les deux sous-programmes ci-dessous, la fonction ChercherVoisins et la procédure InsererArc.

```
template <typename T>
list<T>& Graphe<T>::ChercherVoisins(const T& sommet) const throw(runtime_error)
{// retourne la liste des sommets adjacents
  list<T> *voisins = new list<T>;
  list<pair<T, int> >::const_iterator siter;  // identifier liste d'adjacence
  int pos = PositionSommet(sommet);
  if(pos == -1)      // si sommet pas dans la liste de sommets, terminer
    throw runtime_error("ChercherVoisins: le sommet n'est pas dans le graphe.\n");
```

```
siter = leGraphe[pos].second.begin();        // copier les voisins de la liste
while(siter != leGraphe[pos].second.end()) {
  (*voisins).push_back(siter->first);
  siter++;
}
return *voisins;
}//ChercherVoisins
```

Le code de `ChercherVoisins` n'est pas compliqué : il suffit de parcourir la liste d'incidence d'un sommet en y récoltant les voisins et en les plaçant dans la liste résultat. Le code de la procédure `InsererArc` est également assez simple.

```
template <typename T> void Graphe<T>::InsererArc(const T& sommet1,
                            const T& sommet2, int poids) throw(runtime_error)
{
  int pos1 = PositionSommet(sommet1), pos2 = PositionSommet(sommet2);
  if(pos1 == -1 || pos2 == -1)
    throw runtime_error("InsererArc: un sommet n'est pas dans le graphe.\n");
  list<pair<T, int> >::iterator siter;
  pair<T, int> arc(sommet2, poids);
  siter = leGraphe[pos1].second.begin();
  if(siter == leGraphe[pos1].second.end())
    leGraphe[pos1].second.push_back(arc);
  else{
    while(siter != leGraphe[pos1].second.end()){
      if(siter->first > sommet2){
        leGraphe[pos1].second.insert(siter, arc);
        return;
      }
      siter++;
    }
    leGraphe[pos1].second.insert(siter, arc);
  }
}//InsererArc
```

S'il n'y a aucun élément dans la liste d'incidence du premier sommet, on insère la paire `arc` comme premier élément. Sinon on insère `arc` dans la liste d'incidence en y conservant l'ordre croissant des sommets.

La suppression d'un sommet demande un peu plus de travail, mais là encore il ne s'agit pas de code très compliqué.

```
template <typename T>
void Graphe<T>::SupprimerSommet(const T& sommet) throw(runtime_error)
{ // Supprimer un sommet de la liste des sommets et mettre à jour
  // la matrice en enlevant tous les arcs attachés au sommet.
  vector<pair<T, list<pair<T, int> > > >::iterator iter;
  int pos = PositionSommet(sommet);// position dans la liste des sommets
  // sommet absent, terminer
  if(pos == -1)
    throw runtime_error("SupprimerSommet: un sommet n'est pas dans le graphe.\n");
```

```
// supprimer le sommet et diminuer nbSommets
list<pair<T, int> >::iterator liter;
iter = leGraphe.begin();
while(iter != leGraphe.end()){
  if(iter->first == sommet){ // éliminer sommet et sa liste
    leGraphe.erase(iter);
    nbSommets--;
    if(iter == leGraphe.end()) // c'était le dernier élément du vecteur
      break;
  }
  for(liter = iter->second.begin(); liter != iter->second.end(); liter++)
    if(liter->first == sommet) // éliminer arcs sur sommet éliminé
      iter->second.erase(liter);
  iter++;
}
}//SupprimerSommet
```

10.4 Algorithme de Dijkstra

Un problème maintenant classique dans le domaine des graphes est de trouver le chemin le plus court allant d'un sommet donné à tous les autres sommets d'un graphe orienté ; ce problème a été résolu par Edsger Dijkstra[9]. On peut appliquer l'algorithme de Dijkstra successivement à tous les sommets d'un graphe afin de résoudre le problème des chemins les plus courts pour toutes les paires (ce problème est résolu par l'algorithme de Floyd, que nous avons vu plus tôt). Contrairement aux deux derniers algorithmes que nous venons de voir, on peut utiliser l'algorithme de Dijkstra aussi bien avec la représentation des graphes par matrice associée qu'avec la représentation par listes d'incidence, présentée dans la section précédente.

Nous développerons une procédure pour réaliser l'algorithme de Dijkstra[10] pour trouver le plus court chemin d'un sommet donné à tous les autres sommets d'un graphe orienté. L'algorithme de Dijkstra résout le problème du chemin le plus court pour un seul sommet. Nous illustrerons cette méthode sur le graphe de la figure 10.16. Pour le graphe de cette figure, l'algorithme de Dijkstra donne les résultats suivants. En partant du sommet B, le chemin le plus court vers le sommet A a un coût de 3, le chemin le plus court vers le sommet C a un coût de 2, le chemin le plus court vers le sommet D a un coût de 5 (par le sommet A), tandis que le chemin le plus court vers le sommet E a un coût de 7 (par les sommets A, D et G), le chemin le plus court vers le sommet F a un coût de 8 (par les sommets A, D, G et H), le chemin le plus court vers le sommet G a un coût de 5 (par les sommets A et D) et le chemin le plus court vers le sommet H a un coût de 6 (par les sommets A, D et G).

---

[9]   Edsger W. Dijkstra (1930-2002) fut l'un des grands pionniers de l'informatique, théoricien aussi bien que praticien dans le domaine des systèmes d'exploitation, mais est surtout connu comme étant l'auteur de l'article « GoTo statement considered harmful » (*CACM*, vol. 11, n° 3, 1968) qui ouvrit la porte à la programmation structurée et aux langages de programmation modernes.

[10]   DIJKSTRA, E. W. « A note on two problems in connexion with graphs », *Numerische Mathematik 1*, 1959.

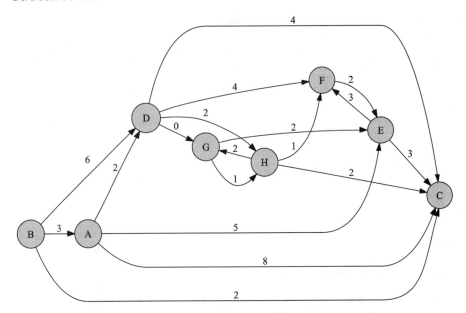

Figure 10.16 Un graphe orienté avec huit sommets

L'algorithme de Dijkstra est un exemple classique d'algorithme « glouton », car il utilise les conditions locales pour déterminer la suite de la solution. Nous utiliserons un ensemble de sommets qui ne contient initialement que le sommet source, et nous ajouterons à cet ensemble les sommets un par un, jusqu'à ce que tous les sommets du graphe s'y trouvent. À chaque étape de l'algorithme, nous rangerons dans un vecteur des distances l'actuel chemin le plus court du sommet source aux autres sommets, en n'utilisant que les sommets de l'ensemble. Le sommet ajouté à l'ensemble à chaque étape est le sommet qui ne s'y trouve pas déjà et qui possède à cette étape le chemin le plus court venant de la source.

Soit Dist, le vecteur des distances correspondant au graphe de la figure 10.16, avec des indices représentés par les lettres des sommets, bien que nous n'utilisions pas Dist[B] puisque B est le sommet source. La figure 10.17 donne une trace des valeurs rangées dans Dist et des sommets faisant partie de l'ensemble à chacune des étapes de l'algorithme.

Initialement, seul B se trouve dans l'ensemble des sommets, de sorte que la distance minimum rangée dans Dist pour chacun des autres sommets est le poids de l'arc entre ces sommets et le sommet B ou une valeur infinie s'il n'y a pas d'arc.

Au cours de la première étape, comme Dist[C] est le minimum dans la première rangée de la table, nous ajoutons C à l'ensemble de sommets. Les sommets recevant des arcs commençant au sommet C sont maintenant des candidats potentiels à une diminution de la valeur de leur distance, puisque nous pouvons maintenant utiliser des chemins qui passent par le sommet C. Il n'en existe aucun et il n'y a donc aucun changement dans la table.

Étape	Ensemble	Dist[A]	Dist[C]	Dist[D]	Dist[E]	Dist[F]	Dist[G]	Dist[H]
initiale	{B}	3	**2**	6	∞	∞	∞	∞
1	{B,C}	**3**	2	5	8	∞	∞	∞
2	{B,C,A}	3	2	**5**	8	9	5	7
3	{B,C,A,D,G}	3	2	5	7	9	**5**	6
4	{B,C,A,D,G,H}	3	2	5	7	7	5	**6**
4	{B,C,A,D,G,H,E}	3	2	5	**7**	7	5	6
4	{B,C,A,D,G,H,E,F}	3	2	5	7	**7**	5	6

Figure 10.17 Trace des valeurs des distances

Au cours de la deuxième étape, on trouve que Dist[A] est la distance minimum pour les sommets non compris dans l'ensemble, et ainsi, A est inclus dans l'ensemble. Le sommet A possède des arcs vers les sommets C, E et D, et ces arcs réduisent la distance totale du sommet B au sommet D de 6 à 5, et la distance totale du sommet B au sommet E de ∞ à 8.

Au cours de la troisième étape, le sommet D possède la distance minimum des sommets non inclus dans l'ensemble et est donc ajouté à l'ensemble. Le sommet D possède des arcs vers les sommets C, F, G et H. Il y a réduction des valeurs pour les sommets F, G et H qui passent de l'infini à des valeurs beaucoup plus petites.

Au cours de la quatrième étape, le sommet G est celui qui possède la valeur minimum et il est alors choisi. Il possède des arcs vers les sommets E et H qui permettent de réduire les valeurs correspondantes.

La cinquième étape mène au choix du sommet H qui possède la valeur minimum et permet de réduire la valeur attachée au sommet F.

La sixième étape nous fait choisir le premier des deux sommets restants qui possèdent la même valeur. L'étape finale nous fait prendre le dernier sommet.

Étape	Ch[A]	Ch[C]	Ch[D]	Ch[E]	Ch[F]	Ch[G]	Ch[H]
initiale	B	B	B	B	B	B	B
1	B	B	A	B	B	B	B
2	B	B	A	B	D	D	D
3	B	B	A	G	D	D	G
4	B	B	A	G	H	D	G
5	B	B	A	G	H	D	G
6	B	B	A	G	H	D	G

Figure 10.18 Trace du vecteur chemin

Bien que la figure 10.17 nous donne les distances, elle ne nous donne pas les chemins correspondant à ces distances. Nous pouvons enregistrer cette information en utilisant un vecteur des chemins, Ch. Chaque fois que l'on ajoute un sommet à l'ensemble, et que ce sommet réduit une distance totale, nous placerons le sommet dans le vecteur des chemins. La figure 10.18 montre le vecteur des chemins pour les données traitées plus haut.

Supposons que nous voulions trouver le chemin le plus court du sommet B au sommet G. Ch[G] vaut D, de sorte que le sommet D se trouve sur le chemin avant le sommet G. Ch[D] vaut A, de sorte que le sommet A précède le sommet D. Ch[A] vaut B, ce qui nous ramène au sommet source. Par conséquent, le chemin est B à A à D à G. Les autres chemins sont construits de la même manière.

Notre algorithme en pseudo-code suit directement la solution que nous venons de présenter. Nous utiliserons la notation Pd[i, j] pour représenter le poids de l'arc reliant le sommet i au sommet j. S'il n'existe pas d'arc, la valeur est censée être infinie. Nous supposerons que le graphe possède n sommets.

```
Chemin le plus court à partir d'une seule source
    Ajouter le sommet source, s, à l'ensemble des sommets
    Initialiser les valeurs de Dist aux valeurs de Pd[s, i] pour tous les i sauf s
    Initialiser les valeurs de Ch à s
    Pour n - 1 itérations
        Trouver le sommet w tel que w ne soit pas dans l'ensemble des sommets et que Dist(w)
            soit la distance minimum pour tous les Dist[i] où i n'est pas dans l'ensemble des sommets
        Inclure w dans l'ensemble des sommets
        Pour tout sommet i non inclus dans l'ensemble des sommets
            Si Dist[w] + Pd[w, I] < Dist[i]      { nouveau chemin plus court}
                Mettre Dist[i] à Dist[w] + Pd[w, i]
                Mettre Ch[i] à w
```

Le code C++ suit directement ce pseudo-code ; nous avons défini une fonction `SommetMini` qui trouve le sommet w qui n'est pas dans l'ensemble des sommets choisis et dont Dist(w) est la distance minimum pour tous les Dist[i] où i n'est pas dans l'ensemble des sommets choisis.

```cpp
template <typename T> int Graphe<T>::SommetMini(const int VecPoids[],
                    const set<int>& EnsembleNoeuds, int NombreNoeuds) const
// Retourne le noeud qui n'est pas dans EnsembleNoeuds et qui a la plus
// petite valeur dans VecPoids.
{ int mini, petit;
  set<int>::iterator iter;
  petit = NombreNoeuds;
  mini = INFINI;
  for(int essai = 0; essai < NombreNoeuds; essai++){ // vérifier tous les sommets
    iter = EnsembleNoeuds.find(essai);
    if(iter == EnsembleNoeuds.end())                 // sommet non utilisé?
      if(VecPoids[essai] < mini){
        petit = essai;
        mini = VecPoids[essai];
      }//if
  }//for
  return petit;
} //SommetMini
```

```
template <typename T>
void Graphe<T>::Dijkstra(const T& Cime, int VecPoids[], int Chemins[]) const
// Étant donné un graphe G et un sommet donné Cime, cette procédure retourne
// un tableau des poids des chemins minimums du sommet Cime au sommet indiqué
// par la position de l'index et un tableau Chemins que l'on peut utiliser
// pour retrouver le chemin de Cime à tout autre sommet, s'il existe.
{
  set<int> ensembleNoeuds;
  set<int>::iterator iter;
  int arc, mini, poidsTest, posCime = PositionSommet(Cime);
  for(int noeud1 = 0; noeud1 < NombreSommets(); noeud1++){ // initialiser
    VecPoids[noeud1] = Poids(Sommet(posCime), Sommet(noeud1));
    if(VecPoids[noeud1] == 0)
      VecPoids[noeud1] = INFINI;
    Chemins[noeud1] = posCime;
  }
  Chemins[posCime] = 0;
  ensembleNoeuds.insert(posCime);
  for(int noeud1=0; noeud1 < NombreSommets(); noeud1++)
    if(noeud1 != posCime){              // pour sommets non dans ensemble
      mini = SommetMini(VecPoids, ensembleNoeuds, NombreSommets());
      if(mini != NombreSommets()){ // éviter de déborder
        ensembleNoeuds.insert(mini);
        for(int noeud2 = 0; noeud2 < NombreSommets(); noeud2++){
          iter = ensembleNoeuds.find(noeud2);
          if(iter == ensembleNoeuds.end()){
            arc = Poids(Sommet(mini), Sommet(noeud2));
            if(arc!=0               // arc moins cher
               && INFINI - VecPoids[mini] >= arc)
              poidsTest = VecPoids[mini] + arc;
            else     // pas d'arc ou plus cher
              poidsTest = INFINI;
            if(poidsTest < VecPoids[noeud2]){  // valeur plus petite
              VecPoids[noeud2] = poidsTest;
              Chemins[noeud2] = mini;
            }//if
          }//if
        }//for
      }//if
    }//if
} // Dijkstra
```

Comme nous avons choisi d'utiliser une grande constante `INFINI` pour représenter l'absence d'arc, nous devons traiter cette possibilité comme un cas spécial avant d'effectuer la somme de la distance précédente et de l'arc en question. Nous utilisons cette technique pour éviter un débordement arithmétique.

Nous analyserons d'abord la complexité de cet algorithme pour une représentation par matrice associée ; notez en passant que le code ci-dessus fonctionnera quelle que soit la représentation choisie puisqu'il n'y accède pas directement, utilisant plutôt la fonction `Poids`. Les étapes d'initialisation avant la boucle principale ont une complexité de $O(n)$. La boucle principale effectue $n-1$ répétitions. La boucle imbriquée effectue $n-2$ répétitions, puis $n-3$ répétitions, et ainsi de suite, jusqu'à une fois pour la dernière répétition de la boucle externe. La boucle imbriquée a donc une complexité de $O(n)$, ce qui veut dire que la boucle qui l'englobe a une complexité de $O(n^2)$. En combinant cela avec une complexité d'initialisation de $O(n)$, la complexité globale de l'algorithme est $O(n^2)$.

Le segment de code ci-dessous illustre l'utilisation de cet algorithme sur les données de la figure 10.6a.

```
try{
  H.LireGraphe("Tibet.dat");
  // ville de départ
  cout << endl << "Départ de ";
  cin >> ville;
  H.Dijkstra(ville, poids, voisin);
}
catch(runtime_error& x){cout << x.what() << endl;}
Graphe<string>::iterateur Tibter;
for (n=0,Tibter = H.begin(); Tibter != H.end(); Tibter++,n++)
  cout << "La distance minimum de " << ville << " à " <<
          *Tibter << " est " << poids[n] << endl;
```

La sortie engendrée par son exécution suit; notez la valeur 9999999 qui correspond à la constante INFINI.

```
Départ de Lhasa
La distance minimum de Lhasa à Lhasa est 9999999
La distance minimum de Lhasa à Shigatse est 280
La distance minimum de Lhasa à Gyatse est 250
La distance minimum de Lhasa à Tangmai est 560
La distance minimum de Lhasa à Chamdo est 1000
La distance minimum de Lhasa à Nagchu est 350
La distance minimum de Lhasa à Tongtso est 1060
La distance minimum de Lhasa à Tsochen est 1040
La distance minimum de Lhasa à Raga est 670
La distance minimum de Lhasa à Lhatse est 540
La distance minimum de Lhasa à Nyalam est 940
La distance minimum de Lhasa à Saga est 750
La distance minimum de Lhasa à Paryang est 1005
La distance minimum de Lhasa à Shiquanhe est 1595
La distance minimum de Lhasa à Gertse est 1150
```

Nous pouvons reprogrammer l'algorithme de Dijkstra pour qu'il fonctionne plus spécifiquement avec la représentation des graphes par liste d'incidence. En supposant qu'il y a a arcs dans le graphe, la phase d'initialisation sera toujours $O(n)$. Si nous conservons les sommets qui ne sont pas dans l'ensemble des sommets sous forme de file de priorité (voir chapitre 4), alors les opérations sur cet ensemble peuvent être faites en temps proportionnel à $\log n$. On pourra réaliser la boucle imbriquée en examinant tous les sommets de la liste d'incidence du sommet w et en mettant à jour, quand il le faut, les distances dans la file de priorité. Comme il y a un total d'au plus a sommets dans toutes les listes d'incidence, chacune étant mise à jour en temps proportionnel à $\log n$, la complexité totale de la boucle imbriquée pour toutes les itérations de la boucle externe est $O(a \log n)$. Comme les sommets qui ne sont pas dans l'ensemble sont dans une file de priorité, la recherche de la distance minimum se fait en un temps proportionnel à $\log n$, et ceci est répété $n-1$ fois. Le nombre d'arcs d'un graphe peut aller de 0 à n^2 (si nous permettons les arcs d'un sommet à lui-même). Si le nombre d'arcs est supérieur à n, ce qui est le cas typique, l'algorithme de Dijkstra basé sur des listes d'incidence a une complexité de $O(a \log n)$. Si a est beaucoup plus petit que n^2, alors une représentation par listes d'incidence sera très probablement plus efficace qu'une représentation par matrice associée.

10.5 Algorithme de Sharir

Cet algorithme encore récent[11] permet de trouver les composants fortement connexes d'un graphe donné. Un tel composant d'un graphe orienté est un ensemble maximal de sommets dans lequel il existe un chemin allant de tout sommet de l'ensemble à tout autre sommet de l'ensemble.

On peut noter tout de suite que chaque sommet d'un graphe orienté fait partie d'un composant fortement connexe, mais que certains arcs peuvent ne faire partie d'aucun composant. On peut utiliser la recherche en profondeur pour déterminer efficacement les composants fortement connexes d'un graphe donné, c'est ce que fait l'algorithme de Micha Sharir, un professeur d'informatique à l'université de Tel-Aviv. Cet algorithme appliqué à un graphe G se décrit de la façon suivante :

1. Effectuer une recherche en profondeur de G et numéroter les sommets dans l'ordre de finition des appels récursifs. Par exemple, pour la figure 10.19, A prendra le numéro 5, B le numéro 4, C le numéro 3, E le numéro 2 et D le numéro 1.

2. Construire un nouveau graphe G' orienté en renversant la direction de tous les arcs de G.

3. Effectuer une recherche en profondeur de G' en commençant par le sommet ayant le plus haut numéro donné par l'étape 1 (A pour la figure 10.19). Si cette recherche n'atteint pas tous les sommets, refaire une recherche en profondeur à partir du sommet ayant le plus haut numéro des sommets restants (C pour la figure 10.19).

4. Chaque arbre de la forêt résultante est un composant fortement connexe de G.

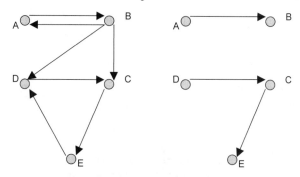

Figure 10.19 Graphe orienté et ses composants fortement connexes

11   SHARIR, M. « A strong-connectivity algorithm and its application in data flow analysis », *Computer and Mathematics with Applications*, 7-1, 1981, p. 67-72.

Le code ci-dessous réalise cet algorithme pour une réalisation des graphes par listes d'incidence.

```
template <typename T> void Graphe<T>::Sharir() const
{ // Effectue une recherche des composants connexes à partir
  // du premier sommet du graphe.  Affiche ces composants.
  Graphe<T> grapheRenverse;
  list<pair<T, int> >::const_iterator citer;
  int compteur = 0, position, maxi;
  int numeros[TAILLEGRAPHEMAX];
  for(int i = 0; i < TAILLEGRAPHEMAX; i++)
    numeros[i] = -1;
  RechercherProfondeur1(leGraphe[0].first, compteur, numeros);// étape 1
  pair<T, int> element;
  for(int i = 0; i < leGraphe.size(); i++)            // étape 2
    grapheRenverse.InsererSommet(leGraphe[i].first);
  for(int i = 0; i < leGraphe.size(); i++){
    for(citer = leGraphe[i].second.begin();
        citer != leGraphe[i].second.end();
        citer++){
      element = *citer;
      grapheRenverse.InsererArc(element.first, leGraphe[i].first, element.second);
    }
  }
  while(true){                                        // étape 3
    position = -1;
    for(int i = 0; i < leGraphe.size(); i++)          // recherche maximum
      if(numeros[i] > position){
        position = numeros[i];
        maxi = i;
      }
    if(position > 0){
      cout << "Arbre: " ;
      grapheRenverse.RechercherProfondeur2(Sommet(maxi), numeros);
      cout << endl;
    }
    else
      return;                                         // terminé
  }
}//Sharir
```

L'algorithme utilise deux versions particulières de la recherche en profondeur. La première ne fait que parcourir le graphe à partir d'un sommet donné et attribuer un numéro à ce sommet au retour des appels récursifs.

```
template <typename T>
void Graphe<T>::RechercherProfondeur1(const T & SommetDepart,
                            int & Compteur, int Numero[]) const;
```

La seconde parcourt également le graphe à partir du sommet passé en paramètre de façon récursive et affiche les sommets rencontrés non encore visités, c'est-à-dire le composant connexe rattaché au sommet de départ.

```
template <typename T>
void Graphe<T>::RechercherProfondeur2(const T & SommetDepart, int Numero[]) const;
```

10.6 Algorithme de Kruskal

Dans ce chapitre, nous avons vu plus tôt que l'on pouvait définir un graphe comme un ensemble de sommets et un ensemble d'arêtes, et nous avons aussi donné une procédure qui construisait l'arbre de recouvrement à coût minimum d'un graphe à l'aide de l'algorithme de Prim. L'algorithme défini en 1956 par J. B. Kruskal[12] aboutit au même résultat d'une manière différente et peut-être plus efficace. Il considère qu'un graphe est défini par deux ensembles et, en utilisant principalement des opérations sur les ensembles, il produit l'ensemble d'arêtes définissant l'arbre de recouvrement à coût minimum.

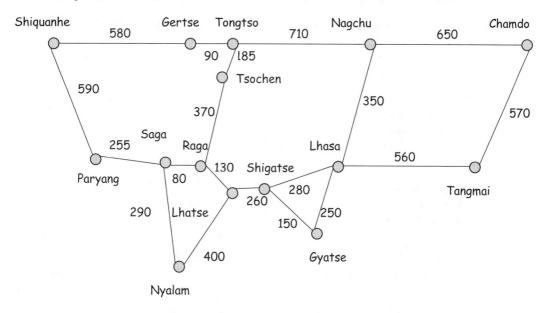

Figure 10.20 Un graphe de communication

En commençant avec l'ensemble de sommets S et l'ensemble d'arêtes A, on construit progressivement l'arbre de recouvrement à coût minimum, notre ensemble d'arêtes-résultats. On commence avec Composants, un ensemble de sommets. Dans cet ensemble, chaque sommet est initialement considéré être lui-même un composant connexe (rappelez-vous qu'un graphe est connexe si toutes ses paires de sommets sont reliées). Illustrons la méthode par le graphe de communication utilisé au début du chapitre et que nous reproduisons ici.

La figure 10.20 représente le graphe de communication de notre exemple. Nous extrayons les arêtes de A en ordre de coût ascendant : si l'arête relie deux sommets qui appartiennent à deux différents composants, elle est ajoutée à l'arbre de recouvrement à coût minimum ; si elle relie deux sommets du même composant, elle ajouterait un cycle et est, par conséquent, rejetée. Par exemple, dans la figure 10.20, la

12   KRUSKAL, J. B. Jr. « On the shortest spanning subtree of a graph and the traveling salesman problem », *Proc. AMS*, vol. 7, n° 1, 1956.

première arête est celle de coût 80, mettant en jeu les sommets Saga et Raga. L'arête est extraite, et les deux sommets font maintenant partie du même composant. La seconde arête à extraire a un coût de 90 et place les sommets Gertse et Tongtso dans le même composant. La troisième arête a un coût de 130 et ajoute Lhatse à notre premier composant. Ce processus est répété jusqu'à ce que tous les sommets se trouvent dans le même composant. La figure 10.21 illustre les diverses étapes de l'application de cet algorithme au graphe de la figure 10.20.

Pour réaliser cet algorithme, nous avons besoin de définir des ensembles de sommets et des ensembles d'arêtes. Il nous faut aussi pouvoir définir un ensemble de composants, où les composants sont eux-mêmes des ensembles et où nous avons seulement besoin d'opérations pour fusionner deux composants en un seul composant, et, étant donné un élément, pour trouver le composant auquel il appartient.

Dans l'algorithme de Kruskal, on utilise les sommets comme les éléments des composants ; on numérote les sommets de 0 à *n-1*. Une arête sera entièrement définie par un identificateur, deux sommets et un coût. Nous utiliserons la classe `multiset` de la STL pour représenter des ensembles d'arêtes (comme des arêtes peuvent avoir des poids égaux, il nous faut utiliser un `multiset`), une fois le type des éléments défini (`TypeArete`).

```
typedef struct {int ident;
                int poids;
                int s1, s2;}TypeArete;


bool operator <(TypeArete e1, TypeArete e2)
{ // comparaison d'arêtes
  return (e1.poids < e2.poids);
}// less;
```

En partant du graphe de la figure 10.20, on choisit l'arête ayant le plus petit poids : 80, puis la suivante, 90. On continue comme cela, tel que le montre la figure 10.21, en choisissant 130 puis 150, puis 185 et 250, puis 255 et 260, puis 280 est rejetée car elle forme un cycle, on prend 290 et 350, puis 370, on rejette 400 qui formerait un cycle, on prend 560, 570, 580, et les arêtes restantes sont rejetées.

Dans notre algorithme, nous commençons avec une collection de sommets, chacun se trouvant seul. Nous allons alors avoir à combiner des ensembles et avoir à trouver dans quel ensemble se trouve un sommet particulier. On rencontre de tels problèmes dans un grand nombre d'applications ; ils peuvent être résolus au moyen des seules opérations `Fusionner` et `Trouver`. Le résultat de `Fusionner` est l'union de ses deux ensembles arguments, pourvu qu'ils soient disjoints, tandis que `Trouver` retourne l'ensemble auquel appartient son argument. Les ensembles `Fusionner-Trouver` sont une espèce particulière d'ensembles spécifiquement conçus pour de telles opérations. Nous pouvons donc définir un TDA `EnsemblesFT` au moyen de la spécification de classe ci-dessous. Nous étudierons la réalisation des ensembles FT un peu plus loin.

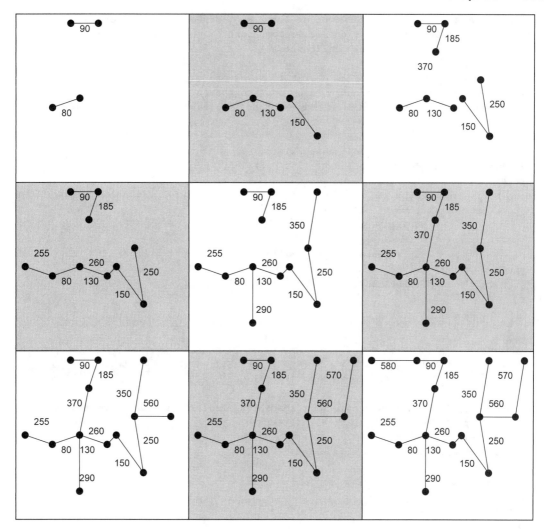

Figure 10.21 Construction d'un arbre de recouvrement à coût minimum

```
class EnsemblesFT {
public:
    void Initialiser(int, int);
    // Initialiser Comp à un ensemble ne comprenant que Elt.
    // Antécédent: l'ensemble Composants existe.
    // Conséquent: Comp est le nom d'un composant dans Composants dont fait partie Elt.
    void Fusionner(int, int);
    // Fusionner Comp1, Comp2 en appelant le résultat Comp1 ou Comp2 arbitrairement.
    // Antécédent: l'ensemble Composants existe,
    //             les composants Comp1 et Comp2 sont disjoints.
```

```
    // Conséquent: les composants Comp1 et Comp2 sont fusionnés dans l'ensemble
    //              des composants connectés Composants, le résultat est appelé
    //              Comp1 ou Comp2 arbitrairement.
    int Nom(int)const;
    // Retourne le nom de l'ensemble dont Elt est membre.
    // Antécédent: Elt n'appartient qu'à un seul composant.
    // Conséquent: retourne le nom du composant de Composants dont Elt est membre.
    void Vider();
    // Vider l'ensemble Composants.
    // Antécédent: l'ensemble Composants existe.
    // Conséquent: l'ensemble Composants est vide.
private:
    void Fondre(int, int);
    typedef struct {int NombreDElements;
                    int PremierElement;} TypeComp;
    typedef struct {int NomEns;
                    int ProchainElt;} TypeElts;
    TypeComp Composants[TAILLEMAX];
    TypeElts Elements[TAILLEMAX];
};
```

Avec les outils que nous venons de définir, nous pouvons réaliser l'algorithme de Kruskal de la façon suivante :

```
void Kruskal(int Sommets, multiset<TypeArete, less<TypeArete> > aretes,
             multiset<TypeArete>& recouvrement)
{
    multiset<TypeArete, less<TypeArete> > ensembleAretes; // file priorité arêtes
    multiset<TypeArete, less<TypeArete> >::iterator iter;
    EnsemblesFT composants;
    int nombreComposants, nouveauComposant;
    TypeArete elt;
    int comp1, comp2;
    // initialiser
    nouveauComposant = 0;
    nombreComposants = Sommets;
    for(int sommet = 0; sommet < Sommets; sommet++){
    // mettre chaque sommet tout seul dans un composant
      composants.Initialiser(nouveauComposant, sommet);
      nouveauComposant++;
    }// for;
    ensembleAretes = aretes;          // copier ensemble des arêtes
    while(nombreComposants > 1){
      iter = ensembleAretes.begin(); // arête avec poids minimum
      elt = *iter;
      ensembleAretes.erase(elt);
      comp1 = composants.Nom(elt.s1);
      comp2 = composants.Nom(elt.s2);
```

```
    if(comp1 != comp2){            // arête entre différents composants
      composants.Fusionner(comp1, comp2);
      nombreComposants--;
      recouvrement.insert(elt);    // la garder
    }// if;
  }// while;
}// Kruskal;
```

L'exécution de cet algorithme à partir du graphe de la figure 10.20 est illustrée par la figure 10.21 et se poursuit jusqu'à l'obtention de l'ensemble d'arêtes déjà identifié par le figure 10.9, résultat déjà fourni par l'algorithme de Prim.

La complexité temporelle de l'algorithme de Kruskal dépend fortement de la réalisation des divers outils que nous avons utilisés. En particulier, notez que la boucle `while` est exécutée une fois pour chaque arête. Comme les opérations sur les ensembles de la STL sont basées sur une représentation par arbre binaire de recherche, la complexité temporelle de ces opérations est $O(\log a)$. Nous savons cela parce que nous savons déjà que la complexité temporelle d'une recherche arborescente est $O(\log a)$, où a est le nombre d'arêtes. Donc, avec cette représentation, la complexité temporelle de l'algorithme de Kruskal serait $O(a \log a)$.

Ensembles Fusionner-Trouver

Pour compléter cette application, il nous faut définir les opérations de la classe `EnsembleFT`.

Une façon simple de réaliser les ensembles FT serait de définir un tableau pour les composants, où les indices seraient les valeurs des éléments et où les valeurs du tableau seraient les noms des composants. Par exemple, `Composants[x]` contiendrait ainsi le nom du composant contenant x. Une telle représentation serait simple et conduirait à des réalisations, elles aussi, extrêmement simples des opérations `Initialiser` et `Trouver`, mais exigerait que l'opération `Fusionner` vérifie toutes les valeurs du tableau pour changer le nom de certaines.

Nous pouvons améliorer cette représentation et les algorithmes correspondants, si nous relions entre eux tous les éléments appartenant à un même composant. Les liens sont vite établis en utilisant deux tableaux : le premier pour identifier les composants (nombre d'éléments et pointeur au premier élément du composant) et le second pour représenter les membres (nom du composant auquel ils appartiennent et prochain élément de ce composant). Les composants et les membres sont identifiés par les indices dans les deux tableaux. La figure 10.22 illustre une telle organisation ; par exemple, le composant 3 contient trois membres, le premier étant 0, le second étant 3 et le dernier étant 2. Un sommaire des composants de la figure 10.22 suit :

  1 avec élément {1}

  5 avec éléments {4, 5}

  3 avec éléments {0, 2, 3}

  7 avec élément {7}

  8 avec éléments {6, 8, 9}.

Avec cette représentation, l'opération `Trouver` est facile à réaliser ; nous indexons simplement le tableau de droite par le nom de l'élément et retournons le nom de l'ensemble qui est rangé dans le champ Nom.

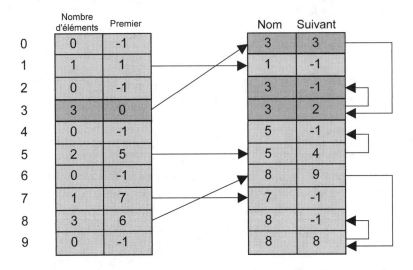

Figure 10.22 Une représentation pour les ensembles FT

L'opération `Fusionner` met en jeu la combinaison de deux listes chaînées et le changement des noms d'ensemble pour l'un des composants au nom de l'autre composant. Dans l'algorithme de Kruskal, nous commençons avec chaque sommet comme seul membre d'un ensemble, puis nous fusionnons les ensembles jusqu'à ce que tous les sommets se retrouvent tous dans un même ensemble. Ce qui nous intéresse ici est la complexité totale des appels à l'opération `Fusionner`. Cherchons le pire des cas pour toutes les fusions en utilisant la représentation par tableaux de la figure 10.22.

Supposons que nous relions les ensembles S et T en changeant les noms d'ensemble de tous les composants de S au nom T et en changeant le lien à la fin de la chaîne de S pour qu'il pointe au début de la chaîne T. Si S a une taille s et si T a une taille t, alors cette fusion simple a une complexité de $O(s)$, puisque s éléments ont vu leur nom d'ensemble changer. Initialement, s vaudra 1, puisque tous les ensembles originaux n'ont qu'un seul élément, mais, si nous fusionnons un ensemble de taille 2 avec un ensemble de taille 1, s devient 2. Dans la prochaine étape, s peut valoir 3. Si ce pire des cas continue jusqu'à ce que nous fusionnions un ensemble de taille $n-1$ avec un ensemble de taille 1, alors la complexité totale de toutes les fusions est $1 + 2 + 3 + ... + (n-1)$, soit $n(n-1)/2$.

Il y a une façon simple d'améliorer ce pire cas de comportement : conserver la taille de l'ensemble, comme nous l'avons fait dans le tableau de gauche, et toujours fusionner le plus petit ensemble avec le plus grand. Comme les noms d'ensemble ne seront changés que dans le petit ensemble, et comme ces éléments seront maintenant dans un ensemble au moins deux fois plus grand, tout élément changera son nom au plus $1 + \log n$ fois. Comme il y a n éléments, la complexité totale du pire des cas sera $O(n(1 + \log n))$, une valeur bien meilleure que le pire cas antérieur de comportement. Par conséquent, en utilisant cette représentation, nous fusionnerons toujours le plus petit ensemble dans le plus grand. Le code ci-dessous réalise ces opérations.

```
void EnsemblesFT::Initialiser(int Comp, int Elt)
// Initialiser Comp à un ensemble ne contenant que Elt.
{
  Elements[Elt].NomEns = Comp;
  Elements[Elt].ProchainElt = -1;
  Composants[Comp].NombreDElements = 1;
  Composants[Comp].PremierElement = Elt;
}// Initialiser;


void EnsemblesFT::Fondre(int E1, int E2)
// Fusionner E1 dans E2, E1 et E2 sont membres de Composants
{
  int index;
  index = Composants[E1].PremierElement;
  do{  // attacher les éléments de E1 au nom E2
    Elements[index].NomEns = E2;
    if(Elements[index].ProchainElt >= 0)
      // prochain élément
      index = Elements[index].ProchainElt;
  }
  while(Elements[index].ProchainElt >= 0);
  // ajouter la liste E2 à la liste E1 et appeler le résultat E2
  Elements[index].NomEns = E2;          // dernier élément de E1
  Elements[index].ProchainElt =
                      Composants[E2].PremierElement;
  Composants[E2].PremierElement =
                      Composants[E1].PremierElement;
  Composants[E2].NombreDElements =
                      Composants[E2].NombreDElements +
                      Composants[E1].NombreDElements;
  Composants[E1].NombreDElements = 0;
  // E1 n'existe plus
  Composants[E1].PremierElement = -1;
}// Fondre;


void EnsemblesFT::Fusionner(int Comp1 ,int Comp2)
// Fusionner Comp1 et Comp2 en appelant le résultat Comp1
// ou Comp2 arbitrairement.
{
  if(Composants[Comp1].NombreDElements
       > Composants[Comp2].NombreDElements)
    Fondre(Comp2, Comp1); // fusionner Comp2 dans Comp1
  else
    Fondre(Comp1, Comp2); // fusionner Comp1 dans Comp2
}// Fusionner;


int EnsemblesFT::Nom(int Elt) const
// Retourne le nom de l'ensemble dont Elt est membre.
{
  return Elements[Elt].NomEns;
}// Nom;
```

```
void EnsemblesFT::Vider()
// Vider ensemble Composants
{
  for(int index = 1; index <= 15; index++){
    Composants[index].NombreDElements = 0;
    Composants[index].PremierElement = -1;
    Elements[index].NomEns = 0;
    Elements[index].ProchainElt = -1;
  }// for;
}// Vider;
```

10.7 Exercices et problèmes

Exercices

10.1   Étant donné le graphe ci-dessous, définir la matrice associée correspondante. Trouver tous les chemins de longueur 1, 2 et 3 allant du sommet A au sommet B. Vérifier les résultats en calculant le carré et le cube de la matrice associée.

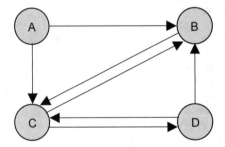

10.2   Représenter le graphe ci-dessous par une structure de liste :

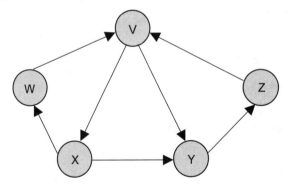

10.3   Étant donné la grammaire suivante, la représenter au moyen d'un graphe.

A ::= a | b | (A+B)

B ::= C | (B)

C ::= A=A

10.4　Dessiner le graphe correspondant à l'expression arithmétique suivante, en s'assurant que les sous-expressions communes sont partagées. Les sommets comprendront les opérandes (v, w, x, y, z) ou les opérateurs (+, *). La représentation devrait conserver l'ordre d'évaluation inhérent.

$$((x+y)*z+((x+y)+w)*(w+v))*((x+y)*z)$$

10.5　Dans la procédure `Warshall`, si après la boucle d'initialisation nous changeons la boucle externe "`for(i = 0; i < n; i++)`" en "`for(i = n-1; i > 0; i--)`", la procédure modifiée calculera-t-elle toujours la fermeture transitive de A ? Expliquer ce que le nouvel algorithme fait et le résultat qu'il produit.

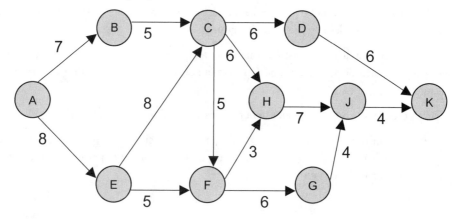

10.6　Étant donné le graphe d'activités ci-dessus, calculer les valeurs de Tôt et Tard pour chacun des sommets. Quelle est la durée minimale du projet ? Quelles sont les activités critiques ? Existe-t-il une activité dont l'accélération réduirait la durée du projet ?

Problèmes

10.7　Réécrire la spécification et le code de Graphes Orientés en utilisant une représentation basée sur deux tableaux. Le tableau principal aura une rangée pour chaque sommet, et chaque rangée aura trois colonnes : numéro du sommet, nombre d'arcs issus de ce sommet, indice du premier arc dans le second tableau. Le tableau secondaire comprendra deux colonnes, une pour le poids de l'arc et l'autre pour le sommet au bout de l'arc. Chaque rangée du tableau secondaire définira un arc.

10.8　Écrire les programmes définissant le type générique Graphe basés sur une structure de données particulière.

Les sommets du graphe font partie d'une liste de sommets et comprennent la valeur du sommet, un pointeur au prochain sommet et deux pointeurs à des listes d'arêtes. Ces deux derniers pointeurs sont tels que le premier repère la liste d'arêtes du sommet et que le second repère une arête appartenant à une liste d'arêtes d'un autre sommet, mais mettant en jeu le sommet courant.

Chaque arête comprend les clefs de deux sommets S1 et S2, et deux pointeurs de liste d'arêtes. Chaque arête appartient à deux listes : la liste d'arêtes du sommet S1 et la liste d'arêtes du sommet S2. Cette représentation assure qu'une arête n'apparaît pas en double. Par exemple, dans la figure

10.6 de la page 325, l'arête Lhasa-Shigatse n'est représentée que par un élément appartenant à la fois à la liste d'arêtes de Lhasa et à la liste d'arêtes de Shigatse. L'algorithme de Prim serait sans doute un bon test pour votre TDA, mais pas le seul. Il faut s'assurer d'être aussi orienté objet que possible et de ne pas réinventer la roue…

10.9 Modifier la réalisation du problème précédent en remplaçant la liste de sommets par un arbre binaire de recherche.

10.10 Écrire et tester une procédure qui construise un arbre de recouvrement à coût minimum, qui ordonne d'abord les arêtes selon leur poids, puis, en commençant avec un arbre vide, lui ajoute chaque arête et les sommets qu'elle relie, tant que le graphe résultant demeure sans cycle, et qui se termine lorsque tous les sommets ont été ajoutés.

10.11 La racine d'un graphe orienté est un sommet S, tel que l'on puisse atteindre tous les autres sommets du graphe à partir de lui. Écrire une fonction qui décidera si un graphe donné possède ou non une racine.

10.12 Écrire et tester une procédure qui listera tous les cycles simples d'un graphe.

10.13 Le rayon d'un arbre est la distance maximum de la racine à une feuille. Écrire et tester un algorithme qui, à partir d'un graphe symétrique, détermine un arbre partiel avec un rayon minimum en utilisant une recherche en largeur.

Chapitre II

Tables

Le dos au feu, le ventre à table.
Proverbe

Le problème de comment ranger, retrouver et supprimer des informations spécifiques à partir d'une grande masse de données n'est pas nouveau. Même avant l'existence des ordinateurs, on a toujours voulu organiser les informations en vue d'une manipulation et d'une présentation efficaces. Bien qu'une recherche systématique d'information paraisse simple, c'est la vitesse à laquelle elle peut être réalisée qui déterminera si une méthode est pratique ou non. Comme le choix des structures de données exerce une influence sur la conception et l'efficacité des algorithmes, nous examinerons dans ce chapitre la table et quelques-unes de ses réalisations, dans l'optique de l'efficacité de l'opération de recherche. Normalement, la recherche dans une table met en jeu la comparaison des clefs des enregistrements de la table à une clef de recherche donnée, l'objectif étant de trouver un enregistrement possédant cette même clef de recherche ou de déterminer qu'un tel enregistrement ne se trouve pas dans la table.

Dans ce chapitre, nous nous concentrerons sur les tables avec index calculé, aussi appelées tables de hachage, dont l'objectif est de permettre un accès quasi direct malgré le problème des collisions causé par le fait que plus d'une clef correspond au même indice. Nous considérerons par la suite les méthodes de résolution des collisions les plus connues et leur efficacité. La STL ne comprend pas encore officiellement de table de hachage, bien qu'il existe des propositions des laboratoires de recherche de Hewlett-Packard et de SGI. Nous explorerons donc la réalisation de telles tables.

11.1 Abstraction de la table

Une table peut être simplement définie comme un ensemble de paires de la forme (y, F(y)) pour un domaine fini de y et une fonction quelconque F. Par exemple, la figure 11.1 illustre le concept de table avec la fonction caractère où y représente le code ASCII d'un caractère.

y	Caractère y
60	<
61	=
62	>
63	?
64	@
65	A
66	B
67	C
68	D
69	E
70	F

Figure 11.1 Table partielle de la fonction caractère ASCII

Du point de vue informatique, une table est une collection d'éléments, lesquels sont normalement des enregistrements.   On associe une clef à chaque enregistrement pour le différencier des autres enregistrements. La plupart du temps, on choisit une clef pour qu'elle identifie un enregistrement dans une table de façon unique.

Les opérations de base nécessaires pour une table *abstraite* (voir le chapitre 7) sont définies par la spécification suivante :

```cpp
#include <iostream>
#include <fstream>
#include <string>

template <typename T> class Table        // classe abstraite
// Ce module définit le type abstrait Table.  Ce type servira à dériver
// d'autres types de tables pour différentes méthodes de réalisation
// possédant toutes un minimum de quatre opérations.
// P. Gabrini juin 2005.
{
public:
```

```
virtual void Inserer(const T & Elt) = 0;
// Insère l'élément Elt dans la table.
// Antécédent:  La table n'est pas pleine.
// Conséquent:  Si Elt faisait déjà partie de la table, il a été mis à jour,
//              sinon, Elt a été inséré dans table.
```

```
virtual int Nb_Elements()const = 0;
// Donne le nombre d'éléments contenus dans la table.
// Antécédent:  Aucun.
// Conséquent:  Retourne le nombre d'éléments de la table.
```

```
virtual bool Chercher(T & Element)const = 0;
// Cherche un élément dans la table qui possède la clef de Element.
// Si on trouve un élément, on le retourne dans Element, et le résultat est vrai,
// sinon il est faux.
// Antécédent: Aucun.
// Conséquent: Retourne faux si la clef de Element n'est pas dans table
//              ou vrai si Element dans la table.
```

```
virtual bool Supprimer(const T & Element) = 0;
// Supprime l'élément ayant la même clef que Element dans la table.
// Antécédent: La table existe.
// Conséquent: Retourne vrai, et la table ne contient pas Element
//              ou faux, et la table est inchangée.
```

```
};
```

Rappelez-vous qu'une définition abstraite, comme celle-ci, dont toutes les fonctions sont virtuelles pures (indiquées par le « = 0 »), exige que l'utilisateur en redéfinisse les parties abstraites. Comme ici tout est abstrait, on n'a pas besoin de déclarations de fonction complètes pour accompagner cette spécification. Notons aussi que l'on ne présuppose pas qu'il existe de relation entre les éléments de la table, c'est-à-dire que l'on ne fait aucune hypothèse sur l'ordre des éléments.

Pratiquement, on peut définir le type de données abstrait `Table` comme un ensemble d'enregistrements d'un type donné, avec des clefs d'un type donné. Une spécification de tables utilisables dans des applications peut, en fait, réaliser des tables dont les éléments sont ordonnés selon la clef des éléments de la table. Une telle spécification pourrait ainsi être dérivée de la spécification abstraite ci-dessus, par exemple :

```
#include <vector>
using namespace std;
```

```
template <typename T> class Table_Ordonnee : public Table<T>
{  // P. Gabrini    juin 2005
public:
  Table_Ordonnee(){};                    // constructeur
  virtual void Inserer(const T & Elt);
  // Insère l'élément Elt dans la Table.
  // Antécédent: La table n'est pas pleine.
  // Conséquent: Si Elt faisait déjà partie de la table, il a été mis à jour,
  //              sinon Elt a été inséré dans table.
```

```
virtual int Nb_Elements()const;
// Donne le nombre d'éléments contenus dans la table.
// Antécédent: Aucun.
// Conséquent: Retourne le nombre d'éléments de la table.


virtual bool Chercher(T& Element)const;
// Cherche un élément dans la table qui possède la clef de Element.
// Si on trouve un élément, on le retourne dans Element avec vrai,
// sinon on retourne faux.
// Antécédent: Aucun.
// Conséquent: Retourne faux si la clef de Element n'est pas dans table
//             ou retourne vrai et Element' = élément de la table.


virtual bool Supprimer(const T & Element);
// Supprime l'élément ayant la même clef que Element dans la table.
// Si la suppression a réussi, on retourne True, sinon False.
// Antécédent: la table existe.
// Conséquent: Retourne vrai, et la table ne contient pas Element
//             ou faux, et la table est inchangée.


void AfficherTable()const;
// Afficher tous les éléments de la table.
// Antécédent: la table existe.
// Conséquent: la table est affichée.


void RangerTable()const;
// Copier les éléments de la table dans un fichier.
// Antécédent: la table existe.
// Conséquent: la table est rangée dans un fichier.
private:
  vector<T> Elements;
};
```

On a bien redéfini la classe Table et ses quatre opérations, comme l'exige la classe abstraite ; on a aussi défini un constructeur et deux opérations supplémentaires : AfficherTable et RangerTable. Il nous faudra bien sûr compléter cette spécification concrète par les déclarations des sous-programmes.

11.2 Applications

On retrouve les tables dans un grand nombre d'applications informatiques : compilateurs, systèmes d'exploitation, assembleurs, bases de données, systèmes de télécommunication, systèmes de gestion, etc. Ces tables peuvent être définies de bien des façons ; cependant, les opérations demeurent semblables pour toutes les sortes de tables et sont indépendantes de la représentation choisie. On peut donc utiliser le type de données abstrait que nous venons de définir dans la plupart des applications.

Un serveur d'information

Les applications des tables sont très nombreuses, et il est difficile d'en choisir une ou deux qui soient vraiment caractéristiques. Prenons comme exemple une application de *serveur d'information*. On peut définir un serveur d'information comme un système qui, à partir d'une requête, retourne l'information associée à la requête. Si nous donnons le nom d'une personne à un serveur d'information, ce dernier peut retourner l'adresse, le numéro de téléphone ou le solde de son compte bancaire. Nous développerons un tel système en utilisant le type de données abstrait que nous venons de définir.

Le serveur d'information que nous allons développer fournira à l'utilisateur des opérations permettant de vérifier si une personne existe, d'obtenir le nom de la personne, son adresse ou son numéro de téléphone, de vérifier le mot de passe d'une personne, ainsi que d'ajouter et d'éliminer l'information relative à une personne de la table d'informations. Comme nous manipulerons principalement des informations textuelles, nous utiliserons les chaînes de caractères disponibles en C++.

Pour le serveur d'information, les spécifications suivantes donnent une définition plus précise des diverses opérations :

```cpp
#include <iostream>
#include <string>
#include "Tables.hpp"
#include "Chiffreur.hpp"
using namespace std;

class TypeElements     // P. Gabrini     juin 2005
{  friend class SystemeRequetes;
public:
  bool operator>(const TypeElements & Elt) const
    {return clef > Elt.clef;};
  // comparaison
  bool operator==(const TypeElements & Elt) const
    {return clef == Elt.clef;};
  // comparaison
  bool operator!=(const TypeElements & Elt) const
    {return clef != Elt.clef;};
  // comparaison
  void MontrerClef() const;
  // afficher la clef
  void Afficher() const;
  // afficher les champs
  friend ostream &operator<<(ostream &, const TypeElements &);
  // sortie ne peut être fonction membre pour appel usuel
private:
  string clef;
  string nom;
  string adresse;
  string motPasse;
  string telephone;
};
```

```cpp
void TypeElements::Afficher() const
{
  cout << clef << endl;
  cout << nom << endl;
  cout << adresse << endl;
  cout << telephone << endl;
  cout << motPasse << endl;
} // Afficher;

void TypeElements::MontrerClef() const
{
  cout << clef << "*" << endl;
} // MontrerClef;

ostream &operator<<(ostream &output, const TypeElements &Elt)
{
  output << Elt.clef << ' ' << Elt.nom << ' ' << Elt.adresse << ' '
         << Elt.telephone << ' ' << Elt.motPasse << endl;
  return output;
}

class SystemeRequetes
{
public:
  SystemeRequetes();
  bool Present(string Identite)const;
  // Retourne vrai si Identite identifie un membre.

  void AjouterMembre(string Identite);
  // Ajouter un nouveau membre à la table des membres.

  bool TrouverNom(string Identite, string& Nom)const;
  // Si Identite identifie un membre, retourne vrai
  // et Nom' = nom du membre, sinon retourne faux.

  bool MotPasseValide(string Identite, string MotPasse)const;
  // Retourne vrai si Identite identifie un membre avec le mot de passe MotPasse.

  bool TrouverTelephone(string Identite, string& Telephone)const;
  // Si Identite identifie un membre, retourne vrai
  // et Telephone' = numéro de téléphone du membre, sinon retourne faux.

  bool TrouverAdresse(string Identite, string& Adresse)const;
  // Si Identite identifie un membre, retourne vrai
  // et Adresse' = adresse du membre, sinon retourne faux.

  bool Eliminer(string Identite);
  // Éliminer le membre identifié par Identite de la table des membres.
  // Retourne vrai si le membre a été éliminé, faux autrement.
```

```
bool ChangerMotPasse(string Identite, string MotDePasse);
// Changer le mot de passe d'un membre existant. Retourne vrai
// si le mot de passe a été changé, faux autrement.

void ListerTous()const;
// Afficher les clefs de tout le monde.

void Sauvegarder()const;
// Sauvegarder toute l'information dans un fichier.
private:
  const string SECRET;
  // mot de passe administratif caché : impossible de l'initialiser ici!
  Table_Ordonnee<TypeElements> donnees;
  void Initialiser(); // Initialiser le système
};
```

La figure 11.2 montre le diagramme modulaire de l'application serveur d'information. L'utilisateur écrira alors un programme principal qui se servira du module `Système Requêtes`.

Le module `Chiffreur` est extrêmement simple et n'offre qu'une opération de chiffrement.

```
void Chiffrer(string &);
```

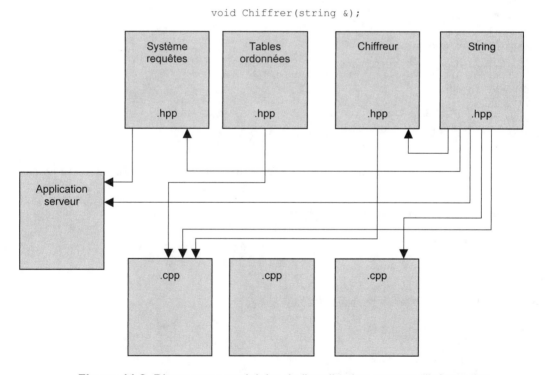

Figure 11.2 Diagramme modulaire de l'application serveur d'information

La déclaration complète des fonctions de Système Requêtes est basée sur notre TDA Table, et nous la donnons ci-dessous :

```
const string ESPACES = "                                       ";
SystemeRequetes::SystemeRequetes():SECRET("Fahrenheit451")
{  Initialiser();
}
```

Il devrait être évident que l'on ne peut initialiser une constante au moyen d'une instruction d'affectation ; la clause d'initialisation est le seul moyen d'initialiser une constante définie dans une classe.

```
void SystemeRequetes::Initialiser()
{ TypeElements Elt;
  string nom, indicateur;
  cout << "Donnez le nom du fichier de données: ";
  cin >> nom;
  ifstream F(nom.c_str());
  F >> indicateur;          // = "Chiffré" si mots de passe chiffrés
  while(!F.eof()){
    F >> Elt.clef;
    F >> Elt.nom;
    F >> Elt.adresse;
    F >> Elt.telephone;
    F >> Elt.motPasse;
    if(indicateur != "Chiffré")
      Chiffrer(Elt.motPasse); // fichier original en clair
    donnees.Inserer(Elt);
  } // while;
  F.close();
  cout << "Fin initialisation de la table...";
} // Initialiser;
```

Cette procédure initialise la table à partir d'un fichier de données où les mots de passe sont soit en clair (pour le démarrage du processus), soit chiffrés (après la première utilisation).

```
bool SystemeRequetes::Present(string Identite)const
{ TypeElements elt;
  elt.clef = Identite;
  return donnees.Chercher(elt);
} // Present;


void SystemeRequetes::AjouterMembre(string Identite)
{ TypeElements elt;
  string nom;
  elt.clef = Identite;
  cout << "Donnez le nom: ";
  cin >> elt.nom;
  cout << "Donnez l'adresse: ";
  cin >> elt.adresse;
```

```
    cout << "Donnez le numéro de téléphone: ";
    cin >> elt.telephone;
    cout << "Donnez le mot de passe: ";
    cin >> elt.motPasse;
    Chiffrer(elt.motPasse);
    donnees.Inserer(elt);
    cout << "Membre ajouté";
} // AjouterMembre;

bool SystemeRequetes::TrouverNom(string Identite, string& nom)const
{ TypeElements elt;
    elt.clef = Identite;
    if(donnees.Chercher(elt)){
        nom = elt.nom;
        return true;
    }
    else{
        nom = ESPACES;
        return false;
    }
} // TrouverNom;

bool SystemeRequetes::MotPasseValide(string Identite, string MotPasse)const
{ TypeElements elt;
    bool OK;
    string mot;
    mot = MotPasse;
    Chiffrer(mot);
    elt.clef = Identite;
    OK = donnees.Chercher(elt);
    return OK && mot == elt.motPasse;
} // MotPasseValide;

bool SystemeRequetes::TrouverTelephone(string Identite, string& Telephone)const
{ TypeElements elt;
    elt.clef = Identite;
    if(donnees.Chercher(elt)){
        Telephone = elt.telephone;
        return true;
    }
    else{
        Telephone = ESPACES;
        return false;
    }
} // TrouverTéléphone;

bool SystemeRequetes::TrouverAdresse(string Identite, string& Adresse)const
{ TypeElements elt;
    bool trouve;
    elt.clef = Identite;
```

```
  trouve = donnees.Chercher(elt);
  if(trouve){
    Adresse = elt.adresse;
    return true;
  }
  else{
    Adresse = ESPACES;
    return false;
  }
} // TrouverAdresse;


bool SystemeRequetes::Eliminer(string Identite)
{ TypeElements elt;
  bool succes;
  string motPasse;
  cout << "Donnez le mot de passe du membre à éliminer: ";
  cin >> motPasse;
  if(MotPasseValide(Identite, motPasse)){
    elt.clef = Identite;
    succes = donnees.Supprimer(elt);
    donnees.AfficherTable();
  }
  else
    succes = false;
  return succes;
} // Éliminer;


bool SystemeRequetes::ChangerMotPasse(string Identite, string motDePasse)
{ TypeElements elt;
  string vieux, nouveau, mot;
  bool succes;
  cout << "Donnez votre vieux mot de passe: ";
  cin >> vieux;
  if(MotPasseValide(Identite, vieux)){
    elt.clef = Identite;
    succes = donnees.Chercher(elt);
    if(succes){
      cout << "Redonnez votre nouveau mot de passe: ";
      cin >> nouveau;
      if(motDePasse == nouveau){
        Chiffrer(nouveau);
        elt.motPasse = nouveau;
        donnees.Inserer(elt); // mettre à jour
        succes = true;
      }
      else{
        succes = false;
        cout << "Vous ne semblez pas sûr.";
      } // IF;
    }
```

```
    else{
      succes = false;
      cout << "Ce n'est pas un membre!";
    } // IF;
  }
  else{
    cout << "Mauvais mot de passe.";
    succes = false;
  } // IF;
  return succes;
} // ChangerMotPasse;


void SystemeRequetes::ListerTous()const
{
  string mot;
  cout << "Donnez le mot de passe administratif: ";
  cin >> mot;
  if(mot == SECRET)
    donnees.AfficherTable();
  else
    cout << "Mauvais mot de passe administratif" << endl;
} // ListerTous;


void SystemeRequetes::Sauvegarder()const
{
  donnees.RangerTable();
} // Sauvegarder;
```

En examinant la réalisation des diverses opérations, on peut voir qu'il a été très facile de les définir en utilisant les opérations primitives de Table. Nous avons aussi inclus une procédure automatique d'initialisation de table, laquelle n'est invoquée qu'une seule fois par le constructeur, puisque nous n'avons pas jugé bon de la donner à l'utilisateur. Les données lues sont rangées directement dans la table de l'utilisateur, à l'exception du mot de passe, qui est rangé sous forme chiffrée après utilisation du sous-programme `Chiffrer` importé du module `Chiffreur`. Comme on l'a vu au chapitre 5, le chiffrement des chaînes de caractères est un domaine intéressant que vous êtes invités à explorer. Notez qu'ici nous n'utilisons qu'une méthode simpliste de chiffrement, laquelle n'est donnée qu'à titre d'exemple.

```
void RenverserChaine(string& Chaine)
{ // Renversement d'une Chaîne
  int longueur;
  string tete = Chaine, queue;
  longueur = Chaine.length();
  if(longueur > 0){
    tete.erase(longueur-1, 1); // enlève dernier caractère
    queue = Chaine[longueur-1];// dernier caractère
    RenverserChaine(tete);
    Chaine = queue + tete;
  } // if;
}// RenverserChaîne;
```

```
void Chiffrer(string& Chaine)
{ // Chiffrer Chaîne
  char car;
  RenverserChaine(Chaine);
  for(int index = 1; index < Chaine.length(); index++){
    car = Chaine[index];
    Chaine[index] = (car+index) % 256;
  } // for;
} // Chiffrer;
```

Pour compléter, nous indiquons ci-dessous le pseudo-code pour un programme principal correspondant à l'application du serveur de la figure 11.2.

```
Traiter Requêtes
    Boucle
        Sélection Choix
            1:          Ajouter Membre
                        Indiquer succès ou échec
            2:          Présent
                        Indiquer succès ou échec
            3:          Trouver Nom
                        Afficher Nom
            4:          Trouver Adresse
                        Afficher Adresse
            5:          Trouver Téléphone
                        Afficher Téléphone
            6:          Trouver Nom, Trouver Adresse, Trouver Téléphone
                        Afficher Nom, Adresse, Téléphone
            7:          Demander le nouveau mot de passe à l'utilisateur
                        Changer Mot de passe
                        Afficher Message
            8:          Demander le mot de passe à l'utilisateur
                        Éliminer Membre
                        Afficher Message
            9:          Demander le mot de passe administratif
                        Si le mot de passe est correct
                            Lister tous les membres
            10:         Sauvegarder
                        Terminer la boucle
    Afficher "Terminé!"
```

Cet exemple illustre une application possible du type de données abstrait Table. Il est bien entendu possible de concevoir un autre serveur d'information qui répondrait à d'autres règles pour l'accès et le rangement des données ; sur le plan conceptuel, peu de choses changeraient vraiment.

Un autre groupe d'applications des tables très répandu comprend les tables de symboles. Il devrait être relativement évident que les compilateurs, chargeurs, assembleurs et analyseurs lexicaux utilisent tous des tables de symboles pour y ranger les associations entre noms et valeurs. Les noms sont généralement des identificateurs, des codes-opérations ou des mots réservés, tandis que les valeurs peuvent être des éléments simples ou multiples, comme des types, des adresses relatives, des pointeurs ou des tailles. En général, on peut assimiler une table de symboles à un ensemble d'éléments de la forme :

$$(\text{Id}, v_1, v_2, \dots, v_n)$$

où *Id* est un nom, où v_i représente les valeurs associées à ce nom et où *n* est une constante. Dans ce cas, les noms utilisés pour accéder aux divers éléments doivent être uniques. Les tables de symboles ne sont donc pas très différentes des serveurs d'information, et l'organisation choisie pour représenter des tables de symboles dépendra fortement de l'utilisation prévue. Certaines tables de symboles peuvent être statiques et ordonnées, comme les tables de mots réservés dans un compilateur ou les tables de codes opération dans un assembleur. D'autres tables de symboles peuvent être dynamiques, comme les tables d'identificateurs définis par l'utilisateur dans un compilateur. Les tables statiques ont une taille fixe ; elles ne permettent généralement pas les opérations d'insertion et de suppression, seulement des opérations de recherche. Les tables dynamiques, elles, permettent l'insertion et la suppression d'éléments. L'organisation des tables fait partie de leur réalisation, mais, comme nous l'avons brièvement évoqué ici, nous devrons aussi considérer l'effet de cette organisation sur la performance du système au moment où nous arrivons à l'étape de leur réalisation.

11.3 Réalisation

En utilisant quelques-unes des structures de données que vous avez vues précédemment, on peut représenter les tables de multiples façons. On peut ainsi représenter une table par un tableau d'enregistrements, comme dans le corps du module qui suit. Il est aussi possible de représenter une table par une liste linéaire (en utilisant soit la représentation par tableau, soit la représentation dynamique) ou même par un arbre binaire. Selon la représentation choisie, les algorithmes pour la réalisation des diverses opérations sur les tables seront variés. Il est évident que les algorithmes d'insertion et de suppression, par exemple, seront très semblables à ceux utilisés pour la représentation sous-jacente. En nous basant sur la partie privée de la spécification du module Tables Ordonnées, qui représente une table au moyen de la classe vecteur dynamique `vector` de la STL comme ci-dessous :

```
private:
    vector<T> Elements;
```

voyons un exemple de déclarations de Tables Ordonnées.

```
template <typename T> int Table_Ordonnee<T>::Nb_Elements()const
{ // Donne le nombre d'éléments contenus dans la table
  return Elements.size();
} // Nb_Éléments;

template <typename T> bool Table_Ordonnee<T>::Chercher(T & Element)const
{ // Cherche un élément dans la table qui possède la clef de Element.
  // Si on trouve un élément, on le retourne dans Element, et vrai,
  // sinon faux.
  vector<T>::const_iterator iter = Elements.begin();
  while(iter != Elements.end() && Element > *iter)
    iter++;                  // Clef pas dans positions begin..iter
```

```
  if(iter != Elements.end() && Element == *iter){  // trouvé
    Element = *iter;
    return true;
  }
  else                        // absent
    return false;
} // Chercher;


template <typename T> void Table_Ordonnee<T>::Inserer(const T & Elt)
{ // Insère l'élément Elt dans la Table
  vector<T>::iterator iter = Elements.begin();
  while(iter != Elements.end() && Elt > *iter)
    iter++;                   // Elt.Clef pas dans positions 0..iter
  // iter indique où Elt.Clef doit être placé
  if(iter == Elements.end() || Elt != *iter)     // insérer
    Elements.insert(iter, Elt);
  else
    *iter = Elt;              // mettre à jour
} // Insérer;


template <typename T> bool Table_Ordonnee<T>::Supprimer(const T & Element)
{ // Supprime l'élément ayant la même clef que Element dans la table.
  // Si la suppression a réussi, retourne True, sinon False.
  vector<T>::iterator iter = Elements.begin();
  while(iter != Elements.end() && Element > *iter)
    iter++;                   // trouver position de Clef dans table
  if(iter != Elements.end() && Element == *iter){
    Elements.erase(iter);
    return true;
  }
  else
    return false;             // élément absent
} // Supprimer;


template <typename T> void Table_Ordonnee<T>::AfficherTable() const
{ // Afficher tous les éléments de la table.
  vector<T>::const_iterator iter;
  for(iter = Elements.begin(); iter != Elements.end(); iter++) // afficher clefs
    cout << *iter << endl;
} // AfficherTable;


template <typename T> void Table_Ordonnee<T>::RangerTable() const
{ string nom;
  vector<T>::const_iterator iter;
  cout << "Sauvegarde de la table.  Donnez un nom de fichier. ";
  cin >> nom;
  ofstream F1(nom.c_str());
```

```
F1 << "Chiffré" << endl; // indicateur pour mots de passe
for(iter = Elements.begin(); iter != Elements.end(); iter++)
  F1 << *iter;              // opérateur << surchargé pour type T
F1.close();
cout << "Sauvegarde terminée." << endl;
} // RangerTable;
```

Les méthodes de Tables Ordonnées sont simples. Le type table est un type privé, représenté simplement par un vecteur de la STL.

Tous les sous-programmes supposent que les éléments sont conservés dans la table en ordre ascendant de leurs clefs. Ils utilisent aussi les opérateurs booléens de comparaison qui doivent être définis pour le type des éléments rangés dans la table. La procédure Chercher examine séquentiellement les éléments de la table jusqu'à ce que la clef soit trouvée ou que l'on ait atteint la position qu'elle devrait occuper dans la table et elle retourne un indicateur qui signale que la recherche a bien abouti. Une fois la clef trouvée, on retourne les informations associées à la clef. La procédure Inserer examine la table de façon séquentielle, jusqu'à ce que la position de la clef soit trouvée, et l'insertion est faite au moyen de l'opération insert sur les vecteurs STL. La procédure Supprimer suit le modèle d'Inserer : on trouve la position de la clef, puis l'élément est supprimé de la table à l'aide de l'opération erase des vecteurs de la STL. La procédure AfficherTable affichera les éléments rangés dans la table dans l'ordre dans lequel ils sont rangés, en utilisant l'opérateur de sortie redéfini pour le type des éléments.

L'opération de recherche est l'opération principale pour les tables, et son efficacité est importante. Nous avons programmé un algorithme de recherche simple qui tire parti du fait que la table est ordonnée ; si nos tables étaient très grandes, nous aurions obtenu une meilleure performance en programmant un algorithme de recherche binaire. Les réalisations des algorithmes de recherche sont basées sur le type de table utilisé, et nous avons vu au chapitre 2 que l'on pouvait considérer deux types de table : la table non ordonnée et la table ordonnée ; nous allons y ajouter un troisième type, la table avec index calculé.

11.4 Tables avec index calculé, dites tables de hachage

La recherche d'un élément dans une table exige l'inspection de plusieurs autres éléments de la table selon une méthode systématique : ceci est vrai pour la recherche séquentielle et pour la recherche binaire. Il est évident que l'on pourrait trouver une meilleure méthode de recherche si l'on pouvait trouver la position d'un élément dans la table en la calculant simplement à partir de la valeur de sa clef. Il serait encore plus simple de juste utiliser la clef comme indice dans la table, comme nous pouvons le faire dans les langages évolués, par exemple :

```
enum StdType {Undef, Bool, Char, Int, Enum, LongTyp, Double, Subrange, Real, LongReal,
              Pointer, GenericPar, PrivateTyp, StringTyp, ArrayTyp, RecordTyp};
EntryType Table[16];
```

Dans cet exemple réel, issu d'un compilateur et que nous avons évité de franciser, Table[symbol] accède directement à l'élément correspondant à la « clef » symbol. Dans un tel cas, on constate qu'il n'est pas nécessaire de conserver la clef dans la table. En effet, la recherche dans cette table consiste en un accès **direct** à l'un de ses éléments, suivi de la vérification de la présence ou de l'absence de cet élément.

De tels cas sont rares en pratique, car l'ensemble de toutes les clefs possibles est habituellement beaucoup plus grand que la table que l'on doit utiliser. Prenez simplement l'exemple de la table des symboles utilisée par un compilateur, où les identificateurs commencent par une lettre (majuscule ou minuscule non accentuée) suivie de lettres ou de chiffres avec au plus dix caractères (ce qui, en passant, est plus limité que la plupart des langages de programmation modernes). Alors, l'ensemble de tous les identificateurs possibles comprend $52*62^9$ ou 703 928 500 405 704 704 [1] identificateurs différents ! (Ce nombre se lirait sept cent trois mille neuf cent vingt-huit billions cinq cent milliards quatre cent cinq millions sept cent quatre mille sept cent quatre ![2]) Bien qu'actuellement la mémoire pour ordinateur soit relativement peu coûteuse, il nous est impossible de réserver suffisamment de mémoire pour pouvoir y ranger tous les symboles possibles. Notons que le nombre de symboles dans un programme n'est pas très grand et qu'une table de mille éléments suffirait largement. Les tables de symboles des compilateurs ne sont pas les seuls exemples, des tables de noms ou de numéros d'étudiants présenteront le même problème.

Comme nous ne pouvons pas utiliser l'indexation directe, faute de place, il nous faut utiliser une fonction de mise en correspondance des clefs avec les indices de la table, appelée *fonction de calcul d'index* ou *fonction de hachage* (traduction de l'anglais *hash function*) qui transforme les clefs en indices. Étant donné une clef C, $h(C)$ produit l'indice correspondant i. Nous parlons plus en détail des fonctions de calcul d'index ci-dessous. Notons, pour le moment, que les calculs sont normalement faits en temps constant, ce qui veut dire que, étant donné une transformation, on peut calculer l'indice en $O(1)$; cela semble trop beau pour être vrai et c'est un peu le cas. Comme il y a beaucoup plus de clefs possibles que de positions dans la table, la fonction de hachage $h(C)$ ne peut réaliser une correspondance biunivoque ou une application bijective (où tout indice est l'image d'une seule clef), mais réalise une correspondance où un indice est l'image de plusieurs clefs. On s'attend donc à des situations où deux clefs différentes, C1 et C2, aboutissent au même indice :

$$h(C1) = h(C2) = i$$

et à ce que plusieurs éléments soient en compétition pour la même position de la table. Avec l'exemple ci-dessus, on dit que C1 et C2 ont une *collision* à l'indice i pour la fonction de correspondance h.

---

[1]   De grands nombres de cette taille nous posent le problème de leur lecture. Heureusement, Nicolas Chuquet (1445-1500) écrivit un ouvrage en 1484, *Triparty en la science des nombres*, qui ne fut publié qu'en 1880, dans lequel il fut le premier à utiliser le zéro et les nombres négatifs comme exposants. Dans cet ouvrage, il mit sur pied un système de noms pour les très grands nombres, en introduisant les termes million (datant de 1270), byllion, tryllion, quadrilion, ..., octylion, nonyllion, par augmentation de 10^6 (échelle longue). En 1520, Estienne de la Roche publia *Larismetique* dans laquelle il copia l'ouvrage de Chuquet sans attribution. En 1550, Jacques Pelletier du Mans adopta un système basé sur des écarts de 10^6 et ajouta le terme milliard. Ce système, parfois appelé système de Chuquet-Pelletier, fut utilisé en Europe, bien que la France soit passée à l'échelle courte (sauts de 10^3) au XVIIᵉ siècle et n'y soit revenue que bien plus tard (1961). Par sauts de mille, on y retrouve les termes : mille, million, milliard, billion, billiard, trillion, trilliard, quadrillion, etc. (mais billiard, trilliard, etc. ne sont pas vraiment acceptés). Aux États-Unis, on utilise les termes se terminant en « llion » par sauts de 10^3, ce qui introduit une confusion certaine (un trillion français est un quintillion américain, etc.).

[2]   En notation traditionnelle, les traits d'union ne sont utilisés que pour les valeurs inférieures à cent.

La conception d'une bonne table de hachage doit répondre aux conditions suivantes :

1. La conception définira une fonction de hachage $h(C)$ qui produira un nombre de collisions faible, en étalant les éléments dans toute la table aussi uniformément que possible ;

2. La conception définira une méthode de résolution des collisions qui soit en mesure de ranger ou de trouver un enregistrement avec une clef donnée parmi tous les enregistrements dont les clefs sont en collision à la même position de la table.

Fonctions de calcul d'index (ou de hachage)

Disons-le carrément, il n'y a pas de fonction de hachage meilleure que les autres, car le choix de la fonction h dépend **beaucoup** de la définition des clefs de la table, du degré où elles sont aléatoires et de la taille de la table. On peut seulement dire que certaines fonctions de hachage peuvent se révéler extrêmement mauvaises et donner de très mauvais résultats. Il faut toujours **essayer** une fonction de hachage avec des données réelles, pour découvrir si elle est efficace ou non. **Une fonction de hachage doit donc être choisie avec soin.**

Les fonctions de hachage manipulent les clefs comme si elles étaient des entiers. Les clefs sont souvent alphanumériques, mais on peut alors interpréter la représentation interne des bits de la clef comme un nombre binaire. Cette méthode présente un désavantage, car les représentations binaires de toutes les lettres sont similaires. Si les clefs ne sont faites que de lettres non accentuées, et si chaque lettre a un numéro d'ordre de 1 à 52 (majuscules et minuscules), cela veut dire que le premier chiffre ne peut être que 0, 1, 2, 3, 4 ou 5. Une autre façon de résoudre ce problème est de considérer une clef alphabétique comme un nombre exprimé dans la base 52, et de calculer sa valeur en utilisant la notation positionnelle :

« Coucou » devient $3*52^5 + 41*52^4 + 47*52^3 + 29*52^2 + 41*52^1 + 47 = 1\ 447\ 077\ 523$.

Division

Dans cette méthode, nous prenons pour $h(C)$ le reste de la division entière de C par la taille de la table T :

$$h(C) = C \% T$$

Cette méthode est très souvent utilisée, bien que quelques précautions s'imposent. D'abord, T doit être un nombre premier[3], mais ne doit pas être de la forme $r^k \pm a$, où r est la base de l'ensemble de caractères de la clef, si la clef est alphanumérique (128 pour l'ASCII et 256 pour l'ASCII étendu), et où k et a sont de petits entiers. Si $r \% T$ vaut 1, alors la fonction de hachage *clef* $\% m$ est, en fait, la somme des codes binaires des caractères : deux clefs qui sont de simples permutations de caractères donneront la même valeur, entraînant ainsi plus de collisions. Si nous pouvons éviter de tels cas, la méthode donnera de bons résultats.

---

[3]   MAURER, W. D. « An improved hash code for scatter storage », *CACM*, vol. 11, n° 1, 1968.

Troncation

La méthode de la troncation consiste à ne prendre que quelques-uns des premiers ou des derniers caractères de la clef comme code de hachage. Selon l'ensemble de clefs utilisé, la méthode donne des résultats acceptables ou désastreux. Par exemple, une banque qui émet des cartes de crédit dans tout le pays peut distribuer ses numéros de clients par État, province ou département, et, pour une telle entité, les quatre premiers chiffres peuvent être les mêmes ou varier fort peu : si ces chiffres sont choisis comme code de hachage, on peut alors ne toucher que bien peu des positions de la table. Par ailleurs, le choix des trois derniers chiffres peut être une bonne idée, pourvu qu'ils soient répartis uniformément. Le choix des trois chiffres du milieu peut aussi se révéler mauvais, car ils peuvent identifier une succursale bancaire particulière et ainsi ne pas être distribués uniformément.

Une bonne fonction de hachage doit engendrer toutes les positions de la table. Pour déterminer si c'est le cas, il faut examiner de près l'ensemble des clefs possibles pour y détecter tout biais éventuel dans la distribution des clefs.

Milieu des carrés

Lorsque l'on utilise cette méthode, la clef est élevée au carré, puis on utilise les chiffres du milieu de ce carré comme code de hachage. Cette méthode assure que tous les éléments de la clef sont utilisés dans le calcul du code de hachage. Si certaines parties de la clef n'ont pas de distribution aléatoire, cette méthode tend à diminuer leur effet sur le code de hachage.

Exemple :
$$C = 654321$$
$$C * C = 4281\mathbf{359}71041 \ ==> \ 359$$

Pliage

La méthode du pliage aide à rendre plus aléatoire les clefs des éléments. La clef est divisée en plusieurs morceaux, et l'on utilise les morceaux pour produire le code de hachage, parfois en les additionnant tout simplement, parfois en les renversant avant l'addition. Par exemple :

```
C = 654321
      65     ou     56
      43            34
      21            12
==> 129            102
```

Il existe bien d'autres méthodes que ces quatre méthodes. Il est possible de combiner certaines de ces méthodes pour en obtenir de nouvelles, mais il ne faut jamais oublier qu'aucune méthode n'est supérieure aux autres, car une méthode particulière peut être plus spécifiquement adaptée à un ensemble de clefs particulier. Parmi les quatre méthodes présentées ci-dessus, la troncation est probablement la plus rapide, car on peut la programmer très facilement en assembleur. À cause des manipulations arithmétiques, les méthodes de pliage et du milieu des carrés pourraient ne pas être aussi rapides, surtout si l'on doit manipuler des clefs assez longues.

Un désavantage des fonctions de hachage est qu'elles *ne préservent pas l'ordre des clefs* : si C1 > C2, il n'en découle pas que h(C1) > h(c2). On peut élaborer des fonctions de hachage qui préservent l'ordre des clefs, mais elles sont généralement loin d'être uniformes et conduisent à de nombreuses collisions.

Fonctions de calcul d'index parfaites

Comme nous l'avons déjà dit, il est normal qu'une fonction de hachage retourne la même valeur pour un nombre de clefs différentes. Il faut cependant savoir qu'il existe des fonctions de hachage pour lesquelles $h(K_i) \neq h(K_j)$ pour tous les i et j distincts. Elles sont appelées fonctions de hachage parfaites, puisque aucune collision ne se produit. Notons tout de suite qu'il est extrêmement difficile de trouver une fonction de hachage parfaite pour un ensemble de clefs donné et que, même si l'on peut en trouver une, tout changement à l'ensemble des clefs transforme la fonction de hachage parfaite en une fonction de hachage imparfaite. On ne peut donc utiliser les fonctions de hachage parfaites que dans des situations où l'ensemble de clefs n'est pas changé. Comme ces fonctions sont coûteuses, on devrait les réserver pour les cas exigeant des recherches très fréquentes.

Résolution des collisions

Il est certain que des collisions vont se produire à cause de la nature des fonctions de hachage. Il faut donc définir une méthode pour les traiter. Quand une collision se produit lors d'une insertion, la place est déjà prise et il faut chercher une autre position possible, et ceci d'une manière systématique et qui puisse être répétée. Il est, en effet, vital que la méthode choisie produise les mêmes indices pour les mêmes clefs. De cette façon, on cherchera dans la table dans le même ordre que celui utilisé lors des insertions, et l'on pourra savoir rapidement si un élément se trouve dans la table ou non.

Il existe plusieurs méthodes de résolution des collisions qui utilisent toutes une *fonction d'essai* laquelle, étant donné un indice de hachage, produit un nouvel indice. Lorsqu'une collision est détectée, on utilise la fonction d'essai pour obtenir un autre indice de hachage. Si la nouvelle position est également occupée, on utilise à nouveau la fonction d'essai pour obtenir un nouvel indice, et l'on répète le processus jusqu'à ce que l'on trouve une position libre ou que l'on détermine que la table est pleine. Dans la plupart des cas, on peut placer un élément dans la table après quelques essais seulement. La recherche d'un élément fonctionne de la même façon, mais nous devons être en mesure de savoir si une position est occupée ou non dans la table. Ceci peut être facilement fait en initialisant la table avec un indicateur « vide » ; en fait, si nous permettons les suppressions, il faut pouvoir distinguer entre les états « *jamais utilisé* » et « *plus utilisé* ».

Nous pouvons identifier trois types de résolutions de collision : adressage ouvert[4], chaînage et hachage par seaux.

---

4   PETERSON, W. W. « Addressing for random access storage », *IBM Jour. Res. & Dev.*, n° 1, 1957.

Adressage ouvert

En adressage ouvert, une fois qu'une collision se produit, nous cherchons une position vide à un indice autre que celui donné par *Hachage(Clef)*. Voici une fonction typique de recherche et d'insertion :

```
void ChercherInserer(TypeTable& Table, TypeClef Clef,
                     TypElement Article, int& Indice)
{
   Indice = Hachage(Clef);
   While((Table[Indice].Clef != Clef)
        && (Table[Indice].Indicateur = Utilise))
   Indice += Essai(Indice);
     Indice %= TAILLE_TABLE
   If(Table[Indice].Indicateur != Utilise)
     Ranger(Article, Clef, Table, Indice);
} // ChercherInserer;
```

La procédure `ChercherInserer` utilise la fonction `Hachage` ainsi que la fonction `Essai` et un champ indiquant si une position de la table est occupée ou non. On sort de la boucle `while` d'une des deux façons suivantes : soit `Indice` est l'indice de la position où se trouve la `Clef`, soit `Indice` est l'indice d'une position qui n'a pas été utilisée. Dans le premier cas, l'élément se trouvait dans la table ; dans le second cas, on a trouvé une position vide, et l'enregistrement est inséré dans la table.

Il est cependant possible que la boucle s'exécute à l'infini, parce que, si la table est pleine, on cherche continuellement une position vide. On peut détecter ce fait en utilisant un compteur du nombre d'éléments. Il est également possible de boucler à l'infini, même s'il reste des positions libres dans la table. Par exemple, supposons que la fonction Essai soit définie comme suit :

$$\text{Essai}(i) = (i+2) \text{ \% TailleTable.}$$

Avec une telle fonction, si le calcul d'index initial donne une position paire, on n'inspectera que les positions paires de la table : toutes les positions paires de la table peuvent être occupées, tandis que de nombreuses positions impaires peuvent être vides.

On voit donc que la fonction d'essai devrait idéalement couvrir tous les entiers entre zéro et la taille de la table. La fonction d'essai :

$$\text{Essai}(i) = (i+1) \text{ \% TailleTable}$$

joue ce rôle. Cette méthode est habituellement appelée la méthode des *essais linéaires*. C'est une méthode simple, mais qui conduit aussi à ce que l'on appelle des *regroupements primaires*, une condition dans laquelle plusieurs *synonymes* (des clefs différentes ayant le même indice de hachage) sont rangés dans des positions adjacentes et mélangés avec d'autres clefs. La figure 11.3 illustre les regroupements primaires. Clef1 et Clef2 ont été insérées sans problème, puis Clef3 est transformée en l'indice 52, lequel est occupé. Elle est donc rangée dans la prochaine position libre, 53. Dans la figure 11.3, le signe => indique qu'une collision s'est produite, il est suivi de l'indice du prochain essai. Clef4 est mise dans la position calculée 51, qui était libre. Clef5 est transformée en l'indice 52, qui est occupé, et elle est donc rangée dans la prochaine position libre, 54, après trois essais. Si nous transformons maintenant Clef6, et si nous obtenons l'indice 51, elle doit être rangée en position 56, après six essais. Cet exemple montre que les gros regroupements croîtront plus vite que les petits, déséquilibrant ainsi la table. Ce phénomène de regroupement prolonge de façon considérable le temps de recherche et d'insertion, lorsque la table est presque pleine.

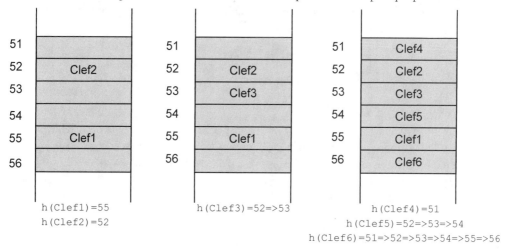

Figure 11.3 Regroupements primaires

On peut montrer (on verra comment un peu plus loin) que le nombre moyen d'essais nécessaires pour une recherche réussie avec la méthode des essais linéaires est approximativement :

$$\frac{1}{2}\left(1+\frac{1}{1-a}\right)$$

où a = N/TailleTable et représente le *facteur de remplissage*. De la même manière, le nombre moyen d'essais pour une recherche sans succès est :

$$\frac{1}{2}\left(1+\frac{1}{\left(1-a\right)^2}\right)$$

Une amélioration sur la méthode des essais linéaires consiste à prendre la fonction :

$$\text{Essai(i) = (i + c) \% TailleTable}$$

où *c* est une constante relativement première avec *TailleTable*. On appelle parfois cette méthode, méthode des *essais pseudo-aléatoires*, puisque l'on peut obtenir le même effet en utilisant une permutation aléatoire des entiers allant de *0* à *TailleTable-1*. Le nombre moyen d'essais demeure le même qu'avant, mais cette technique réduit les regroupements primaires. Cette méthode, qui utilise une permutation aléatoire des indices de la table, sera étudiée plus en détail dans l'étude de cas à la fin du chapitre.

Une autre méthode, qui étale les clefs de façon plus uniforme que la méthode des essais linéaires, est la méthode des *essais quadratiques* qui ne requiert qu'un calcul simple. La suite des indices des essais est (tout ceci modulo la taille de la table) :

$$h(C) \quad h(C)+1 \quad h(C)+2^2 \quad h(C)+3^2 \quad ... \quad h(C)+j^2$$

La méthode résout le problème des regroupements primaires, mais crée un problème de *regroupements secondaires,* où deux clefs qui entrent en collision suivent la même séquence d'essais. Le calcul des carrés, qui met en jeu une multiplication, peut être simplifié en utilisant une formule de récurrence n'utilisant que l'addition pour $d_j = j^2$ et $p_j = 2j+1$ et sachant que

$$(j + 1)^2 = j^2 + 2j+1 :$$

$$d_{j+1} = d_j + p_j$$

$$p_{j+1} = p_j + 2$$

Il faut cependant noter que cette méthode peut ne pas inspecter tous les éléments de la table. Mais, si la taille de la table est un nombre premier, on inspecte au moins la moitié de ses éléments. L'analyse de cette méthode conduit à un nombre moyen d'essais, dans le cas d'une recherche qui réussit, égal à :

$$1 - \ln(1 - a) - \frac{a}{2}$$

et dans le cas d'une recherche qui échoue : $\dfrac{1}{1-a} - a - \ln(1-a)$

La méthode du *double hachage* est une méthode additionnelle pour la résolution des collisions en adressage ouvert ; elle élimine l'effet de regroupement primaire et secondaire. Cette méthode utilise deux fonctions de hachage : d'abord *h1*, la fonction de hachage primaire, comme précédemment, pour trouver la position dans la table, puis, si la position est déjà utilisée, la seconde fonction de hachage, *h2*, dans la fonction d'essai :

$$\text{Essai(i)} = (i + h2(C)) \% \text{TailleTable}.$$

Dans le cas d'une collision, nous savons que *h1(K1) = h1(K2)*, mais il est fort peu probable que *h2(K1) = h2(K2)*. La fonction d'essai dépend de l'indice original et également de la clef. Idéalement, *h1* et *h2* devraient distribuer les indices calculés uniformément sur toute la table tout en réduisant les regroupements, mais de telles fonctions ne sont pas faciles à trouver. Notez que nous devons calculer *h2(C)* seulement une fois, même s'il faut faire plusieurs essais. Comme pour les autres méthodes, une analyse probabiliste détaillée nous donnera le nombre moyen d'essais pour une recherche réussie. Pour illustrer comment les formules présentées précédemment ont été obtenues, nous développerons le raisonnement pour ce cas.

Nous supposerons d'abord que toutes les clefs possibles sont équiprobables et que la fonction de hachage les distribue de façon uniforme dans l'intervalle des indices de la table (mais notons tout de suite que la réalité est habituellement moins idéale). Avec ces hypothèses simplificatrices, si une table de taille *n* contient déjà *j* éléments, et si l'on veut y insérer un nouvel élément, la probabilité p_1 d'avoir une collision au premier essai est j/n ; la probabilité p_2 d'avoir deux collisions est égale à p_1 multipliée par la probabilité d'avoir une collision au deuxième essai *(j-1)/(n-1)*. Nous pouvons étendre ce raisonnement pour calculer les autres probabilités d'avoir *i* collisions :

$$p_1 = \frac{j}{n}$$

$$p_2 = \frac{j\,(j-1)}{n\,(n-1)}$$

$$p_3 = \frac{j\,(j-1)\,(j-2)}{n\,(n-1)\,(n-2)}$$

$$...$$

$$p_i = \frac{j\,(j-1)\,(j-2)}{n\,(n-1)\,(n-2)}...\frac{(j-i+1)}{(n-i+1)}$$

Le nombre moyen d'essais nécessaires pour insérer ou rechercher un élément est donc égal à 1 (pour l'insertion réussie) plus la sommation pour toutes les valeurs de i des probabilités d'avoir i collisions :

$$E_j = 1 + \sum_{i=1}^{\infty} p_i$$

On[5] a montré que cette opération se réduit à :

$$E_j = \frac{n+1}{n-j+1}$$

On peut alors calculer le coût moyen par élément pour remplir j éléments de la table en partant des mêmes hypothèses :

$$E = \frac{1}{j} \sum_{0 \le k < j} E_k = \frac{n+1}{j} \sum_{0 \le k < j} \frac{1}{n-k+1}$$

$$E = \frac{n+1}{j}\left(H_{n+1} - H_{n-j+1}\right)$$

où $j/(n+1)$ est assimilable au taux de remplissage de la table, a, et où H_n est la fonction harmonique :

$$H_n = 1 + \frac{1}{2} + \frac{1}{3} + ... + \frac{1}{n}$$

qui peut être exprimée par :

$$H_n = \ln n + \gamma + \frac{1}{2n} - \frac{1}{12n^2} + \frac{1}{120n^4} - \varepsilon \quad \text{avec } 0 < \varepsilon < \frac{1}{252n^6}$$

où $\gamma = 0,5772156649$ est la constante d'Euler ; H_n est donc très proche de la fonction logarithme népérien de n, ce qui nous donne approximativement, en assimilant a à $j/(n+1)$:

5   Voir KNUTH, D. E. *The art of computer programming* : *Vol 3 sorting and searching,* Addison-Wesley, 1973, p. 527.

$$E = \frac{1}{a}\left(\ln\left(n+1\right) - \ln\left(n - j + 1\right)\right)$$

$$E = \frac{1}{a}\ln\frac{n+1}{n+1-j}$$

soit :

$$E = \frac{1}{a}\ln\frac{1}{1-a}$$

tandis que le nombre moyen d'essais dans le cas d'une recherche infructueuse est de :

$$\frac{1}{1-a}$$

La table 11.1 montre les diverses valeurs dérivées de ces formules pour le nombre moyen d'essais dans des recherches avec et sans succès, en fonction du facteur de remplissage de la table.

Méthode	Recherches avec succès			Recherches sans succès		
Facteur de remplissage	50%	80%	90%	50%	80%	90%
Essais linéaires	1.5	3.0	5.5	2.5	13.0	50.5
Essais quadratiques	1.4	2.2	2.9	2.2	5.8	11.4
Double hachage	1.4	2.0	2.6	2.0	5.0	10.0

Table 11.1 Nombre moyen d'essais

Comme cette table le montre, il ne faut qu'un petit nombre d'essais pour trouver un élément dans une table de hachage, même si l'on utilise la plus mauvaise méthode de résolution des collisions. Cependant, ceci n'est vrai que si la table n'est pas trop pleine. Mais, avant de sauter à la conclusion que les tables de hachage sont supérieures à toutes les autres tables, il nous faut considérer trois désavantages notoires :

1. La taille de la table est fixe et doit être établie a priori ; elle devrait être au moins supérieure de 10% au véritable nombre d'éléments.

2. Les suppressions dans une table de hachage avec adressage ouvert sont très peu pratiques et devraient être évitées.

3. Si l'on doit lister la table en ordre, il est nécessaire d'effectuer un tri, car les éléments ne sont même pas dans l'ordre de la clef de hachage.

Chaînage

Une autre méthode de résolution des collisions est la méthode du chaînage. On conserve une liste chaînée distincte pour les éléments dont les clefs aboutissent au même indice de hachage. La figure 11.4 illustre ce concept.

Une clef correspond à la position *h(C)* ; soit cette position est vide, soit elle contient un élément. Cet élément peut lui-même être la tête d'une liste chaînée comprenant tous les éléments ayant des clefs pour lesquelles la fonction de hachage produit le même index. Si la table a *m* positions, et s'il y a au total *n* éléments dans la table, alors le nombre moyen d'éléments dans une liste est $a=n/m$. La longueur moyenne de liste est habituellement courte, ce qui réduit le temps nécessaire pour chercher dans les listes lorsqu'une collision se produit.

La méthode du chaînage a l'avantage d'être dynamique : si le nombre d'éléments augmente, la table augmente aussi. Il est aussi possible de supprimer des éléments de la table sans difficulté. Le désavantage principal du chaînage est l'espace supplémentaire requis pour les pointeurs. Également, si les listes individuelles deviennent trop longues, alors l'objectif du hachage, un accès en temps constant, ne peut être atteint.

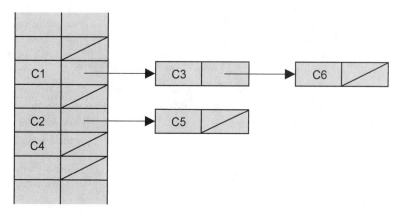

Figure 11.4 Table de hachage avec chaînage

Le nombre moyen d'essais requis pour trouver un élément existant est approximativement :

$$1+\frac{a-1}{2}$$

tandis qu'une recherche infructueuse requerra (e^{-a} + a) essais. Notez que le facteur de remplissage d'une telle table peut être plus grand que 1 puisque *n/m* peut être supérieur à 1. Par exemple, s'il y a quatre fois plus de clefs que de positions dans la table de hachage, le nombre d'essais moyen pour une recherche avec succès est 1 + 1.5 = 2.5.

Nous pouvons écourter le temps de recherche pour les listes individuelles, si nous les conservons en ordre des clefs. Alors, le nombre moyen d'essais pour une recherche infructueuse est :

$$1 + \frac{a}{2} - \frac{1 - e^{-a}}{a} + e^{-a}$$

Seaux

Modifions la méthode précédente, pour que nous ne rangions dans la table de hachage que des pointeurs aux premiers éléments de la liste des éléments, dont les clefs produisent la même valeur d'index. Chaque élément de la table de hachage est alors appelé un *seau*. L'espace requis pour conserver tous les éléments est augmenté de l'espace requis pour les seaux. Cependant, l'algorithme de recherche et d'insertion est un peu plus simple à écrire. Nous appliquerons cette technique dans l'exemple de réalisation qui suit.

11.5 Exemple de réalisation des tables de hachage

Comme on l'a mentionné au début du chapitre, la STL ne comprend pas encore de classe correspondant aux tables de hachage. Nous donnons ici un exemple de réalisation d'une classe que nous avons appelée `map_hachage`, utilisant le vocable « map » (collection d'éléments possédant une clef) attaché au vocable « hachage » pour indiquer l'utilisation de techniques de hachage. Cette classe va donc opérer sur des paires regroupant une clef et un élément que nous pouvons définir par :

```
typedef pair<const TypeClef, T> type_valeur;
```

Utiliser le type prédéfini `pair` ne sera cependant pas suffisant, car nous allons vouloir chercher des éléments de ce type dans la table de hachage, ce qui requiert des comparaisons pour égalité (==) sur le premier élément, lesquelles ne sont pas disponibles dans la classe `pair`. Il nous faudra donc créer une classe supplémentaire `type_valeur` relativement simple que nous inclurons dans la classe `map_hachage`.

Notre classe `map_hachage` présente les opérations essentielles et n'est certainement pas complète au sens de la STL. Nous l'avons définie à des fins de démonstration, et sa définition suit (fichier `Map_Hachage.hpp`). On notera que la classe possède trois paramètres génériques : le premier indique le type de la clef ; le second, le type des éléments ; et le troisième est une classe fonction représentant la fonction de hachage. Dans celle-ci l'opérateur d'appel de fonction, `operator()`, est surchargé de la façon suivante :

```
unsigned long operator() (const TypeClef& clef)
```

Comme nous l'avons dit, nous utiliserons la technique des seaux et nous choisirons comme représentation de nos tables de hachage un vecteur de listes où chaque élément du vecteur est une liste comme le montre la figure 11.5.

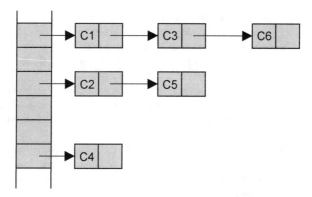

Figure 11.5 Représentation utilisant des seaux

Nous donnerons à ce vecteur une taille initiale ; lorsqu'il y aura collision, on ajoutera l'élément à la liste du seau en question. Cependant, le choix d'un `vector` ne nous permet pas de compter sur l'expansion automatique de ce type dynamique. En effet, lorsque le nombre d'éléments dans la table devient trop important, ceci n'affecte pas la table proprement dite, mais plutôt les listes que comprennent ses éléments. Il nous faut donc gérer cette situation nous-mêmes. En fait, une fois un tel vecteur défini, il ne semble pas y avoir de raison d'en modifier la taille puisque tous les éléments supplémentaires peuvent toujours trouver place dans les diverses listes. Lorsque le nombre d'éléments de la table devient trop grand, les listes vont s'allonger, et la performance des opérations va décliner rapidement d'une complexité temporelle O(1) à une autre de O(n). Pour cette raison, nous devons détecter que la table devient trop pleine, en définissant un seuil d'occupation égal à un certain pourcentage du nombre de seaux dans la table. Lorsque ce seuil est atteint, il nous faut étendre le vecteur. Cette opération, qui a l'air toute simple, est quand même un peu compliquée : il nous faut en effet créer un nouveau vecteur et aller y *replacer* tous les éléments de l'ancien vecteur, car une nouvelle taille de la table va produire des indices de hachage différents. Nous définirons une procédure `Verifier_Expansion` pour faire cette vérification et cette expansion occasionnelle. Un taux de remplissage de 90% nous assure que la longueur moyenne des listes sera inférieure à 1, ce qui donnera de bonnes performances d'accès, semblables à l'accès direct.

```
#ifndef MAP_HACHAGE
#define MAP_HACHAGE
//  P. Gabrini    juin 2005
#include <vector>
#include <list>
using namespace std;
```

```
template<typename TypeClef, typename T, class FoncHachage>
class map_hachage
{ // TypeClef   : le type des clefs
  // T          : le type des éléments
  // FoncHachage: classe fonction de hachage
public:
  class type_valeur; // paires de valeurs
  map_hachage();     // constructeur
  ~map_hachage();    // destructeur
```

```
    int size();          // nombre d'éléments dans la table
  class iterateur;     // classe imbriquée
  iterateur begin();   //itérateur au début de cette table
  iterateur end();     //itérateur au-delà de la fin de cette table
  pair<iterateur, bool> insert(const type_valeur&);
      // Si un élément avec clef existe déjà dans cette table, on retourne une paire
      // avec un itérateur positionné sur l'élément et faux; autrement, on retourne la
      // paire avec l'itérateur positionné sur le nouvel élément et vrai.
  T& operator[] (const TypeClef&);
      // Si cette table contient déjà une valeur avec cette clef, on retourne une
      // référence au second composant. Autrement, on insère une  nouvelle valeur
      // <clef, T()>, et on retourne une référence au second composant de cette valeur.
  iterateur find(const TypeClef&);
      // Si cette table contient une valeur avec clef, on retourne un itérateur
      // positionné sur cette valeur, sinon un itérateur avec la valeur de end().
  void erase(iterateur itr);
      // Antécédent: itr est positionné sur une valeur de la table.
      // Conséquent: la valeur repérée par itr est effacée de cette table.
protected:
  const int TAILLE_MAX;          // nombre maxi de seaux
  const float TAUX_MAX;          // taux de remplissage
  vector<list <type_valeur> > seaux; // tableau des seaux
  int compte,                    // nombre d'éléments dans table
      longueur;                  // nombre de seaux dans table
  FoncHachage hache;             // fonction de hachage

  void Verifier_Expansion(); // vérifier s'il faut étendre le tableau des seaux
}; // map_hachage


template <typename TypeClef, typename T, class FoncHachage>
class map_hachage<TypeClef, T, FoncHachage>::type_valeur
    : public pair<const TypeClef, T>
{ // type des valeurs des éléments: clef + valeur
public:
  friend class map_hachage;
  type_valeur(const pair<const TypeClef, T>& p)
   : pair<const TypeClef, T> (p.first, p.second){} // constructeur

  type_valeur(const TypeClef& clef, const T& t)
   : pair<const TypeClef, T> (clef, t){}  // constructeur

  void operator=(const type_valeur& x);  // affectation
  bool operator==(const type_valeur& x); // test d'égalité
  friend ostream& operator<<(ostream&, type_valeur&);
  // opérateur de sortie des valeurs de la classe
}; // fin classe type_valeur
```

```
template <typename TypeClef, typename T, class FoncHachage>
class map_hachage<TypeClef, T, FoncHachage>::iterateur

{ // classe imbriquée
  friend class map_hachage<TypeClef, T, FoncHachage>;
public:
  bool operator==(const iterateur& other) const;
  iterateur operator++(int);             // post-incrément
  class map_hachage<TypeClef, T, FoncHachage>::type_valeur& operator*();
  // élément repéré
protected:
  unsigned index;                        // numéro seau
  list<type_valeur>::iterator itr_liste;  // itérateur dans liste
  vector <list <type_valeur> >* ptr_seaux;// repère vecteur
}; // fin classe iterateur
#endif
```

La classe `type_valeur` ne présente pas de difficulté particulière. Elle utilise les constructeurs de paires, qui font appel eux-mêmes aux constructeurs des types des éléments de la paire. Elle déclare aussi que l'opérateur << redéfini sur le type aura accès aux éléments des paires. La classe `iterateur` offre trois opérations classiques. On note cependant qu'un itérateur de `map_hachage` est un peu particulier en ce qu'il doit pouvoir itérer dans une liste, et, arrivé à la fin de cette liste, passer au seau suivant et itérer dans la liste de ce seau. Il y aura donc un index qui repérera le seau, un itérateur de liste pour repérer l'élément, mais aussi un pointeur permettant de repérer le vecteur en cause (n'oublions pas que ce vecteur risque de changer au cours de l'exécution s'il y a expansion).

Les opérations des trois classes suivent (fichier `Map_Hachage.cpp`). On remarquera que la généricité sur trois paramètres de la classe `map_hachage` provoque un encombrement d'écriture qui allonge considérablement et obscurcit même les en-têtes des divers sous-programmes. Ceci explique pourquoi, dans de très nombreux cas, les développeurs de logiciels en C++ vont tout placer dans un seul fichier, celui d'extension `.hpp`, et même définir les opérations directement dans la définition de la classe ! Il vaut quand même mieux placer les opérations comme nous l'avons fait : ceci garantit une bonne indépendance des diverses classes, dans la mesure où tout n'est pas global au seul fichier, et où les règles de transfert et d'accès doivent être respectées.

```
#include <iostream>
#include <algorithm>
#include "Map_Hachage.hpp"
using namespace std;
// P. Gabrini    juin 2005
template<typename TypeClef, typename T, class FoncHachage>
map_hachage<TypeClef, T, FoncHachage>::map_hachage()
:TAILLE_MAX(203), TAUX_MAX(0.9), seaux(TAILLE_MAX)
{ // Constructeur: map_hachage initialisé à vide.
  compte = 0;
  longueur = TAILLE_MAX;
} // constructeur par défaut
```

```
template<typename TypeClef, typename T, class FoncHachage>
map_hachage<TypeClef, T, FoncHachage>::~map_hachage()
{ // Destructeur: vider les structures.
  seaux.clear();
} // destructeur par défaut


template<typename TypeClef, typename T, class FoncHachage>
int map_hachage<TypeClef, T, FoncHachage>::size()
{ // Conséquent: nombre d'éléments de map_hachage retourné.
  return compte;
} // size


template<typename TypeClef, typename T, class FoncHachage>
typename map_hachage<TypeClef, T, FoncHachage>::iterateur
map_hachage<TypeClef, T, FoncHachage>::begin()
{ // Conséquent: retourne itérateur positionné au début du map_hachage.
  int i = 0;
  map_hachage<TypeClef, T, FoncHachage>::iterateur itr;
  itr.ptr_seaux = &seaux;
  while(i < longueur - 1){ // recherche 1er emplacement non vide
    if(!seaux[i].empty()){
      itr.itr_liste = seaux[i].begin();
      itr.index = i;
      return itr;
    } // seaux[i] non vide
    i++;
  } // while
  itr.itr_liste = seaux[i].end();
  itr.index = i;   // fin de tout
  return itr;
} // begin


template<typename TypeClef, typename T, class FoncHachage>
typename map_hachage<TypeClef, T, FoncHachage>::iterateur
map_hachage<TypeClef, T, FoncHachage>::end()
{ // Conséquent: retourne itérateur qui détermine la fin de ce map_hachage.
  int i = longueur - 1;
  map_hachage<TypeClef, T, FoncHachage>::iterateur itr;
  itr.ptr_seaux = &seaux;
  itr.itr_liste = seaux[i].end(); // dernier
  itr.index = i;
  return itr;
} // end


template<typename TypeClef, typename T, class FoncHachage>
pair<map_hachage<TypeClef, T, FoncHachage>::iterateur, bool>
map_hachage<TypeClef, T, FoncHachage>::insert(const type_valeur& x)
{ // Si un élément avec clef existe déjà dans ce map_hachage, on retourne une paire
  // avec un itérateur positionné sur l'élément et faux; autrement, on retourne la
  // paire avec l'itérateur positionné sur le nouvel élément et vrai.
  // La complexité moyenne est O(1) et la pire est O(n).
  map_hachage<TypeClef, T, FoncHachage>::iterateur ancien_itr;
```

```
    TypeClef clef = x.first;
    ancien_itr = find(clef);
    if(!(ancien_itr == end()))
        return pair <iterateur, bool> (ancien_itr, false);   // déjà présent
    int adresse = hache (clef) % longueur;
    seaux[adresse].push_back (x);
    compte++;
    Verifier_Expansion();
    return pair<iterateur, bool> (find(clef), true);
} // insert


template<typename TypeClef, typename T, class FoncHachage>
T& map_hachage<TypeClef, T, FoncHachage>::operator[](const TypeClef& clef)
{ // Si ce map_hachage contient déjà une valeur avec cette clef, on retourne une
    // référence au second composant. Autrement, on insère une nouvelle valeur
    // <clef, T()>, et on retourne une référence au second composant de cette valeur.
    // La complexité moyenne est O(1) et la pire est O(n).
    return (*((insert(type_valeur(clef, T()))).first)).second;
} // operator[ ]


template<typename TypeClef, typename T, class FoncHachage>
typename map_hachage<TypeClef, T, FoncHachage>::iterateur
map_hachage<TypeClef, T, FoncHachage>::find(const TypeClef& clef)
{ // Si ce map_hachage contient une valeur avec clef, on retourne un itérateur
    // positionné sur cette valeur. Sinon on retourne un itérateur avec la valeur de
    // end(). La complexité moyenne est O(1) et la pire est O(n).
    int adresse = hache (clef) % longueur;
    map_hachage<TypeClef, T, FoncHachage>::iterateur itr;
    // appel de l'algorithme générique find
    itr.itr_liste = std::find(seaux[adresse].begin(),
                              seaux[adresse].end(),
                              type_valeur(clef, T()));
    if(itr.itr_liste == seaux[adresse].end())
        return end();
    itr.ptr_seaux = &seaux; // tableau
    itr.index = adresse;    // numéro seau
    return itr;
} // find


template<typename TypeClef, typename T, class FoncHachage>
void map_hachage<TypeClef, T, FoncHachage>::erase(iterateur itr)
{ // Antécédent: itr est positionné sur une valeur de ce map_hachage.
    // Conséquent: la valeur repérée par itr est effacée de ce map_hachage.
    //             La complexité moyenne est O(1) et la pire est O(n).
    seaux[itr.index].erase(itr.itr_liste);
    compte--;
} // erase
```

```cpp
template<typename TypeClef, typename T, class FoncHachage>
void map_hachage<TypeClef, T, FoncHachage>::Verifier_Expansion()
{ // vérifier s'il faut étendre le tableau des seaux
  iterateur itr, itr_temp;
  list<type_valeur>::iterator itr_liste;
  int adresse;
  if(compte > int(TAUX_MAX * longueur))
  { // il faut étendre
    vector<list< type_valeur> > seaux_temp(seaux);// copie
    seaux.clear();                // vider
    longueur = 2 * longueur + 1; // doubler la taille du tableau
    seaux.resize(longueur);
    TypeClef nouvelle_clef;
    for(int i = 0; i < longueur / 2; i++)
      if(!seaux_temp [i].empty())
        for(itr_liste = seaux_temp [i].begin();
            itr_liste != seaux_temp [i].end();
            itr_liste++) {        // remettre seaux_temp [i] dans seaux
          nouvelle_clef = (*itr_liste).first;
          adresse = hache(nouvelle_clef) % longueur;
          seaux[adresse].push_back(*itr_liste);
        } // for
  } // if
} // Verifier_Expansion


template<typename TypeClef, typename T, class FoncHachage>
void map_hachage<TypeClef, T, FoncHachage>::
                       type_valeur::operator=(const type_valeur& x)
{ // affectation
  void* t1 = this;
  pair<TypeClef, T>* t2 = (pair<TypeClef, T>*)t1;
  *t2 = x;
}


template<typename TypeClef, typename T, class FoncHachage>
bool map_hachage<TypeClef, T, FoncHachage>::
                       type_valeur::operator==(const type_valeur& x)
{ // test d'égalité de valeurs
  return first == x.first;
}


template<typename TypeClef, typename T, class FoncHachage>
bool map_hachage<TypeClef, T, FoncHachage>::iterateur::
operator==(const map_hachage<TypeClef, T, FoncHachage>::iterateur& other) const
{ // test d'égalité d'itérateurs
  return (index == other.index) &&
         (itr_liste == other.itr_liste) &&
         (ptr_seaux == other.ptr_seaux);
} // ==
```

```
template<typename TypeClef, typename T, class FoncHachage>
typename map_hachage<TypeClef, T, FoncHachage>::iterateur
map_hachage<TypeClef, T, FoncHachage>::iterateur::operator++(int dummy)
{ // post-incrément
  map_hachage<TypeClef, T, FoncHachage>::iterateur ancien_itr = *this; // copier actuel
  if(++itr_liste != (*ptr_seaux)[index].end())
    return ancien_itr;                 // avancer dans liste
  while(index < (*ptr_seaux).size() - 1){
    index++;
    if(!(*ptr_seaux)[index].empty()){ // non vide?
      itr_liste = (*ptr_seaux)[index].begin();
      return ancien_itr;
    } // seau non vide
  }// while
  itr_liste = (*ptr_seaux)[index].end();
  return ancien_itr;                   // fin de tout
} // operator++


template<typename TypeClef, typename T, class FoncHachage>
typename map_hachage<TypeClef, T, FoncHachage>::type_valeur&
map_hachage<TypeClef, T, FoncHachage>::iterateur::operator*()
{ // élément repéré
  return *itr_liste;
} // operator*
```

L'utilisation de cette classe map_hachage est aussi simple que l'utilisation des classes de la STL. Le petit exemple ci-dessous montre comment utiliser une table d'éléments ayant une chaîne de caractères comme clef (maximum 18 caractères) et une valeur numérique comme élément. On y définit d'abord la classe de la fonction de hachage en respectant la signature attendue. On redéfinit ensuite l'opérateur de sortie pour qu'il puisse être utilisé sur les paires de valeurs.

```
class hache
{
 public:
   unsigned long operator() (const string& clef)
   {
     const unsigned long GRAND_PREMIER = 1000003;
     unsigned long total = 0;
     unsigned long premiers[] =
                 {11,13,17,19,23,29,31,37,41,43,47,53,59,61,67,71,73,79};
     for(unsigned i = 0; i < clef.length(); i++)
       total += premiers[i] * clef[i];
     return total * GRAND_PREMIER;
   }
};
```

```
typedef map_hachage<string, double, hache> table_hache;
```

```
ostream& operator<<(ostream& sortie, table_hache::type_valeur& v)
{ // opérateur de sortie des valeurs de la classe
  sortie << v.first << " " << v.second;
  return sortie;
} // surcharge de <<


int main()
{
  table_hache employes;
  table_hache::iterateur itr;
  table_hache::type_valeur employe("Napoléon Bonaparte", 33.5);
  pair<table_hache::iterateur, bool> p = employes.insert(employe);
  employes.insert(table_hache::type_valeur("Gengis Khan", 40));
  employes["Alexandre le Grand"] = 30.1;
  (*(p.first)).second = 38.5;
  employes["Alexandre le Grand"] = 42.5;
  cout << "Taille = " << employes.size() << endl;
  for(itr = employes.begin(); !(itr == employes.end()); itr++)
    cout << (*itr).first << "  " << (*itr).second <<  endl;

  cout << "On a ";
  itr = employes.find("Napoléon Bonaparte");
  if(itr == employes.end())
    cout << "pas trouvé Napoléon Bonaparte" << endl;
  else
    cout << "trouvé " << (*itr).first << endl;

  cout << "On a " ;
  itr = employes.find ("Tartarin de Tarascon");
  if(itr == employes.end())
    cout << "pas trouvé Tartarin de Tarascon" << endl;
  else
    cout << "trouvé " << (*itr).first << endl;

  cout << "Enlever Gengis Khan" << endl;
  employes.erase(employes.find("Gengis Khan"));
  cout << "Taille = " << employes.size() << endl;
  if(employes.find ("Gengis Khan") == employes.end())
    cout << "Pas de Gengis Khan" << endl;
  else
    cout << "Gengis Khan encore là!" << endl;
  if(employes.find ("Alexandre le Grand") == employes.end())
    cout << "Pas d'Alexandre le Grand!" << endl;
  else
    cout << "Alexandre le Grand trouvé" << endl;
  return 0;
}
```

Le programme principal déclare une table de hachage dont la clef sera une chaîne de caractères, l'élément sera un nombre réel en double précision et la fonction de hachage est celle qui est définie juste avant. On crée un élément que l'on insère avec `insert`. On insère une seconde valeur construite dans l'appel. On insère ensuite au moyen de l'opérateur d'accès. On modifie la valeur du premier et du troisième élément. On fait ensuite afficher la taille de la table et l'on en fait afficher les valeurs au moyen d'un itérateur. On recherche ensuite le premier élément, puis un élément non existant pour vérifier la fonction `find`. On élimine ensuite un des éléments de la table par appel de `erase`, et l'on vérifie son absence en affichant la taille de la table. Enfin, on vérifie la présence d'un autre élément. La sortie produite par ce programme est la suivante et permet de suivre l'exécution.

```
Taille = 3
Napoléon Bonaparte  38.5
Alexandre le Grand  42.5
Gengis Khan  40
On a trouvé Napoléon Bonaparte
On a pas trouvé Tartarin de Tarascon
Taille = 2
Pas de Gengis Khan
Alexandre le Grand trouvé
```

11.6 Étude de cas : comparaison des méthodes de résolution des collisions dans une table de hachage fermée

Les stratégies de résolution des collisions analysées s'appliquaient à deux types de structures de table : les tables de taille fixe, souvent appelées tables fermées, et celles qui peuvent croître au fur et à mesure que des éléments y sont ajoutés, souvent appelées tables ouvertes. Nous voulons examiner ici les diverses stratégies de résolution des collisions dans une table de hachage fermée, et aboutir à une comparaison de ces méthodes et de la méthode des essais linéaires.

Lorsqu'une table devient pleine, la performance des techniques de hachage dépend de façon critique de la stratégie de résolution des collisions. La méthode des essais linéaires est la stratégie la plus simple, mais elle est susceptible de créer des groupements primaires, et sa performance devient mauvaise lorsque le taux de chargement de la table dépasse 50%. Nous développerons ici d'autres stratégies de résolution des collisions : les essais pseudo-aléatoires et le chaînage fusionné. Nous avons déjà mentionné brièvement les essais pseudo-aléatoires et nous les examinerons plus en détail. Le chaînage fusionné, une autre solution pour la résolution des collisions des tables de hachage fermées, emprunte quelques-unes des idées du chaînage. Nous développerons un programme de test afin de rassembler des données statistiques empiriques sur ces deux techniques et de les comparer aux essais linéaires pour des facteurs de remplissage des tables de 50%, 75%, 90%, 95%, 99% et 99,5%. Nous nous concentrerons sur le nombre d'essais nécessaires pour une recherche infructueuse, puisqu'il sera toujours supérieur au nombre des essais pour une recherche fructueuse.

Essais pseudo-aléatoires

Les essais pseudo-aléatoires sont basés sur une suite d'essais qui est déterminée par une permutation « aléatoire » des positions de la table. Il faut cependant s'assurer que cette séquence d'essais est effectivement une permutation, c'est-à-dire qu'elle examine bien *toutes* les positions de la table. Pour ce faire, nous utiliserons des opérations de « décalage » et de « ou exclusif » (XOR) appliquées à des valeurs binaires pour engendrer cette permutation aléatoire. Comme ces deux opérations appartiennent à l'ensemble d'instructions de la plupart des microprocesseurs, on peut les effectuer très rapidement. Nous supposerons que la table a des éléments numérotés de 1 à B-1, où B est une puissance de 2.

Prenons deux exemples pour illustrer cette technique. Comme premier exemple, supposons que B vaille 8, de sorte que la table ait sept éléments et que l'indice puisse être représenté au moyen de trois bits. Supposons aussi que nous choisissions 5 comme constante K du XOR. Supposons que l'indice de notre essai initial soit 3 et qu'il produise une collision. Notre stratégie est de décaler la valeur de l'indice d'un bit à gauche, et, s'il y a débordement (un bit 1 se trouve décalé en dehors de l'indice de trois bits), d'éliminer le bit de tête et d'effectuer un XOR du résultat et de K. La séquence d'essais pour cet exemple spécifique se trouve dans la table 11.2.

```
explication                                     valeur résultante
valeur initiale                                 011  =  3
décaler                                         110  =  6
décaler, supprimer 1 de tête, XOR avec 101      001  =  1
décaler                                         010  =  2
décaler                                         100  =  4
décaler, supprimer 1 de tête, XOR avec 101      101  =  5
décaler, supprimer 1 de tête, XOR avec 101      111  =  7
décaler, supprimer 1 de tête, XOR avec 101      011  =  3
                                                (valeur initiale)
```

Table 11.2 Séquence d'essais

La valeur de K, que nous avons choisie pour cet exemple, a produit une permutation des indices allant de 1 à 7. Pour une valeur particulière de B, toutes les valeurs de K ne produiront pas nécessairement une permutation de toutes les valeurs possibles pour l'indice. Pour un B donné, il est nécessaire de trouver une valeur de K qui fonctionne, en utilisant une méthode empirique. Par exemple, si B vaut 8, la valeur K = 3 fonctionne aussi, mais les autres valeurs de K ne produisent pas une permutation de toutes les valeurs de l'indice.

Pour illustrer les effets d'une mauvaise valeur de K, prenons un second exemple. Supposons que B vaille 16 (il nous faut alors quatre bits pour l'indice) et que K vaille 5, de nouveau. Si la valeur de l'indice initial produisant une collision est 9, essayons la méthode, comme le montre la table 11.3.

explication	valeur résultante
valeur initiale	1001 = 9
décaler, supprimer 1 de tête, XOR avec 101	0111 = 7
décaler	1110 = 14
décaler, supprimer 1 de tête, XOR avec 101	1001 = 9
	(valeur initiale)

Table 11.3 Séquence d'essais incomplète

Il est clair que cette valeur de K n'a pas produit une fouille complète de la table. Avec cette taille de table, on découvre que K = 9 fonctionne et produit la séquence suivante des essais en commençant à 9 :

9, 11, 15, 7, 14, 5, 10, 13, 3, 6, 12, 1, 2, 4, 8, 9 (valeur initiale)

Il n'est heureusement pas nécessaire de trouver une valeur unique de K qui produise une fouille exhaustive pour une valeur particulière de B, au cours de la phase de conception. On peut automatiser cette recherche d'une valeur acceptable de K, en écrivant un petit programme qui vérifie systématiquement toutes les valeurs possibles de K en allant de 1 à B-1. Nous avons écrit un tel programme, l'avons vérifié pour B = 1024, et avons trouvé 60 valeurs de K qui fonctionnent :

9, 27, 39, 45, 101, 111, 129, 139, 197, 215, 231, 243, 255, 269, 281, 291,

305, 317, 323, 343, 363, 389, 399, 407, 417, 455, 485, 503, 507, 531, 533,

549, 567, 579, 591, 603, 633, 639, 649, 693, 705, 723, 735, 765, 791, 797,

801, 825, 839, 845, 853, 857, 867, 893, 909, 915, 945, 987, 1011, 1017

L'écriture d'un tel programme vous est laissée comme exercice.

Maintenant que nous avons une technique pour engendrer une permutation « aléatoire » des nombres allant de 1 à B-1, où B est une puissance de 2, nous pouvons modifier nos essais pour utiliser cette information. Nous utilisons la valeur de hachage originale comme point de départ et engendrons une séquence de positions de table « aléatoires » pour y chercher une position vide au cas où une collision avec une autre valeur se serait produite. Si nous revenons à la position initiale sans trouver l'élément désiré ou sans trouver de position vide, alors la table doit être pleine et l'insertion impossible. Comme la séquence engendrée est une permutation de toutes les positions possibles, nous savons que la recherche a été exhaustive.

```
Hachage aléatoire
    Si le nombre d'éléments égale la taille de la table
        Erreur de débordement
    Sinon
        Mettre Position à Hache(Clef)
        Boucler
            Si Position est vide
                Insérer Clef à Position
                Terminer boucle
```

Sinon   {résolution de collision}
  Décaler Position à gauche de un bit
  Si Position est plus grand que la taille de la table
   Enlever le bit de tête
   Faire un Ou exclusif de Position et de K

Nous laisserons les détails du décalage, de la suppression du bit de tête et de l'opération *Ou exclusif* pour la phase de codage, car la réalisation peut dépendre du choix de l'utilisation d'un langage d'assemblage ou des outils offerts par C++.

Chaînage fusionné

La seconde technique que nous examinerons ici est appelée chaînage fusionné. Elle est conceptuellement semblable à la technique de chaînage présentée à la figure 11.4, mais elle a deux caractéristiques différentes :

- Le chaînage fusionné utilise une table de hachage fermée, où tous les éléments de la chaîne sont rangés dans la table et sont reliés par des liens qui sont des indices d'autres positions ;

- Comme un nouvel élément peut aboutir à une position qui fait déjà partie d'une chaîne, il est possible que deux ou plusieurs chaînes partagent des données communes (d'où le nom chaînage fusionné).

La table est un tableau d'enregistrements, où chaque enregistrement contient la valeur de la clef, ainsi que les données qui lui sont associées et un champ-lien. La table est indexée à partir de 0 jusqu'à une valeur maximum. Si la valeur du lien est dans cet intervalle, alors c'est l'indice du prochain élément de la chaîne. Autrement, nous utiliserons une valeur de lien de -1 pour représenter le lien vide. Nous nous servirons d'un indice dans la table, appelé Libre, pour chercher la prochaine position vide, si l'élément n'est pas dans la table et si la position initiale était occupée. Initialement, Libre indique une position virtuelle située après la fin de la table. La stratégie générale est la suivante :

- Appliquer la fonction de hachage à la clef pour trouver la position initiale à vérifier ; si cette position est vide, alors l'élément ne se trouve pas dans la table et peut être inséré à cet endroit ;

- Si la position est occupée, suivre la chaîne des éléments, soit jusqu'à ce que l'élément soit trouvé, soit jusqu'à ce que l'on rencontre un lien vide (indiquant que l'élément ne se trouve pas dans la table) ;

- Dans le dernier cas, chercher séquentiellement à partir de la dernière position où est intervenue une insertion, repérée par Libre, en remontant vers le haut de la table ; la valeur de Libre est diminuée au fur et à mesure de la remontée, et, si elle devient négative, alors la table est pleine. Sinon, Libre indique où faire l'insertion.

Pour mieux comprendre cette stratégie de résolution des collisions, examinons un exemple simple, illustré par la figure 11.6. Nos indices de table varient de 0 à 6, ainsi, Libre est initialisé à 7 et tous les liens sont mis à -1, le lien vide. Supposez que la clef C1 produise l'indice 5, où elle est insérée, et que la clef C2 produise l'indice 3, où elle est insérée. Supposons maintenant que la clef C3 produise l'indice 5, une position déjà occupée par C1. Comme le champ-lien de l'élément 5 est -1, il n'y a plus d'éléments dans la chaîne, et nous utilisons Libre pour déterminer la prochaine position vide. Libre est réduit à 6, l'indice le plus élevé d'une position vide. La clef C3 est insérée à la position 6, et l'on fait pointer le champ-lien de la position 5 à la position 6. Ensuite, la clef C4 produit l'indice 6, qui est occupé et n'a pas d'autres éléments dans sa chaîne. Alors Libre est diminué à 4, C4 est insérée à cet endroit, et le lien de la position 6 est mis à 4. Finalement, la clef C5 produit l'indice 3, qui est occupé. La chaîne est vide, et, par conséquent, on diminue Libre à 2, C5 est insérée à la position 2, et le lien de la dernière position de la chaîne, la position 3, est mis à 2.

La recherche d'un élément qui se trouve déjà dans la table met en jeu la vérification de la position du hachage original et, si l'élément n'est pas là, la traversée de la chaîne jusqu'à la découverte de l'élément. Avec une bonne fonction de hachage, qui étale les essais initiaux sur tous les indices de la table, cette technique produit des chaînes très courtes et a de bonnes performances même quand la table est presque pleine, comme nos mesures le montreront.

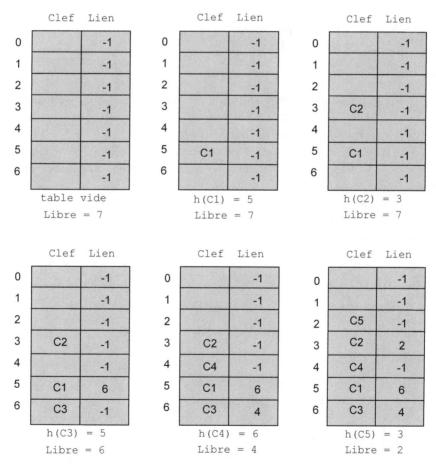

Figure 11.6 Résolution des collisions par chaînage fusionné

Notre algorithme de chaînage fusionné découle directement de l'explication de l'algorithme que nous avons vue plus haut. Dans le pseudo-code qui suit, nous supposons que Libre a été initialisé à la taille de la table.

```
Hachage Fusionné
    Mettre Position à Hache(Clef)
    Si l'élément à Position n'est pas vide
        Suivre la chaîne jusqu'à ce que la clef soit trouvée
            ou que la chaîne soit épuisée et mettre Précédent à la fin de la chaîne
    Si la Clef n'a pas été trouvée
        Si Position est vide
            Insérer l'élément à Position
        Sinon
            Diminuer Libre jusqu'à une position vide ou à la fin de la table
            Si fin de la table
                Engendrer une condition de débordement
            Sinon
                Relier Précédent à Position
                Insérer Clef à Libre
```

Mesures

Nous comparerons la performance des algorithmes d'essais aléatoires et de chaînage fusionné avec l'algorithme d'essais linéaires en insérant la même suite de clefs « aléatoires » dans une table de hachage jusqu'à ce que la table soit entièrement pleine. Les indices de la table varieront de 1 à 8191, qui est $2^{13} - 1$, comme l'exige la méthode pseudo-aléatoire. Nous engendrerons des clefs alphabétiques en caractères minuscules et nous supposerons que les identificateurs auront un maximum de huit caractères. Comme les valeurs des caractères seront engendrées aléatoirement, les clefs n'auront pas de signification en elles-mêmes et certainement aucun rapport avec une langue connue. Avec une telle souplesse pour la génération des clefs, il est fort peu probable qu'une même clef soit engendrée deux fois au cours du processus de remplissage de la table.

Nous placerons des points de contrôle aux endroits où la table sera pleine à 50%, à 75%, à 90%, à 95%, à 99% et à 99,5%. À chacun de ces points de contrôle, nous enregistrerons les informations suivantes :

- Le nombre moyen d'essais pour toutes les clefs insérées jusque là ;

- Le nombre moyen d'essais pour les dix dernières clefs insérées ;

- Le temps utilisé pour insérer toutes les clefs jusque là.

Les calculs pour le nombre moyen d'essais sont basés sur de simples moyennes mettant en jeu le comptage des essais effectués. Les données temporelles pourront dépendre de la réalisation et ne pourront être comparées qu'à des données semblables, collectées sur des machines semblables. Notre programme de test est relativement simple, et nous ne le donnerons pas ici.

Programmation et résultats

La structure de la table que nous utiliserons comprendra tous les champs nécessaires pour les trois méthodes que nous mesurerons (les champs `suivant` et `libre` ne seront utilisés que par la méthode du chaînage fusionné) et sera définie par les déclarations suivantes :

```
static const int NOEUDSMAX = 8191;
static const int LONGUEURIDENT = 8;

struct TypeNoeud {string identificateur;
                  int suivant;};// champ-lien pour chaînage fusionné
int taille;
int libre;
TypeNoeud tableH[NOEUDSMAX];
```

Notre fonction de hachage simpliste utilise les valeurs des quatre premiers caractères de la clef, pondérés par leur position. *Notez qu'elle ne fonctionne bien que parce que nous avons affaire à des caractères engendrés aléatoirement !*

```
int Hachage(TabHachage::TypeNoeud Noeud)
{ //  Cette procédure de hachage simpliste prend un noeud et donne une
  //  valeur dans 0..NOEUDSMAX-1 en retour.
  int valeur;
  string elt;
  elt = Noeud.identificateur;
  valeur = (elt[0] * 26 * 26 * 26
           + elt[1] * 26 * 26
           + elt[2] * 26
           + elt[3]) % TabHachage::NOEUDSMAX;
  return valeur;
} // Hachage;
```

Le code correspondant aux techniques de résolution des collisions suit de près la démarche que nous avons proposée lors de la conception. On y a ajouté la compilation de données statistiques. Nous avons initialisé la table avec toutes les valeurs de clef égales à « + » pour représenter une position vide.

Pour les essais pseudo-aléatoires, comme la méthode engendre des valeurs d'indice allant de 1 à 2^{n-1}, nous avons augmenté l'indice calculé de 1 pour faire les calculs et, ceux-ci une fois faits, nous avons diminué la valeur-résultat de 1 pour tomber dans l'intervalle $[0, 2^{n-2}]$. Nous avons utilisé une multiplication par deux pour effectuer un décalage à gauche d'un bit, une soustraction de (taille de table + 1) qui est une puissance de 2, pour supprimer le bit de tête et l'opération ou exclusif ^ du langage C++.

```
void TabHachage::HacherDecale(const TypeNoeud &Noeud, int& Essais, int Magique)
{ // Cette procédure insère un Noeud dans une table de hachage
  // en utilisant la méthode de résolution des collisions aléatoire
  // et retourne le nombre de collisions produites.
  int position;
  if(taille < NOEUDSMAX){
    Essais = 0;
    position = Hachage(Noeud)+1; // basé zéro -> basé 1
```

```
  while(true){
    Essais++;
    if(tableH[position-1].identificateur[0] == '+'){
      // endroit vide
      tableH[position-1] = Noeud;
      taille++;
      return;
    }
    else{
      position *= 2;                    // décaler à gauche d'un bit
      if(position > NOEUDSMAX){    // supprimer premier bit et XOR
        position -= (NOEUDSMAX + 1);
        position ^= Magique; // Magique déjà calculé
      } // if;
    } // if;
  } // while;
} else
  cout << "Débordement table décalée, pas d'opération effectuée" << endl;
} // HacherDécalé;
```

Pour la méthode du chaînage fusionné, nous avons supposé une table allant de 0 à NoeudsMax-1 et une valeur de lien égale à -1 pour représenter un lien vide. Lorsque la variable `libre` atteint -1, la table est pleine.

```
void TabHachage::HacherFusionne(const TypeNoeud &Noeud, int& Essais)
{ // Cette procédure insère un Noeud dans une table de hachage en utilisant
  // la méthode de résolution des collisions par chaînage fusionné et
  // retourne le nombre de collisions produites.
  int index, position, anterieur;
  if(taille < NOEUDSMAX){
    Essais = 0;
    position = Hachage(Noeud);
    if(tableH[position].identificateur[0] != '+'){
      // occupé
      index = position;
      do{
        Essais++;
        anterieur = index;          // pour lien futur
        index = tableH[index].suivant;
      }while(index != -1);
    } // IF;
    if(tableH[position].identificateur[0] == '+'){
      // le ranger dans endroit vide
      tableH[position] = Noeud;
      Essais++;
      taille++;
    }
```

```
  else{
    do{        // trouver endroit vide
      Essais++;
      libre--;
    }while(libre != -1 && tableH[libre].identificateur[0] != '+');
    if(libre != -1){
      tableH[anterieur].suivant = libre;
      tableH[libre] = Noeud;
      tableH[libre].suivant = -1;
      taille++;
    } // if;
  } // if;
} // if
else
  cout << "Débordement de table fusionnée, pas d'opération effectuée" << endl;
} // HacherFusionné;
```

Nous avons effectué nos tests sur une machine ancienne, basée sur un microprocesseur Pentium II 298 MHz. Les mesures temporelles ont été effectuées au moyen des fonctions offertes par le module `ctime`. Nos résultats ont fluctué quelque peu, surtout pour des tables plus petites, peut-être aussi parce que notre génération de clefs n'est pas parfaitement aléatoire. En général, la méthode d'essais pseudo-aléatoires a donné une performance légèrement supérieure à celle de la méthode des essais linéaires, tandis que la méthode du chaînage fusionné a donné une excellente performance, même lorsque la table était pleine. Les données ci-dessous représentent la moyenne des dix derniers essais pour une table de 8191 éléments. Rappelez-vous aussi que ces résultats représentent des recherches infructueuses, ce qui veut dire que des recherches fructueuses auraient donné des valeurs plus petites.

Le petit nombre d'essais utilisé pour chaque moyenne peut introduire quelques fluctuations statistiques, mais malgré ces fluctuations, qui peuvent apparaître avec des tailles de table plus petites, les tendances sont claires. Les essais pseudo-aléatoires et les essais linéaires ne donnent pas de très bons résultats dès que la table est pleine à 75%, tandis que la méthode du chaînage fusionné est grandement supérieure aux deux autres, fait flagrant lorsque la table est presque pleine. Mais n'oubliez pas qu'il y a un prix à payer : chaque élément de la table doit posséder un champ supplémentaire pour le lien qui permet de former des chaînes fusionnées.

Taux de remplissage	Linéaire	Pseudo-aléatoire	Fusionné
0,50	3,6	2,0	2,5
0,75	5,4	10,7	2,3
0,90	43,0	37,6	2,8
0,95	84,9	89,9	3,9
0,99	2337,0	860,6	4,2
0,995	3974,9	3479,8	3,8

Le nombre moyen d'essais de chaque méthode pour la totalité du remplissage est le suivant :

Essais linéaires	58,18
Essais pseudo-aléatoires	41,71
Chaînage fusionné	2,28

La mesure du temps a été effectuée sur la machine précédemment décrite, et nous avons obtenu les résultats suivants pour le remplissage d'une table de 8191 éléments :

Essais linéaires	321	millisecondes
Essais pseudo-aléatoires	240	millisecondes
Chaînage fusionné	50	millisecondes

Ces résultats correspondent à peu près à ce que nous avons obtenu pour le nombre d'essais et sont donc à la mesure de nos attentes.

11.7 Exercices et problèmes

Exercices

11.1   Bien que notre définition du TDA Table n'ait pas fait mention des valeurs en double, il serait peut-être pertinent d'en vérifier l'existence au lieu de tenir pour acquis qu'il n'y en aura pas. Pourquoi ? Quelles sont les conséquences de l'insertion de valeurs en double ? Modifier notre réalisation pour qu'elle ne permette pas des valeurs en double.

11.2   Quelle méthode de recherche faut-il utiliser pour trouver tous les éléments dans une table entre les clefs C1 et C2 ?

11.3   S'il y a une grande quantité d'information associée à chaque clef, on ne devrait pas conserver cette information dans la table de hachage. Expliquer pourquoi et définir une méthode pour représenter une telle collection de données.

11.4   Prouver que, si x et b sont des entiers premiers entre eux, la suite de nombres de la forme *(i*b) % x* pour $0 \leq i < x$ forme une permutation des nombres *0* à *x-1*.

11.5   Supposer qu'il soit aussi probable qu'une clef soit un des entiers compris entre *bas* et *haut*. Supposer que la méthode de hachage du milieu des carrés soit utilisée pour produire un entier entre 0 et $2^{(k-1)}$. Est-il aussi probable que le résultat soit un entier dans cet intervalle ? Pourquoi ou pourquoi pas ?

11.6   Soit une fonction de hachage h(K) = K % M, M étant égal à 1024. Prouver que cette fonction met en correspondance les clefs paires avec les indices pairs et les clefs impaires avec les indices impairs. Est-ce une bonne fonction de hachage ?

11.7   Comparer l'efficacité de la recherche d'une clef donnée dans une table ordonnée de taille N, et de la recherche de la même clef dans une table sans ordre de même taille :

a)   si la clef est absente ;

b)   si la clef est présente ;

c)   si la clef apparaît plusieurs fois, mais si l'on ne veut que la première apparition ;

d)   si la clef apparaît plusieurs fois, et si l'on veut trouver tous les éléments ayant la même clef.

11.8   Appliquer la méthode du milieu des carrés à un ensemble d'identificateurs. Les indices calculés sont-ils distribués uniformément dans le domaine choisi ?

11.9   Supposons qu'une table de hachage ait 13 éléments et que les clefs suivantes doivent être rangées dans cette table : 23, 61, 45, 58, 71, 48, 16, 42, 270, 135, 0

a)   Trouver les indices de hachage et le nombre de collisions lorsque la fonction de hachage est % TailleTable.

b)   Trouver les indices de hachage et le nombre de collisions pour une fonction de hachage où les clefs sont pliées, en ajoutant tous leurs chiffres et en prenant le résultat % TailleTable.

c)   Répéter a) et b) avec TailleTable = 11.

11.10   Une autre méthode pour résoudre les collisions avec l'adressage ouvert est de conserver une table de débordement séparée dans laquelle on conserve tous les éléments qui ont provoqué une collision. Indiquer les avantages et les inconvénients de cette méthode.

11.11   Dans une table de hachage, supposons que les éléments dans chaque chaîne externe soient conservés en ordre des clefs. On peut alors terminer une recherche aussitôt que l'on dépasse l'endroit où la clef devrait être si elle était dans la table. Combien d'essais fera-t-on en moins, en moyenne, pour une recherche fructueuse et pour une recherche infructueuse ? De combien d'essais a-t-on besoin, en moyenne, pour insérer un nouvel élément ? Comparer les réponses avec celles obtenues à partir des formules données dans le chapitre qui portent sur des chaînes non ordonnées.

11.12   Définir une fonction de hachage simple pour la mise en correspondance de mots de trois lettres avec les entiers compris entre 0 et n-1. Trouver les valeurs de cette fonction pour les mots : art, bit, car, fin, jet, mon, non, pin, roi et tac, pour n=7, 11, 13, 17. Essayer d'obtenir le moins de collisions possible.

11.13   Écrire un algorithme pour supprimer l'identificateur X d'une table de hachage avec résolution par essais linéaires. Montrer que la remise à zéro de la position occupée par X n'est pas suffisante. Comment doit-on modifier l'algorithme de recherche pour permettre les suppressions ? Où est-il possible d'insérer un élément ?

Problèmes

11.14 Définir et programmer les algorithmes pour l'insertion et la suppression dans une table ordonnée.

11.15 Ajouter une opération `Remplacer` à notre réalisation du TDA Table. (On peut effectuer cette opération avec `Supprimer` et `Insérer`, mais définir une opération plus efficace.)

11.16 Prendre comme ensemble de clefs le nom apparaissant en premier dans 50 pages consécutives d'un annuaire téléphonique. (Si l'annuaire est trop petit, prendre deux ou trois noms par page.) Avec ces clefs, écrire et vérifier un programme pour construire une table de hachage avec :

- a = 80% ;
- la méthode linéaire pour les collisions ;
- plusieurs fonctions de hachage (modulo, milieu des carrés, pliage).

Comparer le temps réel de recherche avec le temps théorique. Quelle méthode donne la meilleure distribution ?

11.17 Écrire et vérifier une procédure qui liste tous les identificateurs dans une table de hachage en ordre lexicographique. Supposons que h(X) = premier caractère de X et que les collisions soient résolues par la méthode linéaire.

11.18 Écrire et vérifier une procédure pour la suppression d'un élément dans une table de hachage chaînée.

11.19 Écrire une fonction `Recherche(Table, Clef)` qui recherche un élément avec Clef dans une Table de hachage. La table est définie de la façon suivante :

```
typedef struct { TypeClef K;
                 TypeArticle R;
                 bool Occupe;} TypeElement;
TypeElement Table[TailleTable];
```

L'indicateur `Occupe` indique si la position est vide ou non. La fonction retourne un indice entier dans la table ou -1 si l'élément ne s'y trouve pas. Supposons que l'on ait deux fonctions H1 et H2 qui produisent un entier entre 0 et TailleTable-1 à partir d'une clef donnée et que la fonction d'essais utilisée soit la suivante :

Essai(i) = (i + H2(Clef)) % TailleTable

11.20 Supposons qu'une table ordonnée soit conservée sous forme de liste chaînée. Écrire une fonction `Recherche(Table, Elt, Clef)` qui retourne le pointeur à l'élément trouvé ou NULL en cas d'échec. `Elt` est initialement égal à `Table`, mais est replacé après chaque recherche au dernier élément retrouvé (ou à `Table` si la recherche a été infructueuse). Il est utilisé pour réduire le nombre de comparaisons de la recherche.

11.21 Supposons que la réalisation choisie pour une table ordonnée rende possible la recherche séquentielle en avant ou en arrière. Supposons qu'un pointeur donné P pointe toujours au dernier élément retrouvé et que la recherche commence toujours à l'élément indiqué par P. Écrire une fonction `Recherche(Table, P, Clef)` qui retourne l'élément recherché. Comparer le nombre des comparaisons des clefs dans une recherche fructueuse et infructueuse avec la méthode du problème 20.

11.22 Étant donné une fonction de hachage h pour une table de taille N, écrire un programme de simulation qui engendre d'abord suffisamment de clefs (entiers de six chiffres) pour remplir la table à 80%. Puis effectuer les calculs suivants :

a) Pourcentage des entiers entre 0 et $N-1$ qui n'égalent pas h(clef) pour toute clef engendrée ;

b) Pourcentage des entiers entre 0 et $N-1$ qui égalent h(clef) pour plus d'une clef engendrée ;

c) Nombre maximum de clefs qui correspondent à une seule valeur entre 0 et $N-1$;

d) Nombre moyen de clefs qui correspondent aux valeurs entre 0 et $N-1$, en ne comptant pas les valeurs qui ne correspondent à aucune clef.

Exécuter le programme pour vérifier l'uniformité des fonctions de hachage suivantes :

a) h(clef) = clef % N pour N premier ;

b) h(clef) = clef % N pour N une puissance de 2 ;

c) La méthode de pliage produisant des indices de cinq bits avec $N = 64$;

d) La méthode du milieu des carrés produisant des indices de quatre chiffres avec $N = 5000$.

11.23 Écrire un programme qui, étant donné B, une puissance de 2, trouve toutes les valeurs de K de 1 à B-1 qui engendrent une permutation de 1 à B-1, en utilisant la technique des essais pseudo-aléatoires présentée dans l'étude de cas.

11.24 Compléter l'étude de cas en écrivant un programme principal de test et les procédures utilitaires nécessaires pour comparer les algorithmes des essais linéaires, des essais pseudo-aléatoires et du chaînage fusionné. Comment vos résultats se comparent-ils à ceux qui ont été donnés à la fin de l'étude de cas ?

11.25 Ajouter les techniques des essais quadratiques et du double hachage à votre programme du problème précédent. Comment ces techniques se comparent-elles aux autres ?

11.26 Mettre sur pied un nouveau système de gestion du fichier étudiant de l'université. On dispose d'un fichier de données particulier séquentiel regroupant une dizaine de milliers d'étudiants. Le système doit lire ce fichier, et en utiliser les données pour classer les étudiants en ordre alphabétique des noms par programme et pour engendrer une liste des étudiants par cours. Un second fichier identifie les cours et les étudiants qui y sont inscrits (un maximum de six cours par étudiant).

Une ligne du fichier des étudiants comprend 598 caractères comme le montre la ligne suivante (où les espaces sont représentées[6] par le signe ÷, et le découpage apparent de la ligne en huit parties inégales n'est en fait que pour vous permettre de voir toute la ligne) :

```
Roy÷÷÷÷÷÷÷÷÷÷÷÷Daniel÷÷÷÷÷÷÷÷÷M176Canada÷÷÷÷÷÷÷÷÷20÷04÷1972Pers÷5702Évariste÷÷
÷÷÷÷Lemoyne÷÷÷÷÷÷÷Québec÷÷÷(450)634-077226÷03÷199626÷09÷1999certificat
INF111019962B+ADM110519962A÷ECO108019962A-SCO108019962C÷INF113019962B-
INF211019963A-MAT468019963X÷ADM116319963A+INF216019963B÷INF217019963B
÷÷÷÷÷÷÷÷÷÷÷÷÷÷÷÷÷÷÷÷÷÷÷÷÷÷÷÷÷÷÷÷÷÷÷÷÷÷÷÷÷÷÷÷÷÷÷÷÷÷÷÷÷÷÷÷÷÷÷÷÷÷÷÷÷÷÷÷÷÷÷÷÷÷÷÷÷÷
÷÷÷÷÷÷÷÷÷÷÷÷÷÷÷÷÷÷÷÷÷÷÷÷÷÷÷÷÷÷÷÷÷÷÷÷÷÷÷÷÷÷÷÷÷÷÷÷÷÷÷÷÷÷÷÷÷÷÷÷÷÷÷÷÷÷÷÷÷÷÷÷÷÷÷÷÷÷
÷÷÷÷÷÷÷÷÷÷÷÷÷÷÷÷÷÷÷÷÷÷÷÷÷÷÷÷÷÷÷÷÷÷÷÷÷÷÷÷÷÷÷÷÷÷÷÷÷÷÷÷÷÷÷÷÷÷÷÷÷÷÷÷÷÷÷÷÷÷÷÷÷÷÷÷÷÷
÷÷÷÷÷÷÷÷÷÷÷÷÷÷÷÷÷÷÷÷÷÷÷÷÷÷÷÷÷÷÷÷÷÷÷÷÷÷÷÷÷÷÷÷÷falseROYD20047289÷708235÷27
```

Chaque ligne du fichier est composée de vingt parties qui sont les suivantes (taille en caractères donnée entre parenthèses) : nom (15), prénom (15), sexe (1), taille (3), pays d'origine (15), date de naissance (10), couleur des yeux (5), numéro d'immeuble (4), nom de rue (15), nom de ville (15), province (10), numéro de téléphone (13), date d'admission (10), date de dernière inscription (10), programme (10), historique des cours suivis (30 fois 14), diplômé (5), code étudiant (12), solde (7), crédits (3). Il y a environ 10 000 lignes dans le fichier d'entrée.

De même, les lignes du fichier des cours ont l'aspect suivant (numéro séquentiel d'étudiant, sigle du cours, le tout en ordre ascendant des numéros d'étudiants) :

```
...
    1 INF3102
    1 INF3123
    1 INF3172
  ...
```

Les sigles de cours sont définis par le type énumération ci-dessous dans votre fichier DossiersEtudiants.hpp.

```
enum TypSigle {INF1110,ADM1105,ECO1080,SCO1080,INF1130,INF2110,MAT4680,
               ADM1163,INF2160,INF2170,INF3102,INF3123,INF3172,INF3180,INF3722,
               INF4100,INF4170,INF4270,INF4481,INF5151,INF5153,INF5180,INF5270,
               INF5280,INM5151,INF6150,INM5000,INM5800,INM5801,INM6000,VIDE};
```

Votre travail consiste à produire un programme permettant la génération d'un index des étudiants par programme, la génération d'un index des cours et l'obtention des dossiers individuels d'étudiants à partir de leurs codes. Les cinq programmes d'étude sont définis par le type énumération TypProgramme qui se trouve dans le fichier Etudiants.hpp (voir plus bas).

Votre programme produira en sortie un fichier dans lequel se trouvera un index en cinq segments où les étudiants seront classés alphabétiquement (selon le code étudiant), et donnant pour chaque étudiant, sur trois lignes : le nom, le prénom, l'adresse puis les crédits accumulés, la date d'admission et la date de dernière inscription ainsi que les cours suivis. Il produira également un index des cours classé par cours, et donnant pour chaque cours, les étudiants qui y sont inscrits en ordre

---

[6]   Rappelez-vous que l'espace typographique est féminine.

alphabétique de leur code (nom, prénom, adresse). Le programme permettra aussi d'interroger le système pour obtenir le dossier d'un étudiant identifié par son code étudiant.

Voici une partie du fichier de la liste des étudiants par programme en illustrant le format :

```
Zambrano        Sylvain      : 5108 De la Montagne  Frelighsburg    Québec
Code: ZAMS04015978 Crédits:  69 Admission: 10/11/1998 Inscription:  1/ 8/2001
Cours suivis: INM5151 INF6150 INM5000 INM5800
Zambrano        Thérèse      : 2900 Nungesser        Gaspé           Québec
Code: ZAMT11586045 Crédits:  15 Admission: 19/11/2000 Inscription: 15/ 3/2001
Cours suivis: ADM1105 ECO1080 SCO1080


Programme certificat : 1865 étudiants
Archambault     Antoine      : 2691 Gratton          Outremont       Québec
Code: ARCA01037981 Crédits:  30 Admission: 11/12/1995 Inscription:  2/ 5/1999
Cours suivis: AUCUN
Archambault     André        : 5580 Notre-Dame       Greenfield Park Québec
Code: ARCA02105161 Crédits:  27 Admission:  3/ 4/2000 Inscription: 14/ 7/2001
Cours suivis: INF2170 INF3102
Archambault     Angela       :  909 de Lorimier      Nicolet         Québec
Code: ARCA11525488 Crédits:  27 Admission: 20/ 6/1999 Inscription: 29/11/2001
Cours suivis: INF4170
Archambault     Albert       : 3362 Guy              Jersey Mills    Québec
Code: ARCA28027254 Crédits:  30 Admission: 14/ 1/2000 Inscription: 11/12/2001
Cours suivis: INF3722 INF4100 INF4170 INF4270
Archambault     Bernard      : 8289 Loubard          Chambly         Québec
```

Voici une partie des listes des cours:

```
Yelle           Sidonie      : 6021 René-Lévesque    Gaspé           Québec
YELS10576001
Yelle           Thérèse      : 7325 Sherbrooke       Trois-Saumons   Québec
YELT04537619
Zambrano        Aude         : 5319 Victoria         Ayer's Cliff    Québec
ZAMA14536791
Zambrano        Christine    : 8098 Victoria         La Prairie      Québec
ZAMC30535278
Zambrano        Heidi        : 1215 Quenouille       Chibougamau     Québec
ZAMH11556976
Zambrano        Michel       : 2395 St-Urbain        Val-David       Québec
ZAMM27086093
Zambrano        Simone       : 2106 Pie-IX           Fermont         Québec
ZAMS26565741


Cours INF2160 : 867 étudiants
Archambault     Aude         : 8373 Renault          Waltham         Québec
ARCA19546786
Archambault     Aude         : 2488 Isabelle         Kahnawake       Québec
ARCA20547430
```

```
Archambault    Albert        : 5020 Hymus         Kahnawake        Québec
ARCA24107975
Archambault    Babette       :  968 Tabernacle    Havre-St-Pierre  Québec
ARCB01556314
Archambault    Boniface      : 5562 Gratton       Havre-St-Pierre  Québec
ARCB29057069
Archambault    Éliane        : 4478 Nungesser     Chibougamau      Québec
ARCE13574007
Archambault    Françoise     : 1107 Guy           Napierville      Québec
ARCF22565348
Archambault    Isabelle      : 5385 De la Montagne McMasterville    Québec
ARCI15606001
Archambault    Jaqueline     : 3850 Queneau       Outremont        Québec
ARCJ16545916
Archambault    Justine       : 5823 Évangile      Beloeil          Québec
ARCJ27587543
Archambault    Liliane       : 7427 Garibaldi     Montréal         Québec
ARCL03557231
```

Voici une partie du fichier des demandes d'information sur les étudiants :

```
Dossier BOUC06555657
Bouchard       Cécile        : 7772 Nourricier    Gaspé            Québec
Code: BOUC06555657 Crédits:  81 Admission: 23/ 2/1997 Inscription: 14/ 3/2001
bacSysRepa
Cours suivis: AUCUN

Dossier DONC04014601
Donis          Charles       : 6628 Faulkner      Drummondville    Québec
Code: DONC04014601 Crédits:  63 Admission: 27/11/1998 Inscription:  8/ 3/2001
bacSysInfo
Cours suivis: INF5180

Dossier MONR30574449
Étudiant inexistant!
```

On peut s'assurer que la solution est orientée objet en définissant les étudiants comme des dérivés de personnes. La spécification complète de la classe Personne est la suivante :

```
#ifndef PERSONNES_H
#define PERSONNES_H
#include <string>
#include <iostream>
#include <iomanip>
using namespace std;
//classe de base

enum TypGenre  {Masculin, Feminin};
enum TypCouleur {Bleu, Brun, Noir, Jaune, Vert, Pers};
class Personne
```

```
{
public:
  typedef struct TypAdresse;
  friend ostream& operator<<(ostream&, const TypAdresse&);
  friend ostream& operator<<(ostream&, const TypCouleur&);
  Personne(): nom(""), prenom("") {} // constructeur
  Personne(string leNom, string lePrenom, TypGenre leSexe,
           int laTaille, string lieu_Naissance, int laDate_Naissance,
           TypCouleur lesYeux, int leNumero, string laRue,
           string laVille, string laProvince, string leTelephone)
  :nom(leNom),prenom(lePrenom),sexe(leSexe),taille(laTaille),
  pays_naissance(lieu_Naissance),date_naissance(laDate_Naissance),
  yeux(lesYeux),telephone(leTelephone){ adresse.numero = leNumero;
    adresse.rue = laRue;
    adresse.ville = laVille;
    adresse.province = laProvince;}


  string Nom() const{return nom;}
  string Prenom() const{return prenom;}
  TypGenre Sexe()const{return sexe;}
  int Taille()const{return taille;}
  string Lieu_Naissance()const{return pays_naissance;}
  int Date_Naissance()const{return date_naissance;}
  TypCouleur Yeux()const{return yeux;}
  TypAdresse Adresse()const{return adresse;}
  string Telephone()const{return telephone;}
  // Antécédent: la personne est définie.
  // Conséquent: retourne le champ désiré.
  void DonnerNom(string Nom){nom = Nom;}// Conséquent: Nom devient le nom de la
personne.
  void DonnerPrenom(string Prenom){prenom = Prenom;}// Conséquent: Prenom
devient le prénom.
  virtual void Afficher() const;// Conséquent: les champs sont affichés.
protected:
  typedef struct TypAdresse {
                              int numero;
                              string rue;
                              string ville;
                              string province;};
  string nom;
  string prenom;
  TypGenre sexe;
  int taille;
  string pays_naissance;
  int date_naissance;
  TypCouleur yeux;
  TypAdresse adresse;
  string telephone;
};
```

```
void Personne::Afficher() const
{
  cout << endl << "Nom: " << nom << " Prénom: " << prenom << " Sexe: " << sexe;
  cout << "Taille: " << taille << " Pays naissance: " << pays_naissance;
  cout << "Date naissance: " << date_naissance << " Yeux: " << yeux << endl;
  cout << "Adresse: " << adresse << endl;
  cout << "Téléphone: " << telephone << endl;
} //Afficher;

ostream& operator<<(ostream& sortie, const Personne::TypAdresse& Adresse)
{
  sortie << setw(4) << Adresse.numero << ' ' << Adresse.rue << ' '
         << Adresse.ville << ' ' << Adresse.province ;
  return sortie;
}

ostream& operator<<(ostream& sortie, const TypCouleur& Yeux)
{
  if(Yeux == Bleu )
    sortie << "Bleu ";
  else if(Yeux == Brun)
    sortie << "Brun ";
  else if(Yeux == Noir)
    sortie << "Noir ";
  else if(Yeux == Jaune)
    sortie << "Jaune";
  else if(Yeux == Vert)
    sortie << "Vert ";
  else if(Yeux == Pers)
    sortie << "Pers ";
  return sortie;
}
#endif
```

À partir de cette spécification, les étudiants sont dérivés de la classe Personne comme l'indique la spécification de classe Etudiant dérivée ci-dessous :

```
enum TypProgramme
{bacSysInfo, bacGeniLog, bacSysRepa, certificat, certifDevL};
class Etudiant : public Personne
{
public:
  Etudiant(): Personne(), code(""){} //constructeur
  Etudiant(string Nom, string Prenom, TypGenre Sexe, int Taille, string
Pays,
    int Date, TypCouleur Couleur, int Civique, string Rue, string Ville,
    string Province, string Telephone, string leCode, TypProgramme Sorte,
    int date1, int date2, int Credits, int Solde,  bool Diplomee, string
lesCours)
    : Personne(Nom, Prenom, Sexe, Taille, Pays, Date, Couleur, Civique,
Rue,
    Ville, Province,Telephone), code(leCode), programme(Sorte),
date_Admission(date1),
```

```
         derniere_Date(date2), solde(Solde), credits(Credits), diplome(Diplomee),
cours(lesCours){}
    string Code() const{return code;}   // Retourne le code de l'étudiant.
    int Date_Admission() const{return date_Admission;}   // Retourne la date
de l'étudiant.
    int Derniere_Date() const{return derniere_Date;}   // Retourne la dernière date
de l'étudiant.
    TypProgramme Programme() const{return programme;}   // Retourne le programme de
l'étudiant.
    int Solde() const{return solde;}   // Retourne le solde de l'étudiant.
    int Credits() const{return credits;}   // Retourne le nombre de crédits
de l'étudiant.
    bool Diplome() const{return diplome;}   // Retourne le fait que
l'étudiant est diplômé.
    string Cours() const{return cours;}   // Retourne les cours de
l'étudiant.
    void DonnerCode(string Code){code = Code;}   // Conséquent: l'étudiant
possède un code.
    void Afficher() const; // redéfinit Personne::Afficher
                           // Conséquent: l'étudiant est affiché.
protected:
    string code;
    int date_Admission;
    int derniere_Date;
    TypProgramme programme;
    int solde;
    int credits;
    bool diplome;
    string cours;
};
```

Pour ce qui est des données du fichier des étudiants, comme le nombre d'étudiants fluctue, on utilisera des variables dynamiques pour les étudiants ; on en rangera les pointeurs dans un tableau à une dimension dont la taille est le nombre d'étudiants. De cette façon, il n'y aura **qu'une seule copie des données des étudiants** qui seront rangées dans leurs variables dynamiques.

Il faut maintenant penser aux structures de données permettant de manipuler étudiants et cours : quelle sorte de tableau choisir pour conserver les pointeurs aux étudiants ? Quelle sorte de structure choisir pour représenter les programmes et les étudiants qui en font partie (rappelez-vous que vous devrez sortir des listes ordonnées des étudiants) ? Quelle sorte de structure choisir pour représenter les cours et les étudiants qui y sont inscrits (là aussi, il faudra sortir des listes ordonnées) ? Il faut **obligatoirement** faire une utilisation maximum des classes définies dans la STL.

Pour faire un choix, il faut penser aux opérations à faire et aux rapports à produire, tout en ne perdant pas de vue que les diverses structures doivent comprendre le **moins possible d'information redondante** et permettre à toutes les opérations d'être efficaces (ceci est essentiel avec le grand nombre de données à manipuler). Les choses en double, s'il y en a, doivent donc être réduites au strict minimum. On doit donner une description détaillée des types utilisés et de leur signification. Pour expliquer la structure des types de données, on doit fournir des diagrammes illustrant des cas simples.

Pour vérifier le fonctionnement du système, il faudra utiliser divers échantillons de données. On peut déjà prévoir un petit échantillon qui permettra les tests particuliers aux limites, et un gros échantillon pour des tests plus « réalistes » à partir d'étudiants issus d'un fichier aléatoire de test. Comme gros fichier « réaliste » il faudra *nécessairement* utiliser le fichier `Etudiants.dat` fourni sur le site du cours. Attention de ne pas sortir des rames de papier imprimé !

La définition de la stratégie de vérification et des choses à vérifier fait partie de la responsabilité du programmeur. Il faut donner les complexités spatiales et temporelles de tous les algorithmes dans la documentation du programme.

Annexe A

Ensemble des caractères ASCII étendu

La table suivante indique les codes numériques et l'ordre de l'ensemble des caractères en code ASCII étendu (norme ISO 8859-1). Il y a trois colonnes par caractère : la première donne le code décimal du caractère ; la deuxième, le caractère (les caractères graphiques sont placés entre apostrophes) ; et la troisième, le nom de la constante.

Code	Car.	Nom ASCII	Code	Car.	Nom ASCII
0	nul	NUL	43	'+'	Plus_Sign
1	soh	SOH	44	','	Comma
2	stx	STX	45	'-'	Hyphen or Minus_Sign
3	etx	ETX	46	'.'	Full_Stop
4	eot	EOT	47	'/'	Solidus
5	enq	ENQ	48	'0'	
6	ack	ACK	49	'1'	
7	bel	BEL	50	'2'	
8	bs	BS	51	'3'	
9	ht	HT	52	'4'	
10	lf	LF	53	'5'	
11	vt	VT	54	'6'	
12	ff	FF	55	'7'	
13	cr	CR	56	'8'	
14	so	SO	57	'9'	
15	si	SI	58	':'	Colon
16	del	DEL	59	';'	Semicolon
17	dc1	DC1	60	'<'	Less_Than_Sign
18	dc2	DC2	61	'='	Equals_Sign
19	dc3	DC3	62	'>'	Greater_Than_Sign
20	dc4	DC4	63	'?'	Question
21	nak	NAK	64	'@'	Commercial_At
22	syn	SYN	65	'A'	
23	etb	ETB	66	'B'	
24	can	CAN	67	'C'	
25	em	EM	68	'D'	
26	sub	SUB	69	'E'	
27	esc	ESC	70	'F'	
28	fs	FS	71	'G'	
29	gs	GS	72	'H'	
30	rs	RS	73	'I'	
31	us	US	74	'J'	
32	' '	Space	75	'K'	
33	'!'	Exclamation	76	'L'	
34	'"'	Quotation	77	'M'	
35	'#'	Number_Sign	78	'N'	
36	'$'	Dollar_Sign	79	'O'	
37	'%'	Percent_Sign	80	'P'	
38	'&'	Ampersand	81	'Q'	
39	'''	Apostrophe	82	'R'	
40	'('	Left_Parenthesis	83	'S'	
41	')'	Right_Parenthesis	84	'T'	
42	'*'	Asterisk	85	'U'	

Code	Car.	Nom ASCII	Code	Car.	Nom ASCII
86	'V'		131	nbh	NBH
87	'W'		132		Reserved_132
88	'X'		133	nel	NEL
89	'Y'		134	ssa	SSA
90	'Z'		135	esa	ESA
91	'['	Left_Square_Bracket	136	hts	HTS
92	'\'	Reverse_Solidus	137	htj	HTJ
93	']'	Right_Square_Bracket	138	vts	VTS
94	'^'	Circumflex	139	pld	PLD
95	'_'	Low_Line	140	plu	PLU
96	'`'	Grave	141	ri	RI
97	'a'	LC_A	142	ss2	SS2
98	'b'	LC_B	143	ss3	SS3
99	'c'	LC_C	144	dcs	DCS
100	'd'	LC_D	145	pu1	PU1
101	'e'	LC_E	146	pu2	PU2
102	'f'	LC_F	147	sts	STS
103	'g'	LC_G	148	cch	CCH
104	'h'	LC_H	149	mw	MW
105	'i'	LC_I	150	spa	SPA
106	'j'	LC_J	151	epa	EPA
107	'k'	LC_K	152	sos	SOS
108	'l'	LC_L	153		Reserved_153
109	'm'	LC_M	154	sci	SCI
110	'n'	LC_N	155	csi	CSI
111	'o'	LC_O	156	st	ST
112	'p'	LC_P	157	osc	OSC
113	'q'	LC_Q	158	pm	PM
114	'r'	LC_R	159	apc	APC
115	's'	LC_S	160	' '	No_Break_Space
116	't'	LC_T	161	'¡'	Inverted_Exclamation
117	'u'	LC_U	162	'¢'	Cent_Sign
118	'v'	LC_V	163	'£'	Pound_Sign
119	'w'	LC_W	164	'¤'	Currency_Sign
120	'x'	LC_X	165	'¥'	Yen_Sign
121	'y'	LC_X	166	'¦'	Broken_Bar
122	'z'	LC_Z	167	'§'	Section_Sign
123	'{'	Left_Curly_Bracket	168	'¨'	Diaeresis
124	'|'	Vertical_Line	169	'©'	Copyright_Sign
125	'}'	Right_Curly_Bracket	170	'ª'	Feminine_Ordinal_Indicator
126	'~'	Tilde	171	'«'	Left_Angle_Quotation
127	del	DEL	172	'¬'	Not_Sign
128		Reserved_128	173	''	Soft_Hyphen
129		Reserved_129	174	'®'	Registered_Trade_Mark_Sign
130	bph	BPH	175	'¯'	Macron

Code	Car.	Nom ASCII	Code	Car.	Nom ASCII
176	'°'	Degree_Sign	221	'Ý'	UC_Y_Acute
177	'±'	Plus_Minus_Sign	222	'Þ'	UC_Icelandic_Thorn
178	'²'	Superscript_Two	223	'ß'	LC_German_Sharp_S
179	'³'	Superscript_Three	224	'à'	LC_A_Grave
180	'´'	Acute	225	'á'	LC_A_Acute
181	'µ'	Micro_Sign	226	'â'	LC_A_Circumflex
182	'¶'	Pilcrow_Sign	227	'ã'	LC_A_Tilde
183	'·'	Middle_Dot	228	'ä'	LC_A_Diaeresis
184	'¸'	Cedilla	229	'å'	LC_A_Ring
185	'¹'	Superscript_One	230	'æ'	LC_AE_Diphtong
186	'º'	Masculine_Ordinal_Indicator	231	'ç'	LC_C_Cedilla
187	'»'	Right_Angle_Quotation	232	'è'	LC_E_Grave
188	'1/4'	Fraction_One_Quarter	233	'é'	LC_E_Acute
189	'1/2'	Fraction_One_Half	234	'ê'	LC_E_Circumflex
190	'3/4'	Fraction_Three_Quarters	235	'ë'	LC_E_Diaeresis
191	'¿'	Inverted_Question	236	'ì'	LC_I_Grave
192	'À'	UC_A_Grave	237	'í'	LC_I_Acute
193	'Á'	UC_A_Acute	238	'î'	LC_I_Circumflex
194	'Â'	UC_A_Circumflex	239	'ï'	LC_I_Diaeresis
195	'Ã'	UC_A_Tilde	240	'ð'	LC_Icelandic_Eth
196	'Ä'	UC_A_Diaeresis	241	'ñ'	LC_N_Tilde
197	'Å'	UC_A_Ring	242	'ò'	LC_O_Grave
198	'Æ'	UC_AE_Diphtong	243	'ó'	LC_O_Acute
199	'Ç'	UC_C_Cedilla	244	'ô'	LC_O_Circumflex
200	'È'	UC_E_Grave	245	'õ'	LC_O_Tilde
201	'É'	UC_E_Acute	246	'ö'	LC_O_Diaeresis
202	'Ê'	UC_E_Circumflex	247	'÷'	Division_Sign
203	'Ë'	UC_E_Diaeresis	248	'ø'	LC_O_Oblique_Stroke
204	'Ì'	UC_I_Grave	249	'ù'	LC_U_Grave
205	'Í'	UC_I_Acute	250	'ú'	LC_U_Acute
206	'Î'	UC_I_Circumflex	251	'û'	LC_U_Circumflex
207	'Ï'	UC_I_Diaeresis	252	'ü'	LC_U_Diaeresis
208	'Ð'	UC_Icelandic_Eth	253	'ý'	LC_Y_Acute
209	'Ñ'	UC_N_Tilde	254	'þ'	LC_Icelandic_Thorn
210	'Ò'	UC_O_Grave	255	'ÿ'	LC_Y_Diaeresis
211	'Ó'	UC_O_Acute			
212	'Ô'	UC_O_Circumflex			
213	'Õ'	UC_O_Tilde			
214	'Ö'	UC_O_Diaeresis			
215	'x'	Multiplication Sign			
216	'Ø'	UC_O_Oblique_Stroke			
217	'Ù'	UC_U_Grave			
218	'Ú'	UC_U_Acute			
219	'Û'	UC_U_Circumflex			
220	'Ü'	UC_U_Diaeresis			

Annexe B

Bibliographie

ADELSON-VELSKII, G. M. et E. M. LANDIS *An algorithm for the organization of information*, Doklady Akademia Nauk SSSR, 146, 1962.

ARNOLD, K. et J. GOSLING *The Java™ programming language*, Addison-Wesley, 1996.

BAYER, R. *Symmetric binary B-trees : Data structures and maintenance algorithms*, Acta Informatica, 1:290-306, 1972.

BAYER, R. et E. M. MCCREIGHT *Organization and maintenance of large ordered indexes*, Acta Informatica, 1(3):173-189, 1972.

BERGE, C. *Théorie des graphes et ses applications*, seconde édition, Dunod, 1963.

BOYER, R. S. et J. S MOORE « A fast searching algorithm », *CACM*, vol. 20, n° 10, octobre 1977.

BROOKS, F. P. Jr. *The mythical man-month : essays on software engineering*, Addison-Wesley, 1975.

COMER, D. « The ubiquitous B-tree », *ACM Computing Surveys*, vol. 11, n° 2, juin 1979.

CORMEN, T. H. *et al. Introduction to Algorithms*, seconde édition, McGraw-Hill, 2001, p. 274.

DAHL, O.-J. et K. NYGAARD « Simula, an Algol based simulation language », *CACM*, septembre 1966, p. 671-678.

DE VIGENÈRE, B. *Traictés des chiffres ou secrètes manières d'escrire*, Paris, 1586.

DELLA PORTA, J. B. *De furtivis litterarum notis, vulgo de ziferis*, Naples, 1563.

DEITEL, H. M. et P.J. DEITEL *C++ How to Program*, 4ᵉ édition, Prentice-Hall, 2003, 1321 pages.

DIJKSTRA, E. W. « A note on two problems in connection with graphs », *Numerische Mathematik 1*, 1959.

DIJKSTRA, E. W. « GoTo statement considered harmful », *CACM*, vol. 11, n° 3, mars 1968.

FLOYD, R. W. « Algorithm 97 : shortest path », *CACM*, vol. 5, n° 6, 1962.

GABRINI, P. *Orientation objet, structures de données et algorithmes avec Ada 95*, ERPI, 2000, 672 pages.

GILSTAD, R. L. *Polyphase merge sorting - an advanced technique*, Proc. AFIPS Eastern Jt. Comp. Conf., 1960.

GINSBURG, J. « Gauss's arithmetization of the problem of 8 queens », *Scripta Mathematica*, vol. 5, p. 63-66, 1939.

GOLDBERG, A. et D. ROBSON *Smalltalk-80 : the language and its implementation*, Addison-Wesley, 1983.

GUIBAS, L. J. et R. SEDGEWICK *A dichromatic framework for balanced trees*, Proceedings of the 19th Annual Symposium on Foundations of Computer Science, IEEE Computer Society, 1978, p. 8-21.

HARBISON, S. P. *Modula-3,* Prentice-Hall, 1992.

HOARE, C. A. R. « Algorithm 63 Partition, and algorithm 64 Quicksort », *CACM*, vol. 4, n° 7, juillet 1961.

HUFFMAN, D. A. *A method for the construction of minimum redundancy codes,* Proc. IRE 40, 1952.

JOSUTTIS, N. M. *The C++ Standard Library – A Tutorial and Reference*, Addison-Wesley, 1999, 832 pages.

KARP, R. M. et M. O. RABIN *Efficient randomized pattern-matching algorithms TR-31-81*, Aiken Comp. Lab., Harvard University, 1981.

KEENE, S. *Object-oriented programming in Common Lisp,* Addison-Wesley, 1989.

KNUTH, D. E. *The art of computer programming* : *Vol. 3 Sorting and searching*, Addison-Wesley, 1973.

KNUTH, D. E., J. H. MORRIS et V. R. PRATT « Fast pattern matching in strings », *SIAM J. Comp.*, vol. 6, n° 2, juin 1977.

KRUSKAL, J. B. Jr. « On the shortest spanning subtree of a graph and the traveling salesman problem », *Proc. AMS*, vol. 7, n° 1, 1956.

LÉVESQUE, G. *Analyse de système orienté objet et génie logiciel,* Chenelière/McGraw-Hill, 1998.

MADSEN, O. L., B MØLLER-PEDERSEN et K. NYGAARD *Object-oriented programming in the BETA programming language,* Addison-Wesley, 1993.

MAURER, W. D. « An improved hash code for scatter storage », *CACM*, vol. 11, n° 1, 1968.

MCCARTHY, J. *et al. LISP 1.5 programmers manual,* MIT Press, 1965.

MEYER, B. *Object-oriented software construction,* Prentice-Hall International, 1988.

MEYER, B. *Eiffel the language,* Prentice-Hall, 1992.

MORRIS, J. H. et V. R PRATT *A linear pattern matching algorithm TR-40*, Computer Center, University of California, Berkeley, 1970.

MÖSSENBÖCK, H. et N. WIRTH « The programming language Oberon-2 », *Structured Programming*, vol. 12, n° 4, 1991.

NAUR, P. et B. RANDELL *Software Engineering,* Report on a conference sponsored by NATO Science Committee, Garmisch, Allemagne, octobre 1968, Chairman : Pr Dr F. L. Bauer, Co-Chairmen : Pr L. Bolliet, Dr H. J. Helms, janvier 1969.

NIEVERGELT, J. « Binary search trees and file organization », *ACM Computing Surveys*, vol. 6, n° 3, septembre 1974.

PERLIS, A. J. et C. THORNTON « Symbol manipulation by threaded lists », *CACM*, vol. 3, n° 4, 1960.

PETERSON, W. W. « Addressing for random access storage », *IBM Jour. Res. & Dev.*, n° 1, 1957.

PULLUM, G. K. *The Great Eskimo Vocabulary Hoax and Other Irreverent Essays on the Study of Language*, University of Chicago Press, 1991, p. 159-171.

PRIM, R. C. « Shortest connection networks and some generalizations », *Bell System Technical J.*, n° 36, 1957.

ROUBATY, R. *ABC de cryptographie avec programmes en Basic*, Masson, 1984.

SAPIR, E. « The relation of habitual thought and behavior to language », cité dans *Language, thought and reality*, Whorf, B. L., MIT Press, 1956.

SHARIR, M. « A strong-connectivity algorithm and its application in data flow analysis », *Computer and Mathematics with Applications*, 7-1, 1981, p. 67-72.

SHELL, D. L. « A highspeed sorting procedure », *CACM*, vol. 2, n° 7, 1959.

STEPANOV, A. A. et M. LEE *The Standard Template Library*, Technical Report HPL-94-34, avril 1994, revisé le 7 juillet 1995.

STROUSTRUP, B. *The C++ programming language*, Addison-Wesley, 1986.

TESLER, L. *Object Pascal report*, Apple Computer, 1985.

TRITHEMIUS, J. *Poligraphia*, Oppenheim, 1518.

VANDEVOORDE, D. et N. M. JOSUTTIS *C++ Templates – The Complete Guide*, Addison-Wesley, 2003, 528 pages.

WARSHALL, S. « A theorem on Boolean matrices » *J. ACM*, vol. 9, n° 1, 1962.

WEGNER, P. « Classification in object-oriented systems », *SIGPlan Notices*, vol. 21, n° 12, octobre 1986.

WILLIAMS, J. W. J. « Algorithm 232 : Heapsort », *CACM*, vol. 7, n° 6, 1964.

WIRTH, N. *Algorithms + Data Structures = Programs*, Prentice Hall, 1976.

WIRTH, N. *A plea for lean software*, IEEE Computer, février 1995.

WIRTH, N. « Program development by stepwise refinement », *CACM*, vol. 14, n° 4, 1971.

Index